근대건축 작품연구 1945-1990

Modern Architecture Through Case Studies 1945-1990

Modern Architecture Through Case Studies 1945-1990

|저자|

피터 블룬델 존스 – 감사의 글, 머리말, 2, 3, 4, 6, 7, 8, 10, 11, 13, 17장, 결론
에이먼 카니프 – 감사의 글, 머리말, 1, 5, 9, 12, 14, 15, 16, 18장, 결론

|번역|

황보봉(서울과학기술대학교 건축학부 교수) – 서문, 감사의 글, 머리말, 1, 4, 7, 9, 14, 17장
강태웅(단국대학교 건축대학 교수) – 3, 6, 8, 11, 12, 13장
김현섭(고려대학교 건축학과 교수) – 2, 5, 10, 15, 16, 18장, 결론

|일러두기|
인명과 지명 등은 국립국어원 외래어 표기법을 따랐지만, 일부 관례대로 표기한 경우가 있다.
(예: 리트벨트, 베니쉬)
원문에서 'modern architecture'는 '근대건축', 'contemporary architecture'는 '현대건축'으로
각각 번역했지만, 엄격한 시대구분을 의도한 것은 아니다.

본 질 을 이 해 하 는 건 축 이 야 기

근대건축
작품연구

Modern Architecture Through Case Studies 1945-1990

1945-1990

피터 블룬델 존스 · 에이먼 카니프 지음

황보봉 · 강태웅 · 김현섭 옮김

도서출판대가

한국어판 서문

지난 2016년 이 책의 한국어판 번역이 끝나갈 무렵 타계한 피터 블룬델 존스 교수는 필자와 함께 이 책에서 간결한 작품연구 형식으로 각자의 연구대상을 적시하고 전문성을 발휘하려고 했다. 블룬델 존스 교수와 나는 1978년 케임브리지 대학교 건축학과에서 각각 교수와 학생의 신분으로 만났다. 그 당시 블룬델 존스 교수는 학생들에게 한스 셔로운의 건축을 가르치고 있었는데, 이것은 선의의 경쟁을 통해 건축에 다양한 분야를 접목하려던 학과장 콜린 윌슨 교수의 의지와 부합하였다. 이러한 다양성은 나의 교육관에도 영향을 미쳐 1998년 셰필드 대학교 건축학과에 부임했을 때 나는 이미 석학으로 존경받던 그와 함께 보조를 맞추게 된다.

이 책의 전제는 작품연구를 통하여 건축대상을 세심하게 관찰하고 그 전개과정을 통해 건축인문학 연구의 특징이라고 할 수 있는 건축적 선언과 비평의 농후한 수사학을 뚜렷하게 밝혀내는 것이었다. 블룬델 존스 교수는 이미 2002년 출판된 동명의 책을 통해 근대주의의 주요시기를 대상으로 다루었다. 따라서 그 책의 제2권이라고 할 수 있는 2007년도에 출판된 책에서 우리는 국제주의 양식이 브루털리즘, 콘텍스츄얼리즘, 하이테크 그리고 포스트모더니즘에 의해 압도적인 위세가 꺾이기 시작하는 1945년 이후 건축이 취한 모순적인 방향성을 찾고자 했다. 이 책에서 내가 저술한 부분은 맨체스터 대학교 건축학과에서 교수로 재직하던 1991년에서 1998년 사이에 이루어진 강좌에 기반하고 있다. 이 책을 출판한 지 10여 년이 지난 지금 그때를 회상해보면, 이 책의 내용을 차치한다 하더라도 그 형태에 있어 나는 블룬델 존스 교수와 윌슨 교수의 영향을 상당히 받고 있다는 것을 알 수 있다.

이 책의 공동저자로서 블룬델 존스 교수는 내가 쓴 소박한 문장을 더 좋게 고치는 데 도움을 주었다. 그는 특히 조건부 시제를 즐기는 나의 문장을 불편해했지만, 자신이 주장하는 '대안으로서의 전통'을 지키기 위해서라도 항상 타인의 주장을 이해하고 옹호해 주었다. 작품연구의 범위는 넓게 설정했다. 하지만 10여 년의 시간이 지난 지금 다시 생각해보면 스페인 건축가를 포함시키지 않은 것은 확실히 실수였다. 우리는 제3권에서 이를 만회하려는 생각을 했지만, 이제는 그 생각을 접어야 할지 모르겠다. 아이러니하게도 2013년 출간된 이 책의 스페인판은 블룬델 존스 교수가 특히 애착을 가졌던 독일의 사례를 편집과정에서 삭제해 버렸다. 이 책의 중국어판은 2009년 출판되었다.

공동저자로서 우리가 기나긴 논쟁 끝에 합의에 이르지 못한 단 하나의 인물은 스미스슨이었다. 블룬델 존스 교수는 스미스슨을 추종하는 반면, 나는 그들의 중요성은 인정하지만 그들의 영향력을 거부하는 세대에 속한다. 블룬델 존스 교수는 나의 회의론적인 태도를 인내했다. 그는 대단한 학문적 호기심을 가진 인물이었으며, 한국어판으로 옮긴 이를 포함한 학생들에게는 관대한 스승이었다. 건축에 대한 그의 또 다른 시각은 그의 학문을 일구는 데 크게 기여했으며, 수많은 학생은 물론 나를 비롯한 동료들에게도 심오한 영향을 미쳤다.

2017년 3월 6일
에이먼 카니프

옮긴이 서문

　이 책은 근대건축의 대안적 전통을 부각시키기 위해 개별 작품의 다양성과 우수성을 사례연구를 통해 들여다보는 책이다. 지난해 타계한 영국 셰필드 대학교의 피터 블룬델 존스(1949–2016) 교수와 맨체스터 대학의 에이먼 카니프(b.1960) 교수는 블룬델 존스 교수가 같은 제목으로 2002년 출판한 책의 후속편으로 이 책을 기획하고 2007년 출판했다. 두 저자는 이 책에서 각자의 관심을 한 권의 책으로 수렴하고 일관성 있게 근대건축을 재해석하기 위해 시도했다. 블룬델 존스 교수는 건축의 개별성과 다양성을 충분히 찾아내 표현하고 총체적으로 이해할 수 있는 효과적인 수단으로 사례연구를 선호했다. 그는 한스 셔로운과 휴고 헤링의 작품연구를 통하여 사례연구의 효과에 대한 상당한 경험을 축적하고 있었다. 저자들은 근대건축이 획일적으로 이해되거나 일부 건축가를 통해 제한적으로 받아들여지는 것에 대해 문제를 제기하고, 다양한 건축적 시도와 결과를 복합적으로 평가하려고 시도하는 한편 작품 고유의 개별성과 존재감을 강조했다.

　이 책의 한국어판 출판이 여러 번 미뤄져 블룬델 존스 교수 생전에 빛을 보지 못한 것이 매우 아쉽다. 카니프 교수가 처음 비보를 전해주었을 때 필자는 매우 큰 충격을 받았다. 며칠 동안 같은 부고를 담은 이메일을 여러 통 받았고, 그 이메일들을 읽으면서 필자의 머릿속은 20년 전 유학시절로 시간을 되돌린 듯 블룬델 존스 교수에 대한 인연과 추억으로 가득 차 버렸다. 며칠 전까지도 이 책에 들어갈 사진에 대해 의견을 나누었는데 이렇게 갑자기 돌아가신 것이 믿기지 않았다. 영국 남부 엑서터에서 성장한 고인은 런던 AA 스쿨 건축학과를 졸업한 후 케임브리지 대학교를 거쳐 1994년 셰필드 대학교의 교수로 부임했다. 이듬해 가을부터 필자가 박사과정 학생으로 그의 지도를 받게 된 것은 큰 행운이었다. 그는 항상 진지한 학문적 자세와 치우치거나 모자라지 않는 작품 해석과 분석으로 건축저널리즘 상을 여러 번 수상한 저명 인사였다. 그의 문장은 항상 고급스러우면서도 독특한 그만의 여운이 있었다. 또한, 그는 항상 순수하고 진실한 자세와 태도로 일관하였으며 매사에 어떠한 정치적인 색채도 편견도 가지지 않으려고 노력한 인물이었다. 탁월한 문장력과 더불어 사진 촬영도 전문가적인 수준이어서 출판물에는 본인의 사진을 자주 사용했다.

2016년 11월 16일, 셰필드 대학교 퍼스홀(Firth Hall)에서 블룬델 존스 교수를 추모하는 행사가 열렸다. 가족과 동료 교수 및 직원, 학생 그리고 멀리에서 찾아온 많은 인사들이 고인에 대한 기억을 떠올렸다. 연사로 나선 브라이언 로손 교수와 제레미 틸 교수는 고인에 대한 추억과 아쉬움을 미려한 문장으로 표현하였고, 논문 지도를 받고 있던 학생 대표는 고인의 학문과 인격에 대한 존경심을 표시했다. 학장을 역임한 피터 트리겐자 교수와 리버풀 대학교로 옮긴 스티브 샤플스 교수, 이 책의 공동저자인 에이먼 카니프 교수, 그리고 케임브리지 대학교의 존 서전트 교수와 고인을 회상할 때에는 상실감이 더욱 크게 느껴졌다.

이 책 원문의 번역은 옮긴이 3명이 나누어 실행했으며 별도로 표기해 두었다. 전반적인 편집과 교정은 필자가 맡았다. 원문의 가치가 퇴색될 것에 대한 두려움이 컸지만, 직역이 어색한 경우 문맥에 따라 의역하여 적절한 국어로 옮겼다. 이 책에 혹시 오류가 있다면, 전적으로 필자에게 책임이 있음을 밝혀 둔다.

2017년 9월
옮긴이를 대표하여 황보봉

감사의 글

이 책은 사례연구를 방법론으로 적용한 두 번째 책이다. 이 책은 나와 동시대를 살아온 건축가들의 작품에 대한 것으로 그들 중 몇몇은 개인적인 인연도 있어 여러 건축 잡지에 그들의 작품을 비평한 적도 있다. 이 책을 쓰기 시작할 때에는 알도 반에이크, 랠프 어스킨, 피터 스미스슨과 지안카를로 데 카를로가 모두 생존하고 있었기에 이들의 존재감을 당연히 받아들였다. 하지만, 이들 모두가 세상을 떠난 지금 그들의 작품에 대한 기술은 불가피하게 부고의 성격을 지니게 되었다. 나는 이 건축가들의 개성을 적절히 나타내려고 시도했다. 그리고 급진적 근대주의자들이 항상 알맞은 해결책을 제시했다고는 할 수 없지만, 팀 텐(Team X)의 중요성은 새롭게 각인시킬 수 있기를 희망한다.

레스터 공과대학 건물을 다룰 때에는 AA 스쿨의 옛 은사였던 제임스 고완과 다시 연락을 취할 수 있는 기회가 생겼다. 그의 신랄한 위트와 분석적인 시각을 다시 접하게 된 것은 참으로 즐거운 일이었다. 귄터 베니쉬는 항상 시간을 아끼지 않고 도움을 주었다. 그의 사무실 직원 크리스티앙 칸드지아는 베니쉬의 작품에 대하여 내가 필요로 하는 많은 자료를 제공해 주었으며, 뮌헨에 소장하고 있는 그의 사진 자료도 무상으로 사용하도록 허락해 주었다.

헬무트 슈트리플러 또한 다하우에 대한 글을 쓸 때 관대하게 협조해 주었으며 사진작가 로버트 하우저를 소개해 주기도 했다. 오랜 친구인 뤼시앵 크롤은 필요한 자료를 제공해 주고 비평도 해 주었다. 또한 나는 이탈리아의 베로나에 소재한 카스텔베키오 박물관의 조르조 마리니, 영국 왕립건축가협회 사진도서관, 암스테르담 시청 문서보관소, 스웨덴 건축박물관의 레니타 가르데, 스튜디오 데 카를로, 마틴 찰스, 반에이크 건축관, 카를요세프 샤트너, 벤투리와 스콧 브라운, 카를스루에에 있는 아이어만 자료보관실, 피터 베어햄, 그리고 아이히슈테트의 카톨릭교구 건축국에 감사드린다.

이 책은 영국 셰필드 대학교의 후원 없이는 완성되지 못했을 것이다. 내가 이 책을 집필할 수 있도록 시간을 허락해 준 나의 동료교수 제레미 틸과 로저 플랭크에게도 고맙게 여긴다. 이전의 책과 마찬가지로 데이비드 와일드가 이 책의 표지 디자인을 맡아 주었다. 표지의 콜라주에는 우리가 근대건축에 대해 지니고 있는 존중의 의미와 유쾌한 회의론이 완벽하게 표현되어 있다.

피터 블룬델 존스

감사의 글

지난 1991년 나는 로저 스톤하우스 교수의 배려로 맨체스터 대학교 건축학과 3학년 학생들을 대상으로 20세기 건축역사를 가르칠 기회가 있었다. 내가 이 책의 집필에 참여하게 된 것은 그때의 인연에서 비롯된다. 그 강좌는 1917년을 기점으로 한 근대건축의 선구적인 작품들을 포함하여 과거의 건축 사례들이 최근의 작품에 어떠한 영향을 미치는지를 알아보는 것이 주요 논점이었다. 즉, 새로운 전통으로 근대건축운동의 원리를 광범위하게 적용하는 것과 그렇게 함으로써 나타나는 부정적인 영향에 대한 반응을 살펴보는 것이었다. 그것은 현재 이 책의 주제와 같다.

사례연구로 채택된 작품들은 원래 한 세트로 된 대조적인 방식의 강의 자료였으며, 현대건축의 맥락을 학생들이 쉽게 이해하도록 의도된 것이었다. 그것은 현재 이 책이 지향하는 목표이기도 하다.

자료를 준비하는 과정에서 나는 저명한 건축사학자 존 아처와 프랭크 새몬의 도움을 받았다. 그들은 나의 노력이 일시적인 열정에 그치지 않고 전문적인 영역으로 발전할 수 있도록 영감을 불어넣어 주었다. 셰필드 대학교에 부임한 뒤, 그 강의 자료는 더욱 늘어났고 독자적인 강좌로 자리 잡았다. 나는 주요 건축 작품의 모델을 만들며 작품 연구를 한 맨체스터 대학교와 셰필드 대학교 학생들에게 특히 감사의 뜻을 표하고자 한다. 학생들이 공들여 만든 모델들은 나에게 시사하는 점이 많았다. 특히 새트윈더 새므라의 깊은 이해 덕분에 이러한 작업들이 잘 진행될 수 있었다. 건축물 모델의 사진 기록 과정에는 피터 레이티가 수고해 주었다. 피터 블룬델 존스와 나는 피터 레이티가 기록하고 관리한 사진 자료에도 힘입은 바가 컸다.

에이먼 카니프

목차

04

05

06

07

08

09

머리말

Introduction

이 책은 피터 블룬델 존스 교수의 저서 『근대건축 작품연구_Modern Architecture Through Case Studies, 2002_』의 후속편이다.[1] 그 책을 펴내게 된 계기는 두 가지이다. 첫째, 사례연구를 통하여 건축 작품에 한걸음 더 다가서서 건축에 대한 이해의 깊이를 더하기 위해서이다. 둘째, 통합된 프로젝트로서 '근대주의(modernism)'는 더 이상 일방적인 수용과 거부의 대상이 아니라는 신념 때문이다. 집필은 대안적 건축 또는 유기적 전통의 실마리를 풀어내려던 필자의 개인적인 경험에서 비롯되었다.[2]

앞선 책 제1장의 주제이자 근대주의 건축의 발상지에 해당하는 바이센호프 주택단지는 16개의 독자적인 건축으로 합리적인 해석이 가능했고, 때로는 정반대의 성격이 확연하게 나타났다. 이념적 배경이 배제된 약 4천 자 정도의 원고가 하나의 건축 사례를 기술하기에 적절하다는 판단 아래 출판을 추진해 나갔다. 이내 18개의 장으로 엮어 내면 적절한 분량의 단행본으로 출간이 가능하다는 결론에 이르렀다. 뒤이어 원고 작성의 원칙을 정했다. 개별 건축가에게 한 장 이상의 분량을 할애하지 않는다는 원칙이었다. 저명한 건축가의 작품 외에 인지도가 낮은 건축가의 작품도 동등하게 다루어 인지도가 높은 건축가만 다룰 때 벌어지는 불균형의 문제를 해소하기 위해서였다. 작품 선정 및 연대기적 기술은 경우에 따라 의외의 방향으로 논의가 진행되었는데, 그 결과 낯설지만 신선하고 유익한 결과를 낳기도 했다.

책이 출판된 이후 작품 선정에 대한 이견을 제시한 비평가들도 있었지만, 그들 역시 그 이상의 논의를 진전시키지는 못했다. 다음 단계는 제2차 세계대전 이후 세대의 건축가들을 통해 1950년대와 1960년대의 모더니즘의 발전양상과 1970년대와 1980년대에 등장하는 포스트모더니즘 건축의 반향을 다루는 것이었다. 에이먼 카니프와 나(피터 블룬델 존스)는 영국의 셰필드 대학교에서 같은 전공을 가르치는 동료로서 독자적으로 자료를 만든 뒤, 대화 형식의 단행본으로 장을 나누어 집필하기로 결정했다. 처음에는 '팀 텐(Team X)', '기술적 낙관주의', '맥락의 패턴'과 같은 제목으로 건축가들의 목록을 만들었지만, 억지스러운 면이 있을 뿐더러 일부는 그런 범주에서조차 이탈하게 되어 전체적으로 연대기적인 기술이 무의미하게 되었다. 그래서 엄밀하게 연대기적인 순서를 적용하자 서로 대립되는 경향의 존재가 모습을 드러냈고, 전혀 예상하지 못한 시대 구분에 대한 새로운 실마리도 찾아내게 되었다. 개별 원고는 저자들의 이념적인 차이를 명확히 구분하기 위해 각 장에 누가 주 저자인지를 표기해 두었고, 집필과정에서 같은 사례를 중복하여 사용하지 않도록 했다. 저자들의 판단이 항상 서로 일치하는 것은 아니어서, 이 책의 집필과 출판과정에서 상호비판적인 입장을 줄곧 유지했다.

처음 세 장은 1940년대와 1950년대의 건축물에 대한 것으로 근대주의가 절정에 달한 시기이다. 1920년 후반 등장한 근대건축운동은 당시 세계적으로 독보적인 건축 이념이었다. 새로운 기술과 시공기법으로 촉발된 모더니즘은 형태는 기능을 따른다는 규범과 근대 회화의 추상적, 구성적 언어에 기인한다. 제1장에서 다룰 임스 주택은 미국에 전시 생산체제의 영향이 남아 있던 1945년부터 1949년 사이에 지어졌다. 이때 유럽은 전쟁의 후유증에서 벗어나지 못한 무기력한 상태였다. 공장제 기성품들로 지어진 이 주택은 건축에 대한 시각을 '가변적으로 조립할 수 있는 표준화된 요소들의 총합'으로 바꿔 놓았고, 그 형태는 요소들의 조합 원리에 근거하여 만들어졌다. 이것은 근대주의가 제2차 세계대전 이전에 가졌던 독점적인 지위를 잃고, 소비자 사회가 도래할 것을 예견한다.

거장 건축가 미스 반데어로에가 미국으로 이주한 이후, 에곤 아이어만은 1950년대와 1960년대 미스의 건축관을 따르는 가장 중요한 독일 건축가가 되었다. 아이어만과 젭 루프(Sep Ruf)가 함께 설계한 브뤼셀 엑스포의 독일관(1957-58)은 이러한 경향을 가장 극적으로 보여준다. 강철 구조가 지닌 궁극의 합리성은, 사각형에 사각형을 얹은 단정한 기하학적인 규칙을 통해 드러난다. 이것은 순수한 기하학적인 미학에 대한 대중의 기대에 부응한다. 철과 유리를 영리하게 중첩시켜 시각적인 투명성과 경량화의 효과를 극대화시킴으로써 해방감과 여유로움을 느끼게 해 주었고, 공원의 녹음을 배경으로 마치 오브제처럼 뒤로 물러난 열린 공간으로 이루어진 완충지대로 둘러싸인 내재적 완벽성은 그 시대의 건축적 이상이었다. 그것은 도시 외곽에서 새롭고 근대적인 방식으로 건축가의 의도대로 산뜻하고 완전하게 지어지는 것을 의미했다. 아이어만과 루프의 파빌리온은 철거되었지만, 매우 잘 보존된 흑백사진을 통해 그 모습을 찾아볼 수 있다.

앞선 두 가지의 사례처럼, 알도 반에이크의 암스테르담 고아원(1954-59)은 미래의 건축이 대량생산으로 이루어질 것이라는 전제 위에 지어졌다. 그의 디자인은 사각형의 그리드 위에 프리캐스트 콘크리트로 제작된 부재와 작은 콘크리트 돔으로 이루어져 있다. 천장이 낮고 크기가 작은 공간(방)들은 아이들의 신체 크기를 반영한 것이며, 개별 공간(방)을 모으게 되면 집합체가 되어 별도의 영역이 만들어진다. 이러한 사회적인 구축은 진입 공간에 대한 민감도를 증가시키고 외부의 교육 공간으로 설치된 정원과 더불어 반에이크가 건축적 논의에 불러온 새로운 인류학적 관심을 보여준다. 그는 이 아이디어를 팀 텐을 통해 확산시켰는데, 팀 텐은 잘 알려진 대로 CIAM에 기원을 두고 있으며, 제2차 세계대전 이후 근대주의가 가졌던 교조적인 요소들을 가장 먼저 신랄하게 비판한다.[3]

근대주의자들이 절대적인 지침서처럼 여기던 지크프리트 기디온의 저서 『공간, 시간 그리고 건축 *Space Time and Architecture*』에 빗대어 반에이크가 남긴 말은 유명하다. '*시간과 공간의 의미가 무엇이든, 때와 장소는 그 이상을 의미한다.*'[4] 팀 텐의 다른 회원들처럼 반에이크도 도시적인 맥락 안에서 새로운 건물이 내적으로 통합될 수 있도록 했다. 당시 고아원은 암스테르담에서 멀리 격리된 곳에 설치되는 것이 일반적이었다. 이 점은 알도 반에이크가 지녔던 신념으로 르네상스의 건축가 알베르티의 건축론 제9장에서 비롯된 것이며,[5] '*큰 주택은 작은 도시이고, 작은 도시는 큰 주택이다.*'를 반영하고 있다.[6]

1950년대와 1960년대 초반, 건축은 이상주의와 실용주의로 양분되었다. 기술적·경제적 상황은 건축의 흐름을 대량생산으로 이끌었고 모듈과 함께 직선적이고 반복적인 형태가 설계의 주를 이루게 된다. 이러한 관점이 건축계를 압도했기 때문에 유기적 전통을 담은 대안적 시각은 전혀 주목을 받지 못했다.[7] 한 가지 예로 아이어만 작품의 안티테제라고 불리는 한스 셔로운(Hans Scharoun)의 작품의 경우, 사회적으로 타당한 실용적 논리를 가지고 있고 심지어는 가격 경쟁력까지 갖추었음에도 불구하고 시대착오적이거나 '사적인' 것으로 폄하되었다.[8] 하지만 역사적 환경과의 통합 같은 작업은 모듈에서 벗어나 불규칙성을 받아들여야만 했다.

유럽 전역에 걸쳐 도시가 파괴되었을 때, 고트프리트 뵘(Gottfried Böhm)이 설계한 벤스베르크 시청사(1962-71)는 경이롭고 이례적인 경우이다. 도시 외곽에 새로운 청사를 짓는 대신 시 정부는 거의 다 파괴되고 얼마 남지 않은 오래된 성곽의 유구를 되살려 시의 이정표로 삼고자 했다. 뵘은 옛것과 새것이 정교하게 어우러진 디자인으로 현상공모에서 당선되었는데, 심지어 그는 기존의 타워들과 균형을 맞추기 위해 기능이 없는 타워를 새로 만드는 등 다소 도발적인 디자인을 보여주었다. 그것은 가로와 광장을 보존하고 장소와 기억에 대한 중요성을 강조함으로써 역사의 켜를 수용하는 작업이었다.

이러한 문제는 팀 텐에서도 논의되었으며, 곧 스미스슨 부부의 가장 유명한 작품 이코노미스트 빌딩(1960-64)을 통해 도시 환경의 특질을 재정의하게 된다. 그다지 솜씨가 뛰어나지 않은 이들에 의해 이코노미스트 빌딩의 모티프가 재생산된 탓에 오늘날 그 작품이 대변하던 의식의 전환을 찾아보기는 어렵다. 하지만 건축가들이 건축물을 그저 우뚝 선 하나의 오브제로 여기고, 건축주들은 임대 공간을 1센티미터라도 더 확보하여 이윤을 추구하려던 시기에 공공 공간을 두겠다는 생각은 놀라운 발상이었다. 그로 인해 전통적인 도시 공간을 파괴하던 건물 유형인 미스 식의 고층 사무소와 광장을 두는 것보다 보행자들에게 더욱 친숙한 네트워크를 제공할 수 있었다.[9] 만일 도시 전반에 걸쳐 이러한 일들이 확산되었다면 그 결과는 스미스슨 부부의 의도를 훨씬 뛰어넘는 혁명적인 것이 되었을지 모른다. 이코노미스트 빌딩의 경우 완공된 규모는 크기와 형태가 다른 세 개의 블록으로 구성되었으며, 같은 건축 어휘로 주제와 변화를 표현했지만, 규모와 레벨의 변화를 가장 예술적으로 연출하고 있다.

스미스슨 부부의 작품 활동은 미스에 대한 존경심을 바탕으로 시작되었기 때문에 이코노미스트 빌딩을 다루는 방식에는 미스의 영향이 확연히 나타난다. 하지만 피터 스미스슨이 르코르뷔지에를 빗대어 '떠올릴 수 있는 좋은 아이디어는 이미 모두 다 가졌었다.'라고 회고했던 것처럼, 르코르뷔지에의 영향 또한 적지 않았다.[10] 제2차 세계대전 이후 영국 건축계에 미친 두 거장의 영향은 압도적이어서 두 젊은 건축가가 이를 벗어난 전혀 다른 건축을 추구하게 된 것은 큰 충격이었다.

레스터 대학교의 공과대학(1959-64)을 시작으로 제임스 스털링과 제임스 고완은 러시아 구성주의와 네덜란드의 데 스틸, 그리고 공장과 창고 및 용광로와 같은 영국의 19세기 공업건축 요소들을 혼합한다. 또한 그들은 프로그램을 적극적으로 개발하고 붉은 벽돌과 피복 유리(patent glazing)로 된 새로운 건축 어휘를 창조함으로써 초기 기능주의를 부활시켰다. 레스터 공과대학의 대지와 방위는 직각에서부터 45°로 기울어져 있는데, 북측 채광창을 대각선에 위치시키고 건물 전체는 엑소노메트릭의 형태로 투사시킴으로써, 추상적이면서 마치 중력에 저항하는 듯한 모습을 나타낸다. 이 작품은 전후 영국에서 가장 독창적인 작품으로 스털링의 이름을 국제적으로 알리게 된 계기가 된다. 스털링이 마이클 윌퍼드(Michael Wilford)와 함께 설계한 독일 슈투트가르트의 국립미술관(1981-84)은 포스트모더니즘을 대표하는 중요한 작품으로, 이 책의 한 장을 구성해야 하지만 건축가 한 명에게 한 개의 장만 허용한다는 원칙 때문에 아쉽게도 싣지 못했다. 레스터 공과대학을 다루면서 장의 맨 끄트머리에 이 논의를 첨부해 두었다.

독일의 경우, 셔로운과 헤링뿐만 아니라 앞서 살펴본 뵘의 경우처럼 유기적 전통이 계속 남아 있었던 덕분에 불규칙한 형태로의 전환이 상대적으로 용이했던 것 같다. 한편 1960년대에 지어진 한 건물은 정형화된 규칙을 거부하는 매우 극단적인 사례를 보여준다. 헬무트 슈트리플러(Helmut Striffler)는 다하우의 집단수용소 기념교회(1964-67)를 위한 설계 공모에 당선된다. 설계안은 다하우 수용소의 무자비한 축에 의한 질서를 거부하려는 의도를 지니고 있었다. 시적으로 표현하자면, 그 교회는 추방자들을 둘러싼 공포로부터 그들을 구해내는 피난처로서의 기능을 한다. 기억에 대한 문제는 가장 예민하고 고통스러운 것으로 20여 년 이상 힘든 토론이 계속되었다. 슈트리플러는 아래로 경사진 진입로와 거친 콘크리트 구조를 통해 이 건축물이 그동안의 기억을 절대로 잊지 않았다는 점을 상기시키려고 했다.

교회가 건축되는 기간 중 독일은 1972년 뮌헨 올림픽을 유치하려고 했으며, 1936년 베를린 올림픽을 유치했던 제3제국과는 상반되는 연방공화국의 적절한 특질을 대내외적으로 선보일 필요가 있었다. 1968년 올림픽 주 경기장 설계 공모에 제안된 '자연 속의 올림픽'은 뮌헨 외곽에 지어졌으며, 1980년대와 90년대 독일 건축계를 이끌어나간 건축 설계사무소 귄터 베니쉬와 파트너들이 등장하게 된다. 이들은 올림픽 주 경기장을 포함한 주변 일대를 마치 고대 원형극장 주변의 언덕처럼 거대한 인공조경으로 만들자고 제안했다. 지붕을 필요로 하는 주 경기장에는 선례가 없는 대규모 케이블막 구조를 제안했는데, 경량 구조의 선구자인 프라이 오토(Frei Otto)의 도움을 얻어 설치되었다. 이 걸작의 탄생은 베니쉬 건축의 급진적인 전환을 가져오게 된다.

1960년대 초반 그의 사무실은 규칙적이고 반복되는 직사각형 모양의 프리패브 콘크리트 사용의 선두에 서 있었다. 하지만 1965년 이후 이들의 건축은 반대 방향으로 급선회하여 장소와 상황에 민감하게 대응하는 '*시추에이션 건축*'을 옹호하게 된다. 그들은 더 나아가 훨씬 더 복잡하고 불규칙적인 작품들을 생산했으며, 베니쉬는 독일의 유기적인 전통을 이어받은 적자로 자리 잡는다.

이처럼 기술을 한계치까지 끌어올린 대규모 사례와는 대조적으로, 소규모이지만 이에 못지않게 세계적으로 중요한 작업이 이탈리아에서 조용히 진행되고 있었다. 1958년 카를로 스카르파는 베로나에 위치한 카스텔베키오의 재해석을 시작하지만, 독일 올림픽이 2년이나 지난 1974년까지 큰 진전을 보이지 못하고 있었다. 스카르파가 이제껏 설계한 건물들은 규모는 작았지만, 디테일의 완성도는 매우 잘 알려져 있어서 오늘날과 같은 기계 시대에서 장인정신에 대한 관심을 새삼 이끌어 낼 정도였다. 하지만 그의 가장 큰 공은 옛것과 새것의 문제, 그리고 역사적 맥락과의 소통에 관한 것이었다.

이러한 측면에서 그는 고트프리트 뵘과 지안카를로 데 카를로와 상통하지만 그들보다 더욱 섬세한 면이 있다. 베로나에 위치한 이 오랜 성곽은 박물관으로 바뀌었고 스카르파가 연출을 맡았다. 바닥과 천장의 모든 배치는 물론, 창문 한 장까지 스카르파에 의해 새롭게 해석되고 재구성되었다. 새로운 부분들은 그림과 조각을 틀에 짜 넣듯 정교하게 만들어지고 해석된 반면, 기존의 것들은 노출되거나 보수되었으며 일부는 의도적으로 철거하여 긴장감을 해소해 주었다.

스카르파는 작업실(chamber)에서 설계 업무에만 철저하게 집중함으로써 정치적인 논란을 피해 간 반면, 뤼시앵 크롤은 정치와 가장 깊게 연관된 건축가이다. 벨기에 루뱅 대학 내에 위치한 기숙사와 메종 메디컬(1969-74)은 1968년 학생 폭동의 직접적인 산물이다.

크롤은 보수적인 근대주의자에서 출발했지만, 반복적이고 비인간적인 대량생산 주택에 대해 점차 비판적 입장을 가지게 된다. 그는 줄지어 선 똑같은 집에 사람들을 살게 하는 것은 마치 제복을 입도록 강요하는 것과 다름없는 것으로 개인의 특질을 빼앗고 표준화된 인간으로 만드는 것이라고 생각했다. 이것을 극복하는 길은 사람들로 하여금 그들의 주택을 만드는 데 참여하도록 함으로써 강제된 통일성을 자연적인 다양성으로 대체하는 것이었다.

루뱅 대학은 매우 고답적인(brutal) 형태의 새 병원을 건축했으며 학생 소요가 발생했을 때에도 같은 방식으로 기숙사를 지으려고 했다. 참여기법에 관심이 많았던 크롤은 학생들의 추천을 받았고 대학 측과의 합의를 거쳐 건축가로 기용되었다. 크롤은 학생들의 요구와 필요사항을 고려하여 자기 생산적인(self-generating) 건축을 위한 급진적 실험을 하게 되는데, 그 무질서한 이미지는 세계적인 충격파를 던진다. 오늘날까지도 유효한 이 실험의 의의는 건축물을 완성된 오브제로 여기던 기존 관점에서 설계과정에 방점이 찍히도록 관점의 전환을 일으킨 것이다. 그것은 건축가들의 미적 기득권에 대한 도전이기도 했다.

팀 텐의 회원이었던 랠프 어스킨은 참여기법을 개발한 또 다른 선구자이다. 영국에서 태어나 교육을 받은 어스킨은 1930년대 말엽 스웨덴으로 이주하여 정착했으며, 군나르 아스플룬드(Gunnar Asplund)와 알바 알토(Alvar Aalto)와 같은 거장들의 섬세하고 유기적인 작품을 소화하여 스웨덴식 복지에 알맞은 주택 설계를 선보였다. 1970년대 초반에 이르러서는 스웨덴의 주요 건축가로 성장했으며, 영국으로부터 설계 의뢰가 몰려들기에 이른다.

뉴캐슬 소재의 바이커 주거단지(1970-74: 1단계)는 오래된 슬럼가였지만 지역 사회의 정서가 잘 남아 있어 재건축이 진행되는 동안에도 시 당국의 특별한 보호를 받았다. 어스킨 스스로도 주민들과의 소통을 시도했다. 그는 재개발 부지 내의 한 오래된 상점에 현장 사무소를 차리고, 주민들이 편하게 들러 건축가와 상담할 수 있게 했다. 또한 어스킨은 건물 철거를 연기시키면서까지 철거 대상 주택의 주민들이 새 주택으로 모두 이주할 수 있도록 편의를 제공했다. 이러한 그의 노력 덕분에 기존의 주민 관계는 손상되지 않고 유지될 수 있었다. 재건축에는 상점과 주민 편의시설도 포함되어 있었으며, 대부분의 주택은 뒷마당이 설치된 테라스형이었다.

바이커 월은 인근에 들어설 예정이던 고속도로의 소음을 차단하기 위한 선형 방벽을 설치하는 것으로 계획되었지만, 기후적인 차단막으로서의 효과도 있는 것으로 잘 알려져 있다. 이 점은 어스킨의 주된 관심사이기도 했다. 주변 조경을 상세히 파악하고 수많은 안들을 거쳐 간단한 주택 형태를 개발하면서, 어스킨은 영국 사회의 저소득층 공공 주거에 대한 사회의 비관적인 시선에 불구하고 아늑한 주거환경을 만들어 낼 수 있었다. 이 마을은 그 후 30여 년 동안 많은 변화를 겪었지만, 그가 보존하고자 했던 공동체의 정신만은 여전히 살아 있다.

사회주의자인 어스킨과 전문기술직 관료인 노먼 포스터를 비교하는 것은 저소득층 공공 주거와 대기업 사옥의 이미지만큼이나 대조적인 경우라고 할 것이다. 하지만 영국에서는 두 가지 시도가 동시에 성과를 거두게 된다. 윌리스 파버와 뒤마(1971-75)는 런던에서 입스위치로 본사를 이전하려던 보험회사였다. 회사는 새 사옥을 위해 도심에 비정형의 부지를 구입했으며, 1층에는 수영장, 옥상에는 직원용 편의시설을 두려고 했다. 오픈 플랜식의 평면과 규칙적인 기둥 간격, 그리고 복잡하지만 유연한 서비스 시스템은 미니멀리즘을 추구한 미스 반데어로에 이후 가장 보편적인 건축 방식이었으며 포스터 역시 자신이 추구하는 요소들을 발전시키고 보완하는 것을 당연시했다.

하지만 포스터는 미스의 작품들처럼 건물을 사각형으로 만들고 나머지를 공터로 남기기보다는 불규칙한 부지를 현실 그대로 받아들이고 최대한 활용하기로 결정한다. 포스터는 연속적인 유리 표피를 만들기 위해 다양한 요건들을 충족시키는 동시에, 프레임이 없는 유리창을 설치하여 이후의 건축에 큰 영향을 미친다. 포스터의 혁신은 주로 이와 같은 것으로, 그에게는 기술 발전이 건축 개념에 극적인 변화를 가져올 수 있다는 통찰력이 있었다.

기술적으로 가장 급진적이었던 포스터마저도 당시에는 건물이 대지에 반응해야 한다는 접근방식을 지니고 있었다는 것을 감안하면, 팀 텐이 지적한 전통적인 도시에 미치는 근대건축의 악영향과 조닝이 가져다주는 도시 공간의 구분은 매우 예리한 것이었다. 주어진 부지를 반드시 읽어야 한다는 주장으로 잘 알려진 수정주의의 대표주자는 바로 이탈리아의 건축가 지안카를로 데 카를로였다. 1950년대 그는 위기에 처한 르네상스 도시 우르비노의 재건을 위한 마스터플랜과 함께 신설 대학의 건설계획을 위임받는다. 그는 도시 외곽에 기숙사를 새롭게 추가한 반면, 단과대학은 구도심에 그대로 두기로 한다. 사범대학(Magistero, 1968-76)은 오래된 수녀원의 담벼락을 따라 지어졌는데, 분리 가능한 원형극장 및 나선형의 정원으로 외부와 격리된 공간을 완벽하게 재해석했다. 대부분의 건축가들이 건물을 하나의 조각품으로 바라보던 당시, 이와 같이 옛것과 새것의 관계 설정에 의존하는 진솔한 접근은 신선한 충격이었다.

렌초 피아노와 리처드 로저스의 작품인 파리의 퐁피두 센터(1969-77)는 그들 최초의 공동 작품이자 이전의 건축과 현저하게 구분되는 문제작이었다. 문화 센터로 지어진 이 작품은 건축을 부분의 합으로 받아들이는 생각을 가장 극적으로 나타내었다. 대지가 지닌 기억이나 자연적 특질은 전혀 건축적인 고려 대상이 아니었다. 성장과 변화라는 문화적인 배경을 감안하면, 이런 요소들이 건축에 미친 직접적인 영향은 거의 없다. 바로 극적인 유연성과 가변성이 이 건축을 지배하고 있었기 때문이다. 실제로 문화 센터 자체는 변화가 상대적으로 적었을 뿐더러 계획된 유연성 또한 변화에 대처할 정도는 아니었다. 오히려 의도대로 설계과정과 변화를 드러내기보다는, 건물 자체가 지닌 구조와 서비스를 기념비적으로 표현했다. 한편 파리를 내려다볼 수 있는 전망을 제공하고 도심의 광장을 활성화시켰다는 면에서 사회적인 성취감은 얻을 수 있었다.

피아노와 로저스, 그리고 지안카를로 데 카를로와 알도 로시는 도시의 특성에 지대한 관심을 가지고 있었다. 1960년대 후반과 1970년대 초반 건축가들 사이에서 '도시'는 가장 중요한 주제였다. 데 카를로가 우르비노의 맥락을 바탕으로 자신의 아이디어와 방법론을 발전시킨 반면, 알도 로시는 모데나에 위치한 산 카탈도의 신 공동묘지(1971-90)를 설계하며 새로운 합리주의를 지향한다. 특히

1966년 출간한 저서『도시의 건축』을 통해 더욱 추상적인 이론을 만들어 낸다. 로시는 도시의 기능이 예전과 완전히 달라졌음에도 불구하고 기존의 형태가 지속되고 있는 것을 알아차리고, 단순한 기하학적 입방체를 기본으로 하는 원형(archetype)을 근본적인 건축 어휘로 제안한다. 역사적인 도시가 지니고 있는 내재적 기념비성과 의도된 초월성 덕분에 이 작품은 유난히 죽음의 건축으로 적절했지만, 로시의 건물과 프로젝트는 실물보다 이미지가 더욱 호소력을 지니고 있다. 그의 작품은 전혀 시대착오적으로 보이지 않는 전통 지붕과 창문의 사용, 설명이 필요 없는 시적 감수성으로 10여 년 동안 세계적인 영향을 미쳤다.

뉴욕에 기반을 둔 피터 아이젠먼(Peter Eisenman)은 후일 해체주의로 재정의되는 또 다른 종류의 포스트모더니즘을 대변한다. 그는 근대건축의 기능주의에 반기를 들고 기능과 구조에 구애받지 않는 추상적인 형태 언어를 추구했다. 이탈리아의 건축가 주세페 테라니(Giuseppe Terragni)를 중심으로 초기 근대주의자들의 작품을 탐독한 아이젠먼은 주로 주택으로 된 그의 작품에 자신만의 형태 시스템을 적용했다.[11]

오하이오주 콜럼버스에 세워진 웩스너 센터(1983-89)는 건축의 규모와 공적인 용도 외에도 형태의 구성에 있어 대지의 독특한 요소를 적극적으로 반영함으로써 지역적인 맥락을 바탕으로 건물의 잠재적인 의미를 더욱 풍부하게 할 수 있다는 점을 보여준 획기적인 작품이다. 아이젠먼은 수많은 이론과 해석으로 자신의 작품을 뒷받침함으로써 건축 논의에 있어서 미국 동부의 주요한 건축가로 자리 잡았으며, 인쇄 매체를 통해서 국제적인 기여도 하게 된다.

건축 교육에 헌신했던 또 한 명의 건축가로 카를요세프 샤트너(Karljosef Schattner)를 들 수 있다. 우리에게 결코 낯설지 않은 그의 작품은 극단적으로 다른 종류의 맥락주의를 보여준다. 독일의 작은 도시 아이히슈테트의 가톨릭 교구에 소속된 건축가로 30여 년 동안 일해 온 샤트너는 소규모의 고품격 건물을 건축해 온 지역 건축가이다. 독일에서 그의 명성이 1980년대 이후 계속 높아져 온 것은 그의 건축이 이론보다는 실제 작품에서 훨씬 돋보였기 때문이다. 재료에 대해 상당히 민감해서 꽤 까다로운 근대주의자였던 그는, 카를로 스카르파의 영향으로 그의 작품과 유사한, 대조와 켜의 효과가 있는 실험적인 건축을 시작한다.

아이히슈테트에 재건축된 바이센하우스(1985-88)는 역사적인 호기심을 자아낸다. 원래 두 채의 르네상스 주택으로 지어졌으나 18세기에 고아원으로 용도가 변경되면서 파사드를 바꾸었고, 샤트너에 의해 가까스로 철거를 모면했다가 결국 대학의 두 학과가 전용하고 있다. 샤트너의 작품은 이러한 세 개의 켜를 모두 노출시켜 대조적으로 보여줌으로써 만져볼 수도 있을 만큼 역사성을 강조한 매혹적인 건물이다. 많은 역사적 건물들이 갑작스럽게 철거되거나 알아볼 수 없을 정도로 심하게 변형되어 모든 도시가 서로 비슷하게 되어갈 때, 샤트너는 어떻게 도시와 개인의 기억을 보존하고 옛 것과 새것을 섬세하게 조화시켜 장소성을 만들어 갈 수 있을지에 대한 훌륭한 사례를 제시했다.

사람에 따라서는, 새로운 것을 전혀 원하지 않는 사람도 있다. 영국에서 근대주의에 대한 반향으로 일어난 보존운동은 스스로를 '참된 건축(Real Architecture)'으로 규정하고 1980년대에 이르러서는 시대착오적인 건축을 부끄럼 없이 생산해내기도 한다.[12] 이러한 경향은 찰스 왕세자에 의해 고무되었는데, 그가 건축에 대해 직접 간섭하기 시작한 것은 런던 국립미술관 증축안을 비난하면서부터이다. 세인즈버리 윙(Sainsbury Wing)이라고 불리는 이 증축안은 결국 1986년 착공되어 1991년 완공된다. 1982년 시행된 현상 경기에서 아렌즈, 버턴 그리고 코랄레크가 제안한, 더욱더 근대적이었던 설계안은 착공 직전 찰스 왕세자에 의해 '아주 사랑하는 친구의 얼굴에 생긴 여드름과 같다.'라는 혹평을 받았다. 계속되는 당혹감 속에 '안티 모던'을 표방한 두 번째 국제 현상설계 공모가 1986년 시행되었는데, 지금껏 근대주의를 추구하던 건축가들이 돌연 석조 파사드를 지닌 19세기 건물을 설계하고 나섰다.[13]

로버트 벤투리와 스콧 브라운은 독특한 부지의 형태에 잘 반응한 디자인으로 우승했지만, 그와 동시에 아이러니하고 과장된 몸짓이 역사적 형태를 지닌 파사드와 복잡한 근대미술관의 기능을 적절히 접목시키는 유일한 방법이라는 것이 증명되었다. 1990년대 초반 완공된 이 건물로 포스트모더니즘은 종지부를 찍게 된다. 벤투리는 1960년대에 출판한 유명한 저서『건축의 복합성과 대립성 *Complexity and Contradiction in Architecture, 1966*』을 통해 근대주의에 대한 반향으로 일종의 매너리즘인 포스터모더니즘을 노골적으로 주장한 바 있어 결자해지의 측면도 보여준다. 스티븐 아이제너(Steven Izenour)와 함께 벤투리와 스콧 브라운은 또 다른 저서『라스베이거스의 교훈 *Learning from Las Vegas, 1972*』을 통해 처음으로 키치를 건축적 논의에 포함시키기도 했다.

벤투리와 스콧 브라운은 같은 시기의 건축계에 스미스슨 부부 및 임스 부부와 함께 여성과 남성이 건축물을 만들어내면서 동등하게 기여하고 있다는 의식의 변화를 가져오는 데에도 성공한다. 비록 세 경우 모두 남편과 함께 건축을 한다는 특징이 있지만, 그들의 이름과 역할에 대한 사회적 인지도는 여성이 거의 없었던 제1세대 근대주의자들로부터 점차 여성 혼자 국제적으로 명성을 알릴 수 있는 오늘날의 상황으로 변화해 가고 있음을 보여준다.

1 P. Blundell Jones, 2002.

2 P. Blundell Jones, 1978, 1995, 1999.

3 팀 텐에 대한 가장 일반적인 자료는 'Risselada and van den Heuvel 2005' 참조.

4 *The Medicine of Reciprocity*', 1961년 Forum지에 처음 발표된 후 여러 차례 재출판된 바 있다.

5 알베르티의 건축론(L. B. Alberti, 1485) 영어 번역본(1986) 참조.

6 *The Medicine of Reciprocity*', 미주 4번 참조.

7 P. Blundell Jones 2002, 제13장 참조.

8 슈투트가르트에 세워진 한스 셔로운의 로미오와 줄리엣 주택단지(1954~57)는 실거주자를 대상으로 분양된 성공적인 사례이며, 그는 이후 또 다른 설계 의뢰도 받게 된다. 셔로운이 설계한 베를린 필하모니 콘서트홀은 1963년 완공되었으며, 당시 유럽의 다른 건물과 비교할 때 좌석 수 기준으로 최저가로 시공되었다.

9 뉴욕에 지어진 미스의 시그램 빌딩(1957)은 그 당시의 경향을 잘 대변해주는 사례이다.

10 Banham 1966, p. 86.

11 아이젠먼의 주세페 테라니에 대한 연구는 처음 케임브리지 대학교의 박사학위 논문으로 쓰였으며, 2003년에 와서야 출판된다.

12 1988년 런던의 빌딩 센터에서 개최된 전시회 '*참된 건축(Real Architecture)*'에는 존. 심슨(John Simpson), 로버트 애덤(Robert Adam), 데미트리 포르피리오스(Demetri Porphyrios), 그리고 퀸런 테리(Quinlan Terry)의 작품을 포함하고 있다. '참된 건축'이라는 용어의 원조 격인 이 전시회의 도록은 앨런 파워스(Alan Powers)가 편집했다.

13 Peter Blundell Jones, '*Two Views on Venturi*', in *Architects' Journal*, 13 May 1987, pp. 22~26 참조.

CHAPTER 01

Charles and Ray Eames: Eames House, Pacific Palisades, 1945-49

찰스와 레이 임스:

임스 주택, 퍼시픽 팰리세이즈, 1945-49

1945년 독일과 일본이 패전국이 된 이후, 승전국인 자유민주주의 진영은 미국에 주목했다. 정치적으로 미국의 리더십은 소련과의 세력 대결과 마셜플랜을 통한 경제적인 원조를 통하여 세계적으로 맹위를 떨쳤다.[*]

문화적인 측면에서 세계 각국에 주둔하는 미국의 군대는 영화와 음악에서 나타나던 기존의 문화적 존재감을 더욱 증폭시켰다. 단순한 경제 대국이었던 미국은 실존하는 기회의 땅으로 재발견되었다. 건축계에서는 패망한 전체주의 체제를 연상하게 한다는 이유로 유럽의 전통적인 건축 양식을 공공 프로젝트에서 배제하려는 시도가 있었다. 미스와 그로피우스를 비롯한 유럽 출신의 망명 건축가들을 통하여 세상을 바꾸기 위한 사회 개혁가로서 건축가의 역할이 학계를 중심으로 확산되었다. 더불어 제2차 세계대전 이전 이들의 선구적인 건축 작품도 많은 사람들에게 알려지게 되었다.[1]

---

[*] 마셜플랜은 제2차 세계대전의 상흔으로부터 유럽의 경제를 재건하기 위하여 당시 미국의 국무장관인 마셜(G. C. Marshall)에 의해 1947년에 제안되고 추진된 유럽경제 부흥계획이다. 이 계획으로 1948년부터 1952년까지 미국의 유럽원조액은 약 120억 달러에 달했으며, 소련을 중심으로 한 공산주의의 팽창을 억제하는 데 기여했다.

[사진 1] 임스 주택: 화려한 색채로 구성된 파사드.

이러한 변화는 건축환경뿐만 아니라 일반 사람들이 가지고 있던 건축가의 이미지에도 영향을 미쳤다. 찰스와 레이 임스의 파트너십은 대안적인 비전을 제시하는 한편, 전통적인 건축 사무소에 대한 고정관념도 깼다. 주위에서 흔히 볼 수 있는 '무뚝뚝한 남자 관리인' 또는 영화 '*파운틴헤드(The Fountainhead, 마천루)*'의 하워드 록을 멋지게 연기한 게리 쿠퍼처럼 '로맨틱하지만 고독한 천재'의 이미지 대신, 임스 부부는 같은 직장에서 즐겁게 일하는 연인으로 비쳤다.[2] 이들은 디자인, 영화 그리고 창작 전시회에서 항상 행복한 부부의 모습을 보여 주었다. 임스 부부의 모든 작품은 명쾌한 형태를 통해 자기의식적인 맥락을 제공하고 내용물의 내재된 속성을 드러내었으며, 열린 소통을 위해 헌신하는 듯했다.

임스 부부는 자신들보다 약간 나이가 어린 영국의 스미스슨 부부(제5장 참조)와는 달리 딱딱하고 권위적인 모습으로 보이기를 원하지 않았다. 이들은 형식적으로나 기술적으로 철저한 작업 과정을 거쳐 작품을 발전시키고, 자신들의 작업을 꾸준히 문서화하여 타인과 기꺼이 공유했다.[3] 임스 부부의 밝고 낙천적인 이미지는 아이젠하워 대통령 집권기에 나타난 물질적으로 풍요로운 미국의 모습을 대변해 준다. 하지만 그 이면에는 대공황기와 루스벨트의 뉴딜정책, 제2차 세계대전을 겪으면서 경험했던 어두운 그림자도 깔려 있다.

찰스 임스는 1907년 미국 세인트루이스에서 태어나 워싱턴 대학교에서 건축을 배웠지만 교육과정을 끝마치지는 못하였다. 1929년 유럽여행을 떠난 임스는 초기 근대주의자들의 작품을 직접 접하게 되었다. 대공황기 중에 임스와 그의 동료들은 지극히 평범한 주택 몇 채와 교회 건물 한 채를 지었다. 이후에는 공공사업진흥국(Works

Progress Administration)을 통해 연방정부의 프로젝트에 참여하게 되었다.[4] 그중 1936년 아칸소주 헬레나에 지은 세인트 메리 교회가 건축가 엘리엘 사리넨의 눈에 띄어, 임스는 그로부터 뉴욕 크랜브룩 아카데미에서 공부할 수 있는 기회를 얻었다. 임스는 그곳에서 공예를 공부하던 새크라멘토 출신의 젊은 예술가 레이 카이저를 만났다. 1941년 임스는 첫 번째 부인과 이혼하고 카이저와 결혼한 뒤 로스앤젤레스로 이주했다. 찰스는 메트로-골드윈-메이어사(社)에 고용되어 설치 디자이너로 일했으며 레이는 가구 디자인 작업에 몰두

[사진 2] 1956년 허먼 밀러사에서 제작되어 세계적으로 유명해진 임스 체어와 오토만 쿠션.

했다. 이들은 리처드 노이트라가 설계한 스트래스모어 아파트에서 함께 지내면서 작업에 열중했다.

그해 연말, 미국은 제2차 세계대전에 참전하였고 군수산업에 뛰어든 캘리포니아의 기업들은 항공기 제작에 두각을 나타내게 되었다. 임스 부부는 미국 해군으로부터 전투 중에 부상당한 상이군인들을 위한 합판(plywood)으로 된 부목(副木: splint) 제작을 의뢰받고, 친구인 존 엔텐자와 함께 회사를 세웠다. 이로써 임스 부부는 물자가 부족하던 시절 신기술을 접할 수 있는 특권을 거머쥐었고, 실험적인 가구 디자인도 시도할 수 있게 되었다. 간접적이지만 이 당시에 만들어진 결과물이 흔히 '임스 체어'로 불리는 1956년도의 작품인 라운지 의자와 오토만 쿠션이다. 합판은 견고하고 혁신적이었으며 무엇보다 대단히 실용적이었다. 새로운 미적 가능성으로 제시된 주름진 시트(folded sheet)에 근본적으로 맞아떨어졌고, 레이는 이를 노련하게 활용했다. 이 새로운 재료는 섬유 유리와 알루미늄과 더불어 임스 부부를 디자인과 재료 사용에 있어서 중요한 전환점에 놓이게 하였다.[5]

케이스 스터디 주택

전쟁이 계속되자 미국인들과 유럽 출신의 망명 예술가들은 평화가 다시 찾아오기를 고대했다. 주제프 류이스 세르트와 페르낭 레제, 지크프리트 기디온이 보여준 새로운 기념비성에서 알 수 있듯이, 건축가들은 새로운 공공의 건축 언어를 찾아내기 위하여 있는 힘을 다하고 있었다.[6]

귀국하는 참전용사들과 그 가족들을 위한 주거환경 개선에 큰 관심이 쏠리자,『캘리포니아 아트 앤드 아키텍처』(나중에『아트 앤드 아키텍처』로 이름이 바뀐다.)라는 잡지를 통해 케이스 스터디 하우스 프로그램이 탄생하게 되었다. 임스 부부의 상업적인 동반자인 존 엔텐자가 편집을 맡은 이 잡지는 근대성의 미학을 연합국의 정치적 의도와 연관지어 규정하고, 근대 기술이 모호한 주거의 문제에 어떻게 적용될 수 있는지에 대한 실제적인 사례를 보여주고자 했다. 1943년, 엔텐자는 '전후의 생활을 위한 디자인(*Designs for Post-War Living*)'이라는 공모전을 기획하고, 이듬해 찰스 임스가 기고한「*주택이란 무엇인가?What is a House?*」라는 글을 잡지에 실었다. 승전을 눈앞에 둔 1945년 1월, 그는 케이스 스터디 하우스 프로그램과 함께 앞선 질문에 대한 해결책을 공모하였다.『아트 앤드 아키텍처』지는 공모에 참여한 후보작 중에서 캘리포니아 건축가 여덟 명의 디자인을 선정한 뒤, 각 거주자들에게 적합한 부지를 구매하고 건축을 실행하기로 했다. 그리고 새로운 주거에 대한 사회·문화적 의식을 드높이기 위해 그 결과를 정리하여 출판하겠다고 발표했다.[7]

비록 모호한 점이 있더라도 제조업자들과의 상업적인 협력관계 구축과 입주 이전 모델하우스 공개(35만 명의 방문자 수를 기록하였다.)로 이 프로젝트는 1927년 슈투트가르트에서 개최된 바이센호프 단지처럼 유럽 근대 건축가들의 전통적인 전시회의 연장선상에 놓일 수 있었다(Blundell Jones 2002, 제1장 참조). 하지만 도시 환경의 변화를 전제로 하는 앞선 사례와는 달리, 케이스 스터디 하우스는 집합적인 원형이 아니라 개별 가족을 위한 주택이었다. 이러한 사실만으로도 본래의 이데올로기적인 의도는 일부 흐려졌으며, 더욱 개인주의적인 미국 사회를 향한 넓은 의미의 사회주의, 근대주의자들의 의제가 채택된 것을 알 수 있다. 또한 처음에는 목조 건축일 것으로 예상된 건축안은 철골 기술의 발달로 이전과 다른 극적인 건축안의 현실화가 가능해졌다.

LIFE IN A CHINESE KITE

Standard industrial products assembled in a spacious wonderland

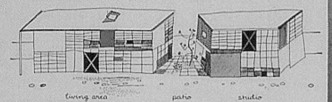

living area patio studio

Diagram by Eames shows flexibility of frame, many ways of rearranging facade of patterns

The sparkling construction shown on these pages happens to be the place where one of America's foremost young designers and his wife are having the time of their lives. More important, it is also one of the most advanced house structures built in this country to date.

So far as Charles Eames is concerned, there is no reason why a house should not be:

▸ *Spacious—space being the greatest luxury there is;*

▸ *A sophisticated industrial product;*

▸ *And as light and airy as a suspension bridge—as skeletal as an airplane fuselage.*

Having got this straight in his own mind, Eames asked himself these questions: How cheap is space? How industrial is our building industry? How light is steel?

LOCATION: Santa Monica, Calif.
CHARLES EAMES, Designer*
LAMPORT, CAFER, SALZMAN, INC., General Contractor

[사진 3] 그 당시의 출판물.

Two-story living room (opposite) faces south-west. Eames-designed step-ladder at left is useful in opening projecting sash, climbing up to bedroom gallery in rear.

Porch at southwest end of building (left) is partly enclosed by 8 ft. retaining wall. Latter is 200 ft. long, accounted for large chunk of building budget.

Designed and built for the Case Study House program of the magazine Arts & Architecture.

Photos pp. 98-99 (except top p. 94) Julius Shulman.

[사진 5] 찰스 임스와 에로 사리넨이 설계한 다리처럼 생긴 주택의 초안.

[사진 4] 1954년 주택에서 촬영된 잡지 『보그(Vogue)』의 모델.

　이 프로젝트에는 크레이그 엘우드, A. 퀸시 존스, 피에르 쾨니히, 라파엘 소리아노 등이 참가했다. 그중 임스 주택이 가장 영향력이 컸다. 찰스 임스는 사실 퍼시픽 팰리세이즈 근처에 있는 부지에 두 채의 주택을 설계했다. 하나는 임스 주택으로 불리는 케이스 스터디 주택 8번으로 찰스와 레이 임스가 설계한 것이고, 다른 하나는 독신이었던 엔텐자를 위해 설계한 주택 9번으로, 찰스 임스와 에로 사리넨이 설계한 것이다. 대조적인 모습으로 가까운 위치에 지어진 두 주택은 접근방법과 형태적인 선택에 있어 서로 다른 모습을 보인다. 엔텐자의 주택이 독신자의 휴식공간으로 의도된 것과 달리, 임스 부부의 주택은 가족을 위한 공간이자 작업공간으로서 만들어졌기 때문에 개방된 프레임을 가지고 있다. 전자의 닫힌 셸 구조와는 대조적이다. 임스 부부의 주택은 그들이 오랫동안 거주하면서 디자인 아이디어를 발전시키는 도구로 활용했기 때문에 원형을 가장 오래 간직할 수 있었다. 임스 부부와 엔텐자의 관계가 점점 서먹해져 가면서 이 주택은 1950년대 중반에 매각되었고, 이후 개축되면서 약간 변화하였다. 그러나 임스 부부의 건축을 동경하는 사람들이 지속적인 관심을 가지게 하기 위하여 이 주택의 정원은 개방되어 있다.

임스 부부의 미학

근대 주거사에 있어서 임스 주택은 그다지 주목을 받지 못했다. 아돌프 루스의 작품이 외부와 내부 사이의 시각적이고도 기술적인 언어를 분명하게 구분했기 때문이 아니다. 이 비엔나의 거장이 세기말의 현상으로서 아이러니하게 이러한 구분을 제시했다면, 훗날 캘리포니아의 후배 건축가는 내부와 외부의 긴장을 피하면서 훨씬 더 자유롭게 지역에 기반을 둔 건축 언어를 선호했다.[8] 외관에 드러난 여분의 프레임은 수집광의 열정과 절충주의로 가득한 내부 공간을 숨기고 있다. 이것은 경제성이 가장 중요하던 시기에 내부의 모습을 과도하게 절충하려고 한 난감한 사례이다.

임스 부부의 수집욕과 수집품들을 오롯이 자신만의 방식으로 전시하겠다는 열정은 건축적 이상을 표현하는 과정에서 오히려 여러 가지 걸림돌들을 제거해 주었다. 스스로 자신들이 설계한 집에 산다는 점만 제외하면 외관의 기계적인 논리는 매우 분명한 한 가지 이유로 내부에는 적용되지 않았다. 미스 반데어로에가 판스워스 주택(1946-50)에서 보여주었던 종류의 인테리어는 근본적으로 권위 있는 전문가들을 위한 것으로 채산성이 맞지 않았다. 사무실이나 전시장에는 그와 같이 절제미 있는 인테리어가 잘 어울리겠지만, 소수의 부유하고 지적인 건축 애호가를 제외하면 시장에서 그다지 매력적인 것이 아니었다.

임스 주택이 채택한 디자인 전략은 나중에는 편안하면서도 고급스러운 단독주택의 전형이라는 호평을 받게 되지만, 처음에는 거의 자기 부정적인 것이라는 혹독한 평가를 받았다. 프레임의 단순성은 최소 표면적 안에서 최대의 볼륨을 만들어 내려는 경제적인 의도를 보여준다. 경사지를 배경으로 자연적인 목초지를 따라 소박한 강철 프레임을 세움으로써 얻어진 장소와의 극적인 관련성은 결코 자기 자신을 내세우지 않는다. 이 점은 찰스 임스가 매우 존경했던 프랭크 로이드 라이트가 미국의 주택건축으로 설득력 있게 표현했던, 주택과 조경을 일체화하려는 근대주의자들의 의지와는

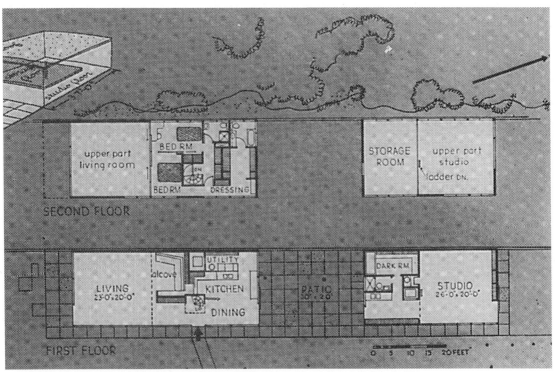

[사진 6] 당시의 출판관례를 따른 임스 주택의 1층과 2층 평면도.

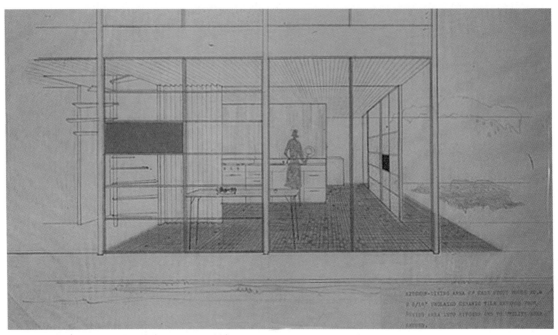

[사진 7] 주방과 여성의 모습을 표현한 원래의 루시도면.

사뭇 대조적인 것이다(Blundell Jones 2002, 제12장). 오히려 주택을 보는 사람들 앞에는 근대주의 영화나 전시 작품에서 볼 수 있을 것 같은, 임스의 디자인 의지를 규정할 만한 어떤 것이 제시된다. 즉, 두 개의 독립된 요소를 간단히 병치함으로써 관찰자들로 하여금 이들을 서로 연관 짓도록 유도한다.

1945년 12월호『아트 앤드 아키텍처』지에 실린 이 주택들의 초기 모습은 사각형의 엔텐자 주택과 독립된 스튜디오를 가진 L자 형태의 임스 주택이 나란히 배치되어 있다. 기존의 목초지 위로 캔틸레버가 돌출된 일차적 볼륨은 기존 대지의 방벽과 수직을 이룬다(사진 5). 진입로는 주택 아래로 설치되어 빌라 사보아와 같은 근대주의자들의 빌라 원형과 연관된다(Blundell Jones 2002, 제7장).

임스가 구조 엔지니어 에드가르도 콘티니와 함께 설계한 강철 프레임은, 현장에서 일부 수정되기는 하지만 케이스 스터디 주택 프로그램이 지닌 중요한 개념을 보여준다. 대량생산과 빠른 조립공정은 제2차 세계대전 기간 중 현저히 개선되었는데, 특히 항공기 제작의 경우가 그러했다. 평화의 시대로 들어서자 건축계는 제1차 세계대전 때와 같이 '칼을 녹여 쟁기를 만드는' 전략을 다시 세웠다.[9] 주택 공급이 시급하기도 했지만, 군수물품을 제작하던 사람들을 건설 현장에서 다시 일할 수 있게 하려는 의도도 있었다. 영국의 하트퍼드셔 학교 프로그램은 애틀리 수상이 이끌던 노동당 정부의 사회적 의제를 따라 진행되었는데, 당시의 소박한 건축방식은 기울어 가는 제국주의 열강의 자화상을 보여주기에 적합했다.[10] 승전과 함께 영향력이 커진 미국은 같은 방식으로 생각하면 더욱 매력적인 시각으로 보이고 이해될 수 있지만, 강대국의 위상을 물질적인 가치로만 판단하는 오류를 동반하고 있다.[11]

다리의 형태로 설계된 주택 8번의 초기 계획안은 미스의 스케치와 부인할 수 없을 정도로 유사성을 지니고 있다. 찰스 임스는 그의 작품을 뉴욕근대미술관 전시회에서 관람했다고 밝혔으나, 레이 임스에 따르면 1947년 11월에 와서야 관람할 수 있었다고 한다.[12] 두 번째 계획안은 미스의 선례로부터 벗어나 거실의 볼륨을 90° 회전시킴으로써 부지의 경사진 부분과 평행하게 만든 것이다. 원래의 캔틸레버는 한 층 높이의 방벽이 대신한다. 두께 4인치의 H빔과 12인치 두께의 굵은 오픈웹 트러스는 현장에서 조립되어『아트 앤드 아키텍처』지 1949년 5월호에 실린 것과 같은 새로운 형태를 만들어 냈다.

　상자형 연(box kite)[13]과 이따금씩 비교되는 이 프레임의 물리적이면서도 미적인 모티프는 주택과 스튜디오, 그리고 가운데에 위치한 중정(patio)의 분리된 볼륨을 통제한다. 한쪽은 콘크리트로 된 방벽 위로 제방을 등진 채 소박하게 앉혀졌으며, 다른 한쪽은 새로 건축된 주택이 주변에 가져다줄 충격을 흡수할 유칼립투스 나무가 늘어서 있다. 중정은 주택의 볼륨에서 가장 많이 차지하게 되는 부분으로 초점이 맞춰졌다. 주택의 볼륨에서 주방, 식당과 욕실, 침실, 그리고 스튜디오 볼륨의 창고와 암실 같은 서비스 공간은 그다음이었다. 한편 거실과 스튜디오의 이중 높이 천장은 최대한 높게 만들어졌다. 이것은 공간의 열림과 닫힘으로 생동감 있는 리듬을 만들이 내었고, 가운데 부분은 하늘을 향해 열려 있는 동시에 대지에 안겨 있기도 한 형태였다. 공간의 변화는 거실과 식당 사이에 위치한 주 출입구의 배치로도 이어진다. 침실로 연결되는 회전계단이 주 출입구 반대쪽으로 마주 보고 있다. 남쪽을 바라보는 베이(칸)의 끝부분은 개방되어 있는데, 이것은 지붕 선이 연장되어 바다 쪽으로 좋은 전망이 펼쳐지는 테라스로 의도적으로 만들어졌다.

　7피트 6인치(2.28미터)로 된 기본 모듈은 전체 조합의 길이를 결정했다. 가장자리의 열린 부분을 포함하여 주택은 8칸, 스튜디오 5칸, 그리고 중정은 4칸에 달했다. 폭은 모듈의 절반을 기준으로 그려진 사각형과 세 부분으로 나뉜 가장자리의 유리창은 같은 모듈의 3칸을 의미하지만, 좀 더 자세히 살펴보면 7피트 6인치로 된 두 칸과 출입구를 위해 만들어진 6피트 3인치로 된 좁은 칸을 합하면 거의 20피트에 달한다. 20피트 4인치로 기록되어 있는 도면도 있다. 두께를 어떻게 결정했는지는 확실하지 않다. 주택의 전체 길이는 51피트이고 스튜디오는 37피트, 높이는 둘 다 17피트이다. 실제로 폭을 20피트로 가정하고 계산해 보면, 경제적인 산업생산에 최적화된 비례의 매트릭스를 발견할 수 있다(즉, 51=17×3, 그리고 37=20+17).[14]

　프레임은 콘크리트 슬래브에 볼트로 직접 고정되어 있지만, 각 볼륨은 바닥의 마감재를 달리하여 구분하고 있다. 즉, 거실은 타일로, 정원은 벽돌 포장으로, 스튜디오는 목재 모자이크 바닥(parquet)으로 마감되어 있다. 축대를 향하고 있는 이중 천장 높이의 거실 벽은 목재 패널로 되어 있으며, 침실 발코니 아래에는 응접실이 위치하고

[사진 8] 단순한 강철 구조로 된 스튜디오 및 간소한 계단, 그리고 임스가 디자인한 가구.

있다. 침실 공간에서의 사생활은 발코니 전면에 설치된 슬라이딩 스크린으로 보호되며, 전면 파사드에는 불투명한 유리창이 부착되어 있다.

[사진 9] 목초지 건너편에서 바라본 임스 주택. 유칼립투스 나무가 전면에 보인다.

볼륨의 여닫힘에 대한 감각은 입면의 불투명한 창과 투명한 창의 대비에 의해 강화된다. 유리가 설치된 부분은 큰 창으로 된 부분도 있지만, 대개 층마다 수평 방향으로 여섯 개의 창이 나뉘어 있다. 외부에서는 빛이 반사되어 비물질적인 효과를 자아내고, 내부에서는 프레임을 통해 밖을 내다볼 수 있는 조경을 만들어 낸다. 이와 같은 시각적인 효과는 외부에서의 별다른 작업 없이도 환경과 주택 사이의 대조를 통해 소박하고 섬세하게 강조된다.

프랭크 로이드 라이트와 그린 형제를 비롯한 건축가의 작품에 드러나듯이, 미국과 일본 사이의 오랜 역사를 고려해 볼 때 이 주택은 일본 주택의 미닫이문에 미학적인 근거를 두고 있다는 주장도 있다.[15] 그러나 이러한 연결은 전쟁 기간 중 일본계 미국인들을 강제수용소에 보냈다는 사실과 태평양에서 참혹한 전투를 경험하고 귀환한 참전용사들을 생각했을 때 부적절한 것으로 여겨졌다. 건축가들은 신중하게 논란의 여지가 없는 경제적인 논리를 선호했다. '일본스러움'은 건물을 흑백사진으로 찍었을 때 두드러지지만, 강한 원색의 패널을 보면 실제로는 색채를 의도했다는 것을 알 수 있다. 이것은 2-30년 앞선 유럽 근대주의, 특히 네덜란드의 데 스틸과는 사뭇 다르다.

레이 임스는 결혼 전 뉴욕에서 미국 추상화가 협회(AAA: American Abstract Artists)의

[사진 10] 주택과 스튜디오의 파사드는 몬드리안과 유사한 구성을 보여준다.

일로 피에트 몬드리안과 만난 적이 있다. 임스 주택에 나타난 프레임과 색채에서 몬드리안 작품과의 유사성을 찾을 수 있지만, 공간을 대하는 두 작가의 태도는 서로 다르다. 리트벨트의 적청 의자(Red-Blue chair)와 슈뢰더 주택에 나타나듯이 데 스틸의 핵심은 닫힌 형태를 다루는 역동성이다. 그러나 프레임이 지닌 엄격성과 채색 패널의 영구성이 만들어내는 임스의 미학은 정적이다. 시간의 흐름에 따라 색채를 바꾸자는 의견도 있었으나 변함없이 유지되었다. 그 대신 일상과 계절의 리듬을 통해 변화무쌍함이 완성되었다.

나중에 지어진 몇몇 케이스 스터디 주택들과 달리, 내부의 공간적인 경험은 단순한 확장성이 아니었다. 그보다는 이중 천장고의 공간이 주는 개방성이 시각적으로 재료의 복합성을 강조하였고, 공간과 표면이 처음부터 일련의 구조물과 가구로 절충되어 채워진 듯이 보이게 하였다. 앞선 근대주의자들의 주택이 계획적으로 설계되어 통일성을 지녔던 것과는 전혀 다르다. 금욕적이고 고결한 유럽의 아방가르드 역시 임스 주택이 상업적으로 고객들에게 보여준 매력을 갖지는 못했다.

임스 부부는 1950년 9월 『아키텍추럴 포럼』지에 「중국 연 속에서의 삶Life in a Chinese Kite」이라는 제목의 글을 써서 임스 주택에 대하여 다루(Life)었고, 프레임과 패널로 된 이 주택의 언어를 허먼 밀러사(社)의 창고 유닛에도 적용하여 납품했다. 이 디자인은 1950-1952년 사이에 주택을 소유한 사람이라면 누구든지 저렴한 가격에 임스와 같은 경험을 할 수 있도록 해주었다. 임스 주택은 1954년 4월 『보그』지 패션 화보의 배경으로도 사용되었다. 1951년 임스 스튜디오는 밝게 채색된 삼각형 패널 세트 '더 토이'를 제작하였는데, 이 세트를 조립하면 사각뿔 구조로 아이들의 놀이 공간이 된다. 1952년에는 이와 비슷하지만 크기가 더 작은 세트도 제작되었다. 1959년에는 레벨(Revell)사(社)가 임스 주택을 본뜬 장난감 모형을 발매하였다. 약 16대 1의 비율로 축소 제작된 이 주택은 임스 주택의 안에 있는 가구까지도 포함되어 있다.

임스 주택을 직접 방문하지 못하는 다른 많은 사람과 경험을 나누기 위해 약 10분 길이의 영화 「주택: 5년간의 생활House: After Five Years of Living」도 제작되었다. 이 영화에는 주택의 내·외부 사진들이 총천연색으로 담겨 있다. 영화제작자 엘머 번스타인이 참여한 이 영화는 슬라이드 쇼와 비슷한 방식으로 빛과 그림자와 색, 기계와 민속

예술이 지닌 추상적, 구성적 가치에 주목할 수 있도록 했는데, 이것은 임스 영화의 전형이기도 하다. 이러한 형식론적인 접근은 이질적인 각각의 요소들을 일관성 있는 전체로 구성하는 데에 주택의 프레임이 얼마나 중요한지를 잘 보여준다.

비정치적인 입장?

근대건축을 옹호하는 여타의 건축가들과 마찬가지로 임스 부부도 정치와는 거리를 두려고 했다. 한 가지 예로 1959년 모스크바에서 열린 미국 국제박람회에 출품한 그들의 영화에는 개인적인 천재성이 잘 나타나 있지만, 임스 부부는 영화 출품을 '공식적으로는' 인정하지 않았다.[16] 이러한 점은 타인의 평가에 연연하지 않고 스스로의 이상을 실천해 나가는 고독한 디자이너의 순수성을 보여준다. 정치와의 거리감은 추상적 표현주의의 비판적인 수용에 있어서도 적용된다. 이것은 '미국스러움'의 전형임과 동시에 비정치적이다. 또한, 미국 사회는 특정한 개인이 천재라는 증거로 이를 존중한다.

하지만 이런 명백한 자기 완결성에도 불구하고 임스 주택은 정치적인 맥락에서 완전히 자유롭지는 못하다. 이 주택이 가진 새로운 삶의 전형으로서의 이미지는 냉전기의 선전 활동을 통해 민감한 도구로 기능하게 된다. 임스 부부가 미국에 대해 보여준 긍정적이고 찬미적인 시각은, 그들이 제2차 세계대전 중 군(軍)과의 계약으로 이루어진 1959년 모스크바에서 열린 영화 및 박람회(흐루쇼프 서기장과 닉슨 부통령의 부엌 논쟁이 있었다.)와 1976년 미국 독립 200주년 기념 전시회에 정부의 의뢰를 받아 공식적으로 참가하는 데까지 이어졌다.

임스 부부가 사망한 후 그들의 아카이브는 미국 국회도서관에 귀속되었다. 임스 부부가 본 미국의 비전은 개인과 기업이 밀접한 관계를 맺고 행복한 삶을 추구할 수 있다는 신호였다. 일반인들이 임스의 비전을 가정생활의 근간으로 전폭적으로 수용했다는 점은 유럽의 근대주의자들이 부러워할 수밖에 없는 큰 성과였다.

임스 부부의 작업에 나타나는 자기 의존적인 특징, 설계 작업과정의 문서화를 즐기는 듯한 모습, 기술적인 복잡성과 단순성의 조화는 건축의 딱딱함을 벗어던진 근대 디자인의 매력을 보여준다. 단조로운 회색 도시와 점점 더 관료화되는 유럽의 근대주

[사진 11] 주택의 가장자리는 왼쪽의 지지 기둥에 의해 받쳐져 있다.

의 대신, 이곳에는 유쾌한 개성과 '할 수 있다'는 근대주의가 있었다.

만족스럽지 못한 현재와 부담스러운 역사의 무게는 미래가 약속된 캘리포니아와 기꺼이 맞바꿀 만한 것이었다. 임스 부부의 비전은 영화와 음악, 텔레비전을 통한 대중문화의 확산과 함께 세상에 알려졌다. 그들의 영화와 채도가 높은 색조는 시대를 대표하는 이미지로 자리 잡았다. 다만 임스의 모델은 대중적으로 적용 가능성이 낮아, 임스 부부의 세련된 감각과 시각적 기술을 더 많은 사람과 나누지 못한 점에서는 아쉬움이 남는다. 임스 부부에 의하면 자신들의 주택 프레임은 효과적으로 보이지는 않지만 다른 디자이너들의 손에서 더욱 큰 규모로 재생산되었고, 새 시대에 걸맞은 건축적인 지위를 가지게 되었다고 할 수 있다. 그리고 마침내 렌초 피아노와 리처드 로저스의 퐁피두 센터와 같은 하이테크 건축의 필수적인 요소가 되었다(제14장 참조).

[사진 12] 건축가는 완성되어 가는 이 주택의 프레임을 자랑스러워했다.

    1933년과 1941년 사이 루스벨트 행정부가 대공황에 대처하기 위해 내놓은 뉴딜정책의 낙관주의, 그 말기의 표현에 해당하는 임스 주택은 공업기술이 어떻게 주거에 응용될 수 있는지를 보여주었지만, 정치적인 맥락에서 그 운명이 결정되고 말았다. 유럽과는 달리, 미국의 경제 체제에서 상류층의 생활방식을 대중화하려면 시장의 반응을 먼저 살펴보아야 했다. 대량생산과 빠른 시공기술은 미국의 주택시장을 장악했지만, 임스 부부는 여전히 목제 프레임과 알루미늄 판자를 사용했으며 전통적인 모델의 아름다움에 기대고 있었다. 임스 부부의 급진적인 가구 디자인은 상업적으로 성공했을 뿐만 아니라 아방가르드 예술로서도 주목을 받았다. 그러나 건축시장에서는 그다지 호응을 받지 못하여 두 개의 프로젝트만 본격적으로 추진되다가 결국 그중 하나만 완성되었다. 케이스 스터디 주택과 같은 시기에 지어진 허먼 밀러사(社)의 전시실은 임스 부부의 재능을 더욱 많은 사람에게 보여줄 수 있는 수단이었으며, 가구 생산도 이 회사와 연관되어 있었다. 하지만 영화제작자 빌리 와일더의 주택은 임스 주택에 표현된 생각의 연장선에서 계획되었지만, 실제로 건축되지 않았다. 결국 임스 부부의 건축은 막을 내리게 된다.

임스 주택은 다른 건축가들로부터 많은 관심을 얻으면서 그 안에 담긴 사상을 널리 알렸다. 특히 하이테크 건축가들에게 큰 영향을 미쳤다. 하이테크 건축가들의 작업에 나타난 프레임의 개념은 변화하는 기능을 수용하기 위한 중립적인 기능을 한다. 그리고 주택의 규모를 넘어 건축설계의 기본적인 개념(parti)으로서 대형 공공건물에도 적용된다.

한편 임스 주택은 주거의 영역 안에서 나름의 계보를 형성한다. 한 예로 1984년에 완공된 런던의 건축가 마이클과 패티 홉킨스의 주택은 습한 기후에 맞게 임스 주택의 원형을 차용하였는데, 노출 프레임과 형태의 단순성을 놓치지 않았다. 유리 제작 기술의 발전 덕분에 임스의 원작보다 더 깔끔한 마감이 가능했던 홉킨스 주택은, 물건들을 어지럽게 방치한다는 느낌보다 임스 부부의 공간에 대한 감성에 중점을 두었다.[17] 두 가지 경우 모두 분명히 소박하다. 거주자가 느끼는 분명한 편안함은 주택에 담긴 삶의 본질에 대한 급진적인 생각을 숨겼고, 수십 년 동안이나 눈치채지 못하게 했다. 편의성의 확대와는 별개로, 임스 부부는 오늘날까지도 영미권의 주택시장에서 우위를 점하고 있는 실증주의 미학(historicist aesthetic)에 맞서는 급진적인 대안을 제시했다.

임스 부부의 지속적인 영향은 주택 자체뿐만 아니라 그것을 보여주는 방법론에까지 미친다. 그들이 손수 개척한 예술 환경은 공업생산의 기술적인 조건과 공예의 가치, 그리고 민속예술의 단순성을 결합한 것이었다. 제작된 가구의 유기적인 형태는 새로운 재료를 활용하려는 창의적 사고에서 비롯되었다. 근대 색채이론에 따라 색을 맞추려는 부단한 노력은 임의로 얻어진 파편들의 콜라주로 만들어졌으며, 이것은 근대건축 원리주의자들과 결별하는 시발점이 된다. 이러한 조합을 통하여 드러낸 야심찬 호소력은 임스 부부가 특정한 스타일을 가진 디자이너로서 성공하는 데 바탕이 되었다.

1 이러한 현상은 주로 미국 매사추세츠주 케임브리지와 시카고, 그리고 뉴욕을 중심으로 전개되었다. 발터 그로피우스는 영국에 잠시 머문 뒤, 1937년 하버드 대학교의 건축학과장으로 부임해서 사망할 때까지 지대한 영향을 미친다. 그가 죽은 뒤에도 하버드 건축대학원은 1980년대 초반까지 그의 생일을 기념해 왔다. 이후 마르셀 브로이어도 하버드에 합류했으며, 그로피우스의 직접적인 영향은 에스파냐의 프랑코 총독 치하에서 망명한 카탈로니아 출신 주제프 L. 세르트(Josep Lluís Sert)를 1953년 학장으로 위촉하면서 더욱 강화된다. 미스 반데어로에의 영향은 시카고에 깊게 배어 있다. 1938년 뉴욕근대미술관은 1919년부터 1928년까지 제작된 바우하우스의 작품을 전시했다.

2 1948년 제작된 이 영화는 1943년 에인 랜드(Ayn Rand)가 쓴 동명의 소설에서 비롯된다. Colin McArthur, 'Chinese Boxes and Russian Dolls: tracking the elusive cinematic city' in Clarke 1997, pp. 19-45. 참고로 무뚝뚝한(faceless) 직원에 대한 표현은 John R. Gold and Stephen V. Ward, 'Of Plans and Planners: documentary film and the challenge of the urban future, 1935-52' in the same collection pp. 59-82 참조.

3 문서 컬렉션은 노이하트에 가장 잘 정리되어 있다. Neuhart, Neuhart and Eames 1989.

4 Kirkham 1998 참조.

5 Joseph Giovannini 'The Office of Charles Eames and Ray Kaiser' in Albrecht 1997, pp. 44-47 참조.

6 Josep Sert, Fernand Léger and Sigfried Giedion, (1943) 'Nine Points on Monumentality' in Costa and Hartray 1997, pp. 14-17.

7 Kirkham 1998, p. 103, also Smith 1998 참조.

8 Colomina의 1994년 책에서 'Interior' pp. 233-281을 특히 참조할 것.

9 바우하우스의 통합 모델이 지녔던 정치적인 중요성은 많은 교수진들이 추방당한 것에서도 알 수 있듯이 제1차 세계대전 이전부터 확연히 나타났다. Alexander Dorner 'The Background of the Bauhaus' in Bayer L, Gropius and Gropius 1938, pp. 9-13 참조.

10 Saint 1987 참조.

11 Beatriz Colomina, '*Introduction*' in Colomina, Brennan and Kim 2004, pp. 10-21 참조.

12 Neuhart, Neuhart and Eames 1989 p. 107.

13 Tamar Zinguer '*Toy*' in Colomina, Brennan and Kim 2004, pp. 143-167.

14 르코르뷔지에의 *모듈러(Le Modular)*에 잘 나타나 있듯이 비례는 당시의 주제였다. 또한 미스 반데어로에의 작품에도 나타난다.

15 관련된 문헌 중 특히 Blundell Jones 2002, p. 178 참조.

16 Helene Lipstadt, '*"Natural Overlap" Charles and Ray Eames and the Federal Government*' in Albrecht 1997, pp. 150-177 참조.

17 Davies 1993, pp. 11-12.

CHAPTER 02

Egon Eiermann and Sep Ruf; German Pavilion at Brussels World Expo, 1958

에곤 아이어만과 젭 루프:

브뤼셀 세계 엑스포 독일관, 1958

에곤 아이어만은 영어권에서는 잘 알려지지 않았고 건축역사서에서도 자주 논의되지 않았던 인물이다.[1] 그렇지만 1960-70년대를 기록한 독일의 역사가들에게 그는 전후 세계의 지도적인 인물 중 한 사람이었다. 1977년의 한 인터뷰에서 귄터 베니쉬는 그를 '매우 훌륭한 건축가이자 지난 20년을 대표하는 독일 건축가'라고 칭했다.[2] 비평가이자 역사가인 볼프강 펜트는 그를 한스 셔로운에 대응하는 인물로 한결같이 지켜보아 왔으며, 1963년에는 일찍이 다음과 같은 말을 남겼다.

20년대의 젊었던 시절을 거쳐 현재 대학이나 학계에서 지도적인 위치를 차지하는 중간세대 가운데 에곤 아이어만과 한스 셔로운은 양극의 입장을 대표한다. 아이어만이 형태 이미지의 간결하고 명료한 배치와 디자인의 우아함에 관심을 가졌다면, 셔로운은 각 프로젝트를 대할 때에 발생하는 계획상의 문제가 마치 이전에는 한 번도 일어난 적이 없었던 것처럼 여겼다.[3]

이러한 대비에 일반적으로 인용되는 건축가는 루트비히 미스 반데어로에인데 (Blundell Jones 2002),[4] 분명히 아이어만은 더 유명한 미스와 환원주의, 완벽주의, 디테일에 대한 천착 등 많은 부분을 공유했다. 아이어만은 미스라는 위대한 건축가의 그늘에 가려 그에 상응하는 국제적인 관심을 제대로 받지 못했지만,[5] 그는 미스의 복제물이 아니라는 것을 분명히 하면서 자신만의 혁신적인 모습을 선보였다.

그렇다고 하더라도 아이어만은 미스와 매우 유사한 건축관을 가지고 있었다. 따라서 미스주의자들의 명예가 실추되었을 때와 그들이 그토록 열정과 헌신으로 추구했던 우아한 단순성의 희망이 남긴 수많은 오류가 드러났을 때 아이어만 역시 같은 비난을 감수해야 했다.

그러나 아이어만을 단순히 작은 미스로 생각하는 것은 그가 미스보다 18년 늦게 태어난 이후 세대에 속했고, 그의 전성기 작품이 히틀러 이전 바이마르 공화국 때의 미스 작품과 달리 히틀러의 몰락 이후 독일연방공화국의 회복기에 이루어졌다는 사실 또한 부정하는 것이다. 1945년 폭탄으로 폐허가 된 '영시(零時; Stunde null)'에서 시작되어 그의 전성기 작품은 1960년대 독일 경제발전의 기적을 상징하게 되었다.

에곤 아이어만은 1904년 베를린 근교에서 철도 기술자의 아들로 태어났다. 그는 아버지로부터 사고와 디자인의 정확성을 물려받았다고 말한다.[6] 그는 베를린 공과대학의 한스 펠치히(Hans Poelzig) 아래에서 건축사가 율리우스 포제너(Julius Posener), 발터 제갈(Walter Segal), 헬무트 헨트리히(Helmut Hentrich) 등과 함께 건축을 공부했다.[7] 비록 펠치히는 일반적으로 표현주의자로 분류되지만 그의 작품은 다양하고 복합적이며 건설적이다. 그리고 그는 매우 현명하고 진보적인 스승으로서 각 학생들로 하여금 자신만의 방법을 찾도록 격려했고, 자기 작품을 흉내 내는 것을 절대 허락하지 않았다.[8] 율리우스 포제너는 다음과 같이 기술한다.

우리는 그로부터 각각의 프로젝트를 마치 전에는 한 번도 접해본 적 없는 것처럼 새롭게 대하는 것을 배웠다. 우리는 모든 가정, 모든 관례, 모든 지배적일 것 같은 방법을 의심하는 것을 배웠다. 우리는 너무 일찍 확정된 형태를 미심쩍어하는 것과 우리의 작품에서 매우 쉽게 예술적이라든가 창조적이라고 변명할 만한 악명 높은 부분을 제거하

는 것을 배웠다.[9]

아이어만은 펠치히로부터 무엇을 배웠는지에 대해서는 그다지 언급한 바가 없다. 이에 대한 질문에도 '천재에게는 제자가 없다.'라는 말로 대답했을 뿐이다. 그러나 포제너는 아이어만의 '건축을 배운다는 것은 생각하는 것을 배우는 것을 의미한다.'라는 말을 인용하며 둘 사이에 중대한 영향 관계가 있었다고 생각했다.[10] 아이어만이 학생들 사이에서 주도적이고 눈에 띄는 인물이었음은 그가 1933년까지 계속되었던 주례(週例) 건축토론모임을 조직했던 점에서도 잘 알 수 있다.[11]

[사진 1] 브뤼셀 독일관, 1958. 잔디 카펫 위로 떠 있는 2층짜리 파빌리온의 모서리.

아이어만의 첫 작품은 공업용 건물로 그의 전 경력에 걸쳐 오래 유지될 만한 유형이었다. 이것은 그에게 복합적으로 부합되는데 긍정적으로는 객관적인 효율성에 대한 요구에 있어서이고, 부정적으로는 수사학에 대한 – 적어도 근대주의자들이 회피하고자 했던 레토릭(rhetoric)에 대한 – 압력의 부재에 있어서 그러하다. 이 프로젝트는 베를린 전기회사를 위한 작은 증축 계획으로 평지붕과 수평적 강조가 돋보인다. 철골 프레임에 프러시안 줄눈의 벽돌 충전 구법[12]이 강하게 표현되었는데 그 방법은 정확하고 명료했다.

1930년부터 1936년까지 아이어만과 프리츠 예네케(Fritz Jaenecke)는 협력하는 관계로 함께 일했고 그들의 출발은 매우 좋았다. 아이어만과 프리츠 예네케는 기하학적으로 명확하고 시공법칙에 충실한 건축안을 신중하게 설계하였다. 이 건축안으로 두 사람은 수많은 응모자가 몰렸던, 대량으로 생산되는 소형주택을 위한 두 건의 디자인 공모전에 응모하여 당당히 입상했다.[13]

1933년에 그들은 베를린 근교에 단층짜리 헤세 주택을 완공했고, 이 주택은

「Bauwelt(바우벨트)」의 편집장으로부터 찬사를 받았다. 당시는 나치가 권력을 잡고 있었기 때문에 그는 경제성을 근거로 평지붕에 대하여 변호해야 했다. 그 후 일련의 단독주택들이 의무적으로 경사지붕과 벽돌을 노출시킨 직각 익부(wings)를 가진 형태로 건축되었다. 즉, 단순한 형태와 직접적으로 표현된 물성에 천착함으로써 나치의 건물 통제라는 시련에 대처하면서도 토속적인 촌스러움에 빠지지 않게 했던 것이다.[14] 일부 주택의 정원은 셔로운과 협업한 적이 있는 대표적인 근대 조경디자이너 가운데 한 사람인 헤르타 함메르바허(Herta Hammerbacher)에 의해 디자인되었다. 이 작업에서 아이어만은 그의 후기 작업을 예견할 만한 투명성 및 공간의 전이와 관련하여 대담한 실험을 시도해 볼 수 있었다.

아이어만은 자신의 디자인을 무표정하면서도 지극히 건설적으로 만듦으로써 냉정하고 실리적인 계획가들의 승인을 얻어낸다. 이러한 방법은 셔로운의 게임 같은 전술과 흥미로운 대조를 이룬다. 셔로운은 훨씬 더 토착적인 외피를 받아들였고 심지어 서툰 모방에 가까울 때도 있었는데, 이것은 전례 없는 내적 공간의 유희를 발전시키기 위함이었다.[15]

[사진 2] 베를린 전기회사를 증축한 모습, 베를린-슈테글리츠, 1928-30.　　[사진 3] 헤세 주택, 베를린-랑크비츠, 1931-33.

'객관성'으로의 퇴각

아이어만은 미스와 마찬가지로 정치에는 무관심하려고 노력했던 듯하다. 그러나 그는 자신만의 완강한 고매함을 유지했고 이에 거리낌이 없었다. 예를 들면, 그는 나치 신문인 『스튀리머(Strümer)』에 의해 대외적으로 비난받을 때까지 유대인 직원을 고용했었고, 1935년에는 자신이 참여했던 데사우의 극장 공모전에 대하여 『바우벨트』에 위험하고도 신랄한 비판을 가했다. 즉, 다른 참여자들이 과거의 스타일을 차용하거나 기술적인 요청을 등한시한 채 기념비적 효과만 노린 것을 호되게 질책한 것이다.[16]

아이어만의 비타협에 대한 심리적인 압박은 점점 심해졌고, 파트너인 예네케는 1936년 스웨덴으로 이민을 갔다.[17] 결국 아이어만이 나치를 선전하기 위한 전시장을 설계하기로 타

[사진 5] 데게아 공장, 베를린-베딩, 1938.

[사진 6] 손수건 공장, 블룸베르크, 1949–51.

[사진 4] 슈타인그뢰버 주택, 베를린-그뤼네발트, 1937.

[사진 7] 슈타인그뢰버 주택 평면.

협한 것은 바로 그 이듬해인 1937년이었다. 아마도 그는 나치에 대한 자신의 신뢰를 증명해야 했을 것이다. 만약 그렇지 않았다면 비행장이나 임시 병원 등의 건설을 계획하던 전쟁의 중반기 무렵, 정권 유지를 위한 공식적인 프로젝트가 그에게는 결코 주어지지 않았을 것이 분명하다.[18]

아이어만의 도피처는 공업과 관련된 작업이었다. 디자인이란 단지 기술적인 것이고 기술적인 효율이 최고라는 가정하에서 이러한 작업은 양식에 대한 논란으로부터 자유로운 유일한 영역이었다.[19] 전쟁이 발발하자 그의 일감은 프로펠러 공장이나 조선소 등을 포함한 모든 건설 계획들이 되었고, 이 일감들은 나치의 야망과 무관하지 않았다. 그럼에도 불구하고 이런 종류의 작업으로 아이어만은 일정 정도의 정치적인 거리를 확보할 수 있었다. 놀랍게도 아이어만은 1938년에서 1940년 사이 나치 독일의 심장부에서 세 개의 공장 건물을 설계했다. 그의 탁월한 근대주의적 정신과 형태는 10년 전, 또는 10년 후에나 가능했을 법한 것이었다.[20]

'건축'이라는 것은 본질적으로 완결적일 뿐만 아니라 자체의 법칙을 충실히 수행함에 있어서 엄격하고 정확하기 때문에 시시각각 변화하는 정치나 사회적 규범을 뛰어넘어 영구적일 수 있다.[21] 그러나 이러한 자위적인 관점은 도전을 받는다. 누군가는 기술과 경제를 초(超)도덕적으로 추구하는 공업이 이미 내재적으로 파시스트적이라고 주장할 것이고, 어떤 사람들은 사회 상황을 무시한 건물을 건축하는 것은 틀림없이 자폐적이라고 항변할 것이다. 이러한 주장들에 대해서는 뒤에서 논의하도록 하자.

전쟁이 끝난 뒤에도 공업과 관련된 프로젝트는 계속되었고 아이어만 사무소의 일감 가운데 중요한 부분을 차지하였다. 국제적인 명성을 얻은 블룸베르크의 손수건 공장(1949-51)은 다른 공업용 프로젝트를 위한 방향을 설정했는데, 장스팬의 거대하면서도 효율적인 홀 및 출입구와 보일러실 등을 위한 몇몇 낮은 건물들이 그 예이다. 이건물은 전체적으로 적절한 구조와 신중하게 계획된 규모를 겸비한 앙상블로 정확한 비율과 흠 없는 세부 요소까지 갖추고 있었다. 아이어만은 주름진 석면시멘트 판이라는 가장 진부한 재료를 사용하면서도 가장자리를 세심하게 처리하여 섬세하고 품격 있게 만들었다. 아이어만은 공장 이외에도 사무소, 백화점 등 다양한 종류의 많은 건

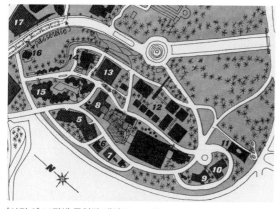

[사진 8] 브뤼셀 독일관 배치도, no. 12.　　　　　[사진 9] 파빌리온 그룹의 모형과 출입 브리지.

물을 설계했는데 그 건물들 모두 효율성의 극치를 선보였으며 그 시대의 최고작으로 평가된다.

　그러나 브뤼셀 파빌리온의 커미션이야말로 특별한 능력을 요구했다. 우리는 이것을 주요한 사례로 선정한다. 왜냐하면 이 사례는 아이어만을 말 그대로의 기능주의로부터 멀리 밀어냄으로써 아이어만 건축의 결정적인 혁신을 비롯한 필수적인 본질을 조명하기 때문이다. 또한 이것은 근대주의 운동의 승리와 강화라는 그 시대의 건축적인 가치도 드러낸다. 페프스너는 이 파빌리온에서 '생생한 명료함, 입방체의 투명한 블록들, 그리고 조경의 설정 가운데 이들을 그룹화한 완벽한 조합' 등을 높이 평가하였다.[22]

브뤼셀 만국 박람회

　1954년 벨기에 정부는 독일연방공화국 정부에게 브뤼셀 세계 만국 박람회에 참여해 줄 것을 요청했다. 독일 정부는 두 명의 건축가를 섭외하였는데, 그 두 명이 바로 아이어만과 젭 루프(Sep Ruf)이다. 젭 루프는 미스와 비슷한 경향을 보이는 또 다른 존경받는 건축가였다.[23] 1956년, 두 건축가는 각자 설계안을 냈는데 아이어만은 두 가지의 설계안을 제출했다. 그런데 그들의 아이디어가 매우 유사하자 정부는 두 사람이 함께 협력하여 작업하면 어떻겠느냐고 제안했다. 이때 디자인의 주도권은 아이어만에게 주어진 것으로 보인다.[24]

히틀러와 전쟁의 기억이 여전히 생생한 시점에서 이 건물은 전 세계에 새로운 서독의 정신을 드러내야 할 필요성이 있었다. 1937년 파리 만국 박람회에서 알베르트 슈페어의 파빌리온이 보여준 과장된 규모의 기념비적인 성격은 분명히 배제되어야 했고, 참고할 대상으로는 1929년 미스의 바르셀로나 파빌리온이 더 적합했다. 그러나 설계 개요로 살펴보았을 때, 이 프로젝트의 규모는 상당했다.

대지는 이전 왕궁 공원의 일부로 경사진 잔디밭과 오래된 나무를 포함했고, 이들이 그대로 보존되어야 했다. 루프와 아이어만 모두 각자의 초기 설계에서 서로 연결된 여러 채의 파빌리온이 대지에 부합하면서도 나무를 피해 가는 아이디어를 전개하였다. 최종안에서는 정방형이자 세 가지 다른 크기의 피빌리온 여덟 채가 공중가로로 연결되었고, 이 길은 모두 동일한 높이를 유지하여 경사진 대지와 대비된다. 파빌리온의 정방형은 순수와 보편을 향한 열망을 반영하며, 양축 방향으로 동일한 사건이 발생하는 배타적 건축의 영역을 열어 보인다.[25] 파빌리온은 평지붕의 철골과 유리 벽으로 이루어져 있고 각 방향으로 크기에 따라 두 개, 세 개, 또는 네 개의 기둥이 지지하고 있다. 이들은 기초 위로 한 개 층에서 세 개 층까지 층층이 쌓여 있다. 시스템은 보편적이고 디테일은 반복되지만, 그 변화가 능숙하게 표현되어 반복적인 인상을 피하기에 충분하다.

출입 지점과 브리지의 연결은 비대칭적으로 놓여 있어서 결코 파빌리온의 축 상에 있지 않다. 푸르게 채색된 – 푸른색은 이 파빌리온에서 유일하게 적용된 빛깔이다. – 합판 문들은 정중앙에 회전축을 두어 방문객으로 하여금 양방향으로 출입을 가능하게 한다. 파빌리온의 완결된 동선은 평면에서 말끔한 직사각형을 이루지만 높고 낮음의 변화로 끊어져 있다. 건물로의 진입은 동편의 높은 쪽 길에서 하나의 파일론(pylon)으로 우아하게 지지되는 다리를 통해 이루어지는데, 이 다리는 내리막 계단을 통해 가장 긴 오픈 데크와 만난다.

북쪽 단부에 있는 가장 큰 파빌리온은 교육과 관련된 전시를 위한 건축물이지만 도서관과 회의실도 포함하고 있다. 그 옆에 층고의 변화가 있는 것은 레스토랑이다. 남동쪽의 파빌리온은 공업, 남서쪽의 파빌리온은 주거 및 도시계획을 위한 곳이다. 서쪽에 있는 네 개의 작은 파빌리온은 와인바와 여가, 건강 및 복지와 관련된 전시를 할

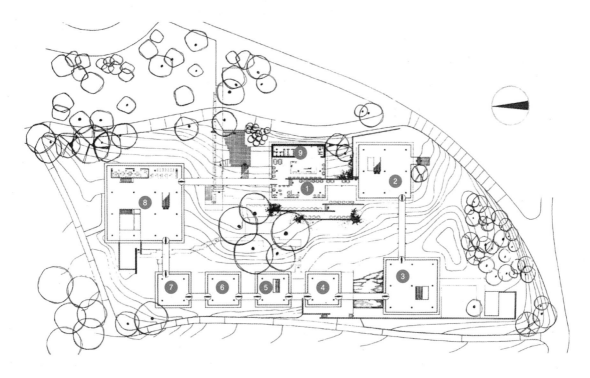

[사진 10] 파빌리온 그룹의 평면. ❶ 출입 파빌리온과 식당 ❷ 공업 전시장 ❸ 주거 및 도시계획 전시장 ❹ 바 ❺ 여가 전시장 ❻ 건강 전시장 ❼ 복지 전시장 ❽ 교육 전시장, 도서관 및 회의장 ❾ 주방

수 있도록 만들어진 공간이다. 전시는 레이아웃에 따라 달라지기 때문에 그 공간들의 본질적인 융통성을 최대한 활용할 수 있다. 중간 크기 파빌리온의 경우 출입구나 연결로, 그리고 중앙 기둥에 의하여 중심축이 거부된 것과 마찬가지로 내부 공간은 다양한 방법으로 비대칭적인 분할이 가능하며, 파빌리온 사이의 통로는 신선한 조망과 새로운 발견을 선사해 준다.

가장 큰 파빌리온에는 북서쪽에 비대칭적으로 놓인 열린 공간이 즉, 정방형 속의 정방형이 있다. 철골 기둥과 바닥이나 지붕 판의 철골 보를 사용한 점은 아주 매끈하게 긴 구조를 가능하게 했고, 가능한 한 가장 큰 판유리 한 장을 끼워 고도의 투명성을 확보했으며, 가느다란 멀리온의 사용이나 위아래로 프레임을 감춘 것도 이에 도움을 주었다. 이러한 효과는 바닥의 끝 면으로부터 유리를 1미터 안쪽에 세팅함으로써 극대화되었는데, 이를 통하여 각 건물을 둘러싼 오픈 갤러리가 만들어졌다. 비록 실제로 그 외부 공간을 걷고자 하는 방문객이 거의 없더라도 갤러리의 존재 자체는 이 건물들을 더욱 여유 있고 매력적으로 보이게 해 준다. 또한 이것은 공원과의 열린 연결을 강조하며 안쪽과 바깥쪽 모두에 점이적 공간을 창조한다. 갤러리의 유리에 그늘을 만듦으로써 햇볕의 흡수를 차단하고 유리를 더욱 고형체로 보이게 하는 반사도 줄여 준다.[26]

더욱더 세련되게 보이도록 하기 위하여 아이어만은 우아한 베네치안 블라인드를 갤러리의 외곽에 둘러 설치했다. 섬세한 수직 나일론 안내 철선의 사용과 별개로 블라인드는 태양이 나오면 곧 자동으로 내려오고 태양이 사라지면 완전히 자취를 감춘다. 블라인드는 실내 쪽으로 반투명하게 만들어 주어 건물의 파사드를 변화시킨다. 건물의 외벽이 블라인드를 보호하기도 하고 간결한 튜브 핸드레일을 지지하기도 하는데, 이러한 점이 바깥 면에 있는 일련의 수직 철제 튜브로 구성적인 리듬을 만든다. 지지 기둥과 갤러리 안의 창에 있는 멀리온은 검정색으로 칠해져 뒤로 물러나 보이는 반면, 바깥 튜브는 하얀색으로 강조되어 수직적인 인상을 좌우한다. 구조적인 목적으로 세워져 있지만 건물을 지지하기에는 불가능할 정도로 가늘어서 우아한 느낌마저 든다.

만약 미스가 거의 동시대에 건축한 시그램 빌딩의 작은 I-형강 단면이 비슷한 픽션을 보여준다면 아이어만의 튜브는 그 아이디어를 훨씬 더 발전시켰다고 할 만하다. 미스가 이런 식으로 전혀 고안한 바 없는 외부 갤러리는 진보하는 건축 어휘를 향한 아이어만의 유산이다.[27] 브리지를 연결하는 쉘터도 동일하게 가벼운 무게이며 역시 강철로 된 튜브로 만들었는데, 그 위로 돛과 같은 플라스틱 패브릭이 펼쳐진다. 브리지 쪽의 가드레일은 오늘날에는 친숙한 형태이지만 당시에는 꽤 새로웠던 깔끔한 철제 텐션 와이어를 사용했다.

철강과 정밀성

철강 분야에서는 신 독일의 기술적인 용맹성을 충분히 재현한 기계가 지닌 정밀성과 더불어 수공업을 대체해온 새로운 건설기술이 가능해졌다. 경량성과 투명성의 극단적인 표현은 하중을 견딜 수 있는 전통적인 내력 구조와 강하게 대비되고, 체계적

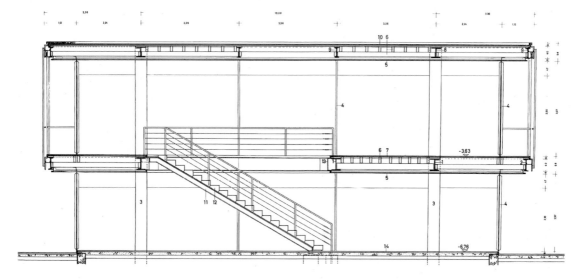

[사진 11] 갤러리의 모습과 계단을 보여주는 중간 규모 파빌리온의 단면. 이 단면은 철제 주 구조물과 목재 부 구조물의 관계도 보여준다.

인 기하학은 완벽한 통제와 강력한 합리성 및 질서를 보여준다. 아이어만에게 있어서
철강의 선택은 거의 종교적인 신념에 가깝다.

> 철강 건물은 최고의 지식과 최후의 디테일에 이르는 논리적 명료성을 요구하고, 특히
> 최적의 비율로서의 직각 사용을 표현수단으로 삼았던 고전적인 완결성을 요한다. ……
> 철강의 연인으로서 나는 철강 건물이 건축의 귀족적인 원리를 나에게 보여준다고 말
> 하고 싶다. …… 이것은 나에게 높은 윤리적이고 미학적인 감각을 충족시켜 주는데, 건
> 축가로서 나는 내가 사용해야만 하는 재료에 순응해야 한다. …… 따라서 나는 극도로
> 순수하게 그것을 보여주는 수고를 감내하고자 한다. …… 지난번 브뤼셀 박람회에서의
> 프랑스관과 독일관이 이러한 개념에 빚진 바 있다. …… 이 건물들에서 공법은 자연스
> 러운 특성을 보여준다. 기둥은 벽 앞에 자유롭게 보이도록 서 있다. 과학자들과 기술자
> 들은 건축가들이 철강으로 작업할 때 갖는 가장 진보적인 정신을 느낄 수 있도록 그런
> 점을 보아야 한다.[28]

[사진 12] 대형 파빌리온과 경량 캔버스 지붕이 있는 복층 진입 통로.

[사진 13] 축선 상에서 파빌리온으로부터 통로를 바라본 모습. 정중앙에 회전축을 둔 푸르게 채색된 문이 열려 있다. 오른쪽에는 전시장 주변의 높은 통로를 통하여 진입할 수 있는 계단이 보인다.

이와 대조적으로 콘크리트로 작업하는 것은 '건물보다 조각을 더 닮은 바로크의 소모적인 형태 만들기'에 관심 있는 건축가들에 의해 불결한 일로 여겨졌다. 콘크리트는 '거푸집에 타설되어 구부러지고 회전하며 천천히 경화되고 심지어 철근이라는 등뼈마저 필요로 하는 무른 덩어리'이다. 더욱이 철강은 제거될 수 있다는 윤리적인 덕목을 가지고 있었다. 아이어만은 '당황스럽겠지만 콘크리트 벙커를 바라볼 것'을 주장했는데 '왜냐하면 그것은 결코 사라지지 않을 것이기 때문이다.'[29]라고 밝혔다. 경량성은 융통성과 순응성을 의미했다. 또한 그는 복합적 구법에 대하여 도덕적으로 명확한 입장을 취했다.

혼합이라는 것은 명료성의 부재를 의미하고 카드 게임과 같은 우연을 도입한다. 이것은 본질적으로 무관한 것들을 조합하는 것이다. 하중을 콘크리트에서 철강으로 전이시키기 위해 끼워진 수많은 볼트를 볼 때 나는 확신이 서지 않는다. 이렇게 하는 것은 아마 경제적일 것이다. 그러나 그것을 어떻게 표현해야 할지 모르겠고, 그다지 납득할 만한 것도 못 된다.[30]

아이어만은 시공에 대한 문제들을 정확히 알고 있었다. 따라서 조합과 디테일에 대한, 즉 시공성에 대한 질문에 언제나 우선권을 두었다. 박람회의 파빌리온에 있어서 속도는 필수적인 문제로, 대체로 건식구법을 활용하는 철강의 사용은 고도의 조립생산과 손쉬운 철거, 그리고 재조립의 가능성을 부여했다. 철강 부재들은 모두 독일에서 용접되어 현장에 제시간에 운반되었고, 몇몇 다른 나라 건물들의 공사가 마지막 순간까지 필사적으로 진행되는 동안 독일관은 일찌감치 완성되어 개관을 기다리고 있었다.[31] 아이어만 사무실에서 모든 상황에 대하여 세부적으로 철저히 준비하여 우발성의 여지를 전혀 남기지 않았고, 그의 건물은 규율의 정확성을 잘 나타내어 주었다.

대중의 반응
아이어만과 루프의 파빌리온은 평단에서 큰 호응을 받아 상위 여섯 개의 작품으로

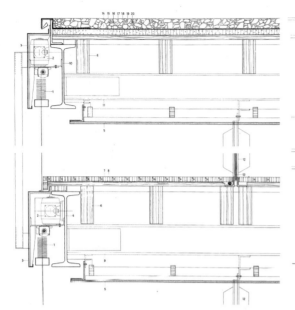

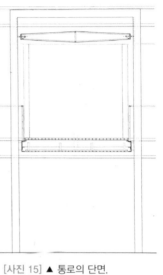

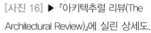

[사진 14] ▲ 파빌리온의 단부 바닥 및 지붕의 단면 상세도. 숨겨진 블라인드와 유리 세공 및 시공법이 보인다.

[사진 15] ▲ 통로의 단면.

[사진 16] ▶ 『아키텍추럴 리뷰(The Architectural Review)』에 실린 상세도.

[사진 17] 통로로 연결된 파빌리온들.

선정되었을 뿐만 아니라, 늘 출판물의 첫 번째 면을 장식하였고 가장 넓은 지면을 할애받아 내용이 자세하게 실렸다. 평론가들은 이 유리 상자 파빌리온이 가장 인상적이며, 미스의 명백한 영향이 보이기는 하지만 새로운 성숙미가 발휘된 건축 언어를 보여주었다고 평가했다. 일본관과 유고슬라비아관 역시 찬사를 받았으나 독일관이 가장 우세했다.

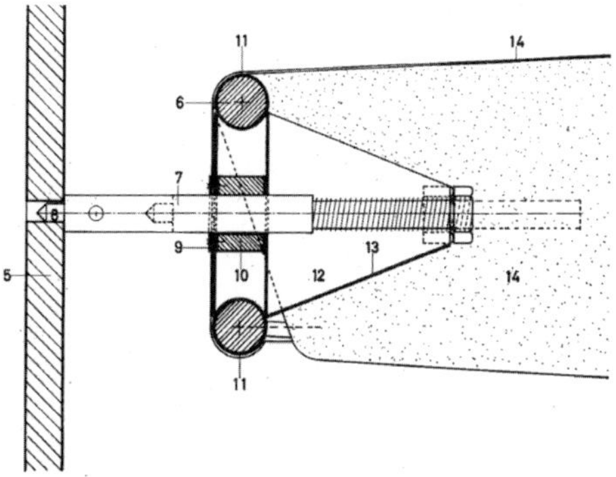

[사진 18] 패브릭 차양의 텐션 장치.

『아키텍추럴 포럼(Architectural Forum)』은 이 작품이 '많은 방문객에게 가장 세련된 구경거리'였다고 평했고,[32] J. M. 리처즈는 『아키텍추럴 리뷰(The Architectural Review)』에서 '박람회에서 가장 섬세한 건축 작품'이라고 말했다. 그는 '철제 프레임 구조의 정확한 우아함, 모든 디테일의 능숙함과 철저함, 훌륭히 수행된 여러 재료의 병치, 그리고 외부자의 눈에 내부의 기하학을 드러낸 투명성의 시적 효과'를 간파했다.[33]

율리우스 포제너는 후에 이 작품은 근대건축을 최후의 디테일까지 정련한 아이어만 세대의 업적이며, '그토록 철저히 이러한 목적을 추구한 다른 사람'을 알지 못한다고 진술했다.[34] 그러나 위에 인용한 것과 마찬가지로 아이어만 자신의 서술은 그의 합리성이 동시대의 시스템 건설자들의 그것과 같지 않음을 명백히 보여준다. 그것은 일차적으로 효율이나 경제적 건설 자체와 관련한 것이라기보다 윤리나 미학에 근거한 건축적 주장에 대한 것이다. 이러한 점에서 그는 자신이 공공연히 존경심을 표한 미스와 공유된 영역을 가지고 있었다.[35] 아이어만은 분명히 디테일에 존재하는 신을 추구했다고 말할 수 있다.

사실 여기에는 기교를 숨기는 기교가 상당히 들어가 있어서 모든 것에 노력이 없었던 것처럼 착각하도록 만든다. 아이어만은 냉난방의 어색한 장치를 숨길 수 있을 만큼 운이 좋았다. 즉, 환기는 전체적으로 유리패널 상부에 좁은 간격을 남겨둠으로써 큰 효과를 볼 수 있었다. 그러나 그는 시공의 기본적인 사항들을 피할 수는 없었다. 양축 방향으로 대칭적인 정방형의 구조물들은 건축에서 일반적인 상호 간 계층들의 비대칭성을 거부할 만큼 까다로웠다. 한 방향으로 작용하는 부재들은 다른 방향으로 작용하는 더 큰 부재들에게 위계적으로 하중을 전이시킨다. 파빌리온의 평지붕 데크는 사실 한 방향으로 작용하는 목재 장부들로 지지되는데, 이들은 다른 방향으로 작용하는 철제 위에 놓여 있다. 그러나 이것은 매달린 천장이 모든 것을 감추어 주기 때문에 명확히 드러나지 않는다. 빗물은 아마도 펠트 지붕으로부터 속이 빈 박스형 단면의 주요 구조 기둥으로 내려올 것으로 추측되지만, 출판된 상세도는 이러한 사항뿐만 아니라 배수를 위해 필요한 구배 역시 보여주지 않는다. 또한 아주 상당히 – 매우 교묘하게 – 조립식 공정이 억제되어 있다는 사실이다. 눈에 띄기 마련인 조인트나 볼트의 머리와 같은 조립과정의 증거도 거의 드러나지 않는다. 모든 것이 매우 깨끗하고 명쾌하다. 철제는 용접되어 연마되었고, 페인트로 세심하게 칠해져 있다.

건축의 우위

독일관이 학교로 재사용될 계획이라는 것은 조립식 구법이나 건물의 융통성에 대한 좋은 구실이 된다. 그러나 지지 격자 위로 식물이 자라도록 한 점을 생각하면 박람회에서 이 건물을 중성적인 컨테이너로 보이고자 했던 허세는 없었다.[36] 아이어만은 전시가 순리대로 진행되도록 준비했다기보다 파빌리온이 그 전시물에 의해 저평가될 것을 크게 우려했다. 그래서 그는 부재를 설치하거나 제거하기도 했으며 마지막 단계에서는 잉여 부재를 완전히 벗겨내고자 했다.[37]

건축가와 이 작품에 대한 변함없는 인상은 통제에 대한 강한 집착이다. 『아키텍츠 저널(Architects Journal)』은 '건축 다이어그램이 도처에 매우 강하게 작용해서 건물이 전시를 무색하게 하려는 경향이 있다는 것이 제기할 수 있는 유일한 비평이다. 전시물은 잘 준비되어 있으나 그중 어떤 것도 기억하기 힘들다.'[38]라고 서술했다. 브뤼셀 파빌리온의 사진에서 건물들의 존재는 매우 두드러지지만 전시 자체는 배경 속에 거의 묻혀버린다. 전시가 끝나고 모든 것들이 곧바로 철거되었는데, 건물의 명성을 위해서는 아마 이러한 조치가 큰 도움이 되었던 것 같다. 페인트칠이 전혀 더럽혀지지도 않았고 건물에 얼룩 하나도 남지 않은 듯이 작품은 항상 새로웠고, 특히 사진 속에 그렇게 남았다. 아이어만의 옹호자들 중 누군가는 '독일이 서구 사회로 가시적으로 회귀하기 위한 단순하고도 흠 없는 방법으로 어느 누구도 이보다 더 나은 해법을 생각할 수 *없다*.'[39]라고 말했다.

실수를 피하고 없애려는, 또는 모든 것을 정확히 하려는 아이어만의 노력은 훌륭하고 모범이 될 만하지만, 그가 보여준 통제는 자유롭다기보다 배타적이어서 혼잡과 무질서를 염려하는 마음 상태를 보여주기도 한다.[40] 아이어만은 시공의 명료함에 대한 갈구를 공유하지 않았던 건축가들의 작품을 용납하지 않았고, 상대적으로 폭넓은 그들의 건축 어휘를 개인주의적이거나 제멋대로인 것으로 여기며 거부했다.[41] 그리고 그가 멘델존을 조금만 더 존경했더라도 아마 슈투트가르트의 쇼켄 백화점 철거를 주장하는 편에 서지는 않았을 것이다.[42]

아이어만의 건축은 조경과의 관계에서도 배타적이어서 그 시기의 강점과 약점을 동시에 보여준다고 말할 수 있다. 오래된 나무들이 늘어서 있는 공원 같은 배경은 발터 로소(Walter Rossow)에 의해 적절히 조경되었다. 조약돌이 깔려 있는 화단은 누구도 발 디뎌서는 안 되는 건물의 영역을 지정했고, 더욱 매력적인 길들의 간소한 네트워크가 잔디를 가로질러 진입할 수 있도록 되어 있으며, 곳곳에는 사람들이 앉아서 다과를 즐길 만한 장소가 마련되었다. 그러나 아이어만은 건축과 조경의 대립성을 상정했다. 그래서 자연을 오브제로서의 건물을 위한 배경으로 간주했으며 이

[사진 19] 워싱턴 D. C.의 독일대사관, 1958–64. 각 모서리가 파사드의 층을 보여준다.

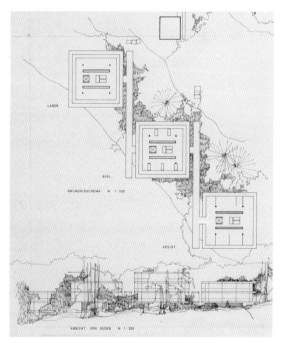

[사진 20] 원자물리학 막스 플랑크 연구소, 하이델베르크, 1959, 현상설계안. 연결된 세 개 동 실험실의 평면과 입면.

를 실외의 방이라기보다 사색적인 조망으로 생각했다. 또한 건물은 바닥으로부터 떨어져 적당히 물러나 있는 벽돌 대좌(臺座)에 받쳐져 공중에 떠 있고, 경사지에 반하는 수평 다리들로 연결된다. 조경 위로 떠 있는 갤러리들은 일본 가츠라 별궁의 효과를 연상시킨다. 아이어만도 그 영향을 인정하기도 했으나, 이 건축물에는 정원과 함께 하려는 가츠라의 매력이 부족하다.

파빌리온이 공중에 들려 있는 점은 미스의 전례 가운데에서 고전주의적 기초처럼 충분한 바닥공사를 했던 바르셀로나의 파빌리온이나 개념적으로 비슷한 이후의 신국립박물관(Blundell Jones 2002, 제14장)보다는 지주 위로 띄워진 판스워스 주택을 따랐다. 근대주의적인 훈련으로 인해 아이어만의 작품은 신고전주의적이라기보다 미스적이지만, 이성적 질서, 기하학, 대칭과 비례에 대한 신념은 전통적인 고전주의 아카데미의 가르침에서 직접적으로 나왔다. 아이어만은 방사형으로 계획된 바로크적인 카를스루에에서 신고전주의 배경을 가진 건축학교의 교수이자 지배적인 존재가 되었다. 이 도시는 바인브레너(Weinbrenner)가 건설했고 프리드리히 오스텐도르프(Friedrich Ostendorf)가 헤르만 무테지우스에 대해 고전주의적인 공격을 감행했다.[43] 이론의 여지는 있겠지만, 자체적인 완결성과 자기 규율적 시스템으로 가득한 디자인을 추구하고자 한 것은 신고전주의적인 경향이었다.

브뤼셀의 파빌리온과 같은 자족적인 건물들이 갖는 약점이라면 이들이 푸른 배경과 동떨어진 별도의 개체가 되려는, 반도시적인 경향을 조장한다는 사실이다. 아이어만은 지속적으로 파빌리온 형태의 수많은 프로젝트를 진행했고, 이 프로젝트에는 킬의 학생회관(1958), 하이델베르크의 막스 플랑크 연구소(1959), 만하임 시청사(1959-60), 린츠의 사회과학대학(1961) 등이 포함된다. 파빌리온적인 생각은 심지어 그의 가장 탁월한 종교 건물인 서베를린 중심의 카이저 빌헬름 기념교회에까지 확장된다.

이 건축에서는 밀집된 도시 상황 가운데 순수한 기하학적인 볼륨들이 계단식 플랫폼 위에 놓여 있다. 건축 구성의 또 다른 요소로서 반파된 바로크 타워의 보존은 나중에 결정된 것으로,[44] 당대 평론가들은 이것을 미심쩍어했고 거북한 것으로 여겼다.[45] 그러나 그 정반대가 아이어만의 제일 유명한 이 건물이 갖는 가장 탁월한 특징이다. 이것은 아마도 관계를 지배하는 새로운 요소의 자족성을 깨뜨리고 역사의 층위를 인

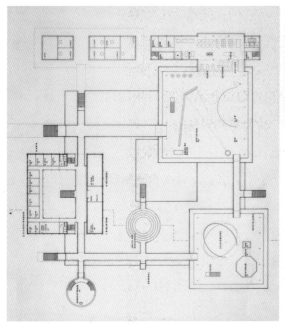 

[사진 21] 킬의 학생회관 및 식당, 1958, 현상설계안. 정방형 파빌리온들이 연결된 구조를 보여주는 평면.

[사진 22] 카이저 빌헬름 기념교회, 베를린-샬로텐부르크, 1957–63.

정했기 때문일 것이다. 그것은 확실히 불안정하여 완성도와 투명한 질서의 특질이자 우리가 더 이상 순진하게 추구할 수 없는 아이어만의 자폐적인 완벽성을 타파한다. 아이어만의 가장 지각 있는 조수 가운데 한 사람이었던 건축가 헬무트 슈트리플러 (Helmut Striffler)는 – 그의 작품이 제7장에 나온다. – 이것을 영시(零時) 및 1945년 이후의 새로운 시작에 대한 회상으로 조명한다.

지금까지 파괴를 위한 가장 효과적인 기술에 봉헌되었던 공업이 이제 재건을 위하여 실행될 수 있다는 꿈은, 에곤 아이어만이 말했듯이 우리를 강력한 가능성에 도취하게 하였다. '전문적 취기(professional drunkenness)'의 조건으로 그는 쇄석 무더기들과 파편의 괴상한 더미들과 꼬인 보 및 부러진 기둥들을 없애버리고, 깔끔한 사각형의 세계로 이들을 대체할 수 있었다. 순전한 자기 통제로 그는 벽돌, 철강 보, 유리판, 그리고 버진 보드(virgin board)와 같은 미니멀한 공업 생산품만을 인정하는 규율에 도달할 수 있었다. 그는 이러한 요소들로부터 건물을 – 내용의 복합성 역시 표현하는 건물을 – 만드는 노력을 함으로써 자신의 건축 언어를 발견했다. 그는 도출된 형태의 정신이 아니라 이 혹독한 합리성을 후세에 전했다. 결국 시적 암시가 이 아이디어들의 집합을 하나의 총체로 녹여낼 것이라는 것을 그는 알고 있었다.[46]

진실하고 완강한 결단을 통하여, 그리고 통제할 수 있는 것으로만 작업의 틀을 제한함으로써 아이어만은 자신이 추구했던 높은 수준의 작품을 이루어낼 수 있었다. 이러한 자세는 의심할 바 없이 그의 천성적인 성격과 태도에서 반영되었지만, 거리 두기(disengagement)를 통한 시대와의 타협을 돕기도 했다. 우선 그는 나치나 그들의 정책 및 건축 규제들로부터 거리를 두었다. 나중에는 전쟁에 의해 남겨진 물리적이고 경제적인 혼란으로부디 다시 서리를 두었다. 그가 고수했던 미학적이고 윤리적인 신념들은 그에게 큰 위안을 주었고 빠르게 변하는 고된 세상에서 굳건한 방향 감각을 제공했음에 틀림없다.

1 그는 프램턴의 『Modern Architecture: A Critical History』(Frampton 1985)에 등
  장하지 않는다. 그리고 젱크스에 의해서는 한번 언급될 뿐인데, 그는 아이어만
  의 작품을 '*철저한 효율성에 있어서 명백히 게르만적*'이라고 평했으나 이름의 철
  자를 잘못 적고 말았다(Jencks 1973, p. 320). / 역자 주 – 젱크스는 'Eiermann'을
  'Eiremann'으로 잘못 표기했다.

2 Klotz 1977, p. 54.

3 Hatje 1963, 독일에 대한 볼프강 펜트의 글, p. 127.

4 Blundell Jones 2002, pp. 14, 203.

5 예를 들어 브뤼셀 전시회에 대한 다음과 같은 글을 볼 수 있다. *L'Architecture
  d'aujourd'hui* no. 81 December 1958, p. 94: '*일부 건축작품이 지닌 고도의 내재
  적 질과 완벽성, 그리고 최고의 결과를 향해 정확성과 활기를 가지고 확립된 기술
  을 추구한 점은…… 미스 반데어로에의 가르침으로부터 나왔다.*'

6 Schirmer 1984, p. 11.

7 Posener 1995, p. 199; Klotz 1977, p. 140. 헨트리히는 1960년대에 미스적인 작업
  을 한 대표적인 독일사무소인 Hentrich and Petschnigg의 창립 파트너이다.

8 헨트리히의 증언 참조. Klotz 1977, p. 139.

9 Posener 1970, p. 10.

10 Posener 1995, p. 200.

11 Ibid, p. 199.

12 가장자리의 벽돌이 광주리를 짜는 패턴으로 구성되며 보강 철물이 양방향 조인트
   에 번갈아 삽입되는 방식. 이 방식은 얇고 강하며 벽돌 사이의 맞물림이 없음은 그
   강도를 나타낸다. 이 방식은 펠치히의 루반 화학공장(1912)에 사용되었고, 휴고 헤
   링이나 막스 타우트를 포함한 1920년대의 다른 많은 베를린 건축가들에게도 채택
   되었다.

13 'Das zeitgemässe Eigenhaus', *Bauwelt* 1931과 *Das wachsende Haus* 1932.
   Schirmer 1984, pp. 28–29.

14 Schirmer 1984, pp. 30–49.

15 셔로운 주택에 대해서는 Blundell Jones 'Hans Scharoun's private houses', *The*

Architectural Review 1983, pp. 59-67 참조. 셔로운의 뮐러 주택(1937)에 대한 최근의 책자에서 안드레아스 루비는 건축경찰(Baupolizei)과의 지루한 갈등에 대하여 자세히 서술했다.

16 Rudolf Büchner in Schirmer 1984, pp. 19-20.

17 'Gebt mir vier Jahre Zeit'(내게 4년의 시간을 주시오), Schirmer 1984, p. 34.

18 Schirmer 1984, p. 56. 그의 사무실과 기록이 전쟁에 의해 파괴되어 작품 목록이 불완전할 것이다.

19 히틀러는 '진정한 실용성'과 '수정처럼 맑은 기능주의'라고 불렀다. Lane 1968, p. 204.

20 데게아 공장 및 보일러 하우스, 베를린-베딩 1938; 포에르슈트너 증축, 아폴다 1938-9; 매르키쉐 메탈바우 1939-41. Schirmer 1984, pp. 44, 50-53.

21 뷔히너는 공장들보다 주택들이 더 '영구적'(timeless)이라고 말한다. Schirmer 1984, p. 21.

22 Pevsner (presumably) in John Fleming, Hugh Honour, and Nikolaus Pevsner, *The Penguin Dictionary of Architecture*, Harmondsworth, 1966.

23 루프는 1908년 뮌헨에서 태어나 그곳에서 공부하고 일하며 교수가 되었고 1982년에 세상을 떠났다. 그의 건축물로는 슈파이어의 경영학교(1954), 예술아카데미(1955), 뉘른베르크의 국립박물관(1967) 등이 있다. 그의 가장 유명한 작품은 본에 있는 독일 대통령 관저(1964)이다. Pehnt 1970, pp. 50-51 참조.

24 Eiermann(1994, pp. 79-87)에 출판된 서신은 우호적인 관계를 보여준다. 그러나 아이어만은 작업의 분배를 제안했을 뿐만 아니라, 본의 국회의사당 건축가인 한스 쉬비페르트가 의뢰받은 파빌리온의 내용이나 전시 구성에도 상당 부분 개입했다. 그의 완벽주의적인 열정은 어느 한 부분도 손대지 않은 곳이 없을 정도였다.

25 미스의 신국립박물관에 대해서는 Blundell Jones (2002) 제14장 참조.

26 입스위치에 있는 노먼 포스터의 윌리스 파버와 뒤마 건물(제12장)은 낮에는 견고한 검은 성채처럼 보이는데, 꽤 비교할 만하다.

27 레이어링과 경량성은 권터 베니쉬에 의해 1970, 80년대에 강력하게 추구되었다. 제8장 참조.

28 Eiermann, 1964년 룩셈부르크 철강회의(Steel Congress)에서의 강연. reproduced in Schirmer 1984, p. 146.

29 Ibid.

30 Ibid.

31 *Architectural Forum*, June 1958, p. 79.

32 Ibid.

33 *Architectural Review*, vol. 124, no. 739, 1958, p. 91.

34 Posener 1995, p. 201. 번역 PBJ.

35 신국립박물관 개관 후 그는 한 편지에서 이에 대한 언론의 보도가 온전히 긍정적이지만은 않다는 사실에 실망감을 표현했다. Eiermann 1994, p. 204.

36 미스의 패러독스에 대해서는 다음을 참조. Blundell Jones 2002, 제14장(pp. 203-214).

37 서신 참조. Eiermann 1994, pp. 79-87.

38 *Architects Journal* Vol. 127, No. 3300, 29 May 1958, p. 814.

39 Klaus Lankheit in Schirmer 1984, p. 12.

40 오염(pollution) 관념의 상징적 근간에 대해서는 Douglas(1966) 참조.

41 편지에서 그는 유명세를 타고 있는 필하모니를 못마땅해했고 셔로운과 알토가 젊은 건축가들에게 나쁜 선례를 남기고 있다고 비판했다. Eiermann 1994, pp. 174-175. 그는 르코르뷔지에의 롱샹 역시 비판했다. Schirmer 1984, p. 11.

42 그는 에스컬레이터와 에어컨의 부재로 그 건물이 더 이상 못 쓰게 되었다고 변명하며 훨씬 못한 자신의 작품으로 대체했다. Schirmer 1984, pp. 162, 306.

43 Posener 1972.

44 첫 번째 안은 이것 없이 하려고 했다. Schirmer 1984, pp. 166-167.

45 Pehnt 1970, p. 30.

46 Striffler, 'Gewehrkügeln fliegen gerade' *Werk und Zeit* no. 2/3, 1985, published in translation as 'Bullets travel in straight lines', *The Architectural Review* February 1992, p. 37.

알도 반에이크:

암스테르담 고아원, 1954-59

1918년 네덜란드에서 태어나고 영국에서 교육을 받은 알도 반에이크는 취리히 공과대학(ETH)에서 건축을 공부하였다. 리트벨트와 'de 8 en Opbouw'와 같이 일을 한 적이 있었던 그는 1950년대 초 자신의 개인 사무실을 개설하였다. 초창기의 경력에서 가장 중요했던 일은 1947년 이후 암스테르담시의 책임 건축가인 코르넬리스 반 에스테렌(Cornelis van Eesteren) 밑에서 시 전역에 시공될 여러 곳의 어린이 놀이터 구축 계획이다.

계획의 시작은 시의 계약 건축가의 자격이었지만 이후에 계속된 작업은 정글짐, 모래놀이를 위한 웅덩이, 철봉, 벤치, 나무와 바닥 패턴 등의 다양한 요소들을 반복적으로 사용하여 알도 반에이크만의 독자적인 작업으로 이어졌다. 사회적이고 근본적인 목적 외에도 어린이를 위한 놀이터들은 거리의 모퉁이, 잊혀진 도시의 광장, 그리고 공터에 생명을 부여하여 파괴된 도시 조직을 치유하는 장치가 되기도 하였다. 30년 동안 734개나 되는 프로젝트가 시공되었다.[1] 놀이터는 재미있게 구성되어야 할 뿐만 아니라 기능성을 갖추어야 했다. 각각의 장소는 저마다의 상황에 따라 다양한 공간들을 만들어 내고 있다. 이 일련의 놀이터 프로젝트는 공적인 '매개성(in-betweeness)'과

각 공간들의 연결성(linking spaces)을 보이는데, 이러한 특성은 이후 반에이크의 건축에 있어 명확한 주제가 되었다. 위와 같은 특성과 함께 놀이터는 사용자에게 관계성을 제공해야 할 뿐만 아니라 능동적인 교감을 요구해야 하는 건축이어야 했다. 사람이 찾지 않는 놀이터는 의미가 없기 때문이다.

건축가는 놀이터의 사용을 제안할 수 있다. 그러나 최종적으로는 어린이들과 그 부모들이 먼저 놀이터의 사용을 결정하고 어떻게 이용할 것인지 스스로 발견한다. 바로 이러한 열린 결론에 편협한 기능주의에 대한 반에이크의 비판이 있고, 그와 그의 제자 헤르만 헤르츠베르허르[2]의 건축 작업 전반에 점철된 개념이 있다. 반에이크의 초기 작품 중 하나인 노르두스폴더르(Noordoostpolder)의 신도시 나헬레(Nagele)에 위치한 일련의 초등학교 프로젝트에서도 어린이가 주요한 주제였다(그러나 한 작품만 완공되었다.). 1954년에서 1956년 사이에 추진된 이 프로젝트는 아담한 크기의 1층 규모의 비대칭 건물을 세우는 것이었다. 학교는 계단처럼 배치된 개별 교실로 구성되었고, 야외 놀이 공간과 정원이 강조되어 건축되었다. 반에이크는 교실들과 주 진입광장 사이에 서 있는 특별한 기능이 없어 보이는 듯한 포치를 자신이 비용을 대서 시공할 만

[사진 1] 반에이크가 설계한 디지스트라트(Dijkstraat) 놀이터, 암스테르담, 1954.

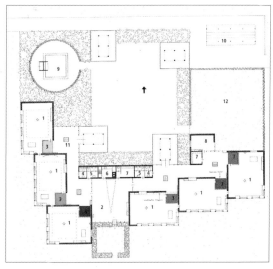

[사진 2] 반에이크의 초등학교 설계도, 나헬레(Nagele), 1956.

[사진 3] 고아원의 안뜰 및 상부 윙 가교. 원형으로 둘러싸인 곳은 동상을 세울 곳이다.

[사진 4] 헨드릭 베를라허(Hendrik Berlage)의 암스테르담 증권 거래소의
내부 세부장식, 1897-1910. 독특하게 표현된 건축양식을 보여준다.

큼 중요한 의미를 두었다.[3]

　1954년, 암스테르담 시위원회는 도시의
남쪽 공터에 시립 고아원을 짓기로 결정하
고 그 설계를 놀이터 프로젝트로 좋은 평판
을 쌓아온 반에이크에게 위임하였다. 전후
복지국가의 이상주의 물결이 그 동력을 잃
기 전, 비교적 관대한 예산과 그의 건축적
생각들을 동조하는 이상적인 건축주의 만
남은 36세의 건축가 반에이크를 위한 프로

젝트였다. 이 이상적인 프로젝트는 그의 건축적인 감성을 추구하기 위한 중요한 원동력이 되었다. 또한 이 프로젝트는 반에이크가 그동안의 연구와 그와 생각을 같이하는 동료들과의 수많은 논쟁의 결실인 건축적인 선언을 시험하는 기회가 되었다. 1959년에 준공된 시립 고아원 건물은 반에이크로 하여금 네덜란드 내에서 확고한 위치를 점하게 하였고, 국제적으로 앞서가는 건축가의 지위를 획득하게 해주었다.

이러한 상황에 힘입어 반에이크는 CIAM(Congrès Internationaux d'Architecture Moderne, 근대건축 국제회의)의 네덜란드 대표로 선출되고 제10회 CIAM의 조직과 기획을 위임받은 팀 텐이라는 그룹의 창립자로서 자리매김하게 된다. CIAM에 대한 팀 텐의 비판적인 관점으로 인해 팀 텐 그룹은 점차 독자적인 조직으로 발전하여 분리되고 CIAM의 붕괴 이후 그 빈자리를 채우는 역할을 하게 된다. 팀 텐은 기존의 조직보다 자유롭고 개방된 조직이었고, 거창한 회의 장소나 기록 절차도 없었지만, 건축적 담론의 중심이 되었다. 반에이크는 이 담론의 주요한 인물이었다.[4]

이 책에서 논의될 팀 텐의 다른 구성원으로는, 앨리슨 & 피터 스미스슨 부부(Alison & Peter Smithson)(제5장), 랠프 어스킨(Ralph Erskine)(제11장) 및 지안카를로 데 카를로(Giancarlio De Carlo)(제13장) 등이 있다. 1960년, 반에이크는 수년 동안 주도적인 역할을 했던 네덜란드의 건축 잡지 『포럼Forum』의 편집장으로 있으면서 그의 지적인 입지를 공고하게 다졌다. 그러나 고아원 프로젝트 이후로 반에이크는 이상적인 환경과 건축주를 만나 대규모 프로젝트를 다루면서 급진적인 공간적, 기술적 재해석을 시도해볼 만한 기회를 얻지 못한다. 이러한 면에서 고아원 프로젝트는 그의 명성과 경력의 정점에 있었던 프로젝트였다고 할 수 있다. 비록 사회적인 맥락이 급격히 변화하였지만 고아원 프로젝트에서 보여준 어린이와 관련된 그의 설계 개념들은 여전히 관련 프로젝트들에 유효하며, 이때의 작품은 반에이크 생애의 걸작이 되었을 뿐 아니라 가장 중요한 작품으로 건축 역사상 큰 획을 긋고 있다.

통일성과 다양성

이 고아원은 당시의 관점에서 볼 때 선도적이지는 않았지만 몇 가지 건축의 본질에 대한 문제를 다루고 있다는 것에서 인상적이다. 1966년에 출판된 레이너 밴험

[사진 5] 외부 뜰에서 내측으로 향하는 전경.

[사진 6] 조그마한 돔 형태의 지붕으로 중앙 채광창이 있다. 어린이들에게 적합한 규격을 강조한다.

(Reyner Banham)의 책 『뉴 브루털리즘The New Brutalism』에서 예시된 바 있듯이, 이 고아원 건축물은 현장 타설되거나 프리캐스트된 콘크리트와 노출되어 있는 벽돌 벽의 대비를 통하여 재료와 질감에 대한 재발견을 확실히 보여주고 있다.[5] 이것은 단순한 스타일의 문제를 넘어서 훨씬 심오한 의미가 있다. 이성적인 체계에 압도되지 않고 그것을 활용하려는 시도를 보여준 것이기 때문이다. 대량생산의 불가피성은 모더니스트들의 주된 가설 중의 하나였다. 그리고 표준화된 구성요소의 반복은 직교하는 격자와 엄격한 규격의 엄수를 의미했다.[6] 네덜란드에서는 이러한 '모듈에 대한 인식'이 그 어느 곳보다 강했다. 그것은 그들의 자연환경이 완전한 평지였고 오랜 기간 도시가 인공적인 그리드 체계로 계획되어 왔으며 재료의 속성상 모듈의 개념이 강한 벽돌이 주요한 건축 재료로 사용되어 왔기 때문이다.

20세기 초, 선도적인 초기 모더니스트였던 헨드릭 베를라허는 유명한 암스테르담 증권거래소에서 벽돌로 구축된 모습을 그대로 드러내어 모듈화 설계의 강한 선례를 남겼다. 기하학적인 방법의 장점들은 루베릭 등이 발전시킨 미학 이론을 배경으로 하며 그 후 데 스틸에 수용되었다. 이러한 이론적인 흐름에 영향을 받은 반에이크는 스스로를 네덜란드 근대건축 운동의 주요 계승자로 간주하였다.[7]

그러나 1950년대 및 1960년대의 많은 건축가가 쓰라린 대가를 치르며 깨달았던 것처럼 모듈의 개념에 스스로 속박되는 결과를 낳았다. 왜냐하면 설계가 기술적 과정 이외의 것에 제대로 반응하지 못하게 했기 때문이다. 반에이크는 이러한 위험을 간파했고 능숙하게 대처했다.

고아원은 건물 전체의 기본적인 규모를 그 지역의 방 크기 단위인 3.6미터 규격의 강한 그리드를 바탕으로 설계되었지만, 이 단위 공간들은 각각 가로 세로로 최대 4개 단위까지 결합될 수 있었다. 기본 모듈은 공공건물로서는 작았지만 어린이들이 인지할 수 있는 규모에 모든 것을 맞추었고, 수직적인 치수에서도 어린이들의 인지 규모를 고려하는 방법을 유지했다. 계단, 좌석 및 탁자가 어린이들의 키에 맞추어 만들어지고, 창틀도 성인보다 어린이들의 눈높이에 맞게 만들어졌다. 각각의 단위 공간의 모퉁이에 기둥을 세우고 벽돌로 쌓은 벽을 이용하여 경계를 구분하였지만, 밖에서 보이는 건물의 모서리의 대부분은 연속된 프리캐스트 콘크리트 인방으로 통일되어 있다. 이렇게 규칙적으로 기둥이 보를 떠받치는 기본적인 상인방식 구축 방법에는 무엇인가 근본적인 것이 있어서 마치 반에이크가 새로운 기둥의 규칙을 제시하는 것처럼 느껴진다. 확실히 그는 기둥과 평방(architrave)이 건축의 핵심이라는 전통적인 개념을 반복하고 있다.

상인방 각각에는 수평으로 긴 구멍이 나 있다. 구멍의 대부분은 유리로 막혀 있는데, 이것은 인방에 대하여 대칭적인 개체로서의 인식과 더불어 대칭적인 개념이 깨지기 쉽다는 느낌을 주고 있다. 이 상인방은 건물에 구성적 리듬을 부여하며 연속적인 수평성의 인식적인 기준이 되고 있다. 뒤에서 언급되겠지만, 현장에서 타설된 양 방향성의 콘크리트 보로 이루어진 그리드가 실질적인 구조 체계이다. 그러나 건물의 외벽에 면한 기둥과 프리캐스트 콘크리트 인방이 건물의 구조 체계와 단위 '공간' 즉, 이디큘(aedicule)을 드러내는 역할을 하고 있다.

건물 전체를 단층으로 한정 짓는다는 것은 지붕의 역할을 무척 중요하게 여긴다는 것인데, 이것은 채광의 원천으로 – 어디에나 햇빛이 있으므로 – 그리고 그 피난처의 속성을 상기시키는 측면에서 그러하다. 반에이크는 평평하거나 특색이 없는 천장이 아니라 각각의 단위 공간을 덮는 낮은 돔형의 천장을 채택했다. 돔형의 천장은 상황에 따라 그 정점에 채광을 위한 창을 뚫어 빛을 받아들인다. 돔형의 지붕이 반복되는 배치는 거대한 우물천장(coffering)과 같은 리듬을 발생시키고, 각 방은 지붕의 오목한 부분의 중심에 위치하고 있다.

돔형 천장은 종교적인 건물이나 대형 구조물이 연상되는 원초적인 형태로, 시대착오적인 것으로 보이지 않도록 하면서 20세기 건물에 사용하는 것은 무척이나 어려운 일이었다.[8] 그러나 반에이크의 돔형 천장은 기술적인 논리의 추구를 통하여 부정적인 연상을 피하고 현대적으로 각색하였다. 그는 영구히 고정된 덮개로 프리캐스트 콘크리트 돔을 이용하고, 그 사이의 홈에 철제를 보강한 후, 전체적으로 콘크리트를 도포하는 건축 시스템을 고안해 내었다. 이러한 표준화된 형식이 동일하게 계속 사용될 수 있었지만, 경간이 긴 늘보는 단지 보강만 함으로써 4개 단위까지는 기둥 없이 걸칠 수 있었다. 이것은 사각 구축 체계의 모든 접합점마다 지지가 필요하지 않으며 단지 부분적으로만 필요하다는 것을 의미했다. 또한 상대적으로 자유로운 설계를 할 수 있게 하고 불필요한 기둥을 비교적 자유롭게 생략할 수 있게 해 주었다.

반에이크는 추가적인 다양성을 시도하면서 때때로 가로 세로 3개 단위를 덮는 10.8 제곱미터 크기의 대형 돔을 도입하였다. 역시 도포 보강 콘크리트 구조에 작은 채광창이 동심원을 이루며 뚫려 있는 대형 돔들은 한 그룹의 어린이들이 사는 각 집의 구심 공간을 명확하게 하기 위해 특별히 사용되었다. 이 대형 돔은 동쪽에 위치한 유소년들을 위한 단층 기숙동의 주 거실 공간과 서쪽에 위치한 청소년들을 위한 기숙동의 2층 침실들을 각각 덮고 있다. 이 학교에서 유일하게 두 개 층으로 구성된 건물은 진입광장을 가로질러 배치된 기다란 형태의 교직원 숙소이다. 이 건물을 받치는 기둥은 일반적인 굵기의 기둥을 사용했고, 이에 따라 더 요구되는 강성을 구조적인 보강을 통해 확보하였다.

작은 도시로서의 집과 커다란 집으로서의 도시

반에이크의 고아원은 『포럼Forum』지에 「호혜적 치유The medicine of Reciprocity」라는 제목의 글로 소개되었다. 이 글에서 그는 편향된 사고가 개인과 집단, 건축과 도시, 부분과 전체, 통일성과 다양성처럼 사물을 파괴적인 방식으로 나누고 구별 지을 수 있다고 비판하였다.

건축을 도시적으로, 또는 도시를 건축적으로 받아들일 때가 왔다. – 이와 같은 용어의
사용은 두 용어의 의미를 불분명하게 한다. – 다시 말하면, 다원성을 통해 단일성에 도
달하거나 단일성을 통해 다원성에 도달할 수 있다는 의미이다. 어린이들을 위한 이 집
에 대해서는, 그것을 '집'이자 '도시'가 되도록 하는 것이 아이디어였다. 즉, 도시 같은
집이자, 집 같은 도시 말이다. 나는 시간과 공간이 무엇을 뜻하든지 간에, 때와 장소에
더 많은 의미를 두어야 한다는 결론에 도달했다. 왜냐하면 사용자의 인식 속에서 공간
은 장소이며, 시간은 (특정한) 때이기 때문이다. 시간과 공간은 결정론적인 사고와 정
신 분열적인 기제에 의해서 분리되어 고정된 추상적인 개념으로 남아 있다. 장소와 때
는 사용자적인 관점에서 서로를 구체화시킨다. 이것은 사용자가 건축의 주체이자 그
대상이기 때문에 사건을 위해서 장소가 준비되는 것이 중요하다는 것을 의미한다. 더
욱이 장소와 때는 존재성과 관련되어 있기 때문에 장소의 결핍 – 따라서 때의 결핍 –
은 정체성의 상실, 또는 고립과 좌절을 초래할 것이다. 그러므로 집이란 장소의 집합이
어야 하며, 도시에 대해서도 똑같이 적용된다.[9]

건축가는 건물을 녹색의 융단에 둘러싸인 조각물로 생각하는 경향이 있지만, 이 고
아원은 하늘에서 바라볼 때를 제외하고는 건물의 전체를 보는 것은 불가능하다. 그
도 그럴 것이 그 각각의 부분들은 걸어서 둘러보아야 할 뿐만 아니라 내부의 안뜰로
세분화되어 있고, 각각의 '집'들은 내부의 가로로 연계되도록 의도적으로 설계되었기
때문이다. 이러한 가로와 같은 매개 공간(in-between spaces)들은 외부와 같이 거친 벽
돌 형태로 남아 있어서 '집' 내부의 매끄러운 표면과는 대조적으로 보인다. 반에이크
는 이러한 대조적인 모습에 대하여 표면은 거친 갈색이지만 내부는 희고 부드러운 코
코넛이나, 살갗에 닿는 내피 쪽이 부드러운 겨울용 코트에 비유하였다.[10] 또한 내부의
가로는 실외 가로등 같은 야간 조명이 설치되어 있었으며, '굳이 가로의 밝기를 균등
하게 분포하려고 계획하지 않았다.'[11]

[사진 7] 외부의 뜰 가운데 하나는 어린이들의 '가족'의 영역으로 형성된다.

[사진 8] 1990년에 복원되고 수정된 바와 같이 고아원의 가장자리는 정원으로 바뀌었다.

콜린 로(Colin Rowe)가 『콜라주 시티Collage City』에서 현대 도시는 형상(figure)과 배경(ground)을 반전시키고 있다는 유명한 분석 내용을 발표한 것은 거의 20년이 지난 뒤였다. 이것은 이탈리아의 우피치 미술관에 시각적인 초점을 발생시키는 중정과 같은 공간에 다소 들어맞는 코르뷔지안 단위(Corbusian Unité)였다.[12] 그러나 이와 같은 형상과 배경 사이의 반전 또는 모호성은 이미 반에이크의 생각 속에 분명히 있었다. 매트릭스 같은 고아원의 평면에서는 내외부 공간이 서로 자유롭게 관입될 수 있도록 함께 어울려 있는데, 이것은 북아프리카 아랍인 거주지인 카즈바(kasbah)와 비슷한 구조였다. 반에이크는 실제로 고아원 안에 그와 같은 장소의 사진을 붙여 놓고 있었다고 알려져 있다.[13]

공공 교류의 장소로서의 가로를 회복하는 것은 팀 텐의 강력한 주제였다. 팀 텐에 대해서는 제5장 스미스슨 부부와 함께 더 자세히 논하게 될 것이다. 팀 텐은 반에이크의 매트릭스 평면에 대한 아이디어를 공유하였다. 이 아이디어는 옷감의 날줄과 씨줄과 같이 주도로와 이면 도로의 얽힘이 특정한 행위를 담는 중간적인 공간을 일관되게 만들어내고 있다. 이와 같은 생각은 팀 텐의 캔딜리스(Candilis), 조식과 우즈(Josic and Woods)의 작품에서 궁극적으로 표현된다. 이 작품들은 1963년 지어지지 못한 수상작인 프랑크푸르트-뢰머베르크(Frankfurt-Römerberg)와 실망스럽게 뒤엉켜버린 1963-73년의 베를린의 자유대학(Berlin Free University)이었다.[14] 지안카를로 데 카를로(Giancarlo De Carlo)조차도 미라노(Mirano)의 병원을 위한 매트릭스 구성을 제안하여 1969년 공모전에서 수상하였으나, 그 후 그의 제안은 축소되어 실현되었다.[15]

이러한 상황에서 반에이크의 대응은 빠르고 섬세했다. 매트릭스 평면에 대한 장점 중 하나가 유연성이었지만, 그는 '유연성에 과도하게 집착하는 것(flexophiles)'에 대해서는 동의하지 않았다. 또한 그는 매트릭스적 방법으로 조직된 체계에 기인한 매우 특수한 기능을 가진 장소의 발생을 '호혜성'의 한 측면만으로는 막을 수 없음을 알게 되었다.[16]

반에이크는 여덟 개의 가족과 같은 그룹을 위한 각각의 '집'들을 계획했다. 그 각각의 집은 대형 돔으로 구별되는 안뜰이 있었다. 그러나 청소년 그룹을 위한 집은 유소년과 유아 그룹의 집과는 달랐다. 침실이 2층에 배치되어 있고 주변 교외가 내다보여

외부 세계와 더 많이 접촉할 수 있었다. 고아원의 유일한 반폐쇄형 공간인 이 그룹의 외부 마당은 위쪽 정원을 사용하도록 자연스럽게 유도하고 있다. 반면, 10세 미만의 유소년을 위한 집에서는 건물에 의해 완전히 둘러싸인 안마당이 오히려 중심적인 역할을 하고, 대형 돔으로 덮인 동일한 크기의 거실이 안마당과 인접해 있다. 반면 침실 구역은 한쪽으로 물러나 있다. 집 자체만으로도 연령층 그룹(2세에서 4세, 4세에서 6세 등)에 따라 더 세분화되어 있었는데, 안마당의 처리, 침실동을 세분하는 방법과 돔으로 덮인 거실의 처리 등에서도 차이가 있었다. 또한 아이들이 친숙하게 느낄 수 있는 규모를 유지하면서 중심성을 더하기 위하여 각 집의 거실에는 사발처럼 우묵하게 들어간 공간이 있는데, 이 공간은 붙박이 걸상과 작은 놀이 집이 있는 소위 방 속의 방이다. 좀 더 큰 아이들에게는 앉을 수 있는 벽감(sitting alcove), 식사 공간 및 인형극장도 작은 세계를 만들어 주고 있다.

전체적으로 건물의 평면을 내용 면에서 살펴보면, 역시 강하게 표현된 체계가 있다. 도로 북측의 분명하고 형식적인 '전면'은 정원과 잘 어우러진 비형식적인 '뒷면'과 대조를 이루고 있다. 2세 미만의 어린아이들은 집의 가장 안쪽에 거주하고, 14-20세의 나이 많은 남자아이들은 도로에서 가장 가까운 곳에 거주하며, 같은 나이의 여자아이들은 그 바로 안쪽에 거주한다. 고아원은 건물에 의해 보호된 구역들을 통해서 출입하게 되는데, 그것들은 두 번째 경계 역할을 하는 진입 중정을 공중에서 가로질러 걸쳐 있는 직원 숙소와 서측 공지에 위치한 응접실과 사무실 블록, 그리고 직원 숙소 뒤편의 동측에 위치한 서비스와 직원의 거주 블록이다. 두 개의 그룹으로 나뉘어 묶인 집들은 기다란 중정 너머에 있는 내부 동선을 통해 연결된다. 각각의 집들은 대각선으로 배치되어 안과 밖으로 건물의 모서리를 드러낸다. 이러한 엇갈린 배치는 프랭크 로이드 라이트의 평면이나 가츠라 별궁과 같은 일본의 전통적인 건축과 비교되어 왔다.[17] 또한 이것은 에리히 멘델존의 모서리에 대한 집착과도 비교된다(Blundell Jones 2002, 제6장 참조). 이러한 현상은 그들이 교육을 받았던 보자르식의 전통적 평면 즉, 중심축이 존재하며 부속 건물이 대칭으로 배치된 평면을 무의식적으로 적용하는 것을 피하려는 초기 모더니스트들의 투쟁을 반영하는 것이기도 하다. 비록 전체적으로 보면, 고아원 건물의 구성에도 대칭성이 암시되어 있기는 하지만, 두 줄로 벌어져 양쪽

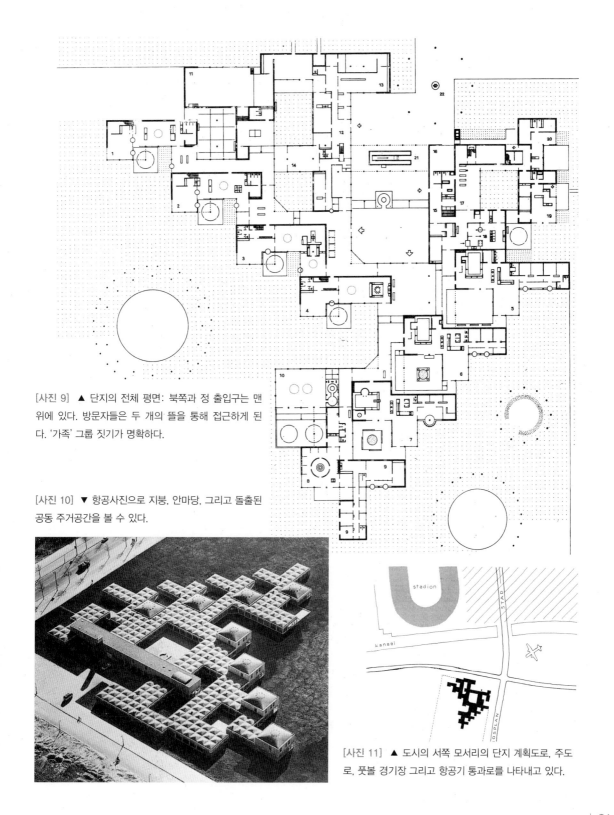

[사진 9] ▲ 단지의 전체 평면: 북쪽과 정 출입구는 맨 위에 있다. 방문자들은 두 개의 뜰을 통해 접근하게 된 다. '가족' 그룹 짓기가 명확하다.

[사진 10] ▼ 항공사진으로 지붕, 안마당, 그리고 돌출된 공동 주거공간을 볼 수 있다.

[사진 11] ▲ 도시의 서쪽 모서리의 단지 계획도로, 주도 로, 풋볼 경기장 그리고 항공기 통과로를 나타내고 있다.

[사진 12] 상층의 큰 아이들을 위한 '집'.
⑪ 벤치 ⑫ 욕실 ⑬ 의류실

[사진 14] 큰 아이들을 위한 집의 단면과 하층 평면.
① 거실 ② 차를 마시기 위한 주방 ③ 공부방 ④ 독서 공간
⑤ 찬장 ⑥ 옷징 ⑦ 화장실 ⑧ 샤워실 ⑨ 램프의 원형 ⑩ 더블 벤치

[사진 13] 콘크리트가 움푹 파인 곳은 축소된 연못이다.

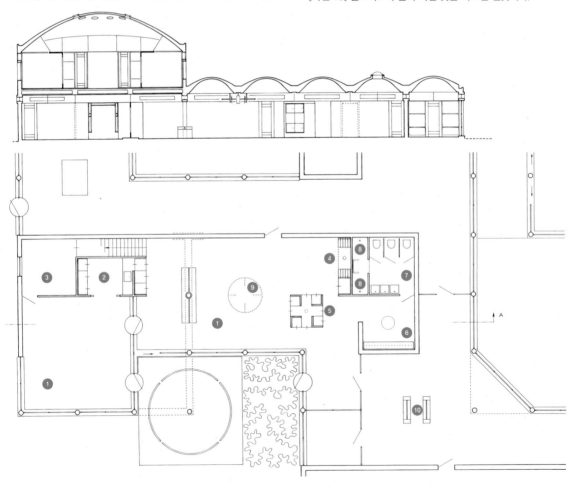

[사진 15] 커다란 돔 아래의 지상층 거실.

으로 늘어선 집들이나 출입 마당의 기본적인 직각 형태에서 보듯이 축의 형식은 방이나 안뜰 내부 등의 작은 규모에서는 뒤집혀 있다. 그리고 방에는 거의 축 상으로 진입하는 입구가 없다. 심지어 출판된 도면에는 반에이크가 축 바꾸기 놀이를 주석으로 달아 놓기까지 했다.[18] 그는 건물 주위의 통로들이 모듈 시스템에 대응할 수 있는 방법들을 찾는 데에서 재미를 느꼈으며, 경계에 대해 무척 민감하였다.

아이들의 큰 집을(작은 도시를) 길 쪽으로 놓는 것이 최선으로 보인다. 즉, 그들이 들어오고 나가는 공적인 영역 쪽으로, 외부현실과 내부현실 사이의 전환으로 넓고 탁 트인 광장을 두는 것이다. 이것은 단계에 따라 점진적으로 길이 나 있는 매개 영역으로서, 특히 갑작스러운 전환이 일으키는 어린이들의 불안감을 완화시키는 데 도움을 준다. 집을 나가고 들어오는 것은 일반적으로 어려운 일이다. 즉, 들어가고 나가는 것, 고아원에 들어오거나 떠나거나 머무는 것은 고통스러운 선택인 경우가 가끔 있다. 비록 건축이 이러한 진실을 없앨 수는 없지만, 그 효과를 악화시키는 대신 완화시킴으로써 중화작용을 할 수 있다. 머무는 것은 바로 인간이다.[19]

방문객은 건물이 길에서 물러나면서 발생된 안마당의 열린 모서리와 처음 접하게 된다. 이곳을 지나는 동선은 한여름의 안마당에 그늘을 만들 수 있도록 고리 모양으로 배치되어 심어진 나무를 지나도록 의도적으로 만들어졌다.[20] 외부인들은 바깥마당으로 진입이 가능하며 직원 또는 원장과 면담을 원하는 공무원들은 마당의 서측에 면한 유리 벽을 경유하면 가능하다. 반면에 이곳에 거주하는 아이들은 안마당을 지나서 보이는 두 군데의 출입구를 통하여 진입이 가능하다. 출입구는 그룹으로 나뉜 두 개의 거주 영역으로의 진입을 위해 서측과 남측으로 구별되어 있다.

기둥들로 지지되어 필로티로 처리된 직원 숙소는 안과 바깥마당의 경계를 암시하고 그 아래에는 자전거를 위한 지하 주차장으로 통하는 경사로가 있다. 안마당에 중심성과 집에 도착했다는 안도감을 주기 위하여 문설주와 비슷한 느낌의 카렐 비세르(Carel Visser)의 조각품을 세우고 단차를 둔 원형의 바닥을 배치했다. 안마당의 서측과 남측 면에 있는 유리로 둘러싸인 회랑(回廊)과 같은 통로는 방문객들에게 건물 안으로 들어가기 전, 건물 내부의 분위기를 시각적으로 경험하게 한다.

한편, 이렇게 많은 경계들을 통과하여 귀가하는 아이들에게는 건물 중심부의 깊은 곳에 있다는 아늑함과 더불어 안전하게 보호받고 있다는 느낌을 준다. 또한 내부 가로 공간에 진입한 뒤에도 동선의 방향을 전환시킨다거나 한 개나 두 개의 단을 두어 천장의 높이를 낮게 하는 방법으로 경계를 구별하고 있다. 단에 의한 높이의 변화는 그 공간을 더욱 개인적이고 친밀하게 만들어 주며, 건물 내부에 영역성을 발생시킨다. 그런데 이와 같이 미묘하고 효과적으로 바닥의 높이에 변화를 주는 것은 네덜란드의 전형적인 특성인 평평한 대지의 특성에 반하는 지극히 인공적인 작업이다.

인류학적 접근

반에이크는 인간의 신념과 행동을 다루는 지식의 원천으로 여겨지는 사회적 인류학에 대하여 건축가들이 관심을 가질 것을 촉구한 것으로 보인다. 나중에 젱크스와 베어드(Baird)에 의해 영문으로 다시 출판된 『포럼』지에 실린 말리의 도곤족(the Dogon People of Mali)에 대한 글은 분명히 건축이 세상을 보는 관점에 새로운 지평을 열어주었다.[21] 사실 아프리카 답사와 도곤족에 대한 출판은 고아원 건축 이후였다. 그러나 반에이크는 그때 당시 폭넓은 독서와 많은 여행을 하였으며, 아마도 마르셀 그리올(Marcel Griaule)의 저서 『물의 신』*Dieu d'Eau: entretiens avec Ogotemmêli*을 이미 알고 있었을 것이다. 일찍이 1948년에 출판된 이 책은 도곤족의 마을, 집과 우주의 공명에 대한 풍부한 묘사를 담고 있었다.[22]

반에이크는 농촌 및 토착 건축에 관심을 가진 팀 텐의 유일한 구성원이 아니었다. 그의 동료 데 카를로는 1951년 밀라노 트리엔날레에서 '자연 발생적인 건축(Spontaneous architecture)'전을 기획했다. 그러나 반에이크는 정통 모더니스트의 기능주의에 비판적인 첨언을 가능하게 한 특별한 통찰력을 얻었다. 이것은 앞에서 기술한 경계의 문제에 분명히 반영되었는데, 왜냐하면 모두는 아니라고 해도 대부분의 전통적인 사회에서는 이러한 것들이 제의적이고 상징적인 관심의 초점이었기 때문이다. 인류학의 영향은 반에이크가 여러 종류의 사회적 구심점들이 될 잠재성을 포함한 모임과 집중이 발생하는 공간들을 만들기 위해 전형적으로 원을 사용한 것에서도 감지된다. 이것은 직사각형 격자에서 보이는 중립성과 대조된다.

그러나 아마도 무엇보다 중요한 것은 고아원에서 생생하게 예시된 바와 같이 사회적 시설은 방과 공간의 배치에서 그 전체의 구조를 드러낸다는 인식이었다. 모더니스트들은 이러한 개념에 대하여 말만 앞세워 왔다. 그들은 대부분 그러한 개념 없이 일관되게 각자의 작업을 해왔다. 예를 들면, 그로피우스의 바우하우스 학교 건물은 작업장, 교실, 거주구역의 구별이 있었으나, 사회적으로 중요한 극장과 도서관의 정체성은 무시되었다(Blundell Jones 2002, pp. 61-72).

오직 휴고 헤링과 한스 셔로운만이 모든 부분을 완전하고 위계적으로 연결하려는 진지한 시도를 하였다. 1951년 셔로운에 의해 설계된 다름슈타트의 학교는 이를 잘 나타내는 사례이다. 이 학교는 지어지지는 않았으나 1958-62년 뤼넨(Lünen)의 게슈비스터 숄 학교(Geschwister Scholl School)에서 수정된 형태로 구현되었다(Blundell Jones

2002, pp. 59-60).[23] 이러한 작품들과 반에이크의 고아원 사이의 주된 차이는 셔로운이 스스로 직각으로부터 벗어났다는 데에 있다. 반면에, 반에이크는 그의 모듈 안에서 작업하였다. 그럼에도 불구하고 그는 '가족'이라는 그룹들을 조직하여 독립된 집처럼 구별하였고, 그 안에 구심 공간을 두었다. 또한 전면과 후면을 고려하였고 이 모든 것들을 대비 또는 인접이라는 의미 있는 위계적 흐름 위에 놓았다.

반에이크는 전통적인 산업화 이전의 사회에서 건물의 구성과 배치가 일반적으로 사회구조를 반영한다는 연구를 통해 이와 같은 생각의 중요성을 확인했음이 틀림없으며, 심지어 그 생각을 지배적인 원칙으로 여겼을 수도 있다.[24] 말리의 도곤족 사이에서 일반적인 사각 평면 위에 세운 집은 남편과 아내의 결합을 상징적으로 나타내며, 가로 세로 10:8 비율로 된 정사각형의 파사드는 그들의 선조를 기리는 것이다. 집은 담벼락으로 가족 공동체 안에 묶이는데, 여기에는 별도로 만들어진 조각된 장식으로 꾸미고, 첨두형 지붕을 올린 곡물창고들이 포함된다. 이 창고들은 우주의 축소 모형이다. 창고에는 그들이 살아가는 데 필요한 네 개의 신성한 작물을 네 개의 칸에 모시고 있다.

마을 전체는 사람의 몸을 나타낸다. 몸에서 머리에 해당하는 위치에는 대장간과 장로 의회가 배치되어 있으며, 그 외에 남자 구성원을 위한 제단과 여자 구성원을 위한 기름이 보관된 사발이 배치되어 있다.[25] 밭을 가는 일, 베 짜는 일, 사각의 집이나 곡물창고를 배치하는 일, 조상들을 위해 격자의 파사드를 구성하는 것 사이에 존재하는 명백한 관계는 반에이크가 모듈의 개념이 적용된 유닛을 건축의 시작점으로 삼는 근본적인 이유가 되었을 것이다. 집과 마을을 우주와 연관시키는 주거에 대한 상징적 의미들을 차지하고, 그러한 관계성은 반에이크에게 집과 도시의 호혜적인 관계에 대한 영감을 주었다.

반에이크가 인류학에 관심을 가졌을 당시, 인류학은 구조주의적 관점 안에 있었다. 반에이크는 일반적으로 헤르만 헤르츠베르허르와 함께 '네덜란드 구조주의(Dutch Structuralism)'를 창안한 것으로 여겨진다. 구축적인 관점에서 구조주의는 공장 생산의 원칙을 수용하면서 이성적 생산과 시공절차를 통해 구조적인 체계를 창안하는 것과 동시에 또 다른 관점으로는 설계자가 전혀 예기하지 못한 것들을 포함하여 사용자

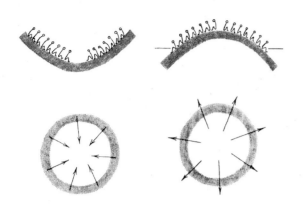

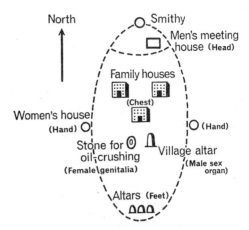

[사진 16] ▲ 원의 사회적 활용에 대한 반에이크의 원형 도형. 안쪽. 바깥쪽을 보고 있는 그림.

[사진 17] ▶ 마르셀 그리올의 도곤 마을 상징 도형. 오고테멜리와의 대화(Conversations with Ogotemmêli).

의 삶이 최대한 변화를 일으키도록 하는 것과도 관계가 있었다.[26] 그러나 인류학, 심리학, 언어학의 지적 움직임으로서의 구조주의는 인류의 지식 및 문화현상에 내재한 근본적인 구조들에 대한 추구와 관련된 것이었다. 이것은 놈 촘스키가 추구한 언어의 근원적인 구조를 의미하는 것일 수도 있는데, 이 구조는 마치 어린아이의 마음속에 새겨져 있어 그 아이가 주위에서 들은 것으로부터 자신의 말을 발견하고 구성할 수 있게 한다.

다른 한편으로 그것은 신화, 노래, 마을의 배치 또는 혈족 관계에 내재한 일종의 근원적 구조일 수도 있다. 클로드 레비스트로스(Claude Lévi-Strauss)는 그러한 현상을 분석하였고, 그의 분석은 인류에 대한 보편적인 이해의 열쇠를 제공한 것으로 보인다.[27] 반에이크는 보편성 및 과거로부터 계속되어 온 인간성과 현대적인 삶 사이의 재통합을 추구하기 위한 이러한 시도에 공감하였다.

건축은 공간으로 번안된 인간 역사의 끊임없는 재발견의 과정이다. 인간은 언제나, 어느 곳에서나 본질적으로 동일하다. 인간은 동일한 정신적인 능력을 가지고 있지만 문화적·사회적 배경에 따라, 또는 배경에 따라, 또는 그가 우연히 일원이 된 특정한 집단의 생활양식에 따라 그것을 달리 활용할 뿐이다. 근대 건축가들은 본질적으로 동일

[사진 18] 반에이크의 미혼모와 그 자녀를 위한 후베르투스 하우스, 암스테르담, 1980.

한 것을 간과한 채 이 시대에 무엇이 그토록 다른가에 대해서만 계속해서 이야기해왔다.[28]

고아원 건축은 의욕적으로 시작했으나 좌절로 끝이 났다. 계획된 조경과 예술작품들은 자금 지원을 전혀 받지 못했고, 바닥에 설치된 왜곡된 거울처럼 어린이들을 즐겁게 하고 자극을 주려고 했던 반에이크의 쾌활하고 통찰력 있는 시도는 이후 위험한 놀이라고 여겨져 철거되었다. 아울러 내부의 세부 장식들은 경솔한 변경과 덧칠로 사라져 버렸다. 이 와중에 곳곳에서 전문가들은 고아들을 위한 수용시설과 그 시설에 수용하는 것의 효과에 대하여 개탄하였고, 대중들은 이곳에 들어오기를 원하지 않는 아이들은 정상적인 가정에 개별적으로 입양시키는 것이 최선이라고 생각하게 되었다.

1980년대 즈음, 겨우 20년을 사용한 이 건물은 당초의 목적을 상실하였고, 1986년에는 심지어 해체의 위협을 받기까지 했다. 헤르만 헤르츠베르허르가 해체를 막기 위한 운동을 벌인 결과, 현재는 베를라허(Berlage) 학회와 건축학교 및 기타 시 관련 공공업무 기관이 들어서 있다.

건축예술을 일상의 의식과 다시 연결할 방법을 필사적으로 모색했던 가장 사회적인 건축가가 그렇게 빠르고 완전하게 사라져 버릴 건물의 유형인 고아원에 그토록 많은 에너지를 쏟아부어야 했다는 것은 역설적으로 보인다. 사회 전체를 위한 집이나 도시를 창조하는 프로그램에 대한 반에이크의 의욕은 이해할 만하다. 하지만 그의 모든 선의에도 불구하고, 고아원은 그가 인류학적인 기록을 통해 그토록 열망했던 자연발생적인 건축이라기보다는 사회공학에 더 가깝게 끝이 났다.

고아원 작업을 끝내고 20년 뒤, 반에이크는 또 다른 새로운 시설물을 건축할 기회를 얻었다. 이것은 1970년대 말에 지어진 후베르투스 하우스(Hubertus house)로 암스테르담의 중심가에 있는 미혼모와 그 자녀를 위한 시설이었다.[29] 이 건축은 절반은 새로 짓고 절반은 개조하는 것이었는데, 이 시설을 운영할 사람들과 많은 토의를 하여 더욱더 조화로운 건물을 만들게 되었다. 이 건물은 고객과 언론 모두의 호평을 받았으며, 반에이크의 건축적 감수성, 장소 만들기에 대한 그의 계속적인 관심, 사회적 관계의 표현 및 정교하게 계획된 경계 등을 잘 보여 주었다. 또한 이것은 그에게 색채와 도시적인 외관에 대한 대담한 실험을 할 기회를 주었으나, 건물의 전체적인 특성으로 보면 특별한 조건에 지배되는 면이 있었다. 즉, 대지와 프로그램에 대하여 더욱더 특별한 반응이 요구되기 때문에, 도시 안에서 전반적인 제안이라기보다는 주어진 조건 내에서 이해될 필요가 있었다. 이 건물에 입주해 있는 시설은 개인적이고 보호적인 성격을 가져야 했고, 학대받은 여자들이 안전하게 치료받을 수 있는 그들만의 작은 세계여야 했기 때문에 공공연히 밖으로 드러내어 보여서는 안 되었다.

사회적, 건축적 측면에서의 이러한 고도의 특수성은 비록 이 건물이 건축예술을 추구하는 숭고한 방법을 ― 아마도 가장 숭고한 방법일지 모른다. ― 제안하는 것이라고 해도 이 건물이 적절한 사례로 제시되는 데 걸림돌이 되었다.[30] 반면에 고아원은 전반적인 개념에서 놀랄 정도로 대담하였으며, 그 메시지를 가장 필요로 했던 시기에 큰 집이 작은 도시가 될 수 있다는 것을 전 세계에 결정적으로 선보였다. 한때, 근대주의 건축의 기술적 규범이 반에이크가 즐겨 표현했던 '귀환을 환영함'이라는 말의 진정한 의미와 결합될 수 있을 것으로 보였던 것이다.

1 놀이터의 역사는 Lefaivre and de Roode 2002, Lefaivre and Tzonis 1999의 요약본 pp. 13-78 참조.

2 Hertzberger 1991, Hertzberger 1973 원본: 주요 프로젝트는 Delft의 Diagon 주거단지 프로젝트(이 프로젝트는 주민에게 자신의 의사를 표시하도록 유도하는 기본적인 틀이 되었음.)를 참조.

3 Ligtelijn 1999, p. 86 참조.

4 Team Ten의 역사는 Risselada and den Heuvel 2005 참조.

5 레이너 밴험(Reyner Banham)이 *The Architectural Review* in December 1955에 실은 글에서 처음 사용된 용어: 동일한 이름의 책은 1966년까지 나오지 않았다. 밴험은 고아원을 pp. 158-163에서 묘사하였으나, p. 128에는 이에 대해 오직 1단 분량의 글만 썼을 뿐이다. 밴험은 옹호적인 글의 일부에서 브루털리즘을 '*윤리적 기준이며 구성요소와 재료의 관계는 직업윤리라는 생각을 고집하는 것*'이라고 말하고 있다.

6 이것은 1.06미터 격자에 설계된 1927년 그로피우스가 바이센호프 주거단지에 설계한 집의 중요한 요소였다: 블룬델 존스(Blundell Jones) 2002, pp. 16-17 참조.

7 그는 그림과 조각과 관련된 많은 프로젝트를 추진하였다: 그중 유명한 것은 암스테르담의 조각관(1965-6)이며, 그는 자주 근대건축 운동의 리더들인 'The Great Gang'과 충성을 선언하였다. 그는 아르프와 브란쿠시의 작품을 좋아했으며, 리트벨트에 대해 '*정직한 웃음을 실제로 만들 수 있는 사람*'이라고 평했다. 그는 『포럼』 특별판에서 Jan Duiker를 근대주의의 영웅으로 명예를 회복시켰다.

8 유명한 예외는 칸의 킴벨 뮤지엄과 레베렌츠(Lewerentz)의 클리판(Klippan) 교회가 있으며, 둘 다 블룬델 존스(Blundell Jones) 2002 pp. 229-240 및 215-228에 수록되었다. 르코르뷔지에와 휴고 헤링 둘 다 국내 건축에 아치형 둥근 천장을 제안하였으며, 전자의 것은 1935년 Petite Maison de Weekend, 후자의 것은 1930년 전시회용 집이다. 블룬델 존스 1999, pp. 123-125 참조.

9 반에이크의 가장 유명한 이 논문이 처음 실린 곳은 『포럼Forum』지 1960-61 no. 6-7이며, 재판이 실린 곳은 Ligtelijn 1999, pp. 88-89이다. 또 다른 판은, 반에이크가 Otterlo의 CIAM 회의에서 발표한 것으로, Newman 1961, pp. 26-34에 실려 있다.

10 'The Medicine of Reciprocity', Ligtelijn 1999, p. 89.

11 Ibid.

12 Rowe and Koetter 1978.

13 Lefaivre and Tzonis 1999, p. 101.

14 Frampton 1980, pp. 277-278에 둘 다 언급된다.

15 The Architectural Review March 2002, pp. 64-67 참조.

16 'The Medicine of Reciprocity', Ligtelijn 1999, p. 88.

17 Lefaivre and Tzonis 1999, p. 104.

18 Ligtelijn 1999, p. 98.

19 'The Medicine of Reciprocity', Ligtelijn 1999, p. 89.

20 이 독특한 장치는 킴벨 뮤지엄에 있는 칸의 나무숲에 설치되었던 선례가 있다(블 룬델 존스 2002, pp. 229-240).

21 'Architecture of Dogon' Architectural Forum September 1961, pp. 116-121. Baird and Jencks 1969, pp. 170-213.

22 영문판 Conversations with Ogotemmêli, Oxford University Press 1965. 케네스 프램턴(Kenneth Frampton)에 의하면 반에이크의 인류학에 대한 관심은 1940년대 초부터라고 한다. 프램턴 1980, p. 276.

23 블룬델 존스 1995, pp. 136-151 참조.

24 '우리가 보아온 모든 사례에서, 기하학적 질서보다 사회적 관계가 건물의 위치 설 정에 결정적인 요소로 나타난다.', Fraser 1968, p. 47.

25 이 모든 것에 대해서는 그리올(Griaule) 1965 참조.

26 헤르만 헤르츠베르허르는 특히 이 부분을 발전시켰는데, 심지어 사용자에 의해 행 위의 절반 이상을 채우도록 유도되었다. Hertzberger 1973 참조.

27 레비스트로스(Lévi-Strauss) 1970 참조.

28 반에이크의 1959 CIAM Otterlo 대회 발표문, Newman 출판 1961, p. 27.

29 반에이크 1982 참조.

30 이 점은 특수성(specificity)을 추구하는 근대건축의 유기적 전통과는 지속적으로 모순되는 부분이다. 즉, 상황에 부합하여 더욱 독특한 건축이 될수록 패러다임의 선명성은 약해지게 된다.

Gottfried Böhm: Town Hall, Bensberg, 1962-71

고트프리트 뵘:

벤스베르크 시청사, 1962-71

수많은 명작과 프리츠커상을 포함한 화려한 수상 경력을 지닌 고트프리트 뵘 (Gottfried Böhm, b.1920)은 세계적으로 존경을 받는 인물임에도 불구하고 지난 40년 동안 건축적 논의에서만큼은 변두리에 머물러 있었다.[1] 이것은 한편으로는 그가 자신의 작품을 드러내는 데에 겸손하고 솔직하며 중립적이었기 때문이기도 하고, 다른 한편으로는 이론가나 선동가의 길을 선택하지 않았기 때문이기도 하다. 그가 원하기만 했다면, 장소와 빛 또는 동선과 진입에 대하여 사람들이 공간을 사용하는 방법과 적절한 재료를 선택하는 데 있어서 가슴 뭉클한 명언을 남길 수도 있었다. 하지만 그는 철학적인 논리로 대응하거나 복잡한 지적 알리바이를 제시하지 않았다.[2]

아헨대학에서 수년간 교수로 재임하는 동안에도 고트프리트 뵘은 어떤 학파나 스타일을 만들지 않았고, 개인숭배를 수반하는 스타 건축가 시스템을 경계하며 오직 자신의 건축적·예술적 작품만이 스스로를 대변하도록 했다.[3] 하지만 무엇보다도 그가 논의에서 소외되었던 이유는 그의 작품이 근대주의와 포스트모더니즘을 통틀어 비평가들과 역사가들이 규정한 어떤 사조나 범주에도 명쾌히 들어맞지 않았기 때문이다. 그의 작품은 카멜레온처럼 너무 복잡했고 변화가 많았으며, 경쟁하거나 재활용하기에는 지나치게 구체적이었다. 지난 2002년 블룬델 존스가 지적한 것처럼, 근대주의자 대표들의 양극단 중 어느 한쪽에 뵘을 놓으려고 한다면, 보편성과 특수성 사이에서 뵘은 분명히 특수성 쪽에 놓일 것이다. 뵘이 결코 미스의 건축을 존경하지 않은 것이 아님에도 불구하고, 그는 확실히 헤링과 셔로운, 아스플룬드 그리고 알토와 같은 특수성을 중요시하던 건축가들의 부류에 해당한다. 그 이유는 뵘이 지역과 부지, 지형, 건물의 개요와 지역의 양식에 걸쳐 보여준 극도의 섬세함과 결국 지역의 맥락이 건물의 형태를 만들게 한 것 때문이다. 지금 다루고자 하는 사례는 그것의 전형으로, 옛 성곽이 없었더라면 오늘날 벤스베르크 시청사는 상상할 수도 없었을 것이다.

고트프리트 뵘의 독자성은 그의 아버지인 도미니커스 뵘(1880-1955)과 무관하지 않다. 그는 한 세대를 앞서 독일계의 로마 가톨릭교회 건축을 대표하는 건축가였다. 표현주의 건축가로 흔히 분류되는 도미니커스 뵘은 사실 슈투트가르트에서 테오도어 피셔에게 사사한 인물로 그의 은사가 지녔던 *장소성*(genius loci)과 지역성에 대한 신념을 이어받았다.[4] 뵘은 1920년대 발스(Vaals)에 건축한 베네딕틴 성당으로 유명해진 인물이다. 그는 벽돌조의 고딕 교회를 다양한 색의 띠장(banding)과 코벨아치를 통해 대담하게 재해석했다. 질감과 재료에 대한 현실주의는 그의 작품 전체에 걸쳐 나타난다.[5]

[사진 1] 고트프리트 뵘, 벤스베르크 시청 스케치.

[사진 2] 도미니커스 뵘, 발스에 위치한 베네딕트 수도회, 1923.

[사진 3] 옛 도심의 거리에서 본 시청사.

1920년대 말 도미니커스 뵘은 제례 공간을 다양한 형태의 콘크리트 볼트와 성당 배치로 재해석하는 야심찬 실험을 진행했다. '신즉물성(New Objectivity)'의 시대에 교회는 아마도 모순덩어리로 비쳤을 것이며, 옛 전설과 연관된 형태는 비이성적인 것으로 무시되었다. 1930년과 1970년 사이에는 형태적 방임과 실험성이 뚜렷한 경향이 나타났다. 사각 형태의 박스를 해체한 생소하고 비정형적인 형태는 거의가 교회 건물이었다.[6]

교회의 신성함을 존중해야 하는 것은 건축이 지닌 전통적인 역할의 일부로 남아 있었지만 한편에서는 '기능에 불과한' 것으로 축소되었다. 여하튼 교회의 건축가는 기존의 분위기와 감성을 유지해야 했고 기존의 미학은 여전히 유효했다. 고트프리트는 이러한 환경에서 성장했다. 처음에는 뮌헨 공과대학에서 1942–46년까지 건축 교육을 받았고, 그 이후 예술학도로서 조각을 계속 공부했다. 1947년

[사진 4] 시장의 위치와 연관 지어 본 시청 평면도.

그는 부친의 설계사무소에서 일을 하기 시작했지만, 또 다른 저명한 교회 건축가 루돌프 슈바르츠 아래에서도 일하게 된다. 고트프리트는 후일 그를 은사로 지칭한다.

고트프리트가 참여한 작업은 제2차 세계대전 후 파괴된 쾰른시를 복구하는 것이었다.[7] 짧은 미국생활을 마치고 돌아온 고트프리트는 아버지 밑에서 일하다가 1955년 세상을 떠난 아버지의 사무소를 이어받는다. 고트프리트는 로마 가톨릭교회에 고용되어 계속 일하게 되는데, 이후 여러 채의 사회복지 시설과 교회를 더 짓게 된다. 그의 걸작인 네비게스(Neviges)의 성당은 1964년 완공된다. 뵘 가족의 건축 사무실은 쾰른에 기반을 두고 있었으며 고트프리트의 초기 작품은 거의 모두가 그 지역에서 만들어졌다. '지역주의자'의 유산을 물려받은 동시에 장소성에 대해 고민하는 건축가가 지리적으로 특정한 곳에서 활동하는 것은 지극히 자연스러워 보인다.

장소

벤스베르크는 쾰른시에서 몇 킬로미터 떨어진 거리에 위치한 작은 마을로 행정구역상 베르기슈–글라트바흐(Bergisch–Gladbach)시에 소속된다. 베르크(Berg) 공작의 저택이 있는 이 마을은 13세기경부터 성곽도시로 발전하기 시작하여 1648년에 30년 전쟁(1618-48)이 끝날 때까지 방어적인 성격을 지니고 있었다. 전쟁이 끝난 뒤 도시가 폐허가 되자, 공작은 고전적인 평면으로 된 대규모의 바로크 궁전을 언덕 위에 새롭게 지었다. 1859년 성곽의 유구는 수도원으로 전용되었고 1897년에는 병원으로 더욱 확장되었으며, 이러한 표준 밖의 것들이 오래된 역사적 구조 위에 덧입혀졌다.

1961년 지방 정부는 옛 성곽 터에 흩어져 남아 있는 여러 행정기구를 통합하기로 결정했다. 정부는 옛 성곽이 지닌 가치와 중요성을 강조하며 건축가 12명으로 구성된 제한적인 건축공모전을 시행했다.[8] 1962년 12월, 고트프리트 뵘은 작품에 나타난 예술적 감수성을 높이 평가받아 1등상을 수상했다. 설계 권한을 위임받은 그는 계획한 대로 별 어려움 없이 건축을 진행하였다. 제1단계 공사는 1967년에, 제2단계 공사는 1971년에 완료된다.[9]

[사진 5] 성곽의 정원으로 들어가는 진입구의 전경. 왼쪽의 타워는 옛 성곽의 것이고 오른쪽의 타워가 새로 만든 것이다. 뒤쪽의 베르그프리트 타워는 첨탑 형태의 지붕을 가지고 있다.

[사진 6] 중앙 정원을 기준으로 그린 단면도. 1층의 높이가 방향에 따라 다르게 설정되어 있음을 알 수 있다.

[사진 7] 계곡 건너편 동쪽에서 바라본 시청 전경. 사진 오른쪽의 후기 바로크 성채가 언덕을 더욱 높게 보이게 한다.

뵘이 내려야 했던 첫 번째 중요한 결정은, 오래된 성곽의 벽체 원형을 노출시키고 그 벽체의 궤적을 새로운 계획의 근간으로 삼기 위해 19세기에 지어진 건물을 철거하기로 한 결정이었다. 이것은 가까운 과거의 족적을 없애는 것이어서 매우 어려운 선택이었지만, 뵘은 자신이 재해석한 것을 명료하게 보여주기 위해 불가피한 것으로 판단했다. 북서쪽에 남아 있는 중세의 높은 벽은 상태가 양호한 베르그프리트 타워와 함께 그대로 보존하기로 하였고, 새로운 입구로 사용하려던 서쪽에 위치한 두 개의 다른 작은 중세 타워도 없애지 않고 두기로 결정하였다. 뵘은 경사가 급한 성곽의 정원도 그대로 두기로 결정하고, 수평으로 켜를 이룬 새 건물이 기존 건물에 잘 어울리도록 하였다.

북서쪽의 진입구로부터 평면은 나선을 그리며 올라가 두 개의 기존 타워 사이에 위치한 휘어진 두꺼운 성곽 벽체에서 정점에 이른다. 이 부분에서 사회적, 정치적 심장부인 의회 의사당이 갖는 장소적인 위계성이 분명히 드러난다. 건물의 끝자락은 시계 방향으로 풀리며 언덕 아래쪽으로 휘어져 있어서 건물의 7층에서부터 3층까지 서서히 내려갈 수 있다.

관청 내의 수많은 사무실과 회의실은 넓은 내부 통로의 양쪽으로 여러 층에 걸쳐 배치되었는데, 약간씩 꺾이도록 배치하거나 간헐적으로 외부가 보이도록 개구부를 남겨둠으로써 생기를 불어넣었다. 성곽의 윤곽이 드러난 남동쪽 모퉁이에는 또 하나의 사무소동을 배치하여 원형으로 된 관청을 최단 거리로 가로지를 수 있게 만들었다. 이 주 동선은 오각형의 모퉁이 계단이 새로 설치한 작은 정원으로 연결되도록 하였다.

이제 남아 있는 한 가지 중요한 결정은 어디에 주 진입로를 배치하고 수직 동선의 허브를 만들 것인가 하는 것이었다. 뵘은 정원의 가장 높은 부분인 북동쪽을 택했는데, 건물로 접하는 길을 사이에 두고 서쪽 벽체를 직접 마주하고 있다. 사무소동에서 제일 높고 가장 중심에 위치한 진입로는 방문객과 직원의 동선을 효과적으로 분산시켰다. 또한 진입로를 입구보다 약간 높게 설치하여 건물 뒤편 주차장의 편의성을 도모했으며, 시의회 의사당에까지 연결하여 적절한 성격의 현관(foyer and vestibule)으로 발전시킬 수 있었다. 진입로는 타워로 만들어져 중세와 바로크 시대에 건축된 기존의 다른 타워와 경쟁하듯이 벤스베르크의 스카이라인을 구성하고 있다.

타워

뵘에게 타워란 전체 프로젝트의 핵심이다. 타워는 가파른 나선계단과 더불어 주된 수직 이동 수단으로 중세의 선례를 따르고 있다. 타워의 계단은 언덕과 같은 방향으로 진행하도록 되어 있고, 나선형의 유리창이 설치되어 있어 정원에서 바라보면 사무실의 수평적인 배치와는 대조적으로 보인다. 또한 타워는 상부로 가면서 조금씩 가늘어져 수직성을 더하는 동시에 보행자의 통행량도 감소시키는 효과를 보여주고 있다. 타워는 석판으로 덮어씌운 베르그프리트 타워의 꼭대기를 능가하기 위해 사무실동의 정점보다 높은 5층까지 솟구치며 스카이라인을 압도한다. 타워의 상층부는 사무실이나 전망대와 같은 일체의 기능을 가지고 있지 않지만, 잘 다듬어진 콘크리트의 형태는 섬세한 스케치와 점토 모델을 통해 직관적으로 개발된 것이다.

비평가들은 이러한 개인적인 손길을 놓치지 않고 강조하면서 '조각적'이라고 불렀다. 이것은 아마도 교회 건축과의 연관성에 기인한 것으로 보이는데, 뵘은 교회 건

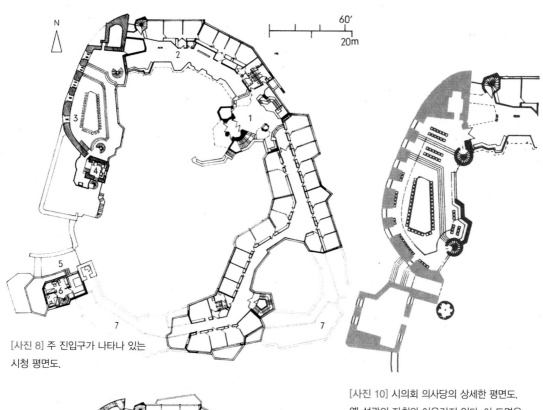

[사진 8] 주 진입구가 나타나 있는
시청 평면도.

[사진 10] 시의회 의사당의 상세한 평면도.
옛 성곽의 자취와 어우러져 있다. 이 도면은
실제 지어진 것과는 차이가 있다.

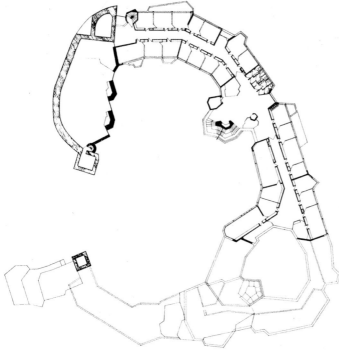

[사진 9] 시청 상층부 평면도.

[사진 11] ▲ 타워와 주 출입구.

[사진 12] ▼ 고트프리트 뵘,
성 게르트루트 성당, 쾰른,
1962–65. 가로에서 본 전경.

[사진 13] ▼ 고트프리트 뵘,
쾰른 근처에 있는 네비게스
(Neviges) 순례자 성당, 1964년.
지붕 위의 첨탑.

축의 역할과 열정을 전달하는 매개체로서 타워의 중요성을 잘 알고 있었으며 그런 감수성을 가지고 있었다. 하지만 그 점은 매우 드문 고려사항이기도 했다.

1960년대의 타워란 아마도 세계건축 역사상 가장 진부한 건축물이었을 것이다. 종탑(Bell Tower)은 소음으로 가득한 세상에서 음향적인 역할을 점점 상실했으며, 교회와 궁전에만 허락되었던 위계적 구분 또한 기대 기업들에게 빼앗기고 있었다. 심지어 벤스베르크와 유사한 역사 도시 이탈리아 토스카나 지방의 성곽 마을 산 지미냐노(San Gimignano)도 그러했다. 1957년 지어진 미스 반데어로에의 시그램(Seagram) 빌딩은 유리로 된 사무소 건물의 국제적인 전형을 제시했다. 각 층의 점유공간은 같은 구조로 되어 있으며, 마천루는 공기 조화 장치를 말끔한 구조물 속에 감추어 놓았을 뿐만 아니라 심지어 조명 설비 기구조차 보이지 않도록 해 두었다. 이와 동시에 거주용 타워가 세계 각지에 세워지고 있었다. 그 형태는 사실상 크레인이 닿는 범위 안에서 기성 부품을 조립하는 것이 전부였고, 스카이라인에 미치는 영향은 그저 우연에 불과한 것이었다.

가스통 바슐라르는 유명한 저서 『공간의 시학 La Poétique de l'espace』에서 지하실과 다락방의 양극성이 보편적으로 존재한다는 것을 지적했다. 그는 다락방과 지하실의 극적인 대구를 통하여

[사진 14] ▲ 정원에서 시의회 의사당 방향으로 바라본 전경. 경사진 석조 바닥과 수평적인 건물 구성은 놀라울 정도로 강력한 효과를 가져다준다.

[사진 15] ▶ 시의회 의사당 유리창의 상세한 모습. 프레임이 없는 수직 접합부와 구조체와 분리된 유리창이 보인다.

[사진 16] ▼ 타워를 위로 올려다본 전경. 형태와 크기의 변화를 보여준다.

[사진 17] ▼ 현관 유리창의 상세한 모습. 프레임이 없는 수직, 수평 접합부와 실내와 외부 높이가 같은 바닥면.

마법사의 돌이 감춰진 탑의 유혹, 그리고 인간의 내면 깊숙한 곳에 자리해 온 땅 대 하늘이라는 대척적인 성질에 대한 생각들을 지적하였는데, 당시는 아직 이 책이 널리 알려지기 전이었다.[10] 자본을 투자하여 아무 기능도 없는 건물을 짓자는 뵘의 제안은 대담한 것이었다. 즉 뵘은 공모전에 당선될 만큼 건축 계획을 매우 설득력 있게 풀어 낼 수 있는 비상한 구성능력을 가졌던 것이다.

문제를 살펴보자. 오랫동안 타워 철거의 중요성은 한때 엄청난 공을 들여 지어진 첨탑과 랜턴, 그리고 돔과 함께 논의되었지만, 20세기에 들어와서 전통을 재현하는 것은 모두 절충적이거나 심지어는 키치(kitsch)로 치부되기도 했다. 베르그프리트 타워의 바로크 지붕에 사용된 슬레이트 작업과 같은 낡은 공법은 더 이상 찾아볼 수 없었으며, 단순하고 명쾌한 새로운 공법이 그 자리를 대신하는 듯 보였다.

뵘의 해법은 단단한 콘크리트를 사용해서 석재와의 연계성을 확보하고 거푸집으로 만들어낼 수 있는 형상의 가능성을 모색하는 일이었다. 하지만 재료가 단순하고 원초적인 반면 형태는 얼마든지 복잡하게 만들 수 있어서 구식 타워 지붕의 기하학을 모방하거나, 바윗덩어리를 연상하게 하거나, 때로는 완전한 피라미드처럼 만들 수도 있었다. 꼭대기 바로 아래에 위치한 문 크기의 개구부와 발코니는 휴먼 스케일을 다시 떠올리게 하고 사람들의 존재를 암시하지만, 타워는 여전히 접근조차 불가능한 미스터리한 장소로 남는다.

뵘의 스케치와 모델에서 그곳은 일관된 다면체이며 원형 계단과 승강기를 통하여 올라가는 곳으로 나타나지만, 그 형태는 여러 단계를 거쳐 발전했다. 콘크리트의 원초적인 특성은 시시각각 바뀌는 빛과 그림자의 작용을 더욱 두드러지게 하였다. 이 타워의 성공은 쾰른의 성 게르트루트 성당과 뒤셀도르프의 성 매튜 성당, 그리고 네비게스 성당과 베르기슈에 위치한 보육원 등 같은 시기에 뵘이 참여했던 다른 프로젝트들과도 무관하지 않다. 이 모든 작품은 한두 개의 꼭짓점을 가진 콘크리트 지붕으로 되어 있고, 작품의 3차원적인 효과에 대한 탐구는 그의 스케치와 모델에서 반복적으로 나타난다.[11]

중세 유적의 맥락에도 불구하고, 그 건물은 '미래지향적'으로 불렸으며 강조된 수평 유리는 전형적인 근대주의의 것이었다. 수평 유리는 사실 르코르뷔지에가 주창한

5원칙 중의 하나이지만, 이 경우에는 그보다는 멘델존(Mendelsohn)의 작업을 연상시켰다(Blundell Jones 2002, 제6장 참조). 수평 유리는 콘크리트의 가장자리를 밖으로 돌출시키는 캔틸레버 공법으로만 구현 가능했다. 강철 프레임으로 된 창문은 견고한 인상을 주면서 뒤로 물러나 있지만, 실제로는 단열 시공을 위한 틈을 마련하기 위한 것이었다.

전체적으로 살펴보면, 여러 층과 높이에서 베이와 모서리가 수평선을 끊어주는 것은 구성의 균형을 맞추는 데 매우 중요한 역할을 한다. 또한 그것은 내부에 위치한 여러 가지 방의 존재를 암시하는 것으로, 예를 들면 뒤쪽에 위치한 화장실의 문틀은 높게 설치되어 있지만 수평 띠는 그대로 이어진다. 천장의 유리창을 지나는 수평 띠장에는 두 개의 중요한 예외가 있다. 그중 하나는 1층 현관에서부터 의회의 회의실에 이르는 부분으로 평판 유리가 바닥에서 천장까지 이어져 있다. 회의실에 설치된 창은 두 개 층에 달하는 창문 면적 전체가 유리로 되어 있어 내부와 외부 공간 사이 최대의 연속성에 대한 열망을 보여주는 동시에 의회의 역할이 공적인 사무라는 것을 강조하고 있다. 여기에서 뵘은 공간적인 연속성을 강조하기 위해 실내의 바닥을 외부와 같은 높이로 유지하는 동시에 창문틀을 최소화해야 하는 문제에 직면한다.

유리창과 연관된 또 다른 특이점은 타워에서 찾아볼 수 있다. 유리로 표현된 나선형의 동선은 외부 벽체와 수평을 유지하고 있을 뿐만 아니라 수직 접합부에는 프레임도 없다. 이러한 대담한 설계는 1964년 당시 사용할 수 있던 최대한의 기술을 적용한 것으로 10년 뒤에는 프레임이 전혀 사용되지 않은 유리창이 노먼 포스터에 의해 영국의 입스위치(Ipswich)에 등장한다. 하지만 포스터의 작품과 달리 뵘이 사용한 유리창은 건물 전체에 적용되지 않았고, 공간적인 경험을 확장하기 위해 특정한 부분에만 의도적으로 사용되었다는 점에 주목해야 한다.

동선의 정점

건물은 도시 속에서 형태적인 실체를 필요로 하기 때문에 매스를 적절히 선택하는 일은 매우 중요하지만, 뵘은 그보다는 조각적인 형태에 관심이 더 많았다. 1960년대의 건축 산업은 빠른 속도로 산업화(packaging)되어 가고 있었는데, 그리드를 적용한

[사진 19] ▲ 네비게스(Neviges) 성당. 교회로 올라가는 순례자 동선의 끝.

[사진 20] ▼ 뵘이 스케치한 순례자 동선은 마치 장터처럼 표시되어 있다.

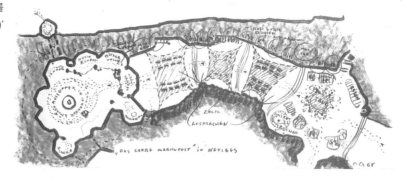

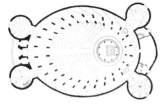

[사진 18] ▲ 도미니커스 뵘, (12제자를 상징하는) '원형 기둥(circumstantes)' 개념에 따른 교회의 평면도와 입면도.

계획은 수많은 복도로 구성된 복잡한 평면을 만들어내어 사람들은 길을 찾기 위해 표지판에 의존해야 했다. 이때 뵘은 인지 가능한 동선의 가치를 주장하는 몇 안 되는 건축가들 중의 한 사람이었다. 그렇게 만들어진 건축은 방문객들에게 목적지를 제시하며 어떻게 길을 찾아가야 하는지 동선 전체에 걸쳐 알려준다.

뵘의 아버지와 은사였던 루돌프 슈바르츠는 공통적으로 의식공간의 재해석에 상당한 관심을 가지고 있었는데, 슈바르츠의 이론은 그의 책 『교회 건축Vom Bau der Kirche』에 요약되어 있다.[12] 그의 공간 프로그램은 두 가지 원형(archetype)에 근거하고 있다. '신성한 친교'를 나타내는 원형의 집중형 공간과 '신성한 여정'을 강조한 선형 축선 상의 공간이 바로 그것인데, 이들은 아마도 모든 건축의 원형에 해당할 것이다.[13] 그는 더 나아가 어떻게 이러한 요소들이 더욱 의미 있게 통합될 수 있는지 다이어그램으로 다양한 방법들을 파악하려고 했다.

1923년경 도미니커스 뵘에 의한 초기 교회 프로젝트는 이와 똑같은 주제를 다룬 것이다. 타원형의 선형공간(Circumstantes)은 예수의 사도들임을 명확히 알 수 있는 12개의 기둥으로 둘러싸인 원형의 성소(sanctuary)로 연결된다. 40년 뒤, 뵘의 가장 중요한 프로젝트들 중 하나인 네비게스(Neviges) 성당은 그의 아들 고트프리트에 의해 선형과 집중형의 가장 강렬한 조합으로 만들어진다. 그것은 성모 마리아에게 봉헌된 순례성당으로 그 신성한 여정은 삶의 여정이기도 하다. 순례자들이 반드시 거쳐야 하는 단계들은 물론 강렬한 경험이지만, 그들이 도착하는 장소는 신성한 것 이상으로 최고의 정점에 이르는 것이었다. 언덕을 돌아 올라가는 여정의 마지막 부분은 일정한 간격으로 분절된 계단으로 구성된 일련의 과정으로, 모퉁이를 돌 때마다 저 멀리 있는 거대한 성당이 조금씩 모습을 드러낸다. 마침내 성당 건물에 도착했을 때, 순례자들은 오직 촛불과 스테인드글라스 창을 통해 들어오는 한 줄기 빛에 기대어 신비로운 어둠 속을 헤매게 되며, 복잡하고 불규칙한 기하학은 그곳을 깊이를 헤아릴 수 없는 공간으로 느끼게 해준다.[14] 그곳은 강렬한 명상과 합일의 공간으로, 거대한 반향의 보이드 안에서 모든 소리가 뒤섞이고 증폭되며 순례자들에게 심적 평안을 명한다.

이 사례는 극적인 공간적 전이를 보여주는 것으로 뵘의 작품 전반에 걸쳐 나타난다. 뵘은 주택 프로젝트에서 항상 진입 부분(threshold)에 대한 배려를 보여준다. 어린이 마을(children's village) 주택은 작은 시내를 건너가는 매우 작은 다리로 진입하게 되어 있었으나, 실제 시공될 때 시내는 폭풍에 대비한 배수로로 축소되었다.[15]

벤스베르크의 대지 스케치는 성곽의 정원으로 들어가는 진입로에 대하여 뵘이 가지고 있었던 관심을 보여준다. 두 개의 중세 타워로 둘러싸인 그곳은 대지의 윤곽을 따라 정확하게 원형으로 식재된 나무들과 더불어 기존의 도시 광장과 연관되어 있다(사진 4 참조).

뵘의 초기 계획에 의하면 타워의 아래쪽에 북쪽의 보행자 진입로를 만들고, 베이에는 의자가 간간이 설치되었으며 가운데의 틈을 통해 옛 성곽의 아랫부분을 볼 수 있

[사진 21] 의회 의사당의 서쪽 벽에 있는 로마네스크 양식의 창문은 고고학적 유구를 바탕으로 복원된 것이다.

[사진 22] 건물의 남쪽 끝부분에는 경비원용 관사가 있다.

었다. 남쪽 가장자리의 좁은 경사로를 통해서는 서비스(배달)용 차량이 접근할 수 있도록 되어 있었다. 그러나 수정된 계획안에서는 북쪽의 틈 사이에 있는 기존 벽이 외부 공간과 시청의 영역을 연결해주도록 남겨졌으며, 레스토랑이 설치되었다. 남은 틈들은 그대로 열어 두어 바닥 포장이 이어지도록 했다. 뵘은 전통대로 출입구의 오른쪽에 경비원을 위한 관사도 만들었다. 도로의 석조 포장은 중정과 타워 진입부를 통합하는 반면, 왼쪽의 유리창은 의회 의사당을 그대로 드러내어 금방이라도 정원까지 회의 내용이 들려올 것 같은 느낌을 준다.

뵘은 비대칭적인 실내공간을 구성하기 위해 옛 성곽 벽체의 오목한 형태를 응용했다(사진 10 참조). 공간을 규정하는 계단이 더해지고 아래층에는 갤러리가 생성되었으며, 한쪽 구석에는 다각형의 테이블이 의자 없이 설치되었다. 이것은 성곽에서 만곡(curve)된 부분의 좁은 구석과는 대조적으로 반대쪽에 위치한 의회 의사당의 존재감을 더해주었다. 또한 공간 전체가 중정을 향해 휘어진 형태를 하고 있는데, 그것은 시장에게 권력의 초점을 맞추지 않으며 그렇다고 해서 의회석을 향하지도 않는다. 예상했겠지만 이 회의실은 건물에서 가장 층고가 높은 곳이며, 방 한쪽 위로는 갤러리가 설치되어 있다. 옛 성곽의 서쪽 벽 위에는 성곽 건축기의 로마네스크 양식의 창문이 복원되어[16] 오늘날의 시민 권력과 수백 년 전 봉건시대 권력의 기억을 연결시켜 준다.

도시에 왕관을 씌우다

공간적인 흐름(progression)을 논의에서 배제하고 조각적 덩어리(sculptural massing)만 이야기하는 것이 타당하지 않은 것처럼, 건물과 도시가 어떻게 통합되는지에 대한 고민 없이 건축의 진보에 대하여 논하는 것은 잘못된 일이다. 많은 비평가는 뵘이 설계한 시청사와 브루노 타우트의 유명한 저서 『슈타트크로네Stadtkrone, 도시의 왕관』의 개념이 유사하다는 지적을 해왔다.[17] 뵘의 건축은 형태적으로 표현주의 시기의 크리스털 타워, 특히 멘델존의 아인슈타인 타워를 연상하게 하지만, 동시에 정치적·사회적으로 도시 한가운데에 만들어진 사회적인 건물이기도 하다.

브루노 타우트와 뵘의 아버지는 모두 건축가 테오도어 피셔(Theodor Fischer)의 제자였다. 피셔는 1893년 도시계획가로 시작하여 뮌헨의 도시개발계획을 입안했는데, 도시계획가 카밀로 지테(Camilo Sitte)의 이론을 가장 성공적으로 지지하고 실행한 인물이기도 하다. 피셔는 도시적 맥락에 크게 심취해 있었는데, 땅 위에 존재하는 선과 주름은 앞선 세대의 기억을 보존하기 때문에 기존의 도로와 가로수 및 도시의 여러 가지 특징을 수용하는 대신, 그리드로 된 계획방식은 거부했다.

피셔는 구불구불한 도로들이 최종적으로 도시의 가장 중요한 장소의 기념비로 연결되는 방식과 더불어 옛 도시가 지닌 불규칙한 형태적인 매력에 대해서는 지테의 가르침을 따랐지만, 그의 관심은 픽처레스크(picturesque)적인 취향 이상의 것이었다. 그가 불규칙성을 수용한 것은 대지가 지니고 있는 장소성(genius loci)에 대한 반응이었다. 건축물은 부지의 특성을 이용하여 계획되어야 하며 주변과 적절한 관계성을 가져야 했다. 또한 건물의 매스도 적절한 위계성을 가질 수 있도록 다루어야 했다. 주요 도로 주변에는 큰 건물을 짓고 작은 도로에는 작은 건물을 지었으며, 공적 중요성을 지닌 건물은 교차로에 지었다.[18] 도로와 매스를 다루는 고트프리트 뵘의 방식은 바로 이러한 전통을 따른 것이다.

합리적인 그리드가 설계 방식(ordering device)으로 널리 쓰이던 시기, 불규칙한 평면

[사진 23] 성곽 정원으로 통하는 진입부와 옛 구조물. 왼쪽의 진입부는 청사 내 식당(Ratskeller)으로 연결된다.

[사진 24] 마를(Marl) 시청사. 1958년 공개경쟁을 통해 반덴브룩(van den Broek)과 바케마(Bakema)가 선정되었다. 이 계획은 공터에 세워지는 신청사가 당대의 일반적인 유형을 채택한 사례를 보여준다. 반덴브룩과 바케마는 형태가 같은 4개의 타워로 증축될 수 있도록 설계를 했지만, 실제로는 2개만 지어졌다.

과 형태를 수용하고 끊임없이 단면을 새로운 형태로 변형하는 것뿐 아니라 문제점을 유리한 점으로 바꾸는 그의 능력은 피셔가 극찬했던 바로 그 기술의 최신판이었다.

벤스베르크 시청사는 낙후된 도시를 현대화시켰다. 이 프로젝트는 얼마 남아 있지 않던 옛 성곽의 유구(fragments)를 이용하여 도시에 생동감을 불어넣었다. 불과 몇 개의 유구를 통해 도시가 얻게 된 강력한 효과를 생각해보면 대단한 일이라고 하지 않을 수 없다. 뵘의 능숙한 재해석은 덩치만 큰 밋밋한 행정청사 건물이 옛 도시를 압도하기보다는 어떻게 같이 통합될 수 있는지를 보여준다. 도심에서 피할 수 없는 피곤한 삶과 자본의 문제는 도시 외곽에 건물을 지어 피해갈 수 있었지만, 이 방법은 채택되지 않았다. 이와 동시에 시청사의 정체성에 대한 문제는 탁월하게 해결될 수 있었다.

이 프로젝트가 결코 쉬운 것이 아니었다는 점은 같은 시기 공모전을 통해 선정된 마를(Marl) 시청사와 비교해보면 잘 알 수 있다. 마를 시청사는 1958년 반덴브룩(van den Broek)과 바케마(Bakema)가 제안한 브루털리즘 건물이었다. 이들은 의회 의사당의 존재를 드러내는 대담하게 접힌 콘크리트 박스 형태를 제안했지만, 정작 방문객들을 압도한 것은 두 동의 사무소 타워였다. 타워가 지니고 있는 것은 엄격한 사각형의 형태와 일정하게 뚫린 개구부 정도로, 건축 원칙에 충실했던 공법을 노출한 것이 전부였음에도 방문객들을 압도하였다.

한스 셔로운과 알바 알토도 공모전에 참가하여 역동적이고 공간적으로 더욱 정교한 설계안을 제안한다. 하지만 둘 다 공간 해석 측면에서는 월등했지만, 유기적 건축의 거장들조차 대규모 사무소 건물의 위세를 피하지는 못했다.[19] 벤스베르크의 사무소는 수많은 변화를 통해 생기가 넘쳤다. 이를 하나의 시각에서 함께 파악하기란 쉽지 않지만, 확실한 것 한 가지는 성곽을 모방하고 일부 대체하는 독특한 역할을 했다는 점이다. 건축가들은 복합적이고 비대칭적이며 비정형적인 구성을 다룰 수 있어야 하고, 옛것의 불규칙성을 새로운 매력으로 활

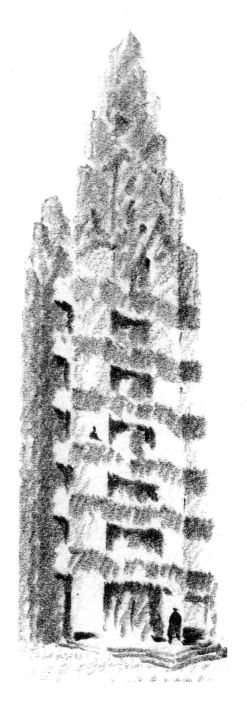

[사진 25] 뵘이 그린 타워 스케치 중의 하나.

용할 수 있어야 하며, 과거의 요소들과 새로운 요소들의 균형을 맞출 수 있는 능력을 필요로 한다. 그러한 작업은 재료에 대한 열린 태도와 폭넓은 건축 언어의 구사, 그리고 잠재력을 시각화시키는 강력한 상상력 없이는 거의 불가능한 일이다. 물론 직관적인 통제와 예술적인 판단도 필요하지만 모든 작업을 주어진 상황의 긴밀한 상호작용(dialogue) 속에서 해낸다는 점은, 사실상 '표현주의'로 치부되기도 하는 변덕스러운 개인적인 취향을 적용할 수는 없으며 '조각적인' 면을 부각시키는 것도 옳지 않다. 같은 맥락에서, 뵘의 작품을 '비이성적'이라고 일축하는 것은 그의 작품을 이해하려는 올바른 태도라고 할 수 없다. 특히 지어진 지 50년이 지난 때는 촌스럽지만 아직 예스럽지는 않아 스타일이 가장 취약한 이 시점에 그저 '형태-언어'(form-language)[20]만 논의한다면, 뵘 건축의 핵심을 모두 놓치고 말 것이다. 벤스베르크는 바로 장소에 대한 물음이며, 여기에 오늘날을 위한 교훈이 있다.

1 1986년 프리츠커상을 수상하였다. www.pritzkerprize.com/boehm.htm 참조.

2 1988년 Raev에서 출판된 영문 번역본 강연집 참조.

3 저명한 독일 건축가들을 인터뷰한 하인리히 클로츠의 책에는 뵘이 인터뷰를 거절
   했다고 쓰여 있다. 추측하건대, 클로츠는 유기적 표현주의에 대해 전반적으로 취
   했던 부정적인 입장 때문에 그다지 인터뷰를 내키지 않아 한 것으로 보인다. Klotz
   1977, p. 10 참조.

4 두 가지 모두 생각해 볼 수 있다. 볼프강 펜트(Pehnt 1973, pp. 152–54)의 확신에 의
   하면 그의 작품은 다른 '표현주의자'들의 사회적인 개념과 연관되어 있는 반면, 너
   딩거(Nerdinger 1988, pp. 86, 94)는 그의 교회들이 피셔의 유산을 이어받아 고딕과
   강화 콘크리트의 요소가 섞여 있다고 한다.

5 '재료 사실주의'(material realism)라는 용어는 20세기 초반 '국가적 낭만주의'로 흔
   히 불리던 스칸디나비아의 건축을 특징짓기 위한 것으로 스웨덴의 건축역사가 비
   에른 린(Björn Linn)으로부터 비롯된다.

6 이러한 경향은 르코르뷔지에의 롱샹 성당에 잘 나타나 있는데, 이 성당이 지닌
   '비합리성' 때문에 그를 추종하던 많은 사람들이 분개하게 된다. James Stirling,
   'Ronchamp, Le Corbusier's Chapel and the Crisis of Rationalism' *Architectural
   Review*, Vol. 119, March 1956 참조.

7 루돌프 슈바르츠(Rudolf Schwartz, 1897–1961)는 1946년부터 1952년까지 쾰른시
   도시계획의 책임자였다.

8 초청된 건축가들은 대부분 지역에서 활동하던 건축가들로 Joachim Schürmann,
   Emil Steffan 그리고 Oswald Matthias Ungers가 포함되어 있었다. 초청된 12명의
   건축가들의 목록은 Darius 1988 p. 42에 기재되어 있다.

9 가장 잘 정리된 자료로 독일어로 된 Darius 1988, pp. 34–42에서 발췌하였다.

10 Bachelard 1969(영문 초판 1964).

11 교회에서의 내부 공간은 외부 공간 못지않게 중요해서 솟아오른 듯한 영적인 공간
   (mystical gloom)은 텐트(tent)가 연상되도록 의도하여 만들어졌다.

12 독일어 원저는 1938년에 출판된 Würzburg이다. 영문판은 *The Church Incarnate*,
   Chicago, 1958년에 출판되었다.

13 그리스 극장 또는 원형주택 VS 바실리카와 축(Axis).

14 근본적으로 이러한 영향은 한스 셔로운이 지니고 있었던 '비투시도성(aperspectivity)'
   의 이론과 유사하다. Blundell Jones 2002, 제13장 참조.

15 원래 이 작은 시내는 옛 마을처럼 맑은 물이 인도 양측의 가장자리로 흐르게 하기
   보다 주변의 시내에서 흘러나오는 물줄기를 지형에 따라 우회시켜 시내 끝에서 합
   류하도록 의도적으로 만들어졌다.

16 뵘의 경선작품에 나타난 입면도에는 나중에 만들어지는 두 개의 창문 선을 찾아볼
   수 있다.: 다섯 개의 로마네스크 창문은 작업과정 중에 재발견되고 재복원된 것으
   로 추측된다.

17 Bruno Taut, *Die Stadtkrone*, Jena 1919.

18 건축가 피셔(Fischer)에 대한 연구는 Nerdinger 1988(독일어) 참조. 피셔의 삶과 작
   품에 대한 영문 요약은 Blundell Jones 1989 참조.

19 두 사람의 작품은 Wilson 1995, pp. 81-86 참조.

20 'Formensprache', Klotz 1977 참조.

CHAPTER 05

Alison and Peter Smithson: The Economist Building, London, 1964

앨리슨과 피터 스미스슨:

이코노미스트 본사, 런던, 1964

제2차 세계대전 후 런던을 방문한 사람들은 S. E. 라스무센이 『런던: 독특한 도시/ *London: The Unique City*』(1937)에 기록한 이 도시의 전망과는 본질적으로 다른 모습을 보게 된다. 공습에 의한 피해가 광범위하기는 했지만, 스카이라인에 훨씬 더 중대한 영향을 준 것은 건축 취향의 변화였다.[1]

전쟁의 초창기 에드윈 러티언스(Edwin Lutyens) 경은 런던을 제국의 수도로서 웅장한 규모로 재건할 구상을 하던 왕립학술위원회를 이끌었다. 그러나 자원 조달이 가능한 시기가 될 즈음에는 러티언스나 그의 동세대인들은 이미 세상을 떠났고, 모든 제국의 시스템은 와해되어 총체적으로 더 복잡한 도시의 형태가 서서히 형성되었다. 이러한 실제 사정은 건축적으로 가장 보수적인 지역에까지도 영향을 미쳤다. 피커딜리와 세인트 제임스 궁전 사이에 있는 세인트 제임스 스트리트가 이 시기의 가장 도발적이고도 민감한 구조 변경을 수용했기 때문이다. 그때까지 이 지역의 족적은 대체로 조지아 식(式) 개발의 결과로, 귀족적인 웅장한 주택들에 인접한 도로망이 세인트 제임스 파크의 왕립 유원지 근처에 모여 있고, 후기 조지아 시기에는 신사 클럽의 팔라초들을 수용했다.[2] 클럽 회원들의 정치적, 경제적 영향력은 빅토리아 시기와 에드워드 시기에 상업적 개발을 유도했고, 그 일대의 규모와 밀집도를 크게 증가시켰다.

절충형 고전주의 파사드의 거리를 거닐던 번화한 런던의 단골손님은 1960년대에 이르러 이웃 건물의 규모와 높이와 재료를 따르지만, 장식을 배제하고 대체로 판유리로 덮인 새로운 은행 건물을 마주치게 된다. 이 정면 뒤에는 같은 건축 어휘의 작달막한 타워가 스카이라인을 깨뜨린다. 이곳으로는 은행 왼쪽의 경사로나 계단을 통해 반층 높은 플라자를 지나야 접근할 수 있다. 이 불규칙한 모양의 플라자는 타워의 바깥쪽 콜로네이드로 경계를 분명히 나타낸다. 여기에서 우리는 더 키가 작고 날씬한 또다른 타워를 인지하게 되는데, 이것은 모호하게 정의된 이 공간의 다른 구석을 점하고 있다. 이곳은 앨리슨과 피터 스미스슨이라는 부부 건축가의 협력 관계에 의해 런던에 제시된 새로운 공공 영역이다. 『이코노미스트』지의 본사로 건설된 이 건물은 근엄하고 간결한 형태로 그들의 건축과 도시에 대한 급진적인 생각을 표출했다.

[사진 1] 이코노미스트 플라자를 통하는 산책로.

스미스슨 부부는 1950년대부터 1970년대까지 건축가이자 비평가로서 영국의 건축 무대를 대표하였다. 멘델존, 루베트킨, 그로피우스와 같은 망명자들에 의해 수입된 변방의 전쟁 전 모더니즘과 달리, 그들이 활동했던 전후의 모더니즘 무대는 중심적인 흐름에 속했고 국제적 경향의 일부였다. 유럽과의 연결고리가 특히 강했을 뿐만 아니라, 발전하고 있는 북아메리카 건축문화와의 교류 역시 상당했다.

앨리슨(1928-93)과 피터 스미스슨(1923-2003)은 뉴캐슬에서 건축을 공부할 때 만났으며, 1949년 공모전에 당선하여 1954년에 완성된 노포크의 헌스탠턴 중등학교 설계와 함께 탁월한 젊은 건축가들로 주목받게 되었다.

이 융통성 있는 철골조 건물은 본질적으

[사진 2] 노포크의 헌스탠턴 학교, 1949-54.

로는 미스에게 영감을 받았으나 재료와 서비스를 배열하는 방법에 있어서 급진적이 었다. 그리고 역사가이자 비평가인 레이너 밴험이 후에 뉴 브루털리즘(New Brutalism) 을 정의하는 데에 기초적인 사례가 되었고, 이러한 공인된 평가는 스미스슨 부부의 명성을 확립시켰다.[3] 1950년대에 그들은 예술가들의 인디펜던트 그룹에 참여했고 '팝'의 영향도 받았는데, 그 영향은 1956년 현대예술협회(Institute of Contemporary Arts) 에서 열린 '*이것이 내일이다*(*This is Tomorrow*)'라는 전시회의 출품작에서 두드러진다.[4] 리처드 해밀턴과 에두아르도 파올로치와 같은 예술가들과 더불어 특히 사진가 나이 젤 헨더슨과 함께, 그들은 예술과 삶이 통합된 모델로 노동자 계급의 사회적인 패턴 에 찬사를 보냈다.[5]

이렇게 독특한 영국의 상황은 팀 텐(Team Ten)이 조직되면서 더욱 폭넓은 국제적인 경험을 갖게 된다. 제3장에서 이미 언급했듯이, 이것은 앨리슨과 피터 스미스슨 부부 가 동시대의 지안카를로 데 카를로(제13장), 알도 반에이크(제3장), 랠프 어스킨(제10장) 등과 공유했던, CIAM으로부터 분리하려던 움직임이었다. 이 젊은 건축가 그룹은 노 장 건축가들을 점점 더 비판했고, 자신들 간의 토론을 시작했으며, 건축계에서 르코 르뷔지에의 전쟁 전의 전성기 이래 들어보지 못했던 논쟁의 물꼬를 텄다. 비록 합리 성과 추상이라는 근대주의의 주요 신조가 널리 받아들여졌지만, 스스로를 전위 예술 가로 칭하는 모든 사람처럼 팀 텐은 새로운 시작의 필요를 느꼈다.

이 새로운 시작과 잇따르는 오랜 축적은 현 사회의 패턴, 열망, 가공물, 도구, 교통과 통신의 양태에 대한 이해와 느낌을 건축가의 혈류 속에 포함시킬지를 염려해 왔다. 당연한 일이지만, 이것은 건축가가 그 사회 스스로의 자각을 도울 수 있도록 하기 위함이다.

이런 점에서 팀 텐은 유토피아적이다. 그러나 현재에 대해 유토피아적이다. 따라서 이들의 목적은 이론화하기 위해서가 아니라 짓기 위해서이다. 왜냐하면 오직 건설을 통해서만이 현재의 유토피아가 실현될 수 있기 때문이다.[6]

팀 텐의 비평에 숨겨진 뜻이라면 제2차 세계대전 후 몇 년 동안 발생한 건축 아방가르드의 관심사를 변화시키고자 하는 것이었다. 전쟁에 이은 초기의 불확실성 이후 재건을 위해 채택될 언어가 – 특히 1949년 NATO 연맹에 가입한 나라의 경우 – 20년 전 국제주의 양식의 선구자들에 의해 옹호되었던 이상적인 근대주의의 그것이 되리라는 것이 명확해졌다. 비록 군사적, 문화적 무게 중심이 유럽에서 미국으로 건너갔는데도 말이다.

근대주의의 거장들에 대한 – 르코르뷔지에, 미스 반데어로에, 그로피우스, 그리고 심지어 알토까지도 – 사실상의 대적할 수 없는 패권이 젊은 세대에게 반발을 불러일으켰다는 것은 지금으로서는 그리 놀랄 일이 아닐 것이다. 우리는 청소년의 반항을 문화적, 상업적 표현의 형태로 받아들이는 것에 익숙하다. 당시 로큰롤의 출현이 이러한 표현의 전형이다. 이들의 직접적인 관련성을 주장하는 것은 상황을 과장하는 것

[사진 3] 오텔로의 CIAM 9차 회의에서 스미스슨 부부가 발표한 도시 재검증 그리드: 주택, 거리, 지구, 도시의 주제를 자신들의 디자인으로 도해했다.

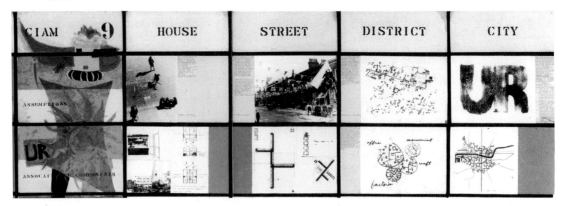

이지만, 순수성과 명료성의 쇠퇴 및 결과적으로 대두되는 불일치, 심지어는 자의적인 불협화음은 - 대표적으로 브루털리즘은 이러한 불일치와 '함께 하고자' 했다. - 어느 정도 유사성을 지닌다.

전후 시기 자원의 부족은 르코르뷔지에가 마르세유의 유니테 다비타시옹(1946-52)에서 선보였던 노출 콘크리트를 사용하게 되는 결과를 낳았지만, 이것은 분명히 활용 가능한 자원이 제한되었다는 사실보다 더 중대한 문제에 대한 징후이다. 제1차 세계대전에서 적나라하게 드러난 기술은 초기 근대주의자들이 유토피아 미학과 사회주의적 목적을 위해 추구하였지만, 제2차 세계대전에서는 거의 인간의 통제를 벗어나 버리고 말았다. 나치의 유대인 대학살과 히로시마 원폭 투하 이후 근

[사진 4] 부들스 클럽과 그 뒤의 이코노미스트 타워를 배경으로 한 세인트 제임스 스트리트. 이 클럽의 조지안 비율은 거리에 면한 은행 건물에서 복제되었다.

대주의자들에 의해 제기되었던 인간의 완벽성은 사실상 무가치한 기획이 되었고, 건축가들은 자신의 작업이 CIAM에서 여전히 옹호하는 순백 무구한 *백지상태(tabula rasa)*보다 훨씬 복잡한 상황에 반응해야 한다고 깨닫게 되었다.

정통적이고 '공식적인' 근대주의로 여겨졌던 것과 이미지가 불명확하고 심지어는 고의적으로 '일상적인' 디자인 접근법 사이의 차이는 이 이코노미스트 본사에서 나타났다. 실제로 이것은 하나의 프로파간다로서 후자의 경향을 보여주었다. 현실로의 귀환을 위해 스미스슨 부부와 그들의 조력자들은 덜 명확하게 세련된 건축, 근대적 경험의 직접성과 현대 인류학의 연구에 밀접한 관련성을 갖는 건축을 추구했다. 이와 같은 본질에 대한 추구는 '뉴 브루털리즘'이라는 말이 연상시키는 어떠한 자연스러움의 선호로 어어졌다. 이 용어는 앨리슨 스미스슨이 1953년에 처음 사용한 것으로 나중에 밴험에 의해 채택되었다.[7]

이코노미스트 본사

이코노미스트 그룹, 또는 알려진 대로 말해 이코노미스트 본사는 『이코노미스트』 잡지 부서와 그 연구팀인 이코노미스트 인텔리전스 유닛을 수용하며, 그 외에 임대용 상업 공간을 포함한다. 이 콤플렉스 개요는 1959년에 구상되었는데, 회사의 대표인 제프리 크로우더가 한 장소에 모든 부서를 모으고 자신에게 펜트하우스를 만들라는 지시로 건축 의뢰가 진행되었다.

조인트 매니저인 피터 댈러스−스미스가 대지를 구했고 전년도 케임브리지 처칠 칼리지 공모전의 참가자를 기준으로 건축가를 선정했다.[8] 디자인은 1960년에 시작되었고 콤플렉스는 1964년에 완공되었다. 대지에는 부들스 클럽(Boodle's Club)의 공간을 수용하는 집이 하나 있었는데, 이것은 세인트 제임스 스트리트를 면해 서 있는 우아한 비율의 건물이다. 존 크런든의 디자인으로 1775년에 세워진 이 건물은 서머슨에 따르면 '아델피의 애덤이 설계한 왕립예술협회(Royal Society of Arts) 파사드의 익살스러운 반복'이다.[9] 잡지사와 클럽 사이에 협정이 체결되어 클럽의 공간이 재배치되었고, 그 필지는 더 큰 전체 계획의 일부로 고려되었다. 주거·사무·상업 용도의 조합, 5대 1이라는 대지의 비율, 그리고 세인트 제임스 스트리트와 세인트 제임스 파크에서 바라다보이는 건물의 광경 등이 만족스러운 해법을 제공하기 위해 조절되어야 했다. 스미스슨 부부의 안은 설계 요목을 구성 부분별로 나누어 각각 별도로 표출하는 것이었고, 그 결과 도출된 요소들은 공공 플라자를 둘러싸면서 배치되었다. 이것은 동시대의 레스터 공과대학 건물(다음 장)이 보여준 것과 같은 기능에 따른 분절에 대한 의지를 반영할 뿐만 아니라, 값비싼 대지를 한쪽 끝에서 다른 쪽 끝까지 가득 채우는 통상적인 절차와 비교할 때 대지의 일부를 공공의 사용을 위해 내어주었다는 측면에서 혁신적이다.

건물군은 마치 수학에서의 수열(數列)처럼 상업 요소(특히 은행 홀)를 수용하는 4층 블록, 주거 용도의 8층 타워, 그리고 잡지사와 연구 부서를 위한 16층 사무소 타워로 구성된다. 비평가들이 지적하듯이 이 군집에는 유효한 네 번째 구성원이 있는데, 그것은 클럽 건물에 부가된 3층짜리 베이(bay)이다. 포디엄 아래로는 두 층이 더 있어 이 부분들을 서비스 및 주차 공간과 연결한다.

[사진 5] ▼ 은행과 메인 타워를 관통한 단면:
은행 건물의 각 사무실이 콘텍스트에 대응하여
다양한 높이를 갖는 것은 사무소 타워 층고의
연속된 반복과 대조를 이룬다.

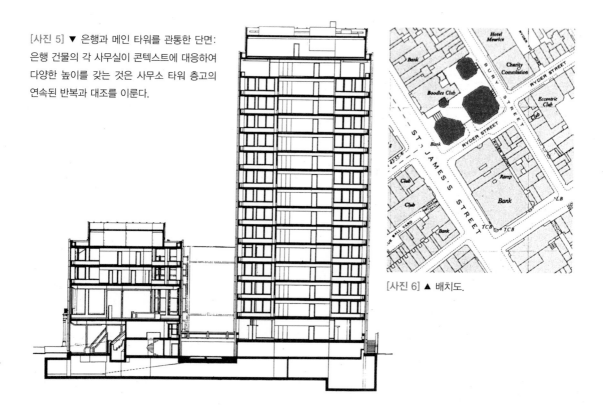

[사진 6] ▲ 배치도.

[사진 7] ▼ 이코노미스트의 도시 모델을 런던 중심부의 넓은 영역에 적용한 포토몽타주.

[사진 8] 상층부 평면: 왼쪽 위부터 시계 방향으로 베이 창이 부가된 부들스 클럽, 클럽의 공간을 포함한 작은 타워, 이코노미스트 사무실, 그리고 비스듬히 배치된 은행 건물.

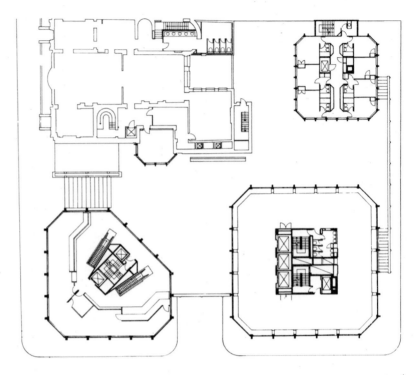

[사진 9] 플라자 레벨의 평면: 모든 건물에 적용되는 통일된 기준면을 창조하기 위한 의도가 보이며, 바닥 패턴은 콜로네이드를 거쳐 출입구 로비 주변의 유리창을 넘어서까지 확장된다.

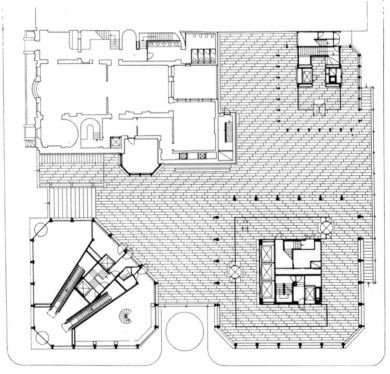

플라자는 공통의 기단으로 여러 가지 아이디어를 결합시킨다. 이것은 분명히 뉴욕에 있는 미스의 시그램 빌딩의 기단을 참조한 것으로, 공공 공간을 제공했다는 것과 거리보다 높아진 인공 대지(臺地)를 형성했다는 측면 모두에서 그러하다. 이러한 기법은 미스가 이미 바르셀로나 파빌리온(1929)과 베를린의 갤러리에서 같은 효과를 위해 사용한 바 있다. 그 형태적 가치 이외에도 이 대지는 경사지의 다양한 높이를 융화시켰으며, 차량을 위한 진입 경사로도 포함되어 있다.

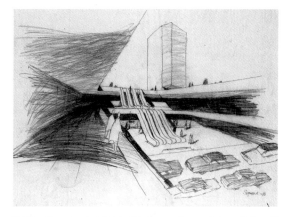

[사진 10] 스미스슨 부부의 베를린 프로젝트 스케치: 교통과 보행자 플라자가 분리되어 있으며, 후자는 타워에 의해 통제된다.

또한 스미스슨 부부는 공중 가로가 있는 복층 도시를 오랫동안 꿈꾸어 왔는데, 그 이상적인 형태가 1958년 베를린 하웁트슈타트 공모전에 제출한 안에서 표현되었다. 차량과 보행자의 분리는 당시의 교통 계획자들에게 지지를 받아 널리 받아들여졌고, 자유로운 보행자 영역을 확보함으로써 도시 생활이 소음이나 배기가스로부터 해방될 수 있다는 희망을 갖게 했다. 나중에 완성되기는 했으나 런던에 있는 이런 경향을 보여주는 가장 큰 예를 든다면, 체임벌린 파월과 본(Chamberlin Powell and Bonn)에 의한 바비칸 개발 및 레슬리 마틴과 패트릭 호지킨슨에 의한 '파운들링 에스테이트(Foundling Estate)'이다.

스미스슨 부부는 이 아이디어가 어떻게 더 섬세하고도 점진적인 방식으로 발전될 수 있는지 이코노미스트 개발을 여러 차례 반복하며 보여주었다. 개발 과정의 매력적인 콜라주는 성장하고 확장할 수 있는 보행자의 네트워크를 제안한다. 또한 이 개발은 세인트 제임스 스트리트와 라이더 스트리트 사이의 코너에 자리 잡았기 때문에 은행 건물은 대각선상에 배치되어 왼쪽으로 오르막의 보행자 계단과 오른쪽으로 내리막의 차량 경사로가 대칭적인 관계를 이룬다. 은행의 모서리 진입은 에스컬레이터로 연결되어 플라자에서 진입하는 상점 및 사무소 현관과 만난다. 레스터 공과대학 건물에서처럼(다음 장), 45도의 전환은 일상적인 모서리 깎기를 하는 데 영감을 주었을 것으로 여겨진다.

내적으로 각각의 블록은 다른 방식으로 조직되었다. 은행이 그 대각선 축을 따랐다면 사무소 타워는 화장실과 승강기와 계단이 있는 정사각형 코어를 중심으로 배치되었다. 따라서 주변의 사무 공간은 사용자에게 최상으로 맞추어져 구획된 사무실로 재분할되었다. 주거 타워는 대칭되는 중심축을 가지고 있는데, 첫 번째 네 개 층에는 블록을 가로지르는 복도 양쪽으로 개별적인 방들이 놓이고 그 위의 네 개 층에는 각각의 아파트를 갖고 있다.

이러한 내적 차이에도 불구하고 외부의 처리는 거의 같다. 각 건물은 석조 리브로 분절된 커다란 유리창으로 덮여 있다.[10] 이 유닛의 리듬은 건물마다 다르다. 사무소 타워의 베이는 그 폭이 10피트 6인치(3.20m)로 대략 두 사람에 적합하고, 주거 타워의 경우는 더욱 친밀한 5피트 3인치(1.60m)이다. 외장에 대한 건축가의 설명은 건물의 당면한 문제를 넘어선 관심사를 드러낸다.

이 대지는 활용 가능한 공간이 작기 때문에 건물들 사이의 마당 같은 공간들로 빛을 반사하기 위해서 외장재가 밝은 색깔이어야 한다. 또한 이 재료는 큰 유닛으로 가공될 수 있어야 하는데 이로써 건물의 스케일을 유지할 수 있을 뿐만 아니라, 기둥과 엔태블러처가 로마 원형극장의 구조 프레임 외부에 부착되었던 것과 거의 같은 방식으로 명백한 지지형 외장 건축(obviously support-cladding architecture)을 제시할 수 있다.

이런 조건을 실행하기 위하여 로치-베드 포틀랜드 석재가 선택되었고, 문턱과 기둥 양측 아래의 거터 시스템을 이용하여 돌 위에 흙탕물이 흐르지 않도록 조절하려는 노력도 기울였다. 이것은 파사드의 최종적인 풍화 패턴을 예측하기 위함이었다.

우리는 색조에 관한 한, 즉 향에 따른 강렬한 흑백대비로 이 건물이 궁극적으로 뎁트포드에 있는 아처의 세인트 폴 교회를 닮기를 원했다(이코노미스트 타워는 이 교회의 탑과 같은 향을 가지고 있다).[11]

표면상으로는 플라자에 빛을 유입시키려는 관심사가 건축가의 핵심적인 비전이다. 이러한 의도는 구성적인 장치로 모서리 깎기를 결정한 이유이다. 조명 기준을 낮추기

[사진 11] 세인트 제임스 스트리트 건너 통일된 분절을 보이는 은행 건물과 타워.

[사진 12] 플라자를 향한 조망: 왼쪽으로 부들스 클럽의 부가된 베이가, 오른쪽으로 이코노미스트 타워의 하층부가 보인다.

위하여 대지를 최대한으로 보완하는 것은 허용되지 않았다. '명백한 지지형 외장 건축'을 사용하기 위하여 고전적인 참조물이 인용되었고, 한편으로는 표정이 풍부한 영국 바로크의 선례가 재료의 풍화와 관련하여 연상되었다.

도시설계, 역사적 관심, 표현성에 대한 열망, 공동체에 대한 감각 등의 요소들은 팀 텐 구성원들이 관여한 많은 건물과 프로젝트에 공통적인 요소들이다. 마치 더욱더 심도 있게 도시 사정을 다루려고 하는(특히 건축을 계획 중인 기반시설로 통합하려는), 그리고 상황에 더 민감해지려고 하는 쌍생(雙生)의 욕망처럼 말이다. 그들이 동질성과 다양성 모두를 충족시키는 효과적인 시스템을 찾고 있었다는 것은 이해할 만하다. 이러한 입장의 양면성은 『아키텍추럴 리뷰(The Architectural Review)』지의 기사에서 고든 컬런이 이 프로젝트에 대해 타운스케이프를 바탕으로 역사 중심지의 서술로 훨씬 친근한 목소리로 비판한 내용을 읽은 사람이라면 납득할 것이다.[12] 이코노미스트 그룹은 섬세한 정련과 있는 그대로의 확실성 사이의 꽤 정교한 균형으로 볼 수 있다. 케네스 프램턴은 이러한 모호성을 강조했는데, 특히 명백히 작위적인 스케일의 사용에 대해서도 강조했다.

내부 공간과 관련한 표현의 온전성에 대한 문제는 결코 일어나지 않는다. 그것은 두 '타워' 사이에 형성된 스케일의 상호작용에 의해 억제된다. 이 두 건물 사이의 스케일의 변화는 거대한 트롱프뢰유(trompe l'oeil, 속임 그림)를 만들어 냄으로써 우리가 플라자의 중심에 진입할 때 더욱더 지각적인 어려움을 경험하게 한다. 플라자의 중심부에서 볼 때, 가장 큰 타워에 대한 거주 블록 스케일의 '사진기법적' 축소는 관찰자로부터 이

[사진 13] 작은 타워의 콜로네이드가 위치한 플라자 뒤편.

블록을 '주밍(zooming)'하여 밀어버리는 시각적 효과를 갖는다. 결과적으로 플라자의 공간이 외관상 급격히 확대되어 보인다.

이렇게 지각적으로 날랜 재주는 뛰어나지만 최후의 단계에서는 적절하지 못하다. 왜냐하면 관찰자가 중심부에 고착하여 머물지 않을 뿐만 아니라, 주변을 둘러보는 즉시 그 속임수를 간파하기 때문이다. 일단 주거용 건물에 대한 환상이 드러나면 전체의 조합은 '희극적' 해석을 받아들이게 된다. 그런데 이 해석은 가장 큰 오피스 타워의 진정한 기념비성에 대한 지속적인 믿음에 도움이 되지 않는다. 보는 것이 믿는 것일지 모르나 한번 속았던 사람은 '시각적 신뢰'의 상태를 회복하는 데에 상당한 어려움을 겪게 된다.[13]

[사진 14] 파크 플레이스를 관통하여 바라본 타워.

그러나 도시의 배경으로서 건물들의 군집은 스케일이 중요한 역할을 하는 원근화법의 길을 추구한다. 그 미학적인 직무는 다양한 위치와 각도에서 인지되듯이 이 프로젝트에 걸쳐 시각적인 일관성을 유지하는 것이다. 건물들의 배치는 두 개의 도시 공간을 형성하는데, 하나는 은행 양측과 사무소 건물 사이의 필수적인 삼각형 공간이고, 다른 하나는 사무소와 주거 타워의 열주로 한정되는 작은 사각형 공간이다. 이 공간들은 건물의 형식이 갖는 자족성과 긴장을 이루는 시민의 질서 의식을 유지하지만, 일반 지면으로부터의 분리와 주요한 주변 거리로부터의 이격은 그 공간을 도시 네트워크로부터 떼어놓는다. 결과적으로 그곳은 적어도 공공적인 관점에서는 상대적인 사공간(死空間)으로 남는다.

건축가들이 그들의 시민적인 의지를 수사적으로 명확히 나타내기 위해 창조한 공간이 그에 훨씬 미치지 못했다는 것은 아이러니하게 보인다. 플라자의 유용성이 소유주들에게도 문제시된 것은 나중에 아케이드에 유리창을 설치한 것에서 나타났다. 실용적이고 심지어는 그 표현이 진부해지기까지 열심히 노력한 회화적인 구성 작업 역시 별나 보인다.

스미스슨 부부가 자신들에게 필요 없다고 그토록 강하게 주장했던 '수사학'은[14] 아주 영민하고도 빈틈없이 누그러졌고, 그 미묘함은 스케일과 디테일의 미묘한 차이에만 한정되어 오직 엄격한 건축 탐구자에게만 발견된다. 건축가가 보여주고자 선택했던 버려진 아케이드의 수사학은 볼륨을 말하는데, 그들이 진술했던 의도와 대조될 때 특히 그러하다.

작은 방법을 통하여 우리 이코노미스트 본사는 지속과 재생이라는 아이디어와 투쟁하고 있음을 볼 수 있다. 매우 구체적인 동시에 아주 독특한 기존 패턴의 지속은 현재의 존재 방식을 확립하기 위해 투쟁한다.[15]

[사진 15] 현재의 은행 사무실 내부.

스미스슨 부부는 자신들이 짓고 그린 작품의 중요성을 묘사한 확신에 찬 진술에서 자기 무리의 관심사 밖의 측면은 조용히 무시한다. 그러나 그 프로젝트의 도시적인 효과는 스미스슨 부부가 말한 '작은 방법'의 진정한 효과를 분별하기 위해 연구되어야 한다. 그들은 세인트 제임스 스트리트의 지붕 선을 존중했고 그들의 은행 건물은 부들스 클럽의 조지안 스케일, 특히 그 중심층(piano nobile)을 반영했다. 이러한 움직임이 갖는 사회적인 보수주의는 세인트 제임스 스트리트의 가로 풍경에 비위를 맞추면서도, 대지 뒤에서 먼 조망을 좌우하는 메인 타워의 스케일을 급격히 증가시키며 도시적인 중요성을 폭넓게 갖는다. 서로 다른 크기의 요소들로 인한 단절에도 불구하고 다양성을 틀에 맞추려는 시스템의 적용은 이 개발에 다소 단조로운 성격을 더한다. 그들이 추구했던 미덕에 대한 단서는 아마도 반복에 대한 그들의 관심과 문화가 고수하려는 경제적인 기반에 놓이는데, 그 수사학은 재정적인 힘의 언어를 말한다.

기술주의 문화의 특성은 그 핵심 목표가 규율(discipline)과 같은 '낡은 세계(old-world)'의 개념이 아닌 과정과 상세의 완벽성에 초점을 맞춤으로써 나타나는 부산물일 것 같다는 사실이다. 다른 건축의 출현에 대한 가장 강력한 힌트가 상당한 반복을 보이는 다층 건물에 분명히 나타나는데, 여기에서 – 대량생산, 프로세스, 컨트롤 등 – 미국인들이 가장 직감적으로 확신하는 것은 구성이나 예술과 같은 개념보다 컨트롤이다.[16]

이 서술은 건축가의 역할이 구성요소들을 조직하는 겸손한 것이라는 측면을 부정직하게 제시한다. 당시에 프램턴이 확인했듯이 요소들이 특별히 다루어지는 것은 물론 전적으로 구성의 전통적인 가치에 의존하고 있지만 말이다. 그러나 돌이켜 생각해 볼 때 중요한 것은 다양한 목적으로 모듈러 시스템이 적용되었던 방식이다. 여기에는 서비스 부분을 프레임의 건축 언어에 통합시킨 것도 포함되는데, 수평띠가 수직판 사이의 석재 스팬드럴 패널에 의해 외부로 표현되었다. 융통성을 갖는 시스템의 경제적 중요성은, 스미스슨 부부가 높이 평가했던 미국 건물의 스케일을 암시하며, 상업·사무·주거의 용도를 단일한 방식으로 통합하도록 촉진할 수 있었다. 이번에는 반복에 대한 욕망이 외적 상황보다는 내적 논리에 반응하는 오브제의 창작을 반영하는 듯하다. 따라서 율동적인 파사드는 플라자의 중요성을 방해하며 별도로 서 있다. 모서리가 깎인 코너는 각 요소를 더욱더 자족적이게 하고, 규정된 도시 공간의 창조를 더욱 위태롭게 한다.

관통하는 블록과 아케이드의 균형은 스미스슨 부부가 지역 도시의 패턴에서 매우 중요한 요소로 생각한 것으로 조지아 식의 런던과 필적할 만한 미학적으로 통합된 다양성을 제시했다. 이것은 폭격에 손상되어 새로운 포괄적인 비전이 절대적으로 필요한 도시에게 있어 매혹적인 약속이다. 반복적인 모듈러의 형태는 그 끝없는 복제가 메마른 효과를 낳지 않는 한, 좋은 비율을 가진 전통 구성의 가치에 의존했다. 그러나 건축 비율의 미묘함은 전문가가 아닌 대중에게는 다소 난해했는데, 건축가는 그만

[사진 16] 공사 중임을 묘사한 골든 레인 주택단지 콜라주.

[사진 17] 셰필드 파크힐.

큼 성공적으로 그 요소들을 풀어낸 것이다. 석재 외장은 빛을 반사하는 기능을 뛰어넘어 모든 건물에 똑같이 영광스러운 성격을 부여하여 스케일의 위계마저 뒤섞기도 했다. 외곽 콜로네이드와 같은 모티브의 적용은 미학적으로 일관되기는 하지만, 측면과 정면 파사드를 구별하는 데 실패했다. 이러한 전통적인 구별은 사회적으로 분열된 그 당시 비평을 받았으나, 구별의 부재는 단순하게도 어디로 진입해야 할지 알아차리는 데 어려움을 겪게 하였다. 콜로네이드가 플라자와 직접적으로 접촉하도록 한 것은 공간 사용의 다양성을 촉진하기 위함이었는데, 이상하게도 그 장소의 점유를 막는 반대 효과를 갖게 한 듯하다. 약속된 지속과 재생 대신, 현재의 실내 사진은 오직 단절과 격리를 제시한다.

이코노미스트 그룹은 1952년 스미스슨 부부의 골든 레인 프로젝트에 강한 영향을 받아 셰필드시 건축가들에 의해 계획된 셰필드 파크힐 아파트 단지(1961)와 달리 브루털리즘의 자명한 예로 서술되기는 어렵다. 골든 레인 프로젝트는 스미스슨 부부가 런던 이스트 엔드에서 관찰한 노동자 계급의 주거지의 삶을 재창조하려던 시도로, CIAM과의 투쟁 가운데 발표한 프리젠테이션에서 헨더슨의 사진들을 통해 구체화되었다. 이 시도는 '공중 가로(streets in the sky)'라는 재앙적인 사회 실험을 야기했는데, 이것은 데크 - 진입형 주택 프로젝트로 가장 널리 접근할 수 있는 브루털리즘의 형태이다.[17] 이 실험적 형태의 이행은 다른 이들의 책임이었으나 스미스슨 부부도 결국은 1972년 런던의 로빈 후드 가든과 함께 이 장르에 공헌하게 된다.

사회적으로 훨씬 특혜를 받은 건축주와 사용자들을 위하여, 그리고 더욱더 고급 지역에서, 그들은 명백히 더 보수적인 형태를 선호했다. 일상적인 지역으로부터 멀리하여 클럽 지구에 현존하는 브루털리즘은, 이코노미스트사로 하여금 더 섬세한 코드를 채택할 것을 요구했고 직설적인 효과와 대조되는 고전적인 단정함을 강조했다. 따라서 서로 다른 요소들의 높이와 비율에 대한 수학적 세련됨은 루돌프 비트코버가 1949년에 출판한 『인본

[사진 18] 로빈 후드 가든.

주의 시대의 건축이론Architectural Principles in the Age of Humanism』이라는 영향력 있는 연구서와 관련이 있다. 이것은 그 세대의 많은 사람에게 미학적인 정당화를 부여하기 위한 인기 있는 원천이었다.[18]

스케일의 변화와 건물들 각각의 분리로 인해 연결되지 못한 단절이라는 마감 효과가 풋내기들에게는 덜 의식적이거나 심지어 매우 진부한 형태로 잘못 받아들여질 수도 있다. 예를 들면 메인 타워의 디자인이 도시 투명성 미학의 선조인 루트비히 미스 반데어로에의 작품에 빛을 진 것으로 보이지만 그 반사 효과는 돌판에 대한 지나친 강조로 방해된다. 그 돌판은 블록이 인지되는 투과성을 감소시키는데, 특히 비스듬한 조망에서 더욱 그러하며, 활발한 표면 효과에 대한 선호를 보여준다.

마지막으로, 건축가의 기술은 콘크리트처럼 보이는 돌의 사용이나 높아진 플라자의 적막한 성격과 같은, 표현적으로 낯설게 하는 몇 가지 효과를 창조했다. 대중은 고되고 껄끄러우며 바쁜 도시 경험의 비전을 받아들이도록 요구받는데, 세인트 제임스 거리의 단골들에게는 있을 법하지 않은 전망이다.

후기 작품

이코노미스트 단지의 완성은 스미스슨 부부 경력의 최고점을 의미한다. 그러나 두 가지의 커미션이 좌절되며 실망이 잇따랐다. 1978년 테헤란의 팔라비 국립도서관은 이슬람 혁명이 이란 정권의 시아파를 휩쓸어 버리기 직전에 결정된 것이었고, 축적된 주요 아이디어들이 마침내 실현된 로빈 후드 가든이 참담한 대우를 받은 것은 실제에 있어서 그 아이디어들이 부적절함을 드러낸 것이다.[19] 스미스슨 부부의 현재성(contemporaneity)에 대한 집착적인 관심을 생각하면, 말년에 그들이 사라진 시대의 거장으로 여겨지는 것은 아이러니인 듯하다.

전쟁이라는 배경과 재건이라는 사회적 가치로의 헌신에 대한 아방가르드적인 태도는 영국의 다른 어떤 동시대인들보다도 스미스슨 부부에게 적합해 보인다. 미국에서는 임스 부부가 비슷한 모습을 제시했으나 그들의 끝없는 자기선전은 훨씬 더 상업적인 열의를 드러냈고, 지식인으로서 비슷한 종류의 인식에 의존하지 않았다. 스미스슨 부부의 비타협적인 태도는 그들의 건물과 타협하려는 방문객들에 대한 도전이었다.

그들의 작품은 사회적 패턴을 연상시킴에도 불구하고 동결된, 그리고 다른 용도나 해석을 거부하는 추상성을 선호했다. 평범함에 대한 그들의 숭배는 완전한 평범함이 갖는 불안한 힘을 중성화시켰고, 그 대신 불가해한 형태의 무미건조한 배열만을 남겼다. 그러나 그 일이 촉진된 것은 상황에 대한 배려이자 다른 건축가들의 작품에 있는 유산을 즐기는 도시건축의 형태에 대한 배려였다. 그들이 선호한 도시 공간은 전임자들의 반상황적인 모델과 쉽게 구별될 수 있고 무엇보다 이코노미스트 플라자에서 예시되었는데, 건물 형식의 자족성과 긴장 관계에 있는 시민의 질서 의식을 유지하려고 진정으로 시도한다.

그러나 플라자가 일반 지면으로부터 분리되고 필지를 묶는 주요 거리로부터 이격된 것은 연결되어야 했던 도시 네트워크로부터 스스로를 멀어지게 했고, 그 대신 죽은 공공 공간의 형태를 창조해 버렸다. 이 공간은 건축가의 시민적인 의도를 위한 프로파간다로 창조되었으나, 나중에 설치된 아케이드의 창이 보여주듯이, 그것의 일반적인 유용성은 모호함으로 인해 건축주들에게 문젯거리가 되었다. 이러한 도시 형상으로의 변화에도 불구하고 건물들은 프램턴이 관찰하듯이 더욱 강화된 지위와 함께 살아남았다.

이코노미스트 본사는 작품의 질을 쇠퇴시킨 것이 아니라 향상시킨 '시간의 흐름'과 함께한, 근대 건물의 드문 예로 오늘날 존재한다. 뒤돌아보면 이 건물의 구조는 피터 스미스슨이 말하는, 미래에 그 폐허의 조각으로부터 재건될 수 있는 건물의 고고학적인 이상에 근접한 것으로 보인다.[20]

1   Steen Eileer Rasmussen, *London: The Unique City*, Jonathan Cape, London, 1937.

2   John Summerson, *Georgian London*, Barrie & Jenkins, London, 1962.

3   Banham 1966.

4   Anne Massey, *The Independent Group: modernism and mass culture in Britain*, 1945−59, Manchester University Press, Manchester, 1995.

5   Victoria Walsh, *Nigel Henderson: Parallel of Life and Art*, Thames & Hudson, London, 2001.

6   Alison Smithson, *Team 10 Primer*, Studio Vista, London 1968.

7   Harwood 2003, p. 634.

8   Ibid, pp. 634−637. 스미스슨 부부만이 유일하게 고려된 건축가는 아니었고, 스털링과 고완 역시 인터뷰 대상이었다. 제임스 고완으로부터의 구두 정보, 2006년 2월.

9   Summerson 1962, p. 153.

10 아마도 이것은 근처에 위치하며 비슷한 간격의 수직 테라코타 멀리온을 갖는 헨드릭 베를라허의 홀란드 하우스(Holland House)에서 영감을 받았을 것이다. 이 점에 대하여 제임스 고완은 피터 스미스슨에게 이의를 제기했고, '그는 그것에 대한 모든 것을 알았다.'고 전했다. 고완으로부터의 구두 정보, 2006년 2월.

11 Alison & Peter Smithson, 'The Economist Group St James's Street, London', *Architectural Design*, Vol. XXXV, February 1965, pp. 63−86.

12 Gordon Cullen, 'The Economist Buildings St James's', *The Architectural Review*, 137, 819, February 1965, pp. 114−24.

13 Kenneth Frampton, 'The Economist and the Haupstadt', *Architectural Design*, Vol. XXXV, February 1965, pp. 61−2.

14 Alison and Peter Smithson, *Without Rhetoric − An Architectural Aesthetic 1955-72*, Latimer New Dimensions, London, 1973.

15 Ibid, p. 91.

16 Ibid, p. 28.

17 Eric Mumford, *The C.I.A.M Discourse on Urbanism 1928-60*, M.I.T Press, Cambridge, Massachusetts, 2000, pp. 238-57.

18 Wittkower 1949.

19 로빈 후드 가든과 팔라비 국립도서관에 대해서는 각각 다음을 참조. Alison and Peter Smithson, *The Charged Void: Architecture*, Monacelli Press, New York, 2001, pp. 296-313 and 426-431.

20 프램턴(Frampton) 1995 p. 365.

CHAPTER 06

Stirling and Gowan: Leicester University Engineering Building, 1959-64

제임스 스털링과 제임스 고완:

레스터 대학교 공학관, 1959-64

레스터 대학교의 공학관은 뛰어난 참신성과 창의성으로 영국 건축에서 두각을 나타내고 있으며, 제2차 세계대전 이후 같은 시기 영국 건축의 가장 중요한 작품으로 간주된다.[1] 이 건물은 익숙하지 않은 많은 자료로부터 기인한 새로운 건축양식을 만들어 냈다는 점에서, 그리고 형태, 공간, 구성적인 가능성을 장인의 솜씨로 빚어냈다는 점에서 매우 혁명적이었다. 또한 이 건물은 영향력 있는 두 명의 영국 건축가인 제임스 스털링과 제임스 고완 사이의 협업에 있어서 절정을 보여준 작품이었다.

그 뒤 스털링이 얻은 세계적인 명성이나, 그가 이후에 혼자 작업했던 다른 작품들에서 공학관의 표현을 반복하여 사용하였다는 사실 때문에 건축 담론에서 고완을 점점 다루지 않게 되었다. 하지만, 레스터 건물과 스털링의 건축적인 진화에 대한 그의 공헌이 과소평가되어서는 안 된다.[2] 그들은 보완적인 관계에 있었으며, 비록 스털링의 후기 작품들이 높게 칭송받았다고 할지라도, 레스터의 건물에서 보여준 완전한 독창성을 스털링 혼자서는 다시 재현하지 못했다.

제임스 스털링(1924-92)은 리버풀에서 태어나고 교육을 받았다. 그는 10대가 되었을 때 제2차 세계대전이 일어나 전쟁에 참여하게 되었고, 노르망디 상륙작전에서 부상을 당하게 된다. 이 때문에 리버풀 건축대학에서의 그의 학업은 1945-50년 사이로 미루어졌다. 전쟁 후 그곳에서 스털링은 코스모폴리탄적인 분위기를 발전시켰는데, 이것은 원양어선의 선장이었던 아버지의 직업이나 리버풀 학교의 찰스 레일리 경(Sir Charles Reilly)의 유산, 제2차 세계대전 시기에 그곳에 망명해 있던 폴란드 건축대학의 존재, 뉴욕에서의 초기 작업 경험, 그리고 그의 논문 지도 교수인 콜린 로(Colin Rowe) 의 영향 등으로부터 다양하게 기인한 것이었다. 그의 세대에서 다양한 경험을 한 것이 그 혼자만은 아니겠지만, 스털링은 특히 그런 영향들을 종합하는 능력이 있었던 것 같다.

스털링은 근대적인 작업을 하는 라이언스 이즈리얼 엘리스(Lyons Israel Ellis)의 건축 사무실에서 일하던 중에 졸업했는데, 그곳에서 제임스 고완(b.1923년)을 만났다. 고완은 글래스고에서 태어나고 교육받았으며, 킹스턴 예술학교에서 건축을 공부하기 전에 군 레이더 운용병으로 군대에 복무했다. 또한 그는 1951년의 브리튼 축제(Festival of Britain)에서 스카이론(Skylon) 타워를 만든 파월(Powell)과 모야(Moya) 밑에서 일했다. 그와 스털링은 1956년에 파트너십을 결성하여 그 뒤 거의 7년을 밀접하게 협력하여 일했다.

대학 부지를 확장하는 프로젝트는 스털링의 초기 경력에서 많은 부분을 차지한다. 1953년 셰필드 대학교의 현상 프로젝트는 마르세유에서 르코르뷔지에가 당시 완성한 유니테 다비타시옹(Unité d'Habitation)을 교육시설 용도로 변환시킨 것이었다. 건물의 입구는 지면보다 위로 들어 올려졌고, 선형 블록의 중심부에는 강의실을 연이어 겹쳐 놓는 설계기법을 사용했다. 1958년 고완과 함께 작업한 케임브리지의 처칠 칼리

[사진 1] 1953년 제임스 스털링의 셰필드 대학교 현상설계 출품작. 극장식 강의실이 외관에 정교하게 표현되어 있다.

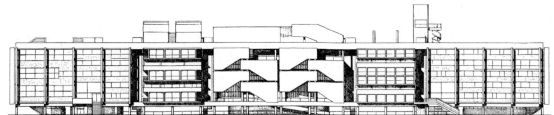

지(Churchill College) 프로젝트는 단위적(elemental)이고 요새와 같은 성격을 갖고 있었는데, 이것은 아마 미국의 루이스 칸(Louis Kahn) 작품의 영향을 받았을 것이다. 또한 스털링은 고완과 함께 작업한 1959년 케임브리지의 셀윈 칼리지(Selwyn College) 프로젝트에서 미사일 발사대에서 영감을 받았던 유리 벽과 석재 표면의 강렬한 대비를 선보였다. 시공되지 못한 프로젝트들에서 보이는 요소들이 레스터(Leicester)의 건물 디자인에서 다시 수면 위로 올라왔으며, 스털링이 혼자 만든 이후의 작품에서도 마찬가지였다. 그 작품들은 1964-67년의 케임브리지 대학교의 역사학부 건물, 1966-71년의 옥스퍼드 대학교의 퀸스 칼리지의 플로리 빌딩(Florey Building), 그리고 1964-68년의 세인트 앤드루스 기숙사로, 모두 1963년 고완과의 파트너십이 깨어지고 난 뒤에 완성된 것들이다. 따라서 레스터 건물은 건축적인 개념을 물리적인 형태로 변환시키는 작업의 핵심적인 결과라고 할 수 있다.

레스터 공학관의 기원

1959년, 새로운 대학을 위한 개혁을 추진하던 레스터 대학교는 캠퍼스 확장을 진행하고 있었다. 공학부를 새로 시작하겠다는 결정과 함께 캠퍼스 전체에 대한 건축 고문이었던 레슬리 마틴(Leslie Martin)은 스털링과 고완을 추천하였다.

공사 대지는 세 면이 네오조지안 양식(neo-Georgian)의 대학 건물로 둘러싸인 불규칙하게 구획된 토지였고, 나머지 한쪽 면인 북동쪽은 빅토리아 공원(Victoria Park) 쪽의 경사진 비탈 쪽으로 개방되어 있었다. 이쪽이 대지의 전면이 되었다. 이곳에서 서비스 도로의 굽이치는 커브가 북쪽 코너에 삼각형의 공간을 만들어 내었는데, 이 때문에 건물의 진입은 45도 돌려진 경사로를 거쳐야 했다. 건축주는 사실상 에드워드 파크스(Edward Parkes)였는데, 그는 새롭게 설립된 학부의 학장을 위해 케임브리지에서 모셔온 사람이었다. 그는 상당히 실제적인 요구사항을 제시하고 효율적인 작업을 요청했으나, 건물의 외부 디자인에 대해서는 건축가들에게 일임하였다.[3] 건축가들이 취하는 것으로 보였던 기능주의적 접근은 파크스의 사고방식이나 그 당시 여전히 힘을 발휘하고 있었던 모든 모더니즘 원칙들과 일치하는 것이었다.[4]

건물에서 가장 중요한 부분은 대규모의 작업공간이었는데, 파크스는 융통성을 위해 기둥이 하나만 있는 공간으로 만들기를 원했다. 이 작업공간은 일반 작업공간과 특화된 유체역학 실험 및 구조역학 실험구역으로 셋으로 나뉘었고, 서비스 동선의 주교차 축을 비대칭적인 위치에 두었다. 전체 공간은 북쪽으로 채광창을 낸 공장처럼 햇빛을 받았으나, 그 부지가 약 45도 북쪽을 향하고 있었기 때문에 더 많은 채광을 위해 지붕은 대각선으로 설치될 필요가 있었다. 이러한 디자인은 당시 파격적인 제안이었으나, 기능적으로는 확실히 정당화되었다.

이와 유사하게 파격적이지만 기능주의적 태도가 다른 세부 디자인에도 적용되었다. 고완은 커다란 콘크리트 판을 여러 개의 지반에 직접 놓는 방식으로 바닥의 레이어를 만드는 아이디어를 생각해 냈다. 이것은 앞으로 기계를 놓기 위해 토대 공사를 할 때 하나씩 들어 올릴 수 있게 하기 위한 것이었는데, 파크스가 이러한 실용적인 논리에 얼마나 기뻐했을지는 상상할 수 있는 일이었다.[5] 뒷면 가장자리를 따라 한 층이 더 추가되었는데, 이 층은 경소형 전기 및 공기역학 작업장이었다. 이 건물은 돌출되게 만들어졌는데, 그 까닭은 건물 내에서 크레인을 이용하여 뒤편의 긴 선적구역에 위로부터 직접 접근이 가능하도록 만들기 위해서였다.

햇빛을 받게 한다는 결정은 대지에 배치되는 건물이 대부분 단층이어야 한다는 의미였으며, 남아 있는 강의실 및 행정 사무실은 전면 가장자리에 덧붙여져야 한다는 뜻이었다. 그러나 타워를 위해 또 다른 고려사항이 있었다. 유체역학 실험을 위해 큰 물탱크가 필요했는데, 이 물탱크는 적어도 공중으로 18미터(60피트)는 되어야 했고 30미터(100피트) 높이로 지어졌다. 그 기둥들 사이에는 사무실이 놓일 수 있었으며 하단에는 강의실이 들어선 건물들과, 낮은 곳에 있지만 여전히 지면보다 높이 위치한 부속 연구실들이 추가되었다. 강의실에는 시야를 확보하기 위해 경사진 좌석이 놓였고, 이 강의실은 쐐기 형태로 만들어졌다.[6] 더 작은 강의실은 완전하게 캔틸레버(외팔보)를 사용했으며, 어쩌면 이것은 공학관 건물에 적절할 수도 있을 법한 박력 있는 구조적인 표현이었다. 이 구조는 신진 엔지니어였던 프랭크 뉴비(Frank Newby)에 의해 해석되었다.

더 큰 강의실의 뒤쪽에는 출입을 위해 유리로 마감된 나선형 계단이 있다. 사무실은 전면 유리로 외부 마감이 된 데 반하여 연구실에는 공기 순환 기능을 강조하기 위

[사진 2] 타워의 원본 사진.

해 돌출된 수평적인 요소가 강한 비늘 모양의 창이 달려 있다.[7] 이런 요소들이 모여 만들어진 공간은 독립적인 타워 형식의 계단과 엘리베이터로 연결되었는데, 두 개의 주요한 타워는 이 모든 공간들을 하나로 묶기 위해 작업 영역에 걸쳐 세워졌다.

보행자의 통행량이 감소하면 이동에 사용될 공간이 작아져야 한다는 맥락에서[8] 위쪽 계단 참은 축소되었으며, 이로 인해 계단의 외부 유리 마감은 단을 지어 밑으로 이어진다. 기능적인 논리에 따라 시공하기에 비용이 저렴하지도 만들기가 쉽지도 않은 형태들이 생겨나게 되었다. 결국 화장실은 작업장 블록에서 떨어져 나와 창이 없는 삼각형 모양의 건물 하단 부분에 따로 모아졌는데, 이것은 주 입구와 복도에 축선 상의 통과 동선을 만들기 위한 것이었다. 이 통로는 단지 유리로 내부와 외부가 구별되어 있고, 삼각형 모양 메스의 바깥쪽 가장자리에 붙어 있는 경사로를 통하여 부출입구로의 진입이 가능하다.

이 경사로는 빌라 사보아(Villa Savoye)(Blundell Jones 2002, 제7장)와 좀 더 최근의 작품인 카펜터 센터를 상기시키며, 두 건축가의 르코르뷔지에를 향한 강박관념의 반영이기도 하다. 그러나 당시 건축적으로 중요한 참고 대상이었던 미스와 르코르뷔지에의 영향은 거의 찾아볼 수 없다. 그 건물은 시각적으로 근대주의자의 규범에서 뚜렷하게 벗어나 있었으며, 아마도 이 때문에 니콜라우스 페프스너(Nikolaus Pevsner)가 이 작품에 대하여 그토록 불쾌해했는지도 모르겠다.[9]

쐐기 모양의 강의실과 코르크 따개 모양의 나선계단은 콘스탄틴 멜니코프(Konstantin Melnikov)[10]로부터 유래되었는데, 이러한 요소들은 1953년에 스털링이 만든 셰필드 대학교의 현상 출품작에서 이미 나타나고 있었고, 구조적으로도 역시 구성주의적(constructivist)인 것으로 보인다. 또 다른 중요한 원천은 스털링과 함께 성장한

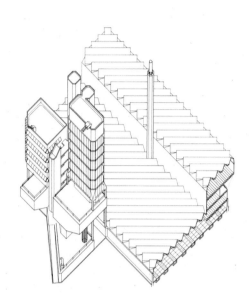

[사진 3] 진입로 쪽에서 본 엑소노메트릭 도면. 오른쪽 끝은 단면을 보여주기 위해 끊어두었다.

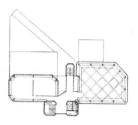

[사진 5, 6, 7, 8] 1층 평면도; 극장식 강의실; 실험실과 사무실이 배치된 4층; 6층 평면도. 이 도면들은 모두 스털링과 고완의 원래 출판물로부터 비롯된 것이다.

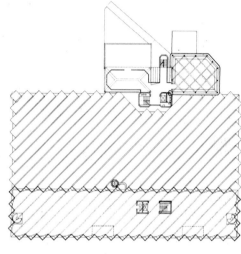

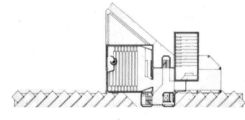

[사진 4] 배치도. 공원은 도면 위쪽으로 경사져 있다.

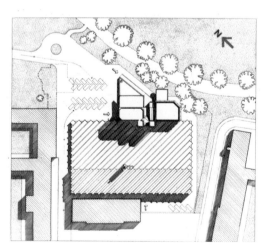

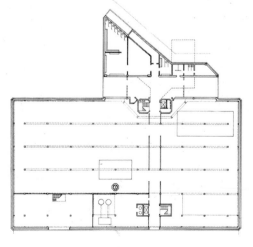

[사진 9, 10, 11] 준공 당시 타워의 원본 사진들.

리버풀의 19세기 산업시설의 건축적 유산이었다. 두 건축가 모두 거칠고 직접적인 건축, 눈에 보이는 소재와 확연히 추상적인 형태의 창고들, 그리고 가마, 맥아 제조소, 홉 건조소와 같이 예기하지 못한 조각 같은 형태의 건물들을 찬양했고 마음 깊이 새겼다.[11] 그러한 꾸밈없는 구조의 순수한 형태와 건축 논리는 오래도록 근대주의적 형태의 원천이었다. 그러나 형식 뒤의 기능적인 합리성 또한 흥미로운 대상이었으며, 공학부 건물에서 기능적이며 구조적인 실례를 만들어 내는 것은 확실히 적절한 것이었다.[12]

옛 산업건물이 갖는 또 다른 우수성은 모든 표면에 벽돌을 거장의 감각으로 사용했다는 것이다. 여기에는 문틀과 돌림띠(string course)가 통합되며, 벽 및 버팀벽은 빗물받이(gutter)와 바닥 마감에 녹아 들어갔다. 19세기 말, 호프만 가마의 발전과 함께 일어난 벽돌생산의 기계화로 벽돌을 쉽게 만들 수 있게 되면서 광범위한 특수 벽돌들이 양산되었고, 모든 종류의 모퉁이, 문틀, 계단에 벽돌 재료를 사용하여 아름답고 연속적이며 내구력 있게 만들었다. 스털링과 고완은 이러한 외양을 반복적으로 사용하여 색상이 조화된 벽돌과 타일의 상호작용으로 그 효과를 극대화시켰다.[13]

대지의 형태와 관계없는 사각 형태의 건물은 전후 영국에서 많이 보이는 현상이었기 때문에 직각으로부터의 이탈 역시 혁신적이었다. 레스터 프로젝트에서 불규칙성과 방향성 때문에 45° 각도로 건물을 돌려야 했던 것은 건축가들의 흥미를 끌었고, 이것은 타워와 연구실의 모퉁이를 잘라낸 것이나 프랭크 뉴비의 도움을 받아 연구실에 45° 각도의 바닥 구조를 채택한 것에 대한 충분한 이유가 되었다. 건물에서 보이는 또다른 뛰어난 디자인은 북측의 빛을 받을 수 있도록 엇갈리게 구성된 지붕의 끝부분인데, 1960년의 처음 디자인에서는 등장하지 않았던 것으로 고완의 탁월한 세부 설계에 의한 결과였다.

두 건축가 모두 대각선 배치에 의해 생겨난 복잡한 기하학적인 결과물에 매료되었던 것은 확실하고, 스털링이 오래도록 관심사로 언급해온 것을 표현하려고 했던 그들의 의도에 대해서는 의심할 여지가 없다.[14] 이러한 점들은 초기 근대주의자들의 작품이나 앞서 기술된 산업적 건물들과 관계될 뿐만 아니라, 고딕 리바이벌(Gothic Revival)과도 관계가 있었다. 고딕 리바이벌의 대표 이론가인 퓨진(A.W.N. Pugin)은 '적절성'이

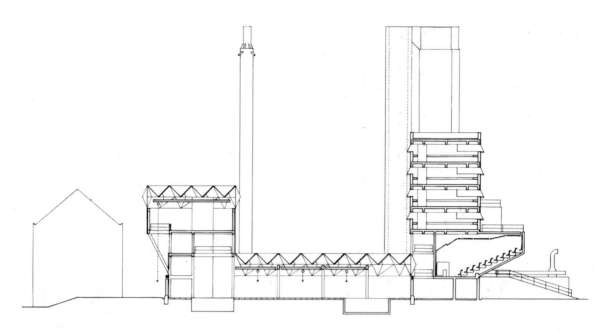

[사진 12] 작은 강의실 단면도.

라는 이름하에 건물의 내부 구성이 외부에서도 나타나야 한다고 주장했고,[15] 또 다른 위대한 고딕 이론가인 존 러스킨(John Ruskin)은 부분들의 표현을 강조했으며, 비대칭과 불규칙의 미학적인 장점들을 만들어 내어 다음 세대에 큰 영향을 미쳤다.[16]

윌리엄 버터필드(William Butterfield)나 필립 웨브(Philip Webb)와 같이 투박하고 거친 표현과 구축적인 논리로 무장한 건축가들은 치밀하게 고려된 통합성을 만들어 내었는데, 이것은 비대칭적인 구성이라는 결과로 나타나 조지안(Georgian) 풍 건축의 열정적인 옹호자인 서머슨(Summerson) 같은 인물도 감탄하지 않을 수 없었다. 심지어 그는 이것을 '추함의 영광(the glory of ugliness)'이라고까지 불렀다.[17] 고완은 러스킨 저작의 구석구석을 알고 있었으며 스털링이 1957년의 글에서 레더비(Lethaby)를 인용하여 기술한 것도 이 모든 것에 익숙했다는 것을 의미한다.[18]

구성과 비례

레스터 건물이 러스킨적인 변화무쌍함과 버터필드적인 투박함을 반복하였다고 해도 그에 비해 다소 덜 혼란스러운데, 그 이유는 불규칙성 아래에 어떠한 명백한 체계

[사진 13] 타워와 돌출된 강의실. 1970년경 촬영.

가 있었기 때문이다. 고완은 건물 디자인의 시작으로서 평면과 단면 모두에 걸쳐 일관되게 나타나는 10피트짜리 모듈의 사용을 주장하였으며, 정사각형을 근원적인 기준으로 생각했다.[19] 이것은 그 당시의 일반적인 현상이었는데, 이러한 그리드는 합리적인 구축에 도움이 되었을 뿐만 아니라 구성에 지배적인 틀을 설정해 주어 불규칙성에도 불구하고 관계의 네트워크를 유지할 수 있게 하였다. 두 건축가 모두가 정사각형의 사용을 지지하였고, 여러 원천들로부터 기인한 기하학 구조가 갖는 미적인 측면의 장점에 대한 믿음과 연관되어 있었다. 1945년 르코르뷔지에는 그의 *모듈러*를 발전시켜 발표하였는데, 이것은 황금 분할과 인간의 키에 기초한 비율 체계로 그 후 20년 동안 그의 작품에서 미학적인 특성의 핵심

[사진 14] 루사코프 클럽 모스코(Rusakov Club Moskow), 1927, 콘스탄틴 멜니코프(Konstantin Melnikov) 작. 1970년 데이비드 와일드(David Wild)의 사진.

[사진 15] 1880년경, 웰링턴, 서머싯의 윌리엄 토머스 벽돌공장 내 호프만 가마(철거됨). 1976년 촬영.

[사진 16] 1957년에 지어진 와이트섬의 집. 고완의 초기 프로젝트. 브루털리즘 운동의 핵심인 텍스처와 구성요소들의 조합을 알 수 있는 도면으로 구축적인 단면과 투시도가 결합되었다. 다른 도면에서 보이는 것처럼 비례 체계에 따른 엄정성은 이 도면에서는 불분명하다.

으로 간주되었다.[20]

그와 거의 동시대에 루돌프 비트코버(Rudolf Wittkower)는 르네상스 건축에 대하여 분석했다. 그는 이 작업에서 팔라디오와 다른 이들의 감추어진 기하학 체계를 드러내어 그것을 수학적 규칙과 음악적 조화에 연결시켰을 뿐만 아니라, 보편적으로 상호작용을 하는 문화적인 미학 체계를 암시하였다.[21] 이러한 점은 1951년 밀라노 트리엔날레(Milan Triennale)의 박람회에서도 계속되어 광범위한 건축적 담론에 기하학적 체계를 도입하였고, 르코르뷔지에가 주장하듯이 '모든 조형 작품의 아래에 있는 원칙'

[사진 17] 1958년 케임브리지의 처칠 칼리지 현상 프로젝트.

[사진 18] 1950년대 말. 고완이 반 두스뷔르흐(van Doesburg)에게 영감을 받아 작도한 실험적 프로젝트들 가운데 하나.

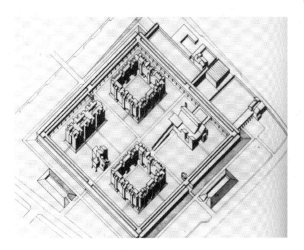

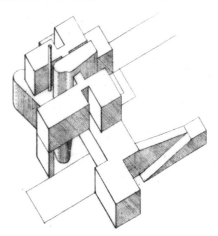

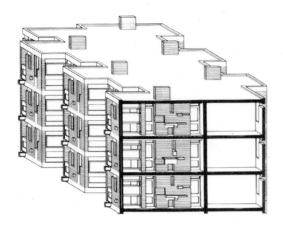

[사진 19] ▲ 1959-60년의 햄 코먼 아파트의 단면 아이소메트릭 도면. 현장 타설 콘크리트와 벽돌로 쌓 아올린 칸막이벽의 강한 대조를 보여주며, 안과 밖의 연속성이 나타나 있다.

[사진 20] ▼ 레스터에서 임시 수하물 보관소가 포함된 지상층 블록의 상세도. 그 위에 난간과 의자가 있다. 외장으로 사용된 붉은 벽돌의 텍스처를 상부 바닥까지 확장하기 위해 붉은 타일 이 사용되었다.

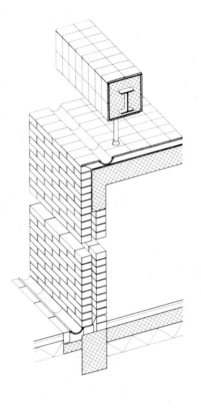

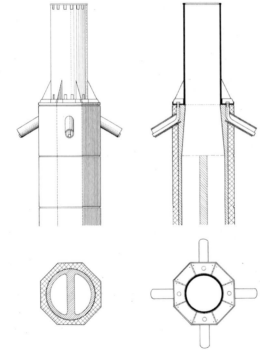

[사진 21] ◀ 보일러 연관 쪽 끝부분의 상세도.

을 발견한 것이었다.[22] 고완은 이 모든 것에 깊이 빠져들어 비트코버를 탐독했고, 심지어 *고딕 대 클래식*(Gothic versus Classic)에서 기술된 고딕 통제 시스템인 '독일 양식(maniera tedesca)'의 더욱 신비로운 측면들까지도 흡수하였다.[23]

비례의 원칙은 그가 공동 작업으로 진행한 건물들에도 엄격히 적용되었는데, 1957년의 와이트섬의 집이 그러했다. 반면, 스털링은 리버풀 학교에서 콜린 로에게 지도를 받았다. 콜린 로의 1947년도 중요한 작품인 '*이상적인 빌라의 수학*(Mathematics of the Ideal Villa)'은 비트코버의 원칙과 직접적으로 연결되어 있었다.

이뿐만 아니라 두 건축가 모두 네덜란드의 데 스틸(De Stijl)의 기하학적 구성 원칙, 특히 테오 반 두스뷔르흐(Theo van Doesburg)에게 관심이 있었다.[24] 공동 작업 초기에 그들은 기하학적인 입방체들을 이용해 비대칭적으로 구성된, 대지도 없고 기능도 거의 없는 집들에 대하여 일련의 추상적인 실험을 했다.[25] 기하학적인 규칙은 직선과 둥근 형태의 조합에 적용된 반면, 선호한 표현기법은 엑소노메트릭(axonometric) 또는 아이소메트릭(isometric)이었다. 비록 레스터 건물의 타워가 전체적으로 직사각형이고 구성 방식에 있어서 더 치밀하게 조립되어 더 기계적이고 기술적이었지만, 고완은 이러한 주택 실험과 연구들 중 하나가 즉, 병렬적으로 놓인 덩어리들의 느슨한 배열, 경사로와 굴뚝으로 레스터 건물에 대한 준비였던 것처럼 보인다고 말한다.[26]

브루털리즘과 표현된 소재들

뉴 브루털리즘이 보인 거침(brutality)의 일부는 존 오즈번(John Osborne)의 연극 '*성난 얼굴로 돌아보라Look Back in Anger*'에서 지미 포터(Jimmy Porter)가 전형적으로 보여준 무자비함과 같은 종류였는데, 이것은 '성난 젊은이'라는 말을 만들어 내어 스털링과 고완의 세대에 적용되었다. 스털링은 확실히 반복적으로 이 불경스러운 특질을 보여주었고, 고완은 더 건조하고 섬세한 위트로 기성 사회를 신랄하게 비판하였다.[27] 그들은 어쩌면 페프스너(Pevsner)를 자극하기를 즐겼던 것인지도 모른다. 그러나 레이너 밴험(Reyner Banham)에 의해 기록된 소위 뉴 브루털리즘으로 불리는 지배적인 테마는 재료의 표현이었는데, 이것은 아마 마르세유의 공동주택에서 르코르뷔지에가 사용한 노출 콘크리트로부터 기인했을 수 있다.[28]

스털링은 밴험의 요청으로 1950년대에 설계된 르코르뷔지에 건물을 방문하여 『아키텍추럴 리뷰, *The Architectural Review*』에 그에 대한 글을 실었다.[29] 그중에는 거친 벽돌 작업과 콘크리트로 된 아치형 천장이 있는 메종 자울(Maisons Jaoul)이 있었는데, 이것은 레스터 프로젝트 이전 두 건축가의 협력 작업 중 가장 중요한 작품에서 존경의 표시로 나타난다. 그것은 햄 코먼 아파트(Ham Common flats)였다. 이 아파트에서는 자잘하고 수많은 건축적 악센트와 함께, 안과 밖의 모든 디테일에서 콘크리트와 노출된 벽돌이 대비적으로 사용되었다. 구축의 정밀성은 부분적으로는 더 과감하고 관념적이기는 했지만 와이트섬의 집에서 명백하게 보여준 재료 그 자체의 물성을 드러내고 있다. 벽돌과 현장 타설 콘크리트, 그리고 프리캐스트 콘크리트의 대비로 햄 코먼 아파트는 밴험의 책에서 중심적 위치에 놓였다.

그러나 레스터 프로젝트는 마치 브루털리즘을 끝내기라도 할 것처럼 그 책의 맨 마지막에 위치하고 있다. 보일러 굴뚝이 노출된 드래프트 관으로 장식된 것은 완전히 직설적으로 브루털리즘적이었으나, 오히려 빌딩의 기능에 있어서 매우 중요한 물탱크는 붉은 타일 아래에 가려 보이지 않게 놓여 있다. 이 디자인을 밴험의 책에 등장하는 첫 번째 사례와 비교해 보면 그 차이를 잘 알 수 있는데, 스미스슨이 설계한 헌스탠턴(Hunstanton) 학교에서는 실용적으로 전혀 중요하지 않은 물탱크가 시각적인 효과를 위해 강조되고 있다. 스털링과 고완이 패널을 붙인 철제 탱크로 그러한 유희적인 요소를 추구한 것은 이유가 있지만, 그것은 절대적이기보다는 선택적인 문제였다. 그들은 강의실의 콘크리트를 노출하지 않기로 선택했던 것처럼 또다시 붉은 타일 아래에 숨기지 않기로 결정했다. 재료의 사용을 절제한 부분 중 가장 두드러진 곳은 1층 서비스동의 지붕이었는데, 그 지붕은 테라스의 용도로 계획되어 같은 붉은 타일로 덮여 있었다.

창문 없는 내부 연구실의 공기를 선박에서 사용되는 환기장치(snorkel)로 순환을 하게 한 것은 재미있는 기능적 장치 중 하나였다. 그러나 필연적으로 발생되는 서비스를 위한 문들은 마치 책으로 덮인 바로크 시대 도서관의 문처럼 가짜 벽돌 조각으로 덮여 있다. 이를 더 효과적으로 보여주는 것은 서비스동의 옥상, 즉 대강의실 옆 테라스의 난간이었는데, 위쪽의 다른 매스에 덧붙여진 울타리처럼 디자인하지 않고, 의자로도 사용될 수 있도록 단단하고 긴 사각형의 덩어리 형태로 만들어졌다(사진 20 참조). 이 난간 역시 붉은 타일로 덮여 있어서 매우 적절하게 난간의 이미지를 추상화하여 건물의 매스와 적절히 조화될 수 있었다. 따라서 구조적인 역할을 하는 난간의 내부를 가로지르는 철제 장선(RSJ: rolled steel joist)의 존재는 추측으로만 인지될 뿐이다.

초기의 주택 구성에서 암시되었던 것처럼 측면에 건물과 하나로 인지되는 경사로가 있는 서비스동은 단단한 덩어리로 읽힐 필요가 있었다. 이러한 의도로 1층에 있는 주 출입구를 통하여 건물에 들어갈 때 마치 벽돌과 타일로 된 협곡으로 들어가는 느낌을 주었고, 이러한 느낌은 건물의 외피를 구성하고 있는 얇은 유리 벽 덕분에 방해받지 않고 그 연속성을 유지할 수 있었다. 이것은 흔히 볼 수 있는 건물의 외피로 선택된 또 다른 재료였다.

[사진 22] 공원에서 바라본 초기 투시도의 모습. 채광창의 말단부나 타워 유리가 아직 건설되지 않았다.

온실이나 공장동 지붕을 위해 새롭게 개발된 창 시스템은 광택이 나는 알루미늄 수직 바를 일률적으로 중심거리 2피트(600㎜)로 배치하여 얇은 유리판을 끼우는 형식이었다. 이것은 북쪽을 향하는 채광 지붕에 사용할 명백한 대안이었고 유리 패널 사이에 유리 섬유를 끼워 불투명한 부분에도 사용될 수 있었다. 지붕 위에 대각선 방향으로 틀어진 채광창의 배치로 인해 지붕의 가장자리 끝부분은 삼각형의 형태로 드러난다. 이와 같은 형태는 결과적으로 다이아몬드와 같은 형태가 지붕의 둘레에 연속되어 이어지는 효과가 있고 마치 크리스털의 조형성을 보여주는 듯하다. 이것은 구축적인 문제를 형태적인 장점으로 변환시킨 것이었다.

이러한 창 시스템을 건물의 다른 부분에 동일하게 적용한 것은 지붕의 경우와 같이 창의적이고 이전에는 없던 사례였다. 스털링은 초기에는 사무실동에 판유리를 사용하고 싶었기 때문에 이와 같은 적용을 거부하였으나, 결국에는 경제적 문제가 우선하게 되었다.[30] 사무실과 지붕에 적용된 창 시스템은 타워의 순환 시스템에도 적용될 수 있었는데, 이것은 이 창 시스템이 각도와 방향의 변화에 민감하게 반응하여 다양한 목적으로 적용 가능하고 더욱이 이 대지에 만들어진 공간에 적절하다는 것을 뜻한다. 이 같은 독특한 건축적 장치는 전면 유리로 마무리된 계단과 계단참을 통해 처음 방문하는 사람들을 놀라게 했을 뿐만 아니라 견고하고 텅 빈 것 같으면서, 안과 밖이 모호한 완전히 새로운 건축적 경험을 형성할 수 있었다.

건물의 주요 진입 축들이 교차되는 곳에 위치한 입구 홀에서 위쪽으로 올려다본 광경은 복잡할 뿐 아니라 전례가 없는 것이었다(사진 10, 11 참조). 이와 같은 경험은 붉은 타일로 마무리된 견고한 느낌과 섬세한 느낌의 창 시스템이 만들어내는 두 종류의 표면을 단순히 대비시킴으로써 가능했다. 창 시스템은 형태에 새로운 자유를 주었다. 오늘날에는 친숙한 이와 같은 틀 없는 유리창은 노먼 포스터(Norman Foster)가 도입하기 전까지 수십 년 동안 나타나지 않았다(제12장 참조). 스털링은 이와 같은 창 시스템과 붉은 타일의 효과를 좋아하여 1963년 고완과의 협력 관계가 깨지고 난 뒤에도 그가 처음 수주한 두 개의 건물에서도 계속 반복하여 사용하였다.

레스터 이후의 스털링

레스터 프로젝트 때까지 스털링과 고완의 사무실은 매우 작았으며 그들은 매우 가깝게 함께 일했기 때문에 때로는 같은 부서에서 자리를 바꿀 정도였다. 그러나 계속되는 성공이 변화를 가속화했다. 이전의 성공으로 더 큰 팀을 필요로 하는 일들이 들어왔으며, 해외에서의 교육 기회도 생겼다. 스털링은 레스터 프로젝트 기간 중에 몇 개월 동안 예일 대학에 가 있었다. 업무 범위의 확대는 그들의 에너지를 분산시켰다. 따라서 고완이 그리니치(Greenwich)에서의 주택 작업에 집중하고 있을 때 케임브리지의 역사학부 프로젝트는 대부분 스털링에게 남겨졌는데, 그는 영리하게도 레스터 프로젝트에서 적용한 여러 건축적 장치들을 다시 이용하고 더 확장하였다. 고완은 스털링이 해놓은 일을 비판하였으나 즉각

[사진 24] ▲ 타워에서 위로 들어 올려진 작업장 쪽을 바라본 모습.

[사진 25] ▼ 북쪽 유리 채광창과 그 가장자리를 그린 고완의 원본 도면으로 돌출된 말단부의 기하학적인 구조에 대한 대안적 해법을 보여주고 있다. 기저에 있는 강한 격자를 유의해야 한다.

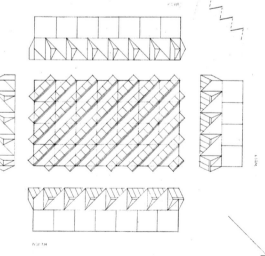

[사진 23] ▼ 제임스 고완의 기억을 더듬어 그린 스케치. 레스터 건물이 기초한 비례 체계를 보여준다. 10피트 정사각형이다.

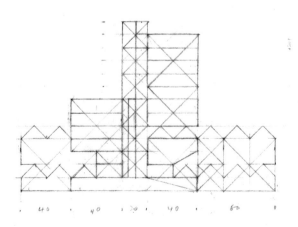

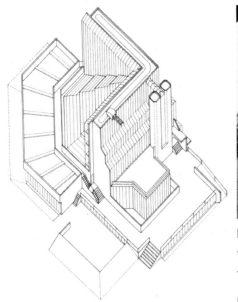

[사진 27] ▲역사학부 보수 작업 전인 1980년경 대각선 축에서 찍은 사진. 층계식 지붕이 도서관을 덮고 있고 서가 중앙 통제실이 있는 부채꼴 모양이다. 사무실과 세미나 룸은 L-자형 틀의 블록에 들어 있다.

[사진 26] ◀ 1960-64, 제임스 스털링, 케임브리지 대학교의 역사학부 엑소노 메트릭 투시도.

적인 대안을 제시하지는 못했는데, 그 까닭은 이미 프로젝트가 너무 많이 진행되어 있었기 때문이었다.[31] 이 일은 성공이자 재앙이었던 것으로 여겨진다. 즉 매력적인 설계도면과 멋진 사진들이 국제적으로 유통되면서 스털링의 형태적이면서 공간적인 이상을 공고히 해 주었다는 측면에서는 성공이었지만, 기술적이고 환경적인 문제들에 시달렸다는 점에서 재앙이었다.[32] 이보다 약간 나중의 옥스퍼드의 플로이 빌딩은 여러 가지 문제점이 많았다.[33] 이러한 기술적인 실패들은 스털링이 오랫동안 영국에서 건축 일을 위임받지 못했다는 것을 의미했을 뿐만 아니라, 일반적으로 건축 담론과 현실 세계 사이의 엄청난 격차를 드러내어 건축가들에 대한 편견을 심화하는 결과를 가져왔다.[34]

레스터 프로젝트의 의뢰자였던 에드워드 파크스가 별장을 지으려고 했을 때, 그가 찾아간 사람은 스털링이 아니라 고완이었다. 그는 약상자 같은 건물의 형태에 매우 기뻐했다. 이 디자인은 레스터 프로젝트와는 아무런 관계성도 찾아볼 수 없었으며 다시 1930년대로 돌아간 것처럼 보였다. 동시에 고완은 자신의 걸작이자 성처럼 보이는 햄스테드의 주택을 공사하고 있었는데, 이는 가구 제조업자인 차임 슈레이버(Chaim

Schreiber)의 집으로 1968년에 완성되었다.

이 집은 호화로운 대저택치고는 매우 절제된 집이었는데, 그 매스 구성 측면에서 스털링과 협업했던 처칠 칼리지의 디자인으로 돌아간 것처럼 보였다. 건물의 시공은 극도로 까다로웠으며 표현된 소재와 모든 디테일은 충분하게 고려한 끝에 결정되었다. 고완은 심지어 의뢰인의 회사에서 만든 합판으로 여러 개의 가구를 만들기도 했고, 나중에는 돔형 지붕이 달린 원형 풀장을 추가했으며 각각의 디테일을 완벽하게 처리하였다.[35]

스털링이 주로 외양과 디테일의 형태적인 효과에 집중했던 반면, 고완의 설계도는 조립과 소재 각각의 속성에 대하여 더 많은 것을 말하고 있었다. 그는 아마도 분별 있는 고객들을 위한 작은 프로젝트에서 가장 큰 행복을 느꼈을 것이다. 이러한 프로젝트에서는 모든 것이 신중하게 통제되었고 그는 '작업을 위한 스타일'을 찾는다는 명분 아래 아이디어를 떠올리는 데 전념할 수 있었다. 이것은 스털링과 협업으로 만든 작품을 묘사할 때 밴험이 반복해서 사용하던 말이었는데, 그는 나중에 이 말이 고완에게만 더 적용될 수 있다고 생각하였다. 고완과 결별한 후 스털링이 다른 장소에서 레스터 프로젝트의 공식을 반복하여 사용한 것은 확실히 예리하지 못한 적합성을 보여준 것이었다.

그러나 형태적이고 공간적인 사고와 그 사고를 설계도면으로 나타내는 데 있어서 스털링의 특별한 재능은 부인할 수 없었으며, 특히 신중하게 고려한 끝에 설계된 엑소노메트릭 투영도(axonometric projection)에서도 스털링의 재능은 잘 드러나 있었다. 20-30년 동안 스털링은 건축 주간지(architectural weeklies)의 독자들을 사로잡아 왔는데, 그의 새로운 프로젝트의 출간은 항상 하나의 이벤트였기 때문이다. 반면, 그의 건물들에 대한 발표는 지루했으며, 종종 실용주의적인 구실에 의존하기도 하였다.

비록 그가 특별히 풍요로운 건축적인 환경에서 살았으며 그중 많은 점을 흡수하였다는 것은 의심의 여지가 없지만,[36] 그는 이론가가 아니었다.[37] 고완에 비해 그의 개인적인 감수성은 더 직접적으로 시각적이고 공간적이었으며 덜 구술적이었다. 그의 이상(vision)을 만들어 준 것은 부인할 바 없이 그리기를 통한 손과 눈의 직접적인 연결이었다. 오히려 시각적인 것들을 스털링에게서 삭제하는 것이 그러한 작업에 대해 의문을 가진 비평가들을 더욱 자극하였다.[38] 친구이자 의뢰인인 한 사람은 그에 대하여 다음과 같이 말하였다. '*그는 건물의 사회적인 배경에 대해서는 거의 말하지 않는다. 그는 건물의 형식적이고 미학적인 특질들에 관심이 있었다.*'[39]

반면 고완은 꼼꼼하게 생각하고 세부적인 부분을 철저히 챙기는 사람이었다. 그는 분석적인 지성과 건축역사에 대한 지식 측면에서 적어도 스털링과 동등했다. 그는 스털링보다 더 논리 정연했으며 의심할 바 없이 창의적이고 건축적인 조언자 이상으로 중요한 역할을 수행하였다. 레스터 프로젝트 진행 시기에 사무실에 들어온 스털링의 후기 파트너 마이클 윌퍼드(Michael Wilford)는 그들이 끊임없이 논쟁했다고 말한다.[40]

협업이 말기에 가까웠을 때에 일어난 전형적인 사건은 케임브리지 역사학부와 관련한 것이었다. 스털링은 저층부의 지붕 위에 자전거 주차장을 설치하기로 계획하였는데, 이것은 의심의 여지 없이 그가 애용하던 코르뷔지에적인 진입로를 위해 당위성을 만들기 위한 것이었다. 10년 후에도 여전히 분개한 고완은 다음과 같이 언급했다. '*그 학생들 모두가 자전거를 타고 지붕 위에 올라가는 것을 상상할 수 있나! 그를 뜯어말리는 데 3개월이나 걸렸다.*'[41]

레스터 건물의 세계적인 명성과는 대조적으로 그 프로젝트는 당시 건축에 사용되는 관행적인 비용의 범위 내에서 지어진 평범하고 상대적으로 규모가 작은 대학교 프로젝트이다. 실제로 자그마한 타워가 사진에서는 엄청나게 과장되어 보인다. 예를 들어 사무실동의 경우, 한 층마다 작은 사무실이 겨우 4개 있을 따름이다. 아이디어의 미묘한 혼합, 그 아이디어들이 통합된 방식, 그리고 개발과 세부 디자인 과정에서 형태적인 효과의 개선 등이 모두 패러다임의 전환적인 독창성에 공헌하였고, 역사적인 높은 명성을 정당화하였다.

그러나 레스터의 성공은 오히려 두 파트너의 밀접한 협업 환경을 파괴하였으며, 이 갑작스러운 유명세에 더 잘 적응한 것은 스털링이었다. 성공은 그의 외향적인 성격을 키워 주었으며, 그 성격이 잘 발휘되도록 만들었다. 그의 후기 작품들은 동일한 창의성과 유창함을 보여주었지만, 고완과 함께 일할 때에 보였던 적절성의 감각이나 비평적인 거리는 결여되었다.

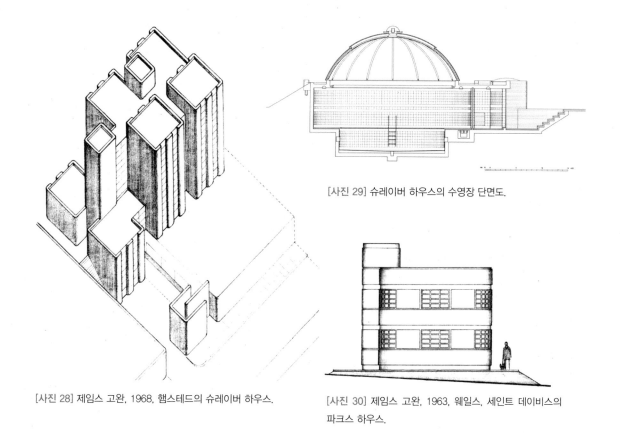

[사진 29] 슈레이버 하우스의 수영장 단면도.

[사진 28] 제임스 고완, 1968, 햄스테드의 슈레이버 하우스.

[사진 30] 제임스 고완, 1963, 웨일스, 세인트 데이비스의 파크스 하우스.

후기: 슈투트가르트의 국립미술관, 1981–84

제임스 스털링의 후기 작품들 중의 걸작은 고완 이후의 파트너인 마이클 윌퍼드와 함께 설계한 슈투트가르트의 국립미술관의 확장 공사였다. 이 미술관은 포스트모더니즘을 대표하는 중요한 작품인 데다 그 영향력도 매우 커서 이 책에서 꼭 다루어야 할 건물이다. 이 건물에 대한 이야기는 독립된 장으로 다룰 가치가 있지만, 건축가 한 명당 작품 하나라는 이 책의 원칙 때문에 후기로 기술하려고 한다.

이 작품의 중요성은 네 가지 측면에서 찾을 수 있다. 첫째, 역사를 새롭고 야심찬 재해석을 통해 차용한 것, 둘째, 도시적 맥락에 대한 고려를 다시 전면에 등장시킨 것, 셋째, 초기 '기능주의자(functionalist)'적 관점의 전복, 마지막으로 아이러니의 의식적인 표출이다. 독일 박물관들과 스털링의 관계는 1975년에 시작되었는데, 당시 스털링은 뒤셀도르프의 지명 설계대회에 참가해 달라는 초청을 받았다. 스털링은 이 대회에서는 순위 안에 들지 못했으나, 같은 해에 쾰른에서 열린 두 번째 설계대회에 초대받아서 아이디어를 더 발전시켰다. 마침내 1977년 슈투트가르트 공모전에서 당선되었고, 1984년 준공하여 국제적인 찬사를 받았다.

1975년부터 진행되어 온 세 개의 프로젝트는 공통된 한 개의 주제와 그 주제의 변주로 간주될 수 있다. 즉 뒤셀도르프의 설계에서 이미 슈투트가르트 설계의 주요 내용을 포함하고 있었는데, 특히 구성적인 관점에서 중심 역할을 하는 중앙의 원통과 건물을 거치지 않고 대지를 통과하는 공공적 성격의 길이 그러했다. 또한, 이미 부지의 기하학적인 특성에 따라 각기 다른 형태의 건물들이 모인 복합단지가 배치되어 있었고, 건물이 주변과 유리되어 독립적이기보다는 둘러싸인 도시 맥락과의 연속성을 추구하였다. 도시에 대한 이러한 접근은 이코노미스트 빌딩(이 책의 제5장)에서 언급된 스미스슨 부부의 방법을 발전시킨 것이었다. 그러나 더 직접적인 이유로는 명민한 젊은 조수와 노련한 스승으로부터의 영향에 있다. 그 조수는 나중에 고전적인 복고주의자(classical revivalist)가 되는 레온 크리어(Leon Krier)였는데 그는 1968-70년 사이에 스털링 밑에서 일했으며, 맥락적 접근의 선구가 된 더비 시빅 센터(Derby Civic Centre) 프로젝트에서 선도적인 역할을 하였다. 그의 스승은 콜린 로였다. 그는 이미 *콜라주 도시*(Collage City, Rowe and Koetter 1978)에서 자신의 생각을 밝힌 적이 있었고, 스털링은 로의 '콜라주(collage)'라는 아이디어를 확실히 실행했을 뿐만 아니라 로 세대에 있어서 모두의 영웅이었던 르코르뷔지에의 구성적인 감성을 명민하게 확장시켰다. 로와 다른 역사가들에게 스털링의 작품은 르네상스에서 매너리즘이 자라났듯이 정통 모더니즘으로부터 자라난 것이었으며, 그것에 반응한 아이디어를 실행한 것이었다.

스털링은 슈투트가르트 미술관에서 제시한 설계요구서의 항목 중 대지를 가로지르는 공공적인 길을 보존해야 할 필요성을 발견하고는 기뻐했었음에 틀림없다. 이것은 전체 디자인의 주요한 동기가 되었다. 이 길은 최초 플랫폼 쪽으로 경사져 올라가는 보행자용 경로의 형식을 띠었으며, 다시 경사져 올라가 중앙 원통으로 들어간다. 그리고 원통의 절반을 나선형으로 감아 올라가 북쪽에서 중심축과 다시 만나고, 그 후 옆길로 빠져 위쪽 거리로 나온다. 단지 *건축적인 산책로*(promenade architecturale)를 만드는 것에 대하여 그 건물과 공공영역 사이에 새로운 관계를 창조하는 것과 관련하여 거장다운 언급이 있었을 뿐, 그 경로가 주로 건물을 보고 싶어 하는 관광객들에 의해서 사용되었는지는 그리 중요한 문제가 아니었다. 공공영역의 공간은 점점 그의 통제 아래 놓이게 되었다.[42] 미술관은 이러한 공공영역과 건물과의 관계를 표현함에 있어 이상적인 수단이었다. 그 이유는 미술관의 잘 알려진 공적 역할과 의무 때문만이 아니라, 당시 새롭게 떠올랐던 미술관의 상업화에 대한 문제와 이러한 공공시설의 성공 여부의 명백한 증거인 방문객 수 때문이기도 하다. 산책로는 거의 미술관을 방문하기 위한 영화 예고편 같은 기능을 했는데, 얼핏 보기에 흥미가 생기는 광경을 만들어 주어 지나가는 사람들까지 관람객으로 만들었다.

많은 비평가들이 국립미술관과 독일 건축의 중요한 선례이자 너무나 유명한 싱켈이 설계한 베를린의 고대박물관(Altes Museum) 평면 사이의 명백한 연관성을 강조했다. 둘 다 중심에 눈길이 가는 원통의 구조물이 있지만, 싱켈이 설계한 건물에서의 구조물은 흩어지는 장소이자 도착 장소인 반면, 스털링의 구조물은 옥외의 공터이며 티켓을 구매한 방문객들이 옆으로 건너가 더 높은 뜰로 나아가기 위한 것이었다. 그렇지만 이것은 전 경로에서 일반 대중의 시야에 있었다.

갤러리는 위쪽 면 높이에서 사방이 막혔고 효율적인 직사각형 천창이 있는 흰 방이다. 그리고 그곳에 가려면 물결 형태의 유리 벽이 있는 비대칭적인 현관을 지나 불규칙한 경로를 통과해야 하며, 원통 벽의 경사통로를 돌아서 잘 보이지 않는 모퉁이가 있는 뒤편에서 축형 계단을 올라가야 한다. 이 중앙 원통의 주변을 도는 근대주의자의 산책로는 무엇인가를 아스플룬드(Asplund)에게 빚지고 있는데, 이것은 스털링이 그의 작품을 존경하였기 때문이다. 그러나 스웨덴의 거장과는 달리 이 산책로는 전통적인 축형 진행을 부정하고 벤투리의 포스트모더니스트 프로그램을 적절히 수행한 '복합성과 대립성'의 요소를 끌어온 것이었다.[43] 외부 경로를 선호하여 주요한 내부 경로가 덜 중요하게 사용된 방식은 역설적이고 유희적인 것으로 여겨진다.[44]

비록 경사로와 원통이 르코르뷔지에에게 영감을 받은 것이고, 그것들이 추상적인 흰 초벌마감이나 거친 콘크리트로 남겨질 수 있었다고 해도 스털링은 줄무늬가 있는 석재로 마감하기를 원했다. 또한 가짜 홍예석(아치용 쐐기꼴 석재)으로 아치를 장식하고,

[사진 31] ▼ 제임스 스털링과 마이클 윌퍼드 설계. 슈투트가르트 국립미술관, 1984. 위층의 평면도에는 중앙 원통과 경사로, 중앙 홀과 여러 전시실들이 보인다.

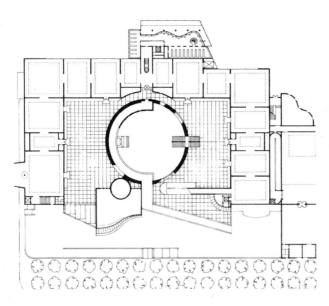

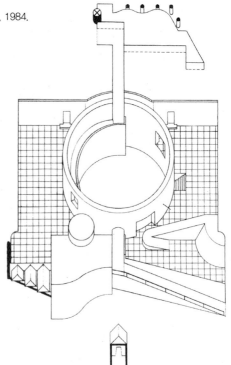

[사진 32] ▼ 국립미술관의 아래층 평면도. 도면 아래 도로변 정문에서 경사로를 따라 현관으로 진입하는 테라스가 설치되어 있고 중앙 원통의 좌측에는 기획전시실과 위층으로 연결되는 경사로가 위치한다.

[사진 33] ▲ 국립미술관. 경사로의 모습을 진행 방향과 중첩시켜 보여주는 엑소노메트릭 도면.

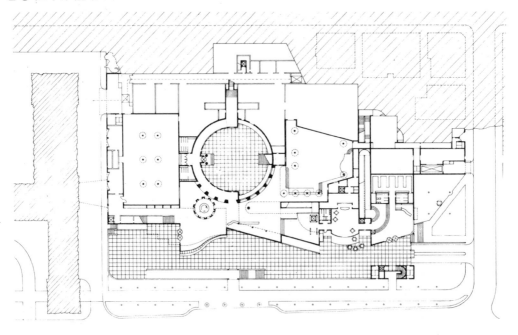

이집트식 처마 돌림띠를 덧붙이고 싶어 했다. 이렇게 고풍적인 요소들을 끌어다 사용한 것은 교묘하게 일상적인 것이었고, 스털링에게 오랫동안 친숙했던 건물인 아스플룬드의 스톡홀름 시립도서관(Stockholm City Library)의 기념비적인 인상을 만들어 내는 것이었다(Blundell Jones 2002, pp. 123-7).[45]

그러나 앞에서 언급한 육중한 구축성의 환상은 곧 와해되는데, 그것은 석조 부분의 결합부가 눈에 띄게 개방적이었고 재료가 얇은 것이 명백했기 때문이다. 이것으로는 구축성을 부인하는 것이 부족했는지 정면의 육중한 벽은 일부가 무너진 것처럼 열려 있고, 무너진 돌들은 잔디에 떨어져 박혀 있다. '소재들은 정직하게 표현되어야 한다.'는 아이디어에 이르렀던 옛 브루탈리스트는 가짜를 즐겼고 원칙을 깼던 것이다. 이것은 한 세대 모든 비평가들의 상상력을 만족시키는 시의적절한 역설의 일부였으며, 건축역사상의 원로인 존 서머슨 경(Sir John Summerson)으로부터 유희를 즐기는 비트루비우스(Vitruvius Ludens)라는 듣기 좋은 별명을 얻기에 이르렀던 것이다.[46]

진지한 고전주의 복고주의자들인 젊은 세대가 견고한 벽과 회반죽으로 건축할 의도였던 것과는 달리 스털링은 시대착오적인 문제들을 잘 알고 있었다. 그의 유사적 기념비성이 구태와 적절한 거리를 유지하지 않았더라면, 노출된 승강기,

[사진 34, 35] 국립미술관. 가로에서 본 주 축선 모습. 경사로가 원통으로 들어간다.

[사진 36-43] 시야의 진행: 거리와 깨진 벽, 내외부 출입구, 위에서 본 원통, 원통으로 들어가는 통로와 위쪽 뜰의 도착지점.

거대한 금속 난간, 차양의 철제 기둥, 그리고 물결형 유리 벽 등과 같은 유사 첨단 기술 요소와 고풍적인 요소 간의 '콜라주'는 더 문제가 되었을 것이다. 그러나 스털링은 이 모든 것을 가장 설득력 있게 종합해 내었다.

1980년대와 포스트모더니즘을 그렇게 완벽하게 대표해왔던 슈투트가르트의 국립 미술관도 불가피하게 옛것이 되었다. 그 순전한 기교는 비할 데 없는 것으로 남아 있으나, 스타일은 그 후 20년 동안 전 세계에서 모방되어 우리는 원통과 줄무늬 석재 외피, 그리고 물결형 유리 벽을 예상하지 못한 곳에서 보게 된다. 미술 소장품들을 벽면을 따라 흰 상자 안에 넣는 다소 멋진 건축적 장치는 물리적이고 은유적인 관점에서 무엇보다도 중요하고 순수한 건축적 표현으로 남았다. 회고해 보건대, 이는 박물관 디자인에 새로운 자유를 가져온 것이었다.

20세기 말에 가까워질수록 박물관 건물들은 확산되었고, 많은 박물관이 그 안에 무엇인가를 소장하는 중립적인 건물이라기보다 내부와 그 스스로를 장식하여 박물관 자체를 보기 위해 방문하는 장소가 되었다. 다니엘 리베스킨트(Daniel Libeskind)의 2001년 유대인 박물관(Jewish Museum)은 거의 그 내용물을 빼버리고 최초로 완전히 텅 빈 상태에서 전시되었다. 프랭크 게리(Frank Gehry)의 1997년 작품인 빌바오의 구겐하임 박물관의 예술작품이 부족한 것은 아니지만, 세계적으로 유명한 '빌바오 효과(Bilbao Effect)'와 비교했을 때 예술작품들은 그 건물에 비해 덜 주목받고 있다.

1 Girouard는 이 건물이 수정궁 이래로 영국의 어떤 건물과 비교할 수 없는 국제적
인 칭송을 받았다고 주장한다. : Girouard 1998, p. 114.

2 존 맥킨(John McKean)의 레스터 건물에 관한 논문(McKean 1994), *Archis*지에 실린
*Irenée Scalbert*의 글(Scalbert 1994)과 Girouard의 스털링에 대한 전기에서는 레스
터 프로젝트가 스털링에 전적으로 속한다는 일반적인 시각과 다른 관점을 보였다.
비록 고완이라는 이름을 직접적으로 언급하지는 않았지만 Girouard는 건물의 탄
생 과정을 매우 자세히 다루고 있다.

3 Girouard 1998, pp. 106-115.

4 항상 그렇지는 않지만, 형태는 필히 기능을 따라야 한다는 생각은 건축가를 위한
교육의 시작으로 깊이 관여되어 있고, 1960년대까지도 이러한 생각은 지속되었다.
건축가들은 그들의 건물을 실용적인 논리로 설명하려고 했고, 미학적 정당성은 논
의에서 제외시켰다. Girouard(1998)는 스털링이 어떻게 이와 같은 용어를 반복적
으로 언급했는지를 보여주고 있다.

5 고완과 PBJ의 대화 중, 2005년 4월 13일.

6 이것 역시 프로젝트에 착수할 때 Parkes로부터 제시된 기능적인 요구사항이었다
(고완의 소장 자료).

7 그 아래 부분에는 환기를 위해 오픈 루버가 달려 있다.

8 예를 들면 한스 셔로운이나 휴고 헤링의 초기 작품, 또는 1927년 디자인된 한네스
마이어의 국제연맹과 같은 초기 근대주의자들의 작품에서 전형적으로 보인다.

9 물론 그는 패러다임의 전환임을 느꼈다. 그는 어느 라디오 프로그램에서 바라볼
시도조차 하지 않았던 노출 콘크리트와 파란색의 벽돌, 시도된 일탈행위와 함께
전환에 대하여 이야기했다. 1967년 1월 5일, *The Listener*지에 '반-개척자'라는 제
목으로 출판된 글에서 알 수 있다.

10 1927년의 루사코프 공장 클럽과 1923년의 Makhorka 파빌리온(Starr 1978, pp. 61,
134-8 참조) 스털링이 소유한 러시아의 책들은 1988년 Girouard에 의해 pp. 73-4
에 기록되어 있다. 고완은 Arthur Korn에 의해 수집되고 출판된 러시아 근대주의
자들의 도면 모음집을 가지고 있었다고 전한다.

11 스털링의 친구인 크리스토퍼 오우트램(Christopher Owtram)은 홉 건조소에 대하

여 스털링과 진보적인 토론을 하였다. Girouard 1998, pp. 77-79.

12 결정적으로, 1957년 6월호 *The Architectural Review*에서 J.M. Richards는 창고, 풍차와 물레방앗간, 직조공장, 맥주공장, 홉 건조소 등을 '기능적인 전통'이라는 제목으로 소개했다. 얼마 후 스털링은 *The Architects' Yearbook*(Vol 8, 1957, pp. 62-68.)에서 그가 직접 찍은 사진들과 함께 다시 한번 이와 같은 내용을 소개하고 출판하였다.

13 여기에는 예상하지 못했던 두 가지의 기술적인 문제가 있었다. 타일의 접착에 대한 문제와 테라코타의 성에 대한 저항력이다. 19세기 벽돌의 내구성은 당시 기계생산으로 물건을 빨리 생산할 수 있게 되면서 반복되어 나타나는 문제였다. 레스터 건물은 누수와 다른 관련된 문제로 하자가 있었고, 후에 많은 의미 있는 건물의 디테일들을 훼손시켰던 기술적인 보완 프로그램을 적용하여 보수했다.

14 나중에 기능주의에 대한 경멸은 그것을 너무 간략하게 만들었고, 가장 기본적인 원칙조차 부인했다.

15 고완은 퓨진의 '*True Principles*'(1841년도에 처음 출판됨.)을 분명히 알고 있었다. 당시 그 책의 원본은 구하기 힘들었으며 복사할 수 있는 상황도 아니었다.

16 존 러스킨, '*The Stones of Venice*', 러스킨 1903-12.

17 '*William Butterfield or the Glory of Ugliness*' in the collection *Heavenly Mansions*(서머슨 1949). 이것은 고완의 지적 지표(landmark)였다.

18 '*Regional architecture*', *Architects' Yearbook*, Vol 8, pp. 62-68.

19 PBJ와의 대화에서, 2005년 4월 13일.

20 르코르뷔지에, 1951.

21 Wittkower 1949.

22 르코르뷔지에, 1951, 서문.

23 Wittkower 1974, 2005년 4월 13일 대화 중에서 고완이 인용하였다. 이것은 Wittkower의 1971/2의 강의에 기반을 두고 있으므로 레스터 프로젝트가 이보다 먼저지만 이러한 상황은 고완이 관여했다는 것을 보여준다.

24 Scalbert(1994)는 고완과의 대화를 통해 이것의 중요성을 주장했고 제비(Zevi)에 의해 출판된 두스뷔르흐의 특이한 구성을 확인하였다.

25 집에 대한 실험은 '성장하는 집'이라는 주제로 'House and Garden'이라는 잡지에 실리면서 시작되었다(1957년 4월호, pp. 66-71). 고완은 하나의 일러스트레이션을 포함하여 그 작업들의 시리즈(series)를 만들어 냈으나 '스털링은 그러한 작업을 받아들이지 않고 연속적인 과정을 4개의 컷으로 나누어(sequential quadrants) 표현하는 방식으로 하자.'고 제안했다. 2006년 1월 16일, 고완이 PBJ에게 보낸 편지에서 알 수 있다.

26 이것도 2006년 1월 16일 고완이 PBJ에게 보낸 편지에서 알 수 있다.

27 건축 협회(Architectural Association)에서 강의한 그의 비판적인 에세이는 그 대표적인 사례이다. 고완 1978년 pp. 14-15 참조.

28 밴험(Banham) 1966.

29 스털링의 글은 『The Architectural Review』에 「From Garches to Jaoul」이라는 제목으로 1955년 11월에 발간되었으며, 'Ronchamp – Le Corbusier's Chapel and the Crisis of Rationalism'이라는 제목으로 1956년 3월에 발간되었다.

30 Scalbert(1994)에 따르면 Parkes는 다른 곳보다 더 나은 외장 유리시공을 통해 사무동이 다른 동에 비해 위계상 높은 위치로 보이는 것에 대하여 반대하였다.

31 고완은 중앙 관리식 서가가 그 건물의 디자인 원칙에는 맞지 않다고 생각했고, 레스터 프로젝트에서 사용된 요소를 다시 적용하는 것은 적합하지 않다고 생각했다. 문제는 이미 레스터 건물의 외장유리에서 발생되고 있었다. 고완은 스털링이 오히려 더 확대해서 적용하는 것에 대하여 경악을 금하지 못했다. 대신 그는 그가 한 일에 대하여 의문을 제시하며 다음과 같이 언급했다. '알토(Aalto)는 비퓨리 도서관(library at Viipuri)을 매우 잘 디자인했다. 만약 당신이 그것보다 더 잘 디자인할 수 없다면 그것을 모델로 하여야 할 것이다.': 스털링과 고완의 대화에서, 1972.

32 끊임없이 누수가 발생되었고, 더욱이 대학의 대지에 대한 소유권 문제로 나중에 건물의 방향에 대한 배치가 달라졌다.(물론 스털링의 실수는 아니다.) 이로 인해 도서관은 태양열 집적정치가 되어 버렸다. 고안된 창 시스템은 적절한 단열을 유지하지도 못했을 뿐만 아니라 공간별로 소음을 막지도 못하였다. 1985년 어느 한 교수는, 물론 이 건물에 대하여 대부분은 이해를 하면서도 불평하기를, '겨울에는 견딜 만하다. 코트와 점퍼를 입으면 되기 때문이다. 그러나 한여름에 32도가 넘어가면

그곳을 나와야 했다.' PBJ.

33 물론 형태적으로는 훌륭하다. 그리고 기후와 기술적인 문제 때문에 비판의 대상이 되었지만 실내가 그대로 투영되는 투명성은 개인적인 공간마저 일종의 무대가 되어 버리는 또 다른 문제를 일으켰다.

34 '*건축을 보고 싶나요? 그렇다면 역사학부 건물을 보시오.*'는 자연스럽게 1980년대 케임브리지에서 건축에 대하여 잘 알지 못하는 건축주들의 일반적인 불평이 되었다.

35 슈레이버는 그 집을 매우 좋아했으며 1984년 사망할 때까지 그 집에서 살았다. 몇 년 후 그 집은 사무실로 리모델링되어 사용되었으나, 최근에 훌륭하게 복원되어 다시 거주시설로 사용되고 있다.

36 Girouard 1998, ch. 5.

37 고완은 '*스털링과는 건축이론에 대해 토론할 것이 없을 것입니다.*'라고 말했다. PBJ와의 대화, 2005년 4월 13일.

38 존 서머슨 경은 스털링을 '유희하는 비트루비우스(Vitruvius Ludens)'라고 불렀다. 그의 관점에서 스털링은 익살스러운 매너리즘과 같이 고전의 법칙으로부터의 모든 일탈을 수용하였다. *The Architectural Review*, 1984 참조.

39 햄 코먼 아파트의 건축주의 아들인 Paul Manousso가 전했다. Girouard 1998, p. 73.

40 Girouard 1998, p. 107.

41 고완의 회상, 1972, PBJ.

42 Rechard Sennett의 중심 주제는 후에 '*The Fall of Public Man*'으로 표현되었다 (Sennett 1977).

43 Venturi 1966.

44 거리에서 곧바로 진입이 가능하고 유리로 덮인 포티코로 강조되어 있는 건물의 축은 지하에 있는 주차장으로 바로 연결된다. 이 축은 다시 한번 더욱 높은 레벨에 있는 주 출입구와 내부 계단을 통해 외부로 이어지는 원통의 안에 있는 경사로를 거쳐 밖으로 나가는 동선으로 강조된다. 그러나 평면이 없이는 아무도 이러한 길을 알지 못한다. 주축을 가로지르는 축선 상에 박물관을 방문하는 사람을 위한

출입구와 그 반대편에 계단이 놓여 있다. 이 계단은 건축적으로 가장 중요한 계단이며 동측 갤러리의 중앙에 잠겨 있는 문으로 인도한다. *Architects Journal* 1985년 2월 6일자 'Man or superman?' 저자의 글 참조.

45 심지어 스털링은 1950년 아스플룬드의 모노그래프를 도서관에서 훔치기까지 했다. Girouard 1998, p. 64.

46 *The Architectural Review* 1983년 3월호. 1984년 12월호의 『*The Architectural Review*』에서는 국립미술관에 대한 찬사가 알란 콜쿠훈(Alan Colquhoun), 레이너 밴험(Reyner Banham), 에밀리오 암바즈(Emilio Ambasz), 오리올 보히가스(Oriol Bohigas), 윌리엄 커티스(William Curtis) 등의 비평가들로부터 이어져 나왔다.

헬무트 슈트리플러:

다하우 집단수용소 교회, 1964-67

헬무트 슈트리플러(Helmut Striffler, b.1927)는 이 책에 등장하는 건축가들 가운데 국제적인 지명도가 가장 낮은 인물이다. 뵘과 샤트너처럼 슈트리플러의 작품은 대부분 독일의 특정한 지역에 한정되어 있다. 슈트리플러의 경우에는 만하임(Mannheim)이 주된 무대였는데, 다하우(Dachau)에 있는 그의 작품은 세계적으로 중요한 명작으로 건축가가 마주할 수 있는 가장 어려운 조건에서 완성된 것이다. 유럽 전반에 걸쳐 건축이 평범하고 일상적인 것이 되었을 때, 이 교회의 목적은 사실상 무엇인가를 대변하기 위한 것이었다. 그 '무엇'이란 상상할 수 있는 가장 어려운 것이었는데, 바로 역사상 최악의 대량학살을 기억하고 용서를 구하는 일이었다.

슈트리플러의 작품은 이 책에 게재된 모든 작품들 중 가장 '시적(詩的)'이라고 불려 마땅할 것이다. 그의 작품은 이성(head)과 가슴(heart) 모두에 호소해야 하는 동시에, 극도로 어려운 조건에서 적절한 분위기를 만들어야 했고 경제적이어야 했으며, 아주 사소한 부분까지도 전체에 미칠 영향을 고려하여 설계되어야 했다. 슈트리플러는 자신의 의도에 대하여 상세한 기록을 남겼는데, 건물에 대한 그의 설명은 상당한 설득력을 지니는 동시에 단순한 설명 이상의 의미가 담겨 있어 더욱 심오하고 직관적인

[사진 1] 교회로 향하는 내리막으로 된 진입로: 보호된 피난처의 주름(furrow) 흔적.

반향을 불러일으킨다. 또한, 건축물과 그 속에 수장된 예술작품들 사이의 고도의 일관성은 두드러지게 통합된 목적성을 보여준다. 슈트리플러는 제2차 세계대전이 발발했을 때 어린 학생이었으며, 전쟁이 끝날 때에는 십대 후반의 나이였다. 징집될 때까지는 대공 포격 진지에서 보조사수로 2년 동안 복무하기도 했다. 그러한 혼란과 상실의 시대에 성인이 된 슈트리플러는 독일인들이 영시(零時: Stunde null)로 불렸던 엄청난 이념적인 변화를 경험했다.

전후 사회질서가 다시 잡혀가자, 슈트리플러는 카를스루에(Karlsruhe) 대학의 에곤 아이어만에게 건축을 공부하러 떠난다(제2장 참조). 그는 꽤 엄격하고 청교도적인 아이어만의 사무실에서 1955년도 졸업 전후로 근무했고, 나중에 조수로 다시 일하며 포르츠하임(Pforzheim)에 위치한 콘크리트조의 성 매튜 교회의 건축을 돕기도 했다.[1] 1956년 그는 만하임에 자신의 사무실을 차리고 시의 중심부에 위치한 트리티니 교회의 설

계를 시작으로 여러 공모전에 참가한다. 이후
여러 주택과 상업 건물을 설계했으며, 1960년
공모전에서 당선된 학교는 실제로 건축된다.
슈트리플러가 명성을 얻은 것은 교회 건축에
서 비롯된다. 그는 만하임에서 네 채의 교회를
더 설계하면서 1964년에는 다하우의 지명공모
전에 초대받게 된다.[2]

만하임의 트리니티 교회는 그의 독자적인 첫
번째 작품으로 아이어만의 영향을 보여준다.
기하학적인 단순함과 명료한 구조 표현은 그
에게 사사한 것이며, 콘크리트 벽에 사용된 스
테인드글라스는 가장 중요한 시각적 효과를
가져온다. 하지만 슈트리플러는 이미 아이어만
의 과도한 단순함에서 벗어나 중앙집중식 마
름모꼴의 공간을 설계하고 있었다. 또한 그는
스테인드글라스의 디테일을 더욱 정교하고 비
정형적인 방식으로 재해석했다. 슈트리플러는
아이어만이 가르쳐 주었던 확고한 이성주의
덕분에 캐스트 콘크리트로 디테일을 희생하지
않고 공간적인 자유로움을 획득하게 듯했다.

슈트리플러는 블루메나우(Blumenau)에 설
계한 교회에 곡선과 대각선을 적용했으며 일
베스하임(Ilvesheim)에도 대각선을 사용했다.
1965년 완공된 라이나우(Rheinau) 교회는 이
보다 한걸음 더 나아간다. 그 교회는 비정형의
외벽을 삼각형의 타워로 발전시켰으며, 예배
공간은 구석의 제단과 둥근 형태의 좌석 배열

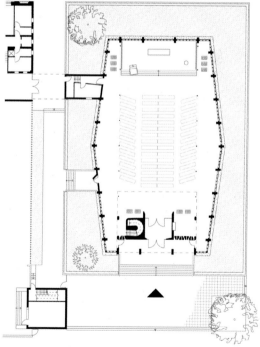

[사진 2, 3] 트리니티 교회, 만하임(Mannheim) 시내, 1956–59,
전경과 평면도.

[사진 4] ▲ 블루메나우(Blumenau) 교회 1960-62.

[사진 6, 7] ▲▼ 라이나우(Rheinau) 교회, 1961-65, 전경과
평면도.

[사진 5] ▼ 일베스하임(Ilvesheim) 교회, 1963-64, 평면도.

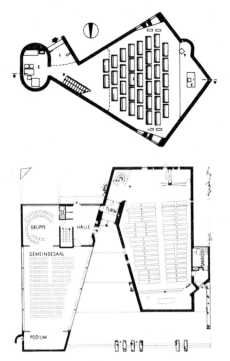

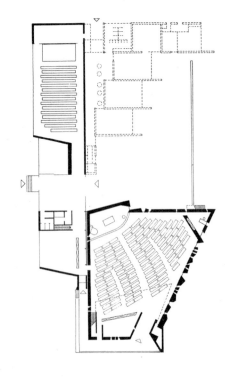

에 의해 규정된다. 이 시점에서 합리적 즉물성(objectivity)과 직사각형의 기하학은 더욱 복잡하고 모호한 공간 언어로 치환된다. 더 이상 구조프레임이나 축 또는 대칭적인 구성에 얽매이지 않는다. 사실상 '비투시도적인(aperspective)' 상태가 된 것이다.[3]

라이나우 교회에서 코너의 진입부는 타워로 연결되고, 전망은 오른쪽에 설치된 높은 벽에 의해 한정된다. 하지만 내부 동선은 모퉁이 제단을 향해 회전하면서 굽어진 계단과 뒤쪽 벽의 베이에 의해 규정된다. 제단과 좌석, 계단, 갤러리, 그리고 진입구는 서로 조금씩 다른 각도와 곡선으로 되어 있어 특정한 규율을 따르기보다는 마치 그들끼리 대화를 나누듯이 조화롭게 구성되어 있다. 이러한 건축 언어의 발전이 슈트리플러에게 정신적 의미를 가지고 있다는 것은 그의 글에 잘 드러난다. 그는 종교의식을 위한 특수한 공간의 필요성을 인정하지만, 일방적으로 형태를 강요하는 설계 경향은 절대 거부한다.

하나의 제도(institution)로서 교회는 늘 건축에 중요한 주제를 제시해 왔다. 시대 구분 또한 교회에 의해 규정되었다. 한편, 오늘날의 교회는 마치 미래가 없고, 건축주로서의 역할도 끝난 듯한 인상이 지배적이다. 이러한 경향은 더욱 강해지고 있으며, 형태를 강조하는 최근의 건축 동향을 고려하면 더욱 그러하다. 이 과정에서 우리는 공간을 창출하려는 노력과 그 역할의 중요성을 간과해 왔다. 즉, 우리는 특정한 장점을 강조함으로써 행동의 자유라는 건축의 의무를 점점 더 제한하는 잘못을 범하고 있다. 푼케(Funke)의 표현을 빌리자면 '경직된 크리스마스 분위기'라고 할 수 있다.[4]

완전히 상반되는 자유로운 공간으로 옮기기보다 공간과 그 속에서 일어나는 사건 사이에 소통이 일어날 수 있는, 의도되지 않았거나 기대하지 않은 무엇인가를 만들어낼 가능성이 있어 보인다. 또한, 부분적으로 연관되었다고 해도 고립되거나 소외된 느낌이 없을 여지도 충분하다.

이 상황에서는 열린 토론이 절실히 필요하다. 즉, 근본적인 상호 간의 소통이 필요하다.

공간을 배분하는 데 있어 이것은 충분한 여분(overflow)이 있음을 의미한다. 정적인 공간에서만 대화를 할 수 있다면 상대를 사람들로부터 떼어내어 한쪽으로 데리고 가야 한다. 그리고 시각적·공간적으로 방문객 또는 요주의 인물(conspirator)로 분류되지 않고도 같은 공간에서 한쪽에 서 있을 수 있는 충분한 기회가 제공되어야 한다. 이를 위해 만들어진 수단을 '공간'이라고 부른다. 이것은 움직임을 위한 공간과 앞서 규정한 자유 공간을 포함한, 대화를 위한 공간도 포함한다. 또한, 대화 중인 잠재적인 동료와 나는 어떤 방향으로 조치를 취할지 다방면으로 숙고하고 결정할 수 있는 시간도 필요로 한다.[5]

슈트리플러는 교회가 사람들로부터 계속 외면당하는 것을 안타까워했으며, 도시의 일상과 격리된 사조직으로 전환하려는 시도에 반대했다. 오히려 그는 교회가 사회적 또는 도시 계획적인 역할을 중재하고, 다양한 집단과 이데올로기를 함께 모을 수 있는 촉매제로서 더 큰 공적인 역할을 할 수 있다고 주장했다. 나아가 하나의 집단으로서 교회는 세속적 기능과 경제적 시각만이 더해가는 세계에서 착취당하는 일반인들을 위하여 이 세상에 인간적이고 윤리적인 호소를 할 수 있는 독특한 기회를 제공한다고 생각했다.

새로운 도시를 만드는 문제에 대한 교회의 입장은 무엇인가? …… [개발은] 단계별로 진행된다. 처음에는 관습에 순종하지만 곧 관습을 벗어나 획일화되고 결국 법적으로는 관료체제가 되어 막강한 힘을 발휘한다. 교회가 아닌 그 어떤 기관이나 조직이 초기에 의견을 제시하지 못한 채 현장에 늦게 도착한 이들을 옹호해 주겠는가? (전문적인 건축가들의 도움과 더불어) 인본주의를 옹호하는 것이야말로 교회 본연의 역할이다. 교회는 도시 계획 전문가들을 통하여 각종 법령을 우호적으로 적용하는 등 가장 좋은 촉매제가 되어줄 것이다. 교회는 영적·물적 지위에 더해 기존의 공신력을 바탕으로 더욱 많은 대중을 아우를 수 있을 것이다. 이러한 방식으로 교회를 건축하는 것은 독특하

면서도 적절하며 건축가들이 기꺼이 헌신할 만한 것으로 새로운 실재를 획득할 수 있도록 한다.[6]

[사진 8] 수용소 박물관에 전시된 모델. 가운데에 정연히 배치된 수용소 막사와 경비동 오른쪽으로 점호를 부르는 광장이 감싸 안듯이 배치되어 있다. 주 진입구는 오른쪽 아래에 있다.

슈트리플러의 에세이 '교회와 도시'(1974)에서 발췌한 위 구절은 교회를 위해서 헌신하고자 하는 그의 신념과 진보적인 시각을 보여준다. 앞서 언급된 네 채의 교회는 그가 생각했던 공간적인 아이디어를 발전시키고 실현할 수 있도록 기회를 주었으며, 공공에게 그리고 교회의 전례에 영향을 미치게 된다. 다하우 공모전에 초청받은 것은 이러한 경력을 가진 37세의 건축가가 도전할 수 있는 좋은 계기가 되었다.

다하우의 역사

지금은 나치의 집단수용소로 잘 알려져 있지만, 다하우는 뮌헨 북쪽에 위치한 인구 35,000여 명 정도의 작은 마을에 불과했다. 멀리 산이 바라다보이며 마을 양쪽으로 흐르는 강들 사이로 그림 같은 풍광을 지닌 이 마을은 1890년대에 예술가들이 몰려들기도 했지만, 제1차 세계대전 당시 군수공장들이 들어서면서 이런 천국과도 같은 풍광은 사라지게 되었다. 이곳 사람들을 채용했던 군수시설은 평화로울 때에는 쓸모가 없었고, 1920년대 후반에 들어서자 다하우의 실업률은 독일 내에서 가장 높이 치솟게 되었다.

공기업은 물론 사기업의 유치에도 실패하자, 시는 지방정부에 오래된 공장들과 각종 시설을 노동자들의 수용소로 사용할 수 있도록 요청하였다. 이 일로 나치가 정권을 잡은 1933년, 결국 이 마을은 정적들을 감금하는 좋은 수단이 되고 말았다.[7] 이미 오래전부터 정치범 강제수용소를 계획했던 그들은 낡은 공장건물들을 서둘러 자신들의 목적에 맞게 고쳤으며, 히틀러가 정권을 잡은 지 불과 2주 만에 200여 명의 죄수들이 이곳에 수용되었다. 2개월여 뒤에는 나치친위대가 경찰을 대신하여 이곳의 관리를 맡게 되었으며, 고문과 살인 등의 폭력은 일상이 되었다. 다하우는 나치의 첫 번째

[사진 9] 집단수용소 내의 수감자들.

[사진 10] 보존된 경비동은 지금은 박물관으로 사용되고 있다.

[사진 11] 복원된 수용소 막사 내부: 과밀한 거주환경을 보여준다.

강제수용소였기 때문에 다른 수용소의 실험적인 모델로 기능했다. 이곳의 책임자인 테오도르 아이케(Theodor Eicke)는 집단수용소의 감사역(general inspector)을 맡기도 했다.[8] 수용자 교화를 명분으로 가혹한 작업 프로그램을 만들고, '노동이 너희를 자유롭게 하리라(Arbeit macht frei)'라는 구호를 입구에 새겨놓은 장본인도 아이케였다. 다하우 수용소는 1937년부터 1938년까지 새로운 장방형의 부지 위에 감시탑과 해자가 포함된 형태로 전격적으로 재건축되었다.

대부분의 수용자들은 남북방향으로 빽빽하게 늘어선 목조 건물 안에 수용되었다. 석조로 된 2층짜리 관리동은 점호가 가능하도록 계획되었다. 초기에는 그다지 과밀한 환경이 아니었지만, 곧 수용자가 6,000여 명으로 늘어나면서 환경이 달라졌다. 1938년에는 독일의 유대인 공격(Kristallnacht pogroms) 이후 끌려온 유대인들과 오스트리아 전쟁에서 붙잡힌 포로들이 도착하면서 수용자는 18,000여 명으로 세 배 이상 급증했다.[9] 다하우는 감옥인 동시에 군병영 시설과 특수병원 그리고 군복제조 시설을 포함한 나치친위대의 본부로, 제2차 세계대전 발발 당시에는 전체 면적의 약 4분의 1 정도가 강제수용소로 사용되었다.

살육시설이 갖추어진 아우슈비츠(Auschwitz)와 달리 다하우는 1942년에 이르러서야 가스실이 설치되고 시험 가동되지만, 실제로 사용되지는 않았다. 한편, 화장(火葬) 시설은 1939년 가동되어 1940년과 1942년 확장되었는데, 1945년까지 수만 명의 시신을 처리했다.[10] 나치친위대에 의한 고문과 처형, 그리고 의학적 실험이 아닌 과밀수용으로 인한 질병의 확산과 음식물 부족, 중노동으로 인한 사망률이 높았다. 다하우에서 성직자들은 수감자들 가운데에서도 특별히 취급되어 다소 나은 대우를 받았지만, 수용된 2,500여 명 중 약 37%는 전쟁이 끝나기 전에 사망하고 말았다.[11] 206,000여 명의 수감자들이 다하우를 거쳤으며, 31,000여 명의 사망기록이 남겨져 있다. 특히, 1945년 초반 열악한 상황에서는 하루 사망자가 100여 명에 달하기도 했다.[12]

1945년 해방된 후 다하우 수용소는 생존자들의 임시시설 또는 연합군의 전범수용소로 사용되었다. 별동에서는 전범 재판이 열리기도 했다.[13] 1948년부터 1960년까지 다하우는 군용막사를 가족용 주거시설로 고쳐 동독 난민을 수용하는 시설로 사용되었다.[14] 전후 황폐한 혼란기에 다하우 부지는 그저 유용한 시설이었을 뿐, 사람들은 과거의 참혹한 기억을 보존하는 데에는 별다른 주의를 기울이지 않았다. 일부 생존자들에 의해 1945년 수용소의 화장터 자리에 작은 박물관이 세워지기는 했지만, 1950년대 초반에 이르러서는 아픈 기억을 지워버리려는 목소리가 높아졌다. 작은 박물관조차도 치욕스러운 눈엣가시로 여겨져 박물관을 세운 이들은 비난을 받았고 박해도 감수해야 했다. 1953년 작은 박물관은 결국 폐쇄되었고, 다하우 시장은 화장터마저도 없애려고 했다.[15]

한편, 초기의 추도 행위는 강제수용소보다 다하우 근처의 라이텐 힐(Leiten Hill)에 있는 대규모의 무덤에 초점을 맞추었다. 1945년 말엽 신전 같은 구조로 추모시설 건설이 계획되었지만, 어떠한 것이 추모시설로 적합한지에 대한 길고 고통스러운 논쟁이 1952년까지 지속되었다. 1950년대 후반에 이르러서야 그러한 태도에 변화가 생기기 시작했다. 안네 프랑크의 일기가 출판되고 알랭 레네 감독의 영화 '밤과 안개(Nuit et Brouillard)'가 개봉되면서 젊은 세대들에게 이 문제에 대한 의식을 일깨워 주었다. 이와 동시에 1954년부터는 무역 노조원에 의해 독일인의 유대인 공격을 추도하는 수많은 행사가 매년 11월 이곳에서 열리게 되었다.[16]

1959년 요하네스 노이하우즐러 주교는 이 부지 내에 가톨릭 추모 채플을 설치해야

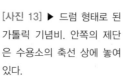

[사진 12] ◀ 1960년 가톨릭 기념비 낙성식이 거행되는 모습을 보여주는 항공사진.

[사진 13] ▶ 드럼 형태로 된 가톨릭 기념비. 안쪽의 제단은 수용소의 축선 상에 놓여 있다.

한다고 열정적으로 주장하며, 건축가 요제프 바이더만(Josef Weidemann)을 고용하여 순식간에 채플을 완공한다. 그는 과감하게도 높이 14미터에 달하는 원형의 석재 채플 (본질적으로는 제단)을 부지의 북측 오른쪽에 위치시켜 그리스도의 수난을 집중적으로 묘사했다. 수용소 부지의 경계를 정확히 하기 위해 펜스와 도랑, 그리고 망루가 보수되거나 복원되었다. 원래의 군용막사도 1960년 8월 채플의 봉헌식에서는 그대로 남아 있었지만, 노후 상태와 각종 개보수에 따른 원형 훼손을 이유로 1964년 결국 철거되었다. 남쪽 끝에 위치한 두 개 동은 이전의 캠프 상태를 보여주기 위해 세 줄로 된 벙커와 더불어 원래의 형태로 복원되었다. 복원된 부분은 효과적으로 위생 처리한 뒤 더욱더 내구성 있는 재료를 사용하여 영구적인 박물관이 되도록 했고, 잔존하는 유구들의 기억은 지표상의 선으로만 남겨지도록 했다.

개신교 채플

가톨릭 주교 노이하우즐러의 시도는 유대인들과 개신교도들의 반향을 불러일으켜 그들만의 기념비를 남기도록 유도했으며, 가톨릭 채플 좌우에 각각 기념비가 설치되었다.[17] 뜻을 모은 개신교도들은 에곤 아이어만을 포함한 7명의 저명한 교회 건축가를 초청해 1964년 공개적으로 경쟁을 하도록 했다. 아이어만은 앞서 독립된 벽으로 연결된 단순한 박스 형태로 세 개의 요소를 연출한 적이 있는데, 그의 채플은 콘크리트 골조에 스테인드글라스로 둘러싸여 마치 베를린에 있는 빌헬름 기념교회를 연상하게 했다. 전체 구성을 대칭적으로 구성하고 인접한 화장터와 경계를 짓는 방식으로

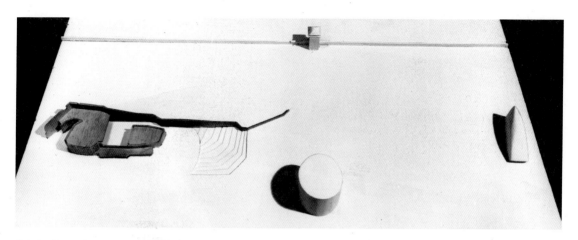

[사진 14] ▲ 수용소 북쪽 끝을 보여주는 모델. 왼쪽부터 유대교회, 가톨릭 그리고 개신교회가 배치되어 있다. 감시탑 뒤로 수용소의 주 축선이 보인다.

[사진 15] ▼ 북쪽이 위인 수용소 배치도. 수용소 중앙에 17개의 막사가 배치되어 있으며, 양쪽 단면은 도로로 연결된다. 주 출입구와 점호광장 그리고 감시동은 아래쪽에, 화장장은 수용소의 경계를 벗어나 윗부분의 왼쪽 바깥쪽에 위치한다. 세 개의 기념교회는 배치도의 윗부분에서 찾아볼 수 있다.

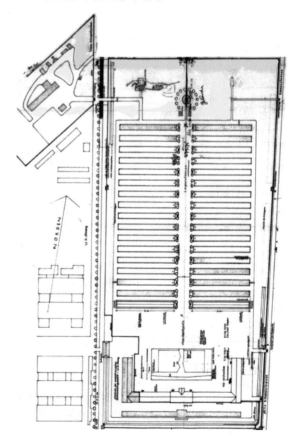

만들어진 이 작품은 명쾌하고 단순한 연출 이상의 작품으로 생각된다. 하지만 슈트리플러는 이 대지가 지닌 기본적인 기하학적 구성을 거부하고 더욱 급진적인 입장을 견지한다.

장방형으로 된 수용소의 개념적이고 일방적인 배치는 사람들을 죽음으로 내몬 질서를 계속 상징하는 것이다. 왜냐하면, 장방형은 근본적으로 살인 체계의 일부분이기 때문이다. …… 총알은 일직선으로 날아간다. 완벽한 죽음을 장담하는 몇 대의 자동화기 진지도 4개의 펜스 라인을 따라 다하우 강제수용소의 경비를 담당하고 있다. 수용자 건물에서도 같은 형상의 배열을 찾아볼 수 있다. 개별 블록은 2,000

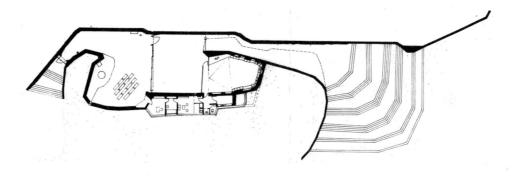

[사진 16-20] 개신교 채플의 전경과 평면도. 동선은 오른쪽에서 왼쪽 방향으로 선큰(sunken)으로 된 중정을 지나도록 되어 있다.

[사진 21] ◀ 선큰(sunken)으로 된 진입로. 후베르투스 폰 필그림(Hubertus von Pilgrim)이 제작한 부조가 설치되어 있다.

[사진 22] ▶ 선큰으로 된 진입로는 프리츠 쿤(Fritz Kühn)이 제작한 문에 다다른다. 그 문에는 수용소 내에서 주로 사용되던 4가지의 언어로 '주의 날개 그늘 아래 내 쉴 곳을 찾으리라.'는 구절이 쓰여 있다.

명을 수용할 수 있게 되어 있다. 믿을 수 없을 정도로 복잡한 그 모든 것이 이성적인 장방형으로 구분되어 나뉘어 있다.

수용소 축을 따라 늘어선 미루나무는 처음에는 다하우에 있는 이성적이기 그지없는 수백 그루의 다른 나무들처럼 순수하게 보이지만, 수용소의 군인들이 수용자들에게 강제로 낙엽 치우는 일을 시킬 때에는 가혹한 도구가 되었다(실제로 빈번히 일어나는 일이었다.). 펜스 울타리 안쪽의 잔디 줄은 죽음의 줄이었다. 그 위를 걸으려는 사람들은 모두 탈주자로 간주되어 발포되었으며, 펜스에 다가가는 사람들은 철조망 위에서 고압 전기에 감전된 채 방치되었다. 햇볕이 있는 날, 길어진 일상은 그 자체로 고문에 달할 정도의 고통이었으며, 눈비가 내리거나 바람이 불 때면 그들의 고통은 더욱 심해졌다.…… 그러한 수많은 박해 뒤에 장방형은 그 수용소에 지을 새 건물에는 절대 사용할 수 없는 것으로 여겨졌다. 그리고 처음에는 그 상황에 놓이지 않고서는 아무것도 할 수 없을 것으로 생각했다. 새로운 건물은 기념비로서의 모든 것을 피하면서도 그 수용소가 지닌 원초적인 질서를 초월하는 무엇인가를 필요로 했다.[18]

남북 방향의 축을 가진 장방형 부지의 수용소 건설은 로마 시대 군영과 같은 위계적인 공간 질서가 부여되어 있다. 흥미롭게도 로마 시대 군사도시에서처럼 동서 방향의 도로(decumanus)[19]와 연결되어 있음직한 남쪽 출입구가 없음에도 불구하고, 그 이름은 옛 로마가(街)(Alte Römerstrasse)로 명명되어 있다. 그 대신 부지의 서쪽을 경계 짓는 운하를 건너 들어오는 도로가 주 출입구가 된다. 좌표상 정확하게 중앙이라고 할 수는 없지만 이곳은 모든 수감자들의 점호를 하는 외부 공간을 가로지르고 있어 그 역할을 효과적으로 수행한다. 본부와 통제실도 이곳에 위치해 있고, 남쪽으로부터 이곳을 감싸고 있는 건물에는 경비와 행정시설이 배치되었다. 이 건물에는 남쪽 방향으로 독자적인 영역을 형

[사진 23] 채플 방향으로 유리 벽이 설치된 선큰(sunken)으로 된 중정. 안쪽으로 제단과 제례용 의자가 보인다.

성하며 특별 죄수를 위한 별도의 감방이 설치되어 고문과 처형이 이루어지기도 했다.

기념비 설치를 계획하면서 가톨릭교도들은 기본적인 공간 질서를 수용했지만, 수용소 생활의 고통을 예수의 고통과 비견될 수 있도록 시도했다. 즉, 나치의 점호광장을 따라 아래쪽으로 죄수들을 행진시키는 것처럼 하기보다는, 신자들이 제단이 있는 곳을 향해 언덕을 올라가듯이 배치함으로써 결국 수용소 전체가 교회가 되는 효과를 가져왔다. 이것은 기억을 되살리는 행위라기보다 그리스도교인들에게 의미 있는 진보적 해석에 해당하며, 축선을 가톨릭적으로 적용함으로써 다른 종교들이 대응하기 어려운 과제를 안겨주기도 했다.

슈트리플러가 부정하고자 한 것은 수용소의 형태적인 구조와의 모든 연관성뿐만 아니라 대칭성과 각도까지도 포함한다. 그는 '테러를 나타내는 모든 것에 반하는 장소(Gegenort) …… 즉, 수용소의 잔인한 대지에 파묻힌 생존의 자취를 나타내려고 했고, 그 수용소의 모든 곳에서 아직 느낄 수 있는 비인간적인 범죄에 대항하는 보호막의 기능을 하도록 의도되었다.'[20] 그는 예배당을 지층까지 내려오게 해서 대지가 감싸는 형식으로 만들었고, 폭정 아래에서도 그러했듯이 변함없는 위대함을 간직하도록 했다. 이러한 포용은 바람과 열, 그리고 모든 종류의 적대감으로부터 보호받는 것을 의미한다.[21] 채플과 서재, 신성한 곳과 그렇지 않은 곳은 제각기 작은 사각형의 중정을 사이에 두고 마주 보고 있게 하여 모두 자연광을 받을 수 있도록 했다.[22] 두 곳 모

두 수용소의 전망이 전혀 보이지 않도록 되어 있다. 유리 벽을 통해 두 방의 거주자들은 서로를 바라볼 수 있다. 채플의 슬라이딩 유리문은 그 역동적인 예배 공간을 정원까지 확장시킬 수 있으므로 더 큰 규모의 모임을 가능하게 한다.

슈트리플러는 다음과 같이 의도했다. '수용소 내에 고요함과 안정감이 녹아 있어 …… 수용소 내의 건물들이 방문객들에게 잠시나마 평안을 가져다주는 것이다. 그 공간은 육체적인 휴식이 명상과 기도를 위한 전제조건이라는 것을 확인할 수 있는 여지를 제공해야 한다.'[23]

따라서 가장 중요한 건축적 작업은 내리막을 향하는 교회의 입구이다. 교회의 현관이 일반적으로 성가대와 제단을 통해 천당까지 연속적으로 올라가는 형식을 띠고 있는 데 반해 독특한 모습을 하고 있다. 이러한 연관성은 '높은 곳'과 '우월함'의 등식이 통용되는 비교 문화적 위계성으로도 이해된다. 위계성은 가장 중요한 인물을 테이블의 '상석'에 앉히거나 '높은' 급여를 지급하며, 대학에서 '승진'하거나 또는 '강등'되는 불명예를 입히기도 한다. '높은 수준'과 '낮은 수준' 또는 '바닥'과 '최상'의 일상적인 구분이 이러한 공간적인 은유에서 벗어나기가 얼마나 어려운지를 보여준다. 아래로 기울어진 입구는 더 나아가 납골당과 지하무덤으로 연관되어 죽음과 매장의 의미를 지니며, 천당의 명료함과 대조적으로 지하의 공포, 미스터리와 연관된다.[24]

슈트리플러는 이러한 연관성을 통해 수용소의 고통을 강조했지만, 한편으로 진입부는 방문객을 편안하게 유도해야 했기 때문에 점진적으로 수용소의 끔찍한 기억을 드러내도록 했다. 그가 의도한 진입부는 남서쪽에서 북동쪽에 이르는 방사형의 넓은 형태로 완만하게 놓인 일련의 계단을 따라 들어오게 되는데, 마치 작은 원형극장을 떠올리게 한다. 석재로 된 계단은 돌처럼 끝이 날카로운 자갈로 만들어졌으며 건물 건너편을 향하고 있다. 계단을 내려가면 큰 콘크리트 판의 각이 엇갈리도록 포장된 선큰(sunken) 공간을 지나게 된다. 북측에 설치된 안내 표식이 있는 콘크리트 벽면은 수용소 전체를 감싸 안으며 보행로(route)을 확보해주고, 남쪽에 위치한 수용소와 태양을 암시하고 있다. 비대칭은 그에 대응하는 수평면을 가지는 것이 중요한데, 지표면의 콘크리트 연장선은 선큰으로 된 보행자도로 위를 가로지르는 캔틸레버로 되어 있다. 캔틸레버에 걸러진 자연광이 벽체에 가는 선(線)처럼 비친다.

모든 면에서 이 콘크리트 판은 단순한 지면으로 작은 자갈들을 덮고, 수용소를 중화시키며 소독하는 역할을 한다. 슈트리플러는 수용소를 끝없는 사막 또는 쓰레기 더미와 같은 것으로 받아들였다. 하지만 채플로 접근하는 방문객들은 들어 올려진 콘크리트 면이 비밀 피난처를 감추고 있다고 생각하게 되고, 그 피난처를 찾아보기 위해 시도하게 된다. 슈트리플러는 이에 대해 다음과 같이 말했다. '*진입부의 덮여 있는 부분은 수용소의 극히 평평한 특성에 대해 가장 노골적으로 대조적인 모습을 한 것이다. 그것은 인간적인 차원과 끝이 없는 확장 사이를 중재하는 역할을 한다.*'[25]

안내하는 역할을 하는 북측 벽은 거의 일직선으로 되어 있지만, 세 번에 걸쳐 방문객들의 시야를 간섭하며 벽면과 기단부를 맞물리게 한다. 콘크리트 벽체에 새겨진 부조는 후베르투스 폰 필그림(Hubertus von Pilgrim)의 작품이다. 사람의 형상을 한 파편을 보여주고 있는데, 절반은 잊힌 모습을 하고 있다. 가장 끝에 위치한 거친 힌지 하나로 지지된 스테인리스 강철 문은 프리츠 쿤(Fritz Kühn)의 작품이다. 시편 제17장 8절 '*주의 날개 그늘 아래 내 쉴 곳을 찾으리라.*'라는 구절이 네 가지의 언어로 반복해서 적혀 있다. 이 둘을 포함한 다른 예술작품들이 매우 훌륭하게 전체적으로 조화를 이루고 있다.

중정에 도착하면, 방문객들은 개방된 하늘을 다시 바라보게 된다. 만일 이 공간을 유리 벽을 포함하면 사각형의 공간이 되는데, 장방형의 포장된 슬라브는 정적이고 고요한 느낌을 더해준다. 하지만 채플에 있는 원형의 제단보다 유리를 먼저 마주하게 되어, 모든 것은 여전히 자궁과 같은 콘크리트 벽에 의해 감싸여 있다. 방문객은 부드러운 분위기의 가구가 비치된 도서실로 들어갈 수 있다. 더할 수 없이 온화하고 안락하지만, 채플에서는 세속적인 곳에 해당한다. 이곳에서는 지친 몸을 쉬게 하거나 명상을 할 수도 있다. 미사와 기도를 마친 뒤, 사람들은 구석진 곳에 숨겨진 문을 통해 수용소의 여러 곳을 몰래 다녀볼 수도 있다. 이 출구는 진입구와 구별되어 혼란을 피하게 하는 역할을 하기도 한다.

외부에서 보면 건물은 전체적으로 극단적으로 거친 모습을 보여준다. 뒤쪽에 설치된 콘크리트 벽체는 완벽한 한 장으로 제작되어 있으며, 채플의 경계는 좁은 틈새

(slot)를 통해 표현되고 있다. 콘크리트는 거칠고 강하지만 날씨에 의해 패이고 상처 입을 수 있으므로 저항과 동시에 고통을 받는 모습을 보여준다. 건물의 덩어리는 채플과 제단에서 클라이맥스에 이르기까지 고조되는 과정을 적절하게 나타내고 있고, 벽의 제일 위에 설치된 종은 루버가 설치된 상자 안에 놓여 있어서 수용소의 불행한 영혼들로부터 보호받고자 하는 듯이 보인다. 건물 외부의 황량함과 아무것도 자랄 수 없는 사막과 같은 존재로서 수용소에 대한 인상은 그 장소가 가지는 비인간성에 대한 깊이 있는 은유로 이해된다.

슈트리플러 건축의 힘은 이러한 지치지 않는 강인함과 그 속에 녹아 있는 안도감의 극적인 대조를 통해 이해되며, 특별한 내리막 형식의 진입구가 그것을 이루어내었다. 얼핏 콘크리트 벽은 조각품처럼 보이지만, 그 자유로운 형태는 공간적인 발전을 위한 것으로 각 층의 굴곡과 요철도 매우 주의 깊게 계획된 것이다. 이 건물은 가볍고 부담 없는 상징성을 추구하던 포스트모더니즘이 전 세계적으로 폭발적인 영향력을 행사하기 불과 1–2년을 앞두고 완공되어 불필요한 논쟁을 피할 수 있었다. 즉, 이 작품의 상징적인 프로그램은 지적이기보다 감성적으로 성취되었다. 심지어는 무뚝뚝하기로 유명한 독일의 비평가 울리히 콘래드(Ulrich Conrads)조차 감동의 눈물을 흘릴 정도였다.

최근에 세워진 한 건축 작품은 비록 우리가 그곳을 방문한 적이 없다고 하더라도, 우리를 통째로 태워버린 그곳에 안식과 평화, 장소의 통합을 선사해 주었다. 그곳에 건축은 없었다. 지금껏 건축이 행해진 바도 없었고, 앞으로도 신이 뜻하지 않는 이상 그와 비견할 만한 건축은 없을 것이다. 땅속 깊은 곳에서 하늘 높은 곳까지 독이 가득 스며든 그곳에 새로운 건물을 세우기까지 상상조차 할 수 없는 헌신적인 노력을 쏟았을 것이다. 수천의 얼굴로 나타나 우리를 공포에 떨게 하는 수많은 피해자들과 가해자들을 화해시키려는 시도로 필요한 것은 바로 이러한 헌신이었다. 가장 높은 수준에 있는 행위로, 그리고 최고의 진정성이 담긴 행위로 건축은 그러한 화해를 호소하는 형태를 하고 있다.

그 건축은 저주의 장소를 기도의 장소로 바꾸고, 방문객들이 지하 납골당에서 하늘을 바라볼 수 있도록 함으로써 저주의 장소를 새로운 무엇인가로 탈바꿈시키고 있다. 그곳은 시간과 함께하며 시간에 녹아들어 상처를 치유할 수 있을지도 모른다. 오늘날까지 비판의 대상이 되고 있는 독일에서 그러한 작업이 이루어졌다는 점은 그동안의 위선과 한계를 불식시키는 새로운 차원의 건물을 표방하도록 한다. 즉, 인간성을 수용하는 새로운 역할이 건축에 부여되었음을 알 수 있다.[26]

1 이 작품은 아이어만의 또 다른 걸작이다. Schirmer 1984, pp. 105-8 참조. 이 작품은 나중에 지어지는 베를린의 카이저 빌헬름 기념교회(Kaiser Wilhelm Memorial Church)의 전조가 되는 작품이다.

2 그 네 채의 교회는 다음과 같다. Kirche auf der Blumenau bei Mannheim 1960-62, Evangelische Versöhnungskirche Mannheim-Rheinau 1961-65, Evangelische Kirche Ilvesheim bei Mannheim 1963-64, Evangelische Gemeindezentrum Gethsemane, Mannheim-Waldhof 1963-66. 작품 리스트는 Flagge 1987, pp. 156-7 참조.

3 1953년 국립 만하임극장 설계대회에 표현된 그의 작품에서 투시도의 시각을 벗어나려는 모습을 확인할 수 있다. 그의 이론과 작품에 나타나는 특징은 슈트리플러의 이론이나 특징과 놀랄 정도로 유사하지만, 두 사람 사이의 직접적인 영향이나 관계는 없다. Blundell Jones 2002년 제13장 참조.

4 Flagge, 1987, p.21.

5 Ibid. pp. 21/22.

6 Ibid. pp. 22/23.

7 Marcuse 2001, pp. 17-19.

8 Ibid. p. 26.

9 Ibid. pp. 34-36.

10 Ibid. pp. 41, 45.

11 Ibid. pp. 43-4.

12 Ibid. p. 70.

13 Ibid. p. 69.

14 Ibid. p. 161.

15 Ibid. pp. 178-84.

16 Ibid. p. 203.

17 정치적 배경에 대해서는 Marcuse 2001, pp. 276-289 참조.

18 슈트리플러가 남긴 두 개의 문헌을 교차하여 참조. 하나는 Flagge 1987, p. 26이고 다른 하나는 1985년 'Werk und Zeit'에 출판된 기고문: 저자의 번역 참고할 것.

19 Decumanus와 cardo는 로마 성곽도시의 중앙을 남북과 동서로 가로지르는 도로
이며, 네 개의 문을 중앙의 포럼으로 연결한다.

20 Striffler in Flagge, 1987, p. 26.

21 Ibid.

22 이 글에서 많이 다루지 못했지만, 빛은 슈트리플러에게 주요한 주제이다. 1975년
발표한 글에서 그는 다음과 같이 기술했다.

*방으로 들어가는 것은 방에서 비치는 빛을 따라가는 것이며, 공간적 과정에서 개
인의 위치를 결정하는 경험을 하게 된다. 따라서 내부와 외부의 연결은 절대로 끊
어지지 않는다. 공간의 특정한 한 부분과 다른 부분 사이의 연결은 빛의 변화에 따
라 발생하게 되며 그것은 우리의 신경과 연결되어 그 변화의 정도에 따라 위치의
변화(transition)가 발생하게 된다. 즉, 빛이 우리를 인도하는 것이다. 공간적인 측면
에서 빛의 인도는 근본적으로 동선을 유도하는 것이기도 하다. 따라서, 빛은 우리
에게 현실을 지각하게 하는 가장 강력하고도 근원적인 매개체이다. 그것은 우리에
게 공간의 경계를 지각하도록 한다.*

'빛은 공간을 연출한다(Licht artikuliert den Raum),' Flagge 1987, pp. 100-2, 저자
번역.

23 Striffler in Flagge 1987, p. 26.

24 다락과 지하실의 극단적인 대조는 바슐라르의 저서 '공간의 시학'을 통해 잘 알려
진 바 있다(Bachelard, 1969).

25 Striffler in Flagge 1987, p. 26.

26 Ulrich Conrads in Flagge 1987, p. 31, 저자의 번역.

CHAPTER 08

Günter Behnisch and Partners: Munich Olympics Complex, 1967-72

귄터 베니쉬와 파트너들:

뮌헨 올림픽 종합경기장, 1967-72

만일 1950년과 1990년 사이의 건축적 변화를 보여주는 독일 내 건축 사무소를 하나만 선정해야 한다면, 귄터 베니쉬의 사무소만 한 선택이 없다. 그 이유는 그들의 작품이 특출할 정도로 건축적인 접근 범위가 매우 넓고, 항상 시대와 보조를 맞추었기 때문이다. 그러나 건축의 역사에 있어 더 중요한 것은 그들의 작품이 표준화라는 기술 중심의 건축으로부터 *상황적인 건축(Situationsarchitektur)*이라고 불리는, 장소 만들기에 민감한 건축으로 전향한 것이다. 뮌헨 올림픽 종합경기장이 바로 이 변화의 기점이다. 이것은 그리드, 직각, 그리고 무미건조한 반복으로부터 벗어나기 위해 기술을 포기하는 것이 아니라 오히려 새로운 고급기술을 적극적으로 적용했기 때문에 가능했다. 베니쉬는 다음과 같이 회고했다.

건축설계 경기는 적절한 시기에 우리에게 왔다. 우리는 잘 준비되어 있었고, 엄격한 형태적인 규칙 체계(strong formal ordering system)로부터 스스로를 해방시켰었다. 우리는 건축의 본질이 얼마나 조심스럽게 다루어져야 하며, 그것이 얼마나 쉽게 어떤 힘에 의해 지배당하거나 균형이 깨질 수 있는지를 경험해왔다. 우리는 사람뿐 아니라 사물에도 공정하고 개방된 태도를 가져야 한다는 것을 이해하였다.[1]

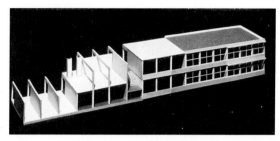

[사진 1] 베니쉬와 로스탄사가 개발한 조립을 통한 콘크리트 학교 모델. 1960년.

베니쉬에 의해 언급된 '엄격한 형태적인 규칙 체계' 중에는 조립공법(prefabrication)이라는 규율이 있었다. 1923년생인 그는 1940년대 말 슈투트가르트에서 건축을 공부했고 1950년대 활동을 시작했지만, 그에게 전국적인 명성을 가져다준 것은 베니쉬와 그의 파트너들이 당시 발전 중인 분야의 최전선에 서 있었기 때문에[2] 가능했던 조립공법을 사용한 1960년대의 작품들이었다. 1920년대부터 근대주의 건축가들은 헨리 포드(Henry Ford) 생산라인(production line) 방식의 경제성이 건축에도 반드시 적용될 것이라고 확신했는데, 그 이유는 반복을 통한 생산가격의 절감과 공장생산이 건축현장에서 제작하는 것보다 더 예측 가능하고 좋은 품질의 시공을 할 수 있었기 때문이다.[3]

제2차 세계대전 이후 『기계화가 명령한다Mechanisation Takes Command』와 같은 책들로 인해 이와 같은 생각들은 일종의 강박처럼 되었고, 전쟁 물자들의 생산을 위한 공장을 평화적인 곳에 사용해야 한다는 필요성도 이와 같은 생각들을 자극하였다. 따라서 합리적인 연속생산 방식을 건물에 적용하려는 광범위한 국제적인 노력이 있었고, 이것은 엄격한 격자 평면, 많은 구성요소들의 단순화, 그리고 생산과정에 완전히 지배된 건물의 외관으로 나타났다.

베니쉬는 학교 건물용 콘크리트 성형 블록을 생산하는 시스템을 만들어 내기 위해 로스탄사(社)와 관계를 맺기 시작하였다. 처음에는 결과도 긍정적이었고 어느 정도 정밀하기도 했다. 건물들이 더 빠르게, 날씨에 덜 구애받으면서 시공될 수 있었고, 다른 맥락에 그 시스템을 적용함으로써 반복으로 인한 최악의 효과는 완화될 수 있었다. 그러나 이 방식은 옛 방식보다 가격이 그렇게 저렴하지 않았고, 건축적으로 국한된 면으로 보더라도 소비된 비용이 매우 많았다. 3년쯤 지나 이러한 접근은 매력을 잃었으며, 베니쉬는 훗날 조립공법으로의 여정이 막다른 골목에 다다랐다고 여기게 되었다.

그 기하학적인 규율은 압박이 되었다. 그러한 규칙 체계는 처음에는 설계과정을, 그다음 건축으로 넘어가 결국에는 삶 자체를 지배하는 도구가 될 수 있다. 시스템 지향적인 사람에게 활력과 다양성은 위협으로 간주될 것이다. 훗날 새로운 대학 건물과 대형 병원들에서 실제로 위험이 나타나기 시작하였다. 만일 건축이 이렇게 완전히 기술적인 방향을 따른다면, 우리는 필연적으로 다양한 종류의 소망과 요구를 표현할 수 없고, 우리의 건축은 세계의 다양한 가능성에 부응하지도, 이를 반영하지도 못하는 반쪽짜리 건축이 될 것이다.[4]

대안적 접근은 각각의 작품을 그 작품이 처한 단 하나의 대지 및 환경에 따라 발전시키는 것이다. 귄터 베니쉬와 그의 파트너들 즉, 프리츠 아우어(Fritz Auer), 빈프리트 뷕슬(Winfried Büxel), 에르하르트 트룅크네르(Erhard Tränkner), 카를로 베버(Carlo Weber)[5]는 이미 1950년대에 더욱더 전통적인 작품들과 함께, 독립적이고 대지의 특성에 맞춘 설계들을 몇 건 만들어 냈는데, 1968년경에야 이것이 지배적인 설계 철학이 되었다. 이론적 배경은 휴고 헤링의 저술에 있었는데, 그는 유기적 건축에 대한 토대를 세웠고 표준화의 위험에 대해 경고하였다. 그는 표준화의 위험이 '*형태적으로 약하고 기술적 마인드를 가진 사람들이 득세하여 형태를 다양화하는 것이 아니라, 단지 이를 제한하는 역할을 할 것*'이라고 주장했다.[6] 직접적인 건축의 예는 1960년대 중반, 명성이 절정에 달했던 한스 셔로운의 후기 작품에서 찾을 수 있다. 그는 명확히 분절된 부분들로 구성되고 대지에 반응하는 건축을 선도하였는데, 이 건축도 직각에서 벗어나 있었다.[7] 또한 베니쉬는 좀 더 지역적이고 유기적인 건축가로부터도 영향을 받았는데, 그 건축가는 스승이자 전 상관인 롤프 구트브로트(Rolf Gutbord)였다. 그는 슈투트가르트 음악당으로 가장 잘 알려져 있다.

자연 속의 올림픽
1972년 뮌헨 올림픽에 사용되었던 건물들은 1967년 실시된 현상 경기 설계의 결과였다. 이 현상 경기 설계는 전후 회복 과정에서의 경제 기적에 의한 부와 행운의 시기였던 서독(Federal Republic)의 자부심과 낙관주의를 표출했다. 설계는 혁명과 변화의 시기였던 1968년에 만들어졌다. 이때는 오래가지 못한 프라하의 봄과 파리 학생혁명, 전 세계적으로 일어난 베트남 전쟁 반대시위, 새로운 청년문화의 유행 등의 사건이 있었다. 따라서 새로

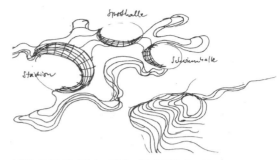

[사진 2] 주 경기장이 어떻게 지형에 통합되는지를 보여주는 스케치.

운 독일의 진보성을 모두 보여줄 올림픽을 위한 무대가 마련되었는데, 스포츠와 시적 영감을 결합하며 '캐주얼하고, 젊고, 활기차며, 개방적인'[8] 올림픽을 개최하는 것이 목표였다. 이것은 이전의 1936년 베를린 올림픽의 숨은 주제였던 지배민족의 우월함과는 반대로 지구상에 살고 있는 전 인류에 대한 인간애를 기념하는 것이었다. 따라서 베르너 마치(Werner March)가 기획한 베를린 올림픽의 기념비적 성격이 강한, 축을 통한 배치(axial monumental layout)와 같은 것들은 모두 피할 수밖에 없었고, 그 대신에 올림픽 이후에도 뮌헨 시민들에게 휴식공간으로 기능할 수 있는 '자연 속의 올림픽'이 목표가 되었다.

대지는 도시 북쪽의 건축물이 세워지지 않은 지역으로, 군사 훈련장으로 쓰이다가 그 후 비행장으로 사용되던 곳이었다. 원활한 교통 연결을 위해 새로운 순환고속도로가 그곳을 통과하여 지나기로 되어 있었다. 박스 모양의 스케이트장과 함께 뮌헨 텔레비전 송신탑이 동쪽 끝에 서 있었다. 그 지역은 원래 평지였으나 남쪽 끝에 거대한 토사 더미가 쌓여 있었다. 이 토사 더미는 전시에 파괴된 건물의 잔해와 지하철 공사를 할 때 발생한 것들이었다. 이 인공 산 근처에는 곧은 운하가 대각선으로 흐르는데, 이 운하는 남서쪽의 옛 왕궁인 님펜부르크 성(Schloss Nymphenburg)에 있는 호수와 샘으로부터 시작되고 있었다.

'자연 속의 올림픽'이라는 테마를 설정한 베니쉬와 그의 팀은 고대 극장과 같은 큰 원형 경기장에 경사진 좌석이 놓일 수 있는 인공적 경관을 만들겠다는 생각을 품었다. '이것은 각각의 건물보다는 각각의 용도에 의해 발생된 형태 전체를 아우르는

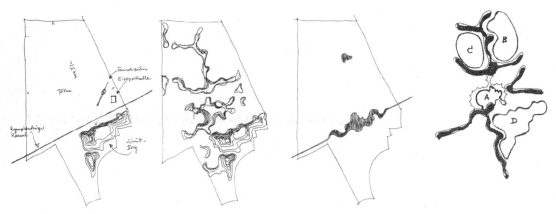

주어진 부지. 강줄기와 토사 언덕, TV 타워 그리고 아이스링크가 보인다.

인공 언덕을 조성하기 위해 토사는 분산된다.

강은 인공호수를 만들기 위해 댐으로 물줄기를 막는다.

이렇게 형성된 보이드(voids)는 부지를 구분하는 한편, 구분된 영역을 수용한다.

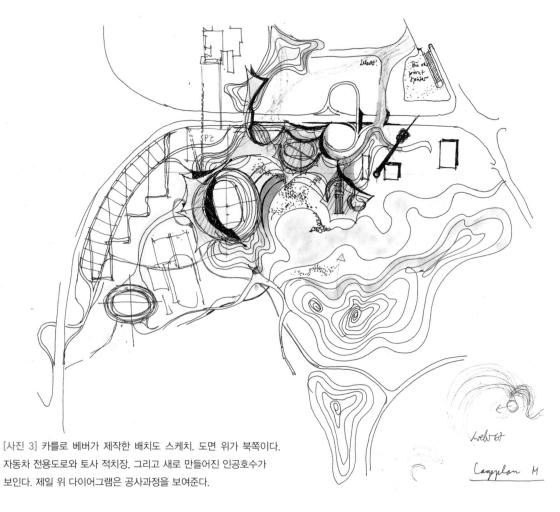

[사진 3] 카를로 베버가 제작한 배치도 스케치. 도면 위가 북쪽이다. 자동차 전용도로와 토사 적치장, 그리고 새로 만들어진 인공호수가 보인다. 제일 위 다이어그램은 공사과정을 보여준다.

[사진 4, 5] ▲▼ 케이블 지붕이 있는 경관의 파노라마 뷰.

건축적 경관을 말한다.[9] 그 장소는 20만 명의 관중이 모이는 올림픽과 이후 여름과 겨울, 그곳에 가볍게 소풍을 나올 비교적 적은 인원의 사용자들 모두를 수용할 수 있어야 했다. 토사 더미의 산은 평지와 좋은 대조를 이루며 도시의 스카이라인과 그 뒤로 알프스의 풍광까지 원거리 전경을 펼쳐주었다. 그 산은 모양을 바꾸어 펼쳐져 작은 언덕들을 만들고, 큰 원형 경기장들의 좌석을 흡수한 것처럼 보이게 했다. 또한 이 산은 융기된 산마루를 제공하여 그 부지를 지날 예정인 고속도로를 손쉽게 건너고, 북부 주거지역으로 나가는 길로 이어지는 다리로 통할 수도 있었다. 지면의 높이 변화는 대지를 친근한 크기들로 분할하며 옥외 장소의 수를 결정하는데 도움을 줄 것이었다. 많은 곳에서 서비스와 관련된 프로그램들이 저층에 배치되어 지상에서 끊기는 일 없이 공원이 펼쳐질 수 있게 했다. 다른 중요한 요소인 님펜부르크(Nymphenburg)

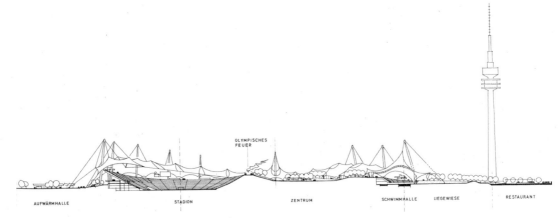

[사진 6] 주 원형 경기장과 수영 경기장이 보이는 대지를 관통하는 단면.

운하는 인공호수 쪽으로 펼쳐져 시선을 모을 수 있는 중요한 시선 축을 제공해 주었다. 이와 같은 경관 안에 세 개의 주요 경기장이 설치되어야 했다. 즉, 8만 명을 수용할 수 있는 대형 원형 경기장, 스포츠 경기장, 그리고 수영 경기장이 바로 그것이었다. 그런데 산허리를 파서 좌석을 설치하고 지상에 낮게 퍼포먼스 장소를 마련하여 전체적인 규모를 상당히 작게 할 수 있었지만 지붕을 씌울 필요가 있었다.

텐트 지붕

베니쉬의 팀은 사실 축에 의한 배치와 거대한 광장과 기념비적인 건물들을 피하려고 했다.[10] 그러나 세 개의 대형 경기장은 눈에 잘 띨 수밖에 없고 넓은 범위의 구조물

[사진 7] 주 원형 경기장 내부에서 본 파노라마 뷰.

들을 필요로 하여 큰 규모로 드러날 수밖에 없었다. 건물들이 제각기 따로 서 있는 것처럼(마치 큰 상자들을 여러 개 세워놓은 것처럼) 보이지 않게 하기 위해서는, 연속적인 스카이라인으로 지붕을 구성하고 그것들이 지상의 경관을 보완할 수만 있다면 훨씬 나을 것이라고 판단했다.

이에 따라 마치 돛대와 같은 철재 기둥에 케이블로 매달린 넷 루프(net roof)라는 개념이 등장했다. 프라이 오토(Frei Otto)의 경량 구조물 연구소는 베니쉬가 공부했던 슈투트가르트 대학에 근거를 두고 있었고, 오토는 롤프 구트브로트와 함께 1968년 몬트리올 세계 엑스포에서 독일 전시관을 위해 케이블로 매달린 넷 루프를 만들었었다. 이것은 세계 최고의 설계로 중요한 선례가 되었으나, 오토는 베니쉬 팀의 일원이 아니었기 때문에 지붕은 엔지니어인 하인츠 이슬러(Heinz Isler)에 의해 대신 제안되었다.[11] 그와 베니쉬는 독자적으로 형태와 하중 면에서 꽤 그럴듯한 제안을 만들어 내었다. 하지만 거기에는 지금껏 만들어졌던 어떤 것보다 더 큰 현수 지붕이 그려져 있었고 해결해야 할 기술적 문제들도 많았다. 형태의 통제와 무게의 배분, 고정, 눈과 바람의 하중, 화재, 내구성, 투명도 등이 바로 그것이었다.

에곤 아이어만(제2장 참조)을 위원장으로 하는 현상설계의 심사위원들은 제안 전반에 대해서는 열렬한 지지를 보냈으나, 그러한 지붕이 건축될 수 있는지에 대해 확신을 갖지는 못했다. 그래서 베니쉬와 파트너들이 그 프로젝트를 1968년 3월에 제안했음에도 불구하고, 프라이 오토를 비롯한 전문가들의 자문을 구하고 완전히 다른 형태의 지붕을 고려하는 과정을 거치면서 6월까지 결정이 보류되었다. 원칙이 받아들여진 후에도 조정할 사항이 많았고, 기초공사가 이미 진행된 상태에서도 거의 일 년 반 동안 다양한 방식의 케이블에 대하여 여전히 논쟁이 오갔다.[12]

마침내 프라이 오토에 의해서 구조적인 혁신이 이루어졌다. 그와 그의 연구소는 결정적인 형태 규정 작업을 수행했다. 구조적 계산과 판단은 그 당시 레온하르트(Leonhardt)와 안드레(Andrä)의 슈투트가르트 회사에서 일하고 있었던 외르크 슐라이히(Jörg Schlaich)가 담당했다(그는 현재는 독립하여 세계적으로 유명한 엔지니어가 되었다).[13]

작업에 대하여 알려지지 않은 것들이 많았다. 우선, 케이블망은 모든 표면에 장력이 미치도록 고안되어야 했다. 또 그것이 현수구조였기 때문에 형태는 하중의 흐름을 그

[사진 8] 경기장 내부.

[사진 9] 관중이 주 경기장을 가득 메우고 있는 모습.

[사진 10] 경기장 입구 케이블 그물망 지붕을 아래위로 보여주는 사진.

[사진 11] 케이블 그물망 지붕의 아크릴 표면 위로 노을이 비치고 있다.

대로 드러내며 바람이나 눈에 의해 쉽게 뒤틀릴 수 있었다. 복잡하고 변화하는 표면의 굴곡은 어느 정도 움직이기 쉬운데, 이것은 덮개의 세부 부분이나 그에 면하고 있는 어떠한 파티션과의 접합부에서도 통제되어야만 했다. 기둥에는 엄청난 압축력이 작용하고 있었고, 케이블 고정장치에는 수평장력이 가해졌으며, 하중이 균등하게 나뉘도록 모든 것이 조정되어야 했다. 케이블 하나를 조금만 짧게 만들면 그 케이블이 하중을 받으며 다른 케이블들의 하중을 완화시켰다.

지붕이 가져야 할 명확한 형태를 규정하는 것조차도 어려운 일이었다. 수영 경기

[사진 12] ▲ 올림픽 기간 중의 주 경기장 모습(1972년).

[사진 13] ▶ 올림픽 성화. 주 경기장 오른쪽에 설치되어 있다.

장의 지붕은 오토의 연구소에서 만들었는데, 연구소에서는 축소된 모형을 만들어 하중을 가한 다음 스테레오 카메라를 이용한 사진측량법을 통해 정확히 변이를 측정하였다. 컴퓨터가 일부 계산 작업에 사용되었으나, 오늘날의 컴퓨터와 비교해 볼 때 원시적인 수준이었다. 많은 회사와 전문가들이 참여하여 항상 시간에 쫓기며 일했고, 풀어야 할 예상하지 못한 문제들이 자주 발생하였다. 예를 들어, 케이블망을 유연한 나무 판으로 덮으려던 최초의 계획은 독일 TV 방송사의 요구로 중지되었는데, 방송사에서는 밝은 부분과 그늘진 부분 사이의 과도한 대비로 자신들의 새로운 컬러 카메라가 고장 나지 않도록 지붕을 반투명으로 만들어 달라고 요구하였다. 그러나 반투명 재질은 매우 뜨거워질 위험이 있어서 부분마다 다양하게 불투명도의 정도를 조절할 필요가 있었으며, 제안된 아크릴판도 화재에 대해 방비를 해야 했는데, 특히 녹아서 아래로 뚝뚝 떨어지는 것을 피해야 했다.[14]

부지 남쪽 부분에 위치한 세 개의 원형 경기장은 고속도로와 토사 더미 사이에 있었으며, 한편 북쪽 부분은 다른 사람이 설계할 올림픽촌이 예정되어 있었다. 따라서 고속도로의 다리들은 중요한 연결로였다. 특히 주 원형 경기장 쪽으로 이어지는 서쪽의 다리가 중요했다. 다리는 호수의 가장 넓은 쪽 공간으로 흘러 들어가 극장의 계단 같은 형태로 호수의 수면과 만났다. 이곳은 서쪽에 주 원형 경기장, 북쪽에 스포츠 경기장, 그리고 동쪽에 수영 경기장으로 둘러싸여 옥외 장소가 되었다. 단지 대형 원형 경기장의 서쪽 반쪽만이 덮여 있었기 때문에 지붕은 공간 중심부 쪽으로 꺾였고, 시선이 집중되는 올림픽 성화는 동쪽 편의 교차 축 위에 설치되었다. 뒤쪽의 여덟 기둥과 말발굽 형태를 한 전면의 장력 케이블로 매달린 주 원형 경기장의 지붕은 경계가 되는 동시에, 외부 세계로 향한 눈에 띄는 상징물이 되었으며 바람을 막아 주기도 하였다. 이 지붕은 다리를 건너 경기장으로 들어오는 관람객을 맞이했고 좀더 촘촘한 케이블망으로 덮인 중앙광장의 북측 주변에까지 연속되었다. 스포츠 경기장의 돛대 기둥과 같은 구조가 계속되다가 수영 경기장에서 멈추었다. 산, 호수, 그리고 세 개의 주요 건물 위의 연속되는 지붕이 구심적인 장소를 결정하게 되었다.

케이블망 지붕(net roof)을 선택한 것은 베니쉬 팀이 달성하기 원했던 일종의 비형식성 중에서 가장 근본적인 것이었으며, 개발 단계에서 연구된 호와 반원들로 변형된 지붕 형태들은 모두 절충안같이 보였다.[15] 케이블망의 역동적이고 끊임없이 변화하는 형태는 가구식(기둥보로 이루어진) 구조의 건축과는 완전히 반대되는 것이다. 이것은 직선과 직각으로는 만들 수 없었던 것이다. 따라서 체계적인 그리드의 규율은 회피되었으며, 단순하게 반복되는 구조의 두드러진 표현도 마찬가지였다. 더욱 좋았던 것은 자체의 구조적인 힘이 새로운 논리를 제공했다는 것인데, 이것은 피에르 루이지 네르비(Pier Luigi Nervi)가 1930년대에 비행기 격납고를 만들면서 복합 볼트의 압축력을 이용했던 방식과 상당히 유사했다(Blundell Jones 2002, 제9장). 휴고 헤링 역시 가르카우의 창고에서 볼 수 있듯이 스스로 형상화하는(self-shaping) 구조들에 관심이 있었는데(Blundell Jones 2002, 제2장), 1931년에 그는 그 구조를 건축에서 더 유연하고 유기적인 접근의 일반적인 움직임에 대한 증거로 보았다.

현대 기술은 전적으로 탄성을 잘 활용하는 시공으로 흐르는 경향이 있다. 건물을 살아 있는 몸과 같이 여기고 인장성능이 뛰어난 재료를 선호한다. 돌로부터 나무나 철로 회귀하였으며, 거푸집에 의해 형상화될 수 있고 가장 내구적 탄성이 가장 큰 재료에 흥미를 갖는다.[16]

경관으로서의 건축

올림픽 종합경기장의 완성과 성공 이후, 건축가들 사이에서는 주로 케이블망 지붕이 언급되었다. 그 지붕의 주변과 아래의 경관이 무시되지는 않았으나, 그저 당연한 것으로 여겨졌다. 숨겨진 서비스 관련 시설, 그리고 보행자와 차량 동선의 완벽한 분리를 가능하게 했던 기발한 구획은 알아채지 못할 정도로 잘 고려되어 있었고 여러 부속 시설들에 의해 자칫 혼란스러울 수 있었던 많은 장소가 정리되어 있었다. 그러나 정원과 토목공사가 더욱 평범한 것으로 여겨져 언급되지 않고 넘어갔는데 그 까닭은 나무와 풀이 항상 그곳에 있었던 '자연'으로서 간주되었기 때문이며, 땅의 일부가 된 호수와 산은 더욱 그러했다. 그러나 사실 자연적으로 조성된 경관은 거의 없으며, 대부분은 고도로 기획되어 완벽하게 만들어진 인공의 것들이었다.

실제적 장소성을 주는 정원을 설계하는 것은 상상력과 기술이 필요하며, 20세기에 그와 같은 개념으로 만들어진 것은 놀랄 만큼 적다. 따라서 뮌헨 공원을 님펜부르크 성이나 영국풍의 정원과 같은 역사적 선례들과 비견되도록 만든 것은 엄청난 성과이다. 지붕과 마찬가지로 베니쉬와 파트너들은 단독으로 이 조경을 만든 것이 아니라, 조경 건축가의 사무소와 함께 만든 것이다. 조경 설계는 사실 장기적으로 고려되어야 했다. 그러나 전체적으로 올림픽 개막 즈음에 모든 부분이 최고의 모습으로 보여야 했는데, 여기에는 60년 된 나무들을 옮겨 심는 것과 빨리 자라고[17] 적절한 때에 개화하는 식물들을 심는 프로그램도 포함되어 있었다. 호수도 단지 땅을 파서 물만 채우면 되는 것이 아니라, 신중한 수위 조절 및 식수(植樹)를 통한 수변부가 필요했다.

현상설계를 위한 핵심적인 요구사항은 짧고 직접적인 동선이었는데, 이것은 지하철역과 주변부의 자동차 주차장들로부터 효율적인 유입이 가능해야 했다. 언덕과 골

[사진 14] 스포츠 경기장 내부에서 본 경관.

[사진 15] 호수와 공원 뒤로 수영 경기장이 보인다.

짜기를 감아 도는 긴 산책로도 있었는데, 이 산책로는 잔디나 초원 또는 수변공원으로 꾸며져 대조적인 특색을 지닌 장소들로 연결되었고 아름다운 경치를 보여주었다. 라임나무는 산책로의 윤곽을 만들고 그늘을 드리워 주는 데 있어 주요한 소재였고, 종종 7.5미터의 격자구획 안에 심어져 변화무쌍한 지형이나 굽이치는 산책로와 대조를 이루었다. 즉, 반기하학 대 기하학이었던 것이다. 독일의 흰 버드나무와 삼림 침엽수, 그리고 노르웨이 단풍나무는 '개성적인 나무들'로 홀로 서 있는 참나무나 침엽수들과 함께 특정한 장소들에 사용되었다. 산책로와 계단은 소재의 강한 대비를 이용하여 다양한 방식으로 포장되었다.

한 가지 어려운 문제는 비상탈출 경로를 제공하는 것이었는데, 이 경로는 폭이 40미터나 되어야 했으나, 타맥(tarmac) 포장으로 넓은 지

[사진 16] 올림픽 기간 동안 쉬고 있는 방문객들.

[사진 17] 샐비어 꽃이 흩날리는 봄의 전경. 뒤에 은행나무가 서 있다.   [사진 18] 한겨울의 호숫가 풍경.

[사진 19] 올림픽 부지의 준비운동용 경기장(Warm-up Hall), 1972.

[사진 20] 준비운동용 경기장. 트러스가 유리를 통과하는 둥근 끝부분. 이 점은 1970년대 베니쉬 작품의 특색이 되었다.

[사진 21] 비르카흐(Birkach) 신학교, 1979. 각진 설계, 경사진 유리, 연결 부위가 매우 많은 외관은 모두 이 시기의 새로운 '유기적' 방향을 나타내는 신호들이었다.

역을 영원히 불모지로 만드는 것도 안 되었다. 이 문제는 특별하게 경화시킨 땅 위에 잔디를 깔아 해결하였다. 넓은 자동차 주차구역도(특히 서쪽 주변부에서) 나무로 부드럽게 꾸며졌으며, 전체적인 배치에서 변화하는 굴곡을 따른 형태로 만들어졌다. 계획된 땅의 형태와 호수는 토지를 개별적인 주요 공간들로 효율적으로 분할하였으나, 앉아서 쉴 장소나 군중들로부터 떨어져 혼자 있을 곳과 같은 사적이고 구석진 장소도 필요했다. 계절에 따라 꽃이 흩날리는 모습이 숨이 멎을 만큼 아름답게 연출되었고, 겨울에는 몇몇 슬로프에서 눈썰매를 탈 수 있었으며, 호수에서는 스케이트를 즐길 수 있었다. 호수의 얼음이 녹으면, 물가는 오리나 백조에게 먹이를 주는 인기 있는 장소가 되었다.

[사진 22] 베를린 예술 아카데미, 2005, 채색된 유리로 마감된 천장으로 덮인 위층의 회원실. Pariser Platz를 가로질러 Reichstag 쪽이 보인다.

비형식적 건축을 위한 준비

전례 없이 자유로운 형태의 텐트 지붕은 베니쉬의 건축이 1980년대의 성숙한 단계에 이르기 위해 얼마나 더 가야 하는지를 숨기고 있다. 종합경기장 서측 면에 위치한 준비운동용 건물은 여러 가지로 그들이 달성한 단계를 나타내어 준다. 이 건물에서 주요한 아이디어는 100미터 길이의 거대한 삼각형 철제 트러스가 천장으로부터 내려오는 채광으로 빛나게 하는 것이었다. 구조체는 반복적이며 직각의 배치를 보인다. 그러나 유리 외피를 구조체

[사진 23] 베를린 예술 아카데미, 논란이 많은 유리 외관. 건물의 공공적인 역할을 주장한다.

와 분리시키고 건물의 입면을 곡선으로 디자인하여 직각으로 놓인 구조체가 유리 외피를 관통하는 극적인 효과를 보여주고 있다. 바로 여기에 후일 베니쉬의 건축요소들

중 가장 중요해질 각 레이어와 모호한 공간(ambiguity of space) 간의 파격적인 상호작용이 보인다. 그러나 그 반응적이고 불규칙적인 계획요소들은 점진적으로 발전하였다.

1970년대에 설계된 대부분의 건물들은 직교형이었다. 그러나 방사형으로 배치된 교육시설들은 1969년의 오펠스뵘(Oppelsbohm) 학교로부터 시작되었고, 본(Bonn) 의회에서 보이는 다각형 건물의 최초 버전은 1976년으로 거슬러 올라간다. 1976년의 로이틀링겐(Reutlingen) 노인 요양소와 1980년의 비르카흐(Birkach) 신학교 건물에서 대담하게 기하학적인 설계를 선보였다. 그러나 셔로운의 후기 작품에서 보이는 다양한 요소들 간의 정교한 상호연관성과 비견할 만한 작품은 1983년 베니쉬가 콜라주와 같은 자유로운 디자인 개념으로 작업했던 프랑크프르트의 독일 국립도서관(German National Library) 현상설계이다. 그의 작업은 1980년대 말에 해체주의자라는 꼬리표를 얻을 만큼 충분히 불규칙했지만 의도된 것은 아니었다.[18] 포스트모더니즘의 이념이 펼쳐질 때, 베니쉬는 레이트 모더니즘 건축을 지속하였으며, 신도시주의(new urbanism) 역시 받아들이지 않았다.

또한 그는 예술학회를 원래의 장소인 파리 광장에 재건축하는 현상설계 경기에 당선되기 전까지는 베를린에서의 모든 설계 작업을 거부하였다. 이 글을 쓸 시점에 막 완성된 이 최후의 대공사에서 그는 도시계획을 입안한 주체들이 강요하는 것들과 싸웠는데, 그 주체들은 규칙적으로 창문을 배치한[19] 석조로 된 입면을 원했다. 그러나 빛을 반사하는 외피를 사용한 것에는 두 가지 의미가 있었다. 우선 공공건물로서 건물이 먼저 거리에 그 자신을 개방하여 사람들을 받아들인다는 의미가 있으며, 다른 한편으로는 도시의 정체성이 규칙이나 법령처럼 위에서부터 형성되기보다 개별 건물 간의 관계성이 같은 현실과 상황으로부터 생겨나야 한다는 의미를 가진다.

이러한 건축적 언어를 발전시키는 일은, 비록 항상 사용자의 경험에 좌우되지만 분명히 오랜 탐구 과정이다. 공간적 실험들은 이렇게 복잡하고 불규칙한 건물들이 어떻게 비용 상승 없이 완성될 수 있는지를 발견할 의도로 행해지는 기술적인 연구들과 보조를 맞추어 진행되었다. 베니쉬의 *작업방식(modus operandi)*이 남긴 중요한 유산 중 하나는 공간적 적층과 구축 순서가 어떻게 결합될 수 있는가를 보여준 것이었다. 불행하게도 공간적 적층의 시각적 표현은 두 눈 덕분에 실생활에서 입체감을 더 느낄 수 있지만, 사진에서는 그 효과가 반감되며 흑백사진에서는 특히 그러하다. 직접 가보고 경험해야 하는 것, 이것이 건축이다.

베니쉬 회사의 이러한 건축 언어는 올림픽 프로젝트와 관련되어 형성된 작업방식의 개선에 의해 진화되었다. 다양한 관심과 유력인사들에 의해 압도되어 개념이 희석되거나 타협될 수도 있었으나, 베니쉬는 모두를 설득하고 같은 곳을 바라보게 하여 프로젝트를 이끌어 갔다. 직접 설계에 참여하는 대신 비평가와 관리자로서 행동하는 것은 더 가치가 있을 수 있는데, 이러한 역할을 성공적으로 수행하게 되면 창의력의 범위가 훨씬 더 넓어진다. 많은 건축가들이 이러한 작업구조의 변화를 성취해 내는 데 실패하여 길을 잃었으며, 그들의 작품은 따분하고 관료적이 되었다. 베니쉬가 성공하게 된 열쇠는, 동료 건축가든 아니면 젊은 조력자든 관계없이, 다른 사람의 창의성을 이용하고 그것을 명확히 실행할 줄 아는 재능이었다. 따라서 팀워크가 필수적이었다.

그르지멕(Grzimek)은 '젊은 팀을 조직하라.'[20]는 베니쉬의 조언에 대해 언급하였는데, 베니쉬는 분명히 계속하여 젊은 팀을 조직해 왔던 것이다. 베니쉬의 사무실은 줄곧 대학을 갓 졸업한 젊은 건축가들에게 엄청난 자유를 주며 그들을 몇 년 동안 고용하였다. 적어도 말년에는, 베니쉬 자신은 거의 펜을 들지 않았다. 대신 그는 조언과 비평을 통해 어떤 아이디어는 격려해주고 어떤 아이디어는 말리면서, 프로젝트가 업무의 주요 원천인 설계경기에서 일등상을 받을 수준에 도달할 때까지 이끌어 나갔다. 그의 파트너들도 도움이 되었고 그들 중 일부는 매우 뛰어난 건축가였으나, 귄터 베니쉬는 모두에게 위엄 있는 존재이자 핵심적인 인물로 여겨졌다.[21] 그가 이와 같은 위치를 점하고 있는 것은 이전 동업자들이 분리하여 개설한 사무실들 중 어느 것도 베니쉬의 회사와 같은 정도의 창의성을 보여주지 못했다는 사실로 알 수 있다.[22]

일단 건축 의뢰를 받으면 베니쉬는 고객들과 관료들과의 관계에서 수완을 발휘하여 타협을 피하고, 이따금 연장되기도 하는 개발 및 사업 기간 내내 번뜩이는 영감을 유지하였다. 현장에 작업장을 운영하고, 예산을 통제하며, 하도급 계약을 체결함으로써, 그와 그의 파트너들은 공사 기간 동안 설계가 발전되고 섬세하게 개선될 수 있는 환경을 만들어 낼 수 있었는데, 가끔은 제한적으로 현장에서 즉흥적인 설계가 이루어지기도 하였다.[23] 이렇게 해서 보통 짧은 설계 기간을 연장하였고, 시공자 및 자재 생산자와의 열린 대화가 가능하였으며, 건물과 설계 간의 피드백이 향상되었다.

　또한 베니쉬와 그의 기질(ethos)을 공유한 사람들에게는 과정이 결과물만큼이나 중요하며, 완벽히 마무리된 설계는 도면에 존재하지 않았다. 건축이란 것은 항상 변화하는 끝없는 모험이며, 항상 상충된 힘에 시달리고 재해석에 대해 열려 있는 것이었다. 미완(未完), 조정 가능성, 그리고 불완전함이 그에게는 지극히 중요한 것들이었다.

　인간은 완벽하지 않은데, 왜 건축은 그래야 하는가? 그것은 문학과 같다. 만약 누군가가 어떤 자질구레한 이야기들은 모두 넣어서 지나치게 시시콜콜 말해버린다면 즐거움이 사라지지만, 서술이 불완전하여 독자의 상상을 위한 여지가 남아 있다면 …… 그리고 여기에 존재하는 다양한 소재와 형식들은 내게는 일종의 자유이다. 사물들이 자신의 정체성을 발견할 수 있는 자유. 만일 금속판에 우연히 구멍이 났거나 실제 작업의 성격을 드러내 주는 몇몇 다른 요소들이 있다면, 그것이 부주의해서 생긴 것이라고 해도, 나는 그것을 고치기를 주저할 것이다.[24]

1 권터 베니쉬, 1992년 그의 책. p. 71: 저자의 번역.

2 서독에서 이 주제에 손댔던 최초의 사무실인 하인리히 클로츠(Heinrich Klotz)의 말이다. Klotz 1977, pp. 33-35. 베니쉬는 클로츠와의 인터뷰에서 1962년 발전된 것과 같은 조립 시스템은 없다고 주장했다.

3 이 방식에 있어 기억할 만한 초기 프로젝트는 그로피우스의 바이센호프의 하우스(쌍둥이 건물)이다. Blundell Jones 2002, pp. 16-17 참조.

4 권터 베니쉬가 서명한 문서인 'Das Neue ist nicht das Alte', *Deutsche Bauzeitung* 1987년 9월, pp. 32-39.

5 처음에는 '권터 베니쉬 and 브루노 램바르트(Bruno Lambart)'였으나, 1966년부터 '베니쉬 & 파트너들'로 사용하였다(권터 베니쉬, Fritz Auer, Winfried Büxel, Manfred Sabatke, Erhard Tränkner, Carlo Weber).

6 '*표준화에 대한 갈망*'과 관련하여 휴고 헤링이 언급한 말이다. 1948, 저자의 번역. 헤링의 건축철학에 대해 더 알고 싶다면 Blundell Jones 2002, 제2장 참조.

7 Blundell Jones 2002, 제13장.

8 '*1972 뮌헨 올림픽 건물 및 시설 계획: 계획과 협의의 진전*'에서 베니쉬, 1970, 슈투트가르트 출판.

9 Ibid.

10 '*이것은 개방성, 투명성, 가시성의 분위기를 창출하는 것의 문제였다. 만일 누군가가 그러한 요구를 심각하게 받아들인다면 그것은 그가 축이나 거대한 광장을 사용해서는 안 되며, 과업에 의해 주어진 규모와 주문대로의 건물(즉, 젊음의 페스티벌을 위한 구조물)을 만들어야 한다는 뜻이다.*' 1978년, 뮌헨에서 베니쉬, Maximilianstrasse Gallery 카탈로그에서: 저자의 번역.

11 오토가 초기의 영감을 주었고, 설계 개발에서 몇몇 중요한 결정을 하였으며, 그리고 그의 경력에서 그런 종류의 구조물 중 가장 큰 것이기 때문에, 이 작품은 그의 전 작품에서 중요한 부분으로 간주된다(Otto, 2005, pp. 260-69 참조). 그러나 베니쉬의 팀은 가시성이 높은 지붕을 근거로, 그에게 주요 업적이 돌아갈 때 자신들의 작품이 부당하게 빛이 바랜다고 느낀다. 올림픽 이후 5년 뒤의 오토의 이야기를 들어보려면, Klotz 1977 pp. 219-25 참조(독일어).

12 8권 이후로부터 인용된 칼 메츠의 책 참조.

13 Holgate의 1997년 모노그래프 참조.

14 Carl Mertz, op. cit. 참조.

15 'der mensch und die technik' 특별 부록에서 세 가지가 나타난다. 1971년 12월 29일.

16 휴고 헤링, '건물에 있어 예술과 구조의 문제들'에서 발췌하였다. 저자의 번역. 9H 에서 완간되었다. no. 7 pp. 73−82.

17 다 자란 나무들 중의 일부는 올림픽 교통을 위해 확장된 Landshuter Allee 지역으로부터 왔다. Christian Kandzia로부터의 정보이다.

18 주요 해체주의 작품 목록에 포함된 유명한 작품으로는 1987년의 Hysolar Institute 슈투트가르트가 포함된다. 그것을 만든 건축가가 실제로는 쿱 힘멜블라우(Coop Himmelblau) 밑에서 일했고, 베니쉬는 이러한 실험이 다소 '의도적'이었다고 거리낌 없이 내게 인정하였다.

19 『아키텍추럴 리뷰*The Architectural Review*』에 실린 저자의 비평. 2005년 11월.

20 베니쉬에 대해 쓴 Günter Grzimek의 에세이. 1992. p.33.

21 Karlheinz Weber는 1977년 하인리히 클로츠(Heinrich Klotz)와의 인터뷰에서 베니쉬의 역할에 대해 역설하였다. 그리고 베니쉬는 올림픽 종합경기장 건설에서 그의 다양한 파트너들의 역할을 인정하였다. 클로츠 1977, pp. 57−59.

22 가장 잘 알려진 것은 'Auer+Weber'로 뮌헨 시절의 두 전 파트너들이 세운 것이다. 또 독일에서 잘 알려지고 후에 독자적으로 알려진 'Kauffmann Theilig'도 있다. 귄터 베니쉬의 업무는 이제 그의 아들인 Stefan이 거의 맡아서 하는데, 아들 역시 비슷한 지도적인 재능이 있는 것처럼 보이고, 국제적으로 일하고 있다. 이제 회사는 베니쉬, 베니쉬 앤드 파트너라고 불린다(Günter Behnisch, Stefan Behnisch, Günther Schaller).

23 두 개의 장기 프로젝트인 프랑크푸르트의 우편 박물관과 본의 국회의사당은 입찰 경쟁에서와는 다른 스타일로 완성되었다. 젊은 행정건축가들이 원래의 설계에 몇 몇 사항들을 추가했기 때문이다. 우편 박물관에서는 주 계단이 확장되었는데, 이것은 건축가들이 살펴보고 계단이 너무 초라하다고 판단한 결과이다.

24 2004년 2월 12일, *Die Zeit*. Hanno Rauterberg와 베니쉬와의 인터뷰에서 발췌하였다. : 저자의 번역.

CHAPTER 09

Carlo Scarpa: Castelvecchio Museum, Verona, 1957-74

카를로 스카르파:

카스텔베키오 박물관, 베로나, 1957-74

    파리 중심부의 철거를 제안한 르코르뷔지에의 1925년도 브아쟁(Voisin) 계획안이 역사적인 도시맥락에 대한 근대주의자들의 태도를 대변한다면, 그들이 도시의 역사적인 맥락에 별반 가치를 부여하지 않았다는 점도 알 수 있다. 모든 것은 앞선 시대의 것과 무관하게 새롭게 창조되어야 했고, 기능과 빌딩 프로세스에 대한 객관적이고 이성적인 분석에만 의존해야 했다. 바우하우스에서 그로피우스는 역사교육을 노골적으로 배제하기도 했다. 요하네스 이텐의 기초과정처럼 예술사학적인 사례들이 사용되기도 했지만, 그것들은 단순히 형태적인 산물로 이해되었다. 또한, 기하학, 형태, 색채, 구성 혹은 균형 등의 측면에서 분석되었을 뿐, 예술사학적 또는 문화적 맥락에서는 받아들여지지 않았다.[1]

    19세기 아카데미즘에 대한 거부감은 새로운 것에만 가치를 부여하는 당대의 진보적인 유토피아니즘과 결부되었다. 유토피아에 대한 환상이 사라진 오늘날 문화유산 전체에 대한 전반적인 거부는 결코 타당해 보이지 않는다. 적어도 계몽주의 이후 우리는 여전히 진보(progress)를 믿는 이들과 그것을 환상(illusion)으로 받아들이는 이들로 이념적인 구분을 하게 된다.

제2차 세계대전 후 복구과정에서 우세를 보인 진보주의자들은 곧 역사적인 맥락에 가치를 부여하고 의미를 두려는 몇몇 개인들의 도전에 직면하게 된다. 이탈리아의 베로나(Verona)에 위치한 카스텔베키오 박물관을 위한 카를로 스카르파의 작업은 특히 중요한 사례인데, 겉으로는 매우 친근한 모습을 보여준다. 스카르파는 역사적인 모방(pastiche)보다 전통적인 기술과 현대적 형태를 혼합한 장인정신(craftsmanship)의 추구를 통해 역사의 연속성을 되살리려고 시도했다.

문화적 맥락

제2차 세계대전 이후 이탈리아의 건축계는 불편한 동거를 지속할 수밖에 없었던 정치권의 상황을 잘 보여준다. 파시즘의 공공사업과 연관된 지나친 수사학은 허무맹랑한 것이었음이 밝혀졌지만, 그 정권과 밀접하게 연관되었던 건축가들은 여전히 기득권을 유지하고 있었다. 가장 영향력이 컸던 마르첼로 피아첸티니(Marcello Piacentini, 1881-1960)는 1950년 성년(聖年: Holy Year)에 로마의 비아 델라 콘칠리아치오네(Via della Conciliazione)를 완공했으며, 공학자인 네르비(Pier Luigi Nervi)와는 1960년 로마

[사진 1] 카스텔베키오 박물관. 낡은 개구부 앞에 새로운 프레임이 설치되는 것을 보여주는 박물관 1층 스케치.

올림픽을 위한 경기장(Palazzo dello Sport)을 지을 때 협력하기도 했다(Blundell Jones 2002, 제9장 참조). 그의 소박하면서도 절충적인 역사주의는 여러 사람을 매료시켰다. 피아첸티니 이후 젊은 차세대 건축가들의 작품은 크게 역사적 수복 및 유사 토속건축을 옹호하는 작품들과 '경제적 기적' 및 달콤한 시대(La Dolce Vita)를 대표하는 근대성의 공학적인 미학을 따르는 작품들로 나뉘게 된다. 후자는 지오 폰티(Gio Ponti)가 설계하고 네르비가 제작을 맡은 밀라노의 피렐리 타워(Pirelli Tower)로 대표된다.

이러한 양극단의 정치적 색깔을 배제한 카를로 스카르파(Carlo Scarpa, 1906-78)는 독자적인 입장을 취했다. 이것은 부분적으로는 그가 당대의 다른 사람들이 받았던 교육과 조금 다른 교육을 받았기 때문이기도 하다. 그는 건축학교 대신 베니스에 있는 예술학교를 다니며 조각과 회화를 배웠다. 그 후 건축에 흥미를 느낀 그는 학생의 신분으로 여러 건축회사에서 일을 배웠다. 이후 그는 건설 현장에서 공사 책임자로 일하기도 했다.

자신의 건축 작업이 시작되기 전의 이러한 경험은 스카르파의 독특한 건축 언어가 생성되는 배경이 된다. 즉, 경직되고 구성적인 규범의 결여, 평면과 재질의 변화로 선사하는 즐거움, 그리고 잘 알려진 바대로 장인들과의 유쾌한 관계 등이 그의 건축을 설명할 수 있다. 그는 자신의

[사진 2] ▲ 오랜 성곽의 옆모습. 낡은 걸개식 다리는 근대식으로 교체되었고 출입구는 유리 패널로 되어 있다.

[사진 3] ▼ 대리석 타일이 시공된 사첼로(Sacello)는 중정 정면으로부터 돌출되어 있다.

[사진 4] 중정의 전경. 잔디밭 너머 사진 오른쪽 위로 위치한 주 진입로는 두 동의 건물 사이에 있어 자연스럽게 동선을 유도한다.

도면에 과도하게 집착하지 않았으며 공사가 실시되는 바로 그 순간까지 변화에 능동적이었다. 그가 남긴 도면은 끊임없이 창조적으로 조각적·공간적 해석이 가능하다는 점을 보여준다.

파시즘 아래에서 성장한 스카르파는 1931년 피아첸티니의 작품을 공개서한으로 비판하는 대담함을 보여준다. 정권에 순응하며 쉽게 살 수 있었던 시절, 그의 행동은 자신의 존재를 드러내는 것이었다.[2] 그의 주장은 공식적으로 검증된 테크닉에 의존하기보다 더욱 유연한 체계(framework)를 옹호하는 것이었다. 이 단계에서 그의 작업은 작은 규모의 인테리어와 전시물에 국한된 것이었으며, 학생을 가르치는 일도 일부 병행했다. 그는 제2차 세계대전 중 레지스탕스와 연관되기도 했지만, 해방 후 좌익 인사들에 의해 이루어진 저소득층 주거사업(social housing)에 선뜻 나서는 데에는 주저했다. 브루노 제비(Bruno Zevi)는 베니스에서 개최된 건축가 회의에서 스카르파가 자신의 입장을 발표하는 모습을 기록으로 남겨두었다.

1945년 해방 직후 파시스트 반대자였던 스카르파는 좌익 건축가 그룹에 합류하도록 권유받았다. 그는 무역노조의 투쟁과 집단 계획, 그리고 단체노동을 요구하는 선동적인 강연을 들었다. 그는 현장에서 발언권을 얻어 일어선 뒤, '나의 단 하나의 열정은 내가 피라미드를 지을 수 있도록 허락해 줄 파라오를 찾는 것이다.'라고 말했다. 객석은 얼어붙는 듯했으며, 스카르파는 곧바로 그 회의장을 빠져나갔다.[3]

그는 후일 주세페 브리옹(Giuseppe Brion)의 무덤을 설계하면서 비로소 그의 '파라오'를 찾게 된다. 그리고 1969년부터는 트레비소(Treviso) 부근의 비토 달티볼레(Vito d'Altivole)에 브리옹 채플을 건설하게 된다. 프로젝트 전체를 위임받은 이 작업은 역사적인 선례로부터 직접적인 영향을 받은 것과 달리 여러 형태를 혼합한 절충적인 특징을 가지고 있다. 프랭크 로이드 라이트와 일본 전통건축의 영향을 받은 스카르파의 건축 형태는 현대 추상예술은 물론 협력 작업에 참여한 장인들의 기술과도 연관되어 있다. 그의 프로젝트에서 고안해 낸 형태의 풍부함과 다양성은 당시의 일반적인 기준을 크게 넘어선 것이었지만, 한편으로 기존 구조물의 재활용(refurbishment)은 그의 풍부하고 창조적인 상상력에 걸림돌이 되기도 했다. 이런 점에서 그는 자신이 선호하는 형태의 독특함(exoticism)을 고집하기보다 새로운 것과 옛것의 창조적인 공존을 선택했으며, 건축 프로세스와 기존 구조물의 역사적인 계층화를 보여주는 건축 언어를 새롭게 만들어내었다.

스카르파가 자신의 '파라오'를 기다리는 동안, 전쟁 직후부터 그를 사로잡은 것은 박물관 공간의 영구적인 활용과 기획전의 연출에 대한 것이었다. 그 작업은 1945년에서 1959년 사이 베니스에서 이루어진 아카데미아 미술관(Galleria dell' Accademia)의 재구성에서부터 출발한다. 이 작품에 이어 전쟁으로 파괴된 팔레르모의 아바텔리 팔라초(Palazzo Abatellis, 1953-54)의 재건축도 시작된다. 베네토 지방 포사뇨의 카노바 미술관(Canova plaster-cast gallery)의 증축은 1955년부터 1957년 사이에 이루어진다.

이 모든 프로젝트에서 그림과 조각 작품은 특별히 디자인된 스크린과 받침대에 전시되었으며, 전시 장소와 작품의 프레임을 화가의 시각에서 보여주었다. 이 과정에서 스카르파는 이젤과 기단을 위한 전시 가구의 설계 언어를 개발했는데, 재건축된 공간

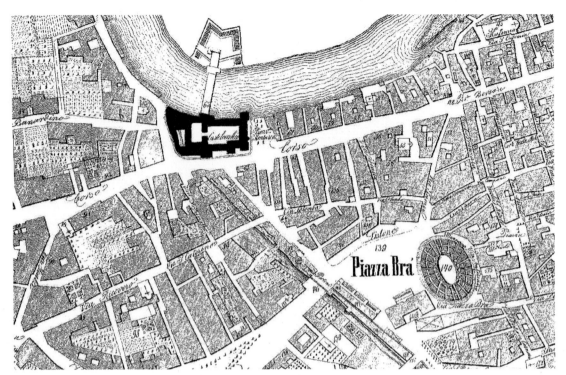

[사진 5] 1849년 지도에 나타난 카스텔베키오. 아디제(Adige)강과 브라 광장, 그리고 로마 시대 정주지의 한쪽 끝에 위치한 원형장과의 공간적인 관계를 보여준다.

의 새로운 벽 표면과 잘 어울리면서 전시회의 맥락과도 연계될 수 있도록 했다. 그의 건축 어휘는 베로나의 카스텔베키오(Castelvecchio)의 성곽에서 1957년부터 1974년 사이에 이루어진 일련의 작업에 매우 효과적으로 적용되었다.

카스텔베키오의 맥락

베로나(Verona)의 도시 형태는 아디제(Adige)강의 호안선(湖岸線)과 로마 시대의 주거지였던 격자 형태의 가로구조가 특징이다. 자연과 인위적인 질서의 명료한 조화와 더불어 외곽지역과 중앙의 확연한 구분은 스카르파의 작품에 미묘한 영향을 끼친다. 로마 시대 그리드의 경직성은 가장자리의 부분적인 확장으로 인해 경감되었는데, 이 점은 브라(Bra) 광장과 로마 시대 유적 간의 관계에서 가장 잘 찾아볼 수 있다. 열림과 닫힘의 도시 리듬은 현존하는 에르베 광장(Piazza delle Erbe)에 나타나 있는 여러 겹의

[사진 6] 1층 평면도. (위) 상층부 평면도.

① Reggia로 연결되는 통로 ② 마스티오 타워

③ 아디제강 ④ Cangrande della Scala 동상

⑤ 갤러리 동 ⑥ 비상구 계단 ⑦ Sala Avena

⑧ 북동쪽 타워 ⑨ Sala Boggian ⑩ Morbio 문

⑪ 구 성문 ⑫ 갤러리 ⑬ 사첼로(Sacello)

⑭ 새로운 출입구 ⑮ 도서관 ⑯ 분수

⑰ 연못 ⑱ 정원으로 가는 주 출입구

⑲ 해자(moat)를 건너는 다리 ⑳ 해자(moat)

㉑ commune 벽

㉒ 스카글리에리(Scaglieri) 다리로 가는 길

㉓ 스카글리에리(Scaglieri) 다리

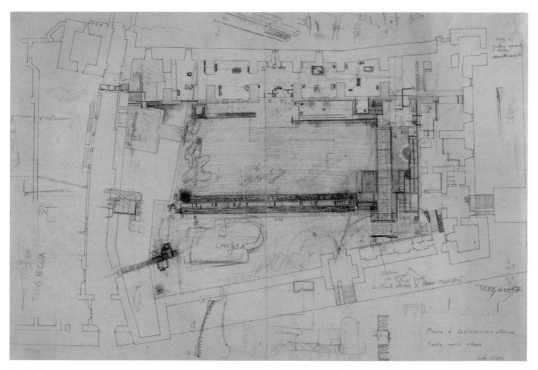

[사진 7] 초기 기독교 교회의 고고학적 유물과 잔디를 방책(hedge)으로 구분해 놓은 정원을 보여주는 1층 평면도.

역사적인 유구를 통하여 더욱 강조된다. 에르베 광장은 한때 로마 병영지(castrum)의 중심지였으며, 사각형의 로마 포럼은 누적된 역사성을 더욱 강조하기 위해 마름모꼴로 바뀌게 된다. 스카르파는 카스텔베키오에서도 유사한 방식으로 하나하나의 층을 남기려고 의도했다. 그가 택한 방법은 땅속의 축적된 재료를 출토하는 것으로 물리적인 제거과정을 통해 개념적으로 과거를 현존시키는 것이었다.

　로마 유적의 서쪽에 위치한 카스텔베키오는 중세의 성곽이다. 스카글리에리(Scaglieri) 다리를 가로지르는 중요한 하천과 병영지의 주요 교차점, 그리고 현재의 로마 시대의 성문과 보르사리 문(Porta dei Borsari)을 연결하는 코르소 카보우르(Corso Cavour) 길을 모두 관장한다. 베로나는 지리적인 입지 덕분에 오랫동안 정복의 대상으로 여겨졌으며, 카스텔베키오는 계속 방비적인 역할을 해왔다. 겔프와 기벨린(Guelph and Ghibelline) 전쟁기에는 베니스와 밀라노 사이에서, 나폴레옹 전쟁기에는 프랑스, 이탈리아, 오스트리아 열강들 사이에서, 그리고 이탈리아 통일전쟁과 제1차 세계대전 때에도 주요 시설로 사용되었다.

　1919년 베르사유 조약 이후, 오스트리아와의 관계 악화에도 불구하고 트렌토와 볼차노가 포함된 이탈리아 왕국 북쪽으로의 영토 확장은 카스텔베키오와 같은 성곽의 군사적 중요성을 줄어들게 하였고, 카스텔베키오는 1924년 마침내 박물관으로 바뀌게 된다. 제2차 세계대전 중에는 독일군의 포로수용소로 사용되면서 성곽은 더욱 손상된다. 이러한 역사의 어두운 면에 더해 1944년 무솔리니의 사위이자 외교장관인 갈레아초 치아노(Galeazzo Ciano)는 이곳에서 반역죄로 파시스트 괴뢰정부에 의해 재판을 받고 총살형을 당하게 된다.

　이탈리아 예술의 문화적 가치가 파시즘의 붕괴와 함께 다시 주목받게 되면서 스카르파는 19세기와 20세기의 수많은 요소들을 활용하는, 미묘하지만 중요한 변화를 꾀하게 된다. 스카르파가 도착하기 전 카스텔베키오의 마지막 변화는 1920년대 중반 군사시설 해제 이후 르네상스 벽화를 본뜬 실내장식을 들 수 있다. 이러한 미학은 파시즘 초기의 박물관 디자인에서는 용인되었지만, 1950년대 중반에 이르러서는 그러한 역사적인 방식은 부적절했다. 스카르파의 작업은 사실 거짓된 역사를 덧입힌다기보다 건물의 과거를 재정의하려는 박물관 운영진의 열정을 반영한 것이다. 고고학적으로 매우 정확하지는 않을지언정, 역사를 손에 잡힐 듯 시각화하는 것이 그의 목표였다. 이것은 재료의 선택을 비롯한 여러 가지 요소를 명확히 드러내기 위하여 그가 선호하는 방법을 포함한 건축 언어의 많은 요소를 결정하게 된다.

건물의 방문

한쪽으로는 강변과 마주하고 있으며, 모르비오 문(Porta del Morbio)을 통해 스카글리에리 다리(Pont Scaglieri)로 향하는 도로로 구분되는 카스텔베키오 성곽의 육중한 외관은 스카르파의 손길이 닿지 않은 채 원래의 상태 그대로 남아 있다. 스카르파는 먼저 실내의 리노베이션에 집중했으며, 그 뒤 중정을 리모델링했다. 다리로 향하는 길 건너 궁전의 일부분인 레지아(Reggia)의 리노베이션으로부터 시작된 작업은 1958년 후반 개최된 '알티키에로부터 피사넬로까지(From Altichiero to Pisanello)' 회화 전시회를 위한 것이었다. 전시장 하단부(lower level)는 건물 전체로 본다면 2층(upper floor)에 해당하는 것이었다. 따라서 중정에서 출발하여 마스티오 타워(Torre del Mastio)의 계단을 지나 위층까지 가는 진입 동선을 고려해야 했다. 타워는 다리 근처에 있었지만 서로 분리되어 있었다. 미술관의 내부 공간은 간단하게 꾸며졌다. 중세 프레스코화의 일부를 노출시켰으며, 철과 나무로 된 새로운 계단실이 두 층으로 된 전시 공간에 연

[사진 8] ▲ 분수를 지나 주 출입구를 거쳐 박물관으로 진입하는 가로의 상세한 모습.

[사진 9] ▼ Can Grande 공간으로 캔틸레버로 된 기단 위에 동상이 설치되어 있고, 위는 캐노피로 보호되고 있다.

[사진 10] 일련의 조각상 파편들로 꾸며진 진입로의 조경.

결되었다. 이러한 구성은 우선 독자적인 운영을 가능하게 하도록 의도한 것이지만, 1970년대 중반까지 계속된 카스텔베키오의 수많은 작업에 촉매제 역할을 했다.[4]

이 작품을 더욱 명확히 살펴보기 위해 방문객의 동선이 시작되는 곳에서부터 기술하는 것이 가장 좋을 듯하다. 실내 공간에 생기를 불어넣으려는 전략은 전체적인 구성과 세부적인 움직임 모두에서 나타난다. 스카르파는 중세 초기 교회의 고고학적 유구를 구분하기 위해 울타리(hedge)를 사용하여 공간을 몇 개로 나누었다. 울타리를 통한 이러한 구분에 진입 공간을 정의하는 도로면 포장 및 스크린과 같은 복잡한 연출이 더해졌다. 이와 더불어 살라 보기안(Sala Boggian)의 특별 전시회를 위한 도서관의 경우, 기존 위층의 방들은 전시와 연주 공간으로 사용되었고, 박물관 본 전시는 두 개의 별동에서 이루어졌다.

기본적으로 두 동의 전면 보도 위로 카펫이 설치되었다. 주변에는 방문자의 눈길을 사로잡을 수 있는 수영장과 조각품도 마련되었다. 접근을 제한하는 스크린 벽은 초청객들 사이에 상대적인 차이가 있음을 의미하며, 입구(ingress)와 출구(egress)도 구분된다. 그중 하나는 박물관 입구의 유리로 된 고딕 양식의 복도를 지나는데, 옆의 사첼로(Sacello)들과 평행을 이루면서 입구의 현관을 정의한다. 노면 포장은 폭과 질감, 높이가 각기 다르게 되어 있어 중정의 진입부에서부터 자갈이 깔린 부분까지 미묘한 대각선의 동선을 연출한다. 각각의 요소들의 엇갈린 배치와 픽처레스크적인 설정은 복잡한 배열을 이루며 일체화되는데, 가르치려고 하기보다 성찰할 수 있는 분위기를 자아내는 덕분에 방문객들은 즐겁게 발길을 멈추게 된다.

중정의 조경은 주된 전시 공간이 포함된 두 개 층의 입면이 두드러진다. 조각은 1층에, 회화는 2층에 각기 전시되어 있다. 이 새로운 배치를 적용한 곳은 입구의 오른쪽에 위치한 공간이다. 왼편으로는 커다란 공간이 보이드(void)로 되어 있어 궁전(Reggia)으로 가는 통로가 노출되어 있다. 중정의 파사드는 이전에 점유했던 이들에 의해 더욱 대칭적이고 고전적인 규칙성을 지니도록 개축되었다. 스카르파는 입면의 왼편에 위치한 기념비적인 계단을 철거하고 지금의 보이드에 박물관의 수상작을 전시하는 공간을 마련했다. 전시 작품으로는 베로나의 중세 전쟁영웅 '칸그란데 델라 스칼라(Can Grande della Scala)'의 기마상이 놓여 있다. 이 멋진 오브제는 박물관의 두 부분과

[사진 11] ▲ 1층 조각 갤러리의 마지막에 위치한 방의 실내 디자인. 문 바깥쪽으로 강철로 된 스크린이 보이며, 아래층에 노출된 고고학적인 유적을 보여주기 위해 난간이 설치되어 있다.

[사진 12] ▼ 앞의 사진 1에 제시되었던 1층의 가운데 방. 새로이 놓인 바닥의 표면은 위층을 지지하기 위해 천장에 설치된 강철보의 방향과 엇갈려 대조적인 모습을 보여준다.

[사진 13] ▼ 1층의 네 번째 방. 전시된 조각품들의 특징에 맞추어 개별적으로 연출된 모습을 보여주고 있다.

[사진 14] 다양한 종류의 거치 방식을 보여주는 위층의 갤러리 전경. 벽걸이, 자립식 스크린, 그리고 이젤(easel)이 보인다.

두 개의 층을 소통시켜 주는 기능과 더불어 방문객들로 하여금 박물관의 다양한 면을 볼 수 있도록 해주었다.

전체의 구성 속에서 이 요소를 자리 잡게 하기 위해 스카르파는 중정으로 연결되는 벽체의 표피(membrane)를 두드러지게 하여 개별 사건의 독립성을 강조했다. 따라서 벽은 정도의 차이는 있겠지만 주요한 건축적 요소로 취급되고 있다. 오른쪽에서 소박하게 시작되어 사첼로(Sacello) 성당으로 이어지는 진입로는 사각형의 견고한 덩어리를 드러내며 벽에서 돌출되어 있고, 위로는 유리천장과 세 부분으로 나뉜 유리창이 설치되어 있다. 이어서 작은 공간을 하나 지나고 나면 중심의 로지아가 나오고, 또 다른 작은 공간 다음에 사첼로 봉헌성당과 버금가는 공간이 등장한다. 마지막으로, '칸그란데 공간'에서는 벽체의 박리(delamination) 현상이 나타난다. 이러한 이질적인 요소들을 통합하는 것은 추상적인 개구(fenestration) 시스템으로 파사드의 가장 바깥쪽과는 달리 연속된 느낌을 가져다준다.

박물관 본관의 내부는 외부와 마찬가지로 레지아(Reggia)에 사용된 언어를 계속 채택하여 믿기지 않을 만큼 차분하게 연출되었다. 하지만 공법과 재료에 대한 일관된 태도는 장식 없는 공간을 만들어내었다. 이곳에 전시된 작품들은 섬세한 방식으로 표구 처리되어 소박한 실내 분위기를 만들어 내는데, 건축적인 효과까지 더하면서 그

[사진 15] 사첼로(Sacello)를 향하는 프룬(Prun) 대리석의 디테일.

분위기는 더욱 돋보이게 된다. 예를 들어, 조각 갤러리가 위치한 1층은 다섯 개의 사각형 공간의 리듬과는 달리 전통적인 방식으로 구성되었는데, 진입 루트와는 반대 방향으로 새롭게 도로 표면이 포장된 반면, 진입 루트는 위층을 지지하도록 마련된 강철보와 같은 방향을 향하고 있다. 복합 요소로 보(beam)의 특성이 충분히 표현되었고, 덕분에 한층 더 차별화된 움직임을 가능하게 했다.

건축요소들 중 가장 독특한 두 가지 즉, 사첼로의 견고함과 '칸그란데 공간'의 보이드(void)는 전시의 가능성을 대조적으로 보여주었다. 사첼로는 작은 사각형의 방으로 정면에 지어졌다. 창문이 없는 실내의 벽은 토산물인 프룬(Prun) 대리석에 나타나는 사각형의 장식 패턴을 지니고 있다. 이 패턴은 몬드리안을 비롯한 다른 근대 추상화가의 작품과도 연관되어 있다.[5] 색채의 변화, 그리고 거침과 부드러움의 대조적인 질감은 화가로서 스카르파의 작품에 나타난 평면적 특성의 강조와 맥을 같이한다. 내부적으로, 천창은 전시된 조각품을 더욱 극적으로 보여주며, 상대적으로 작은 작품의 존재감을 확실히 각인시켜준다. 건축가 라파엘 모네오(Rafael Moneo)는 이를 두고 다음과 같이 말했다.

스카르파의 작품을 바라보는 독특한 방법은 그의 작품이 내밀어주는 손아귀에 이끌려 그 앞에 서는 것이다. 이 건축가 특유의 표현은 그제야 모습을 드러낸다. 스카르파가 작품을 다룰 때는 마치 화가처럼 행동하고 작업한다. 그의 회화작품에서는 마지막 붓질 한 번의 효과에 이끌리고 색채의 농담이 가져다주는 영향에 매혹된다. 그는 자기 발전을 통해 스스로를 유연하게 극단화(fluid polarization)하려고 부단히 노력했다.[6]

하지만, 이것은 스카르파의 공간감을 저평가하기 위한 것이 아니라 '칸그란데 공간'

[사진 16] 중세의 벽을 배경으로 실루엣으로 연출된 Can Grande della Scala 기마상.

을 더욱 적절하게 보여주기 위한 것으로 볼 수 있다. 그 기마상(像)은 원래 도시의 중
심부에 위치한 그의 고딕 양식 무덤의 지붕에 설치되었던 작품이었지만, 보존을 위하
여 복제품으로 대체되었다. 몇 가지의 안을 검토한 끝에 스카르파는 원래의 기마상을

[사진 17] 중세의 창문과 반투명한 유리로 빛이 들어오는 갤러리의 한 부분. 그림은 벽에 걸려 있고, 다른 작품들은 독립형으로 설치되어 있거나 이젤에 걸쳐 있다.

박물관의 주된 요소로 방문객들의 동선과 중정에서 모두 보이는 곳에 전시하기로 결정했다. 1층에 설치된 기마상은 원래의 높이를 알 수 있도록 거대한 캔틸레버 받침대 위에 올려져 있다. 본래의 모습을 상기시키기 위한 것으로, 그 결과 옛 의미가 되살아나게 되었다. 양쪽으로 설치된 작은 다리와 발코니는 스카르파의 스케치에 나타나 있듯이 조각을 더욱 친근하게 느끼도록 한다. 하지만 조각상을 다루는 이러한 방식은 그저 하나의 요소에 불과할 뿐이다. 조각이 점유하고 있는 수직적인 공간은 조각상 하나가 차지하는 효과보다 더 큰 힘을 발휘한다.

벽과 지붕은 얇은 막으로 도장되어 있다. 스투코(stucco)는 석재와 벽돌을 드러내기 위하여, 타일은 동(copper)을 드러내기 위하여 제거되었다. 지붕을 떠받치는 두 개의

[사진 18] ▲ 다양한 전시 방식을 보여주는 상층부 갤러리.

[사진 19] ▼ 1층 코너 부분의 진입구에 위치한 상점.

[사진 20] ▼ 위층 갤러리로 연결되는 계단은 조금씩 좁아지지만 실제로 그렇게 느껴지지는 않는다.

보는 옆 벽면에 연결되는 부분을 노출시켰다. 중세의 닫집(baldachino)을 연상시킬 정도로 정교하게 연출된 지붕과 더불어 이 공간은 스카르파가 모든 박물관 공간에서 추구하던 건축과 전시물의 통합을 보여준다. 방문객들의 동선이 항상 이 보이드 공간에 모이게 되는 것은 건축요소를 제거하거나 노출시킴으로써 가치를 창출하는 스카르파의 능력을 증명해 보이고 있다. 리치스코 마가그나토(Licisco Magagnato)에 의하면 스카르파는 외과 의사에 비견할 만한 건축가의 면모를 보여준다.

스카르파는 화려한 형태를 가진 디테일로 인해 마치 세련된 세밀화가(miniaturist)처럼 여겨지며 많은 주목을 받아왔다. 실제 카스텔베키오 박물관의 치밀한 시퀀스는 외과 수술에 비견할 만한 것으로 거대한 외벽에 둘러싸인 공간에 영향을 미칠 정도이다. …… 도시 환경에서 이루어낸 대단한 작품이라고 할 수 있다. …… 우리는 스카르파의 작품에서 탁월한 건축적 우수성을 발견할 수 있다. 그는 걸출한 형태의 창조력과 더불어 역사적 흔적을 한편에 담은 골조를 정교히 드러내는 외과 수술에 버금가는 정확한 작업을 통해 부분적인 새로움까지 갖추었다. 또한, 흩어진 조직을 봉합해내어 통합시킴으로써 상처의 흔적을 감추지 않고 노출시키면서도 시간의 간극을 메울 수 있게 하였다.[7]

미술관 내부의 동선은 조각상이 설치된 1층의 공간에서 시작되어 궁전(Reggia)의 여러 방들을 거쳐 다리 건너까지 연결된다. 위층의 동선은 주동 2층에 위치한 회화전시실로 연결된다. 이곳에서는 존 러스킨(John Ruskin)이 미소를 머금고 바라보았듯이, 아래의 조각상들을 여러 각도에서 감상할 수 있다. 하지만, 정교하게 전시한 효과 이상으로 카스텔베키오는 도시와 건축의 더 큰 질서를 표현하고 있다. 이 작품은 마치 양파의 껍질을 벗겨내듯이 한 층 한 층 역사적 현상의 구조를 깊이 있게 드러내 준다. 카스텔베키오는 진정한 건축 작품이지만, 방문객들로 하여금 이러한 현상을 잘 이해할 수 있도록 안내하고 이 장소를 방문하도록 유도하기 위해 지루하지 않게 이야기를 풀어낸다. 이 작품은 친근하면서도 독특한 디테일에 크게 의존하고 있지만, 그 섬세함은 자기만족적이거나 개인적인 것 이상이다. 라파엘 모네오는 다음과 같이 말했다.

…… 간혹 반대로 보이는 경우가 있지만, 스카르파의 작업은 그를 위해 일하는 기능공들을 착취하는 것과는 거리가 멀다. 그의 작품에서 나타나는 것은 기능공의 솜씨가 아니라 그것을 창조해낸 정신적 지혜이기 때문이다.[8]

모네오는 디테일의 규모를 언급하고 있지만, 그의 제안은 부분의 합보다는 조합으로 도시적인 규모에도 적용될 수 있는 것이다. 디테일이 지니고 있는 태생적인 특징 중에서 가장 포괄적인 것은 바로 구성에서 찾을 수 있으며, 그 구성의 기술은 작품의 효과를 크게 향상시킨다. 그리고 구성의 가장 기초적인 방법은 20세기 예술의 정수인 콜라주이다.

건축적 콜라주

입체파 화가들에 의해 처음 시도된 콜라주는 시각예술에 있어 추상과 구상, 모든 부문의 토대를 이루고 있다. 모호한 구성적 효과를 연출할 수 있는 능력은 건축가들로 하여금 기존의 (건축) 재료를 의무적으로 사용해서 작업하도록 유도했다. 콜라주의 요소들은 본질적으로 구성을 위해 엮인 것인 동시에 독립적인 것 두 가지 모두로 읽힐 수 있다. 입체파의 콜라주에서 나뭇결 효과(wood graining)는 묘사된 기타의 표면이지만, 기타가 그려져 있는 사각형의 벽지는 '정직한 표현임과 동시에 기만적인 것'이 된다.[9] 스카르파의 재해석에서 칸그란데 델라 스칼라의 동상은 카스텔베키오의 전시 작품 못지않게 중요한 재현의 조직이다. 콜라주의 또 다른 특성은 병치(juxtaposition)인데, 이것은 초현실주의자들의 영향을 받은 것이다. '해부대 위 재봉틀과 우산의 만남'이 잘 알려져 있다.[10]

독특한 동시에 서로 연관되지 않을 것 같은 요소들을 병치를 통해 변증법적 관계를 만드는 힘은, 스카르파 작품에서 조각상의 좌대의 높이를 정하는 것이나 기존 개구부에 쇠로 된 스크린을 덧대는 것을 통해서도 나타난다. 각각의 요소들은 서로 대조적인 것의 존재로 인해 오히려 안정감을 얻게 된다. 콜라주는 역사의 편린을 패러디하거나 동시대를 부정하지 않고도 역사에 관여할 수 있도록 허용한다. 그것은 자신감 있고 강력한 몸짓을 통하여 맥락을 파괴하는 역할 대신, 세심하면서도 의지 있는 수단(servant)으로 작동한다.

진보(progress)에 대한 과도한 집착은 스카르파 작품의 독특한 개성과 일반화될 수 없는 특성을 이해하기 어렵게 한다. 또한, 그가 추구한 주관성과 형태주의로의 회귀를 무시하는 것과 다름없다. 스카르파의 건축은 확실히 현대건축의 이데올로기들, 자재업자들과 그들의 끄나풀, 부패공직자와 속물스러운 개발업자들 사이에 형성된 지저분한 담합에 대한 분명한 저항이다. 이들이 바로 제2차 세계대전 이후 유럽 사회의 도시 경험을 지속적으로 열악하게 만든 주범이다. 스카르파가 재정립하고자 하는 역사적 연속성은 바로 이러한 잘못된 맥락에 대한 저항으로 평가되어야 한다. 같은 맥락에서 과거 그 자체는 사물(artefacts)의 형태와 맥락을 통해 가장 핵심적인 역할을 해야 한다. 의도적으로 미래를 지향한 사물은 늘 성공적이지 않았기 때문이다.

스카르파가 차용한 콜라주 기법은 도발적인 형태인 동시에 통합된 역사이다. 역사학자인 만프레도 타푸리(Manfredo Tafuri)는 스카르파의 작품인 마르티우스(Martius) 계획안을 예로 들며 피라네시(Piranesi)와 비교하기도 했다.[11] 스카르파의 사후 그의 작품에 대한 평가가 건축적인 디테일에 초점이 맞춰졌던 점을 생각하면, 그러한 비교는 사실 매우 이례적인 것이다. 디테일은 그의 프로젝트를 실현하는 데 있어서 필수적인 것이었으며, 도면 자료가 이를 뒷받침한다. 하지만, 그 점을 지나치게 강조함으로써 스카르파에 대한 이해를 단순히 디테일에 강한 인물로 파편화시키는 결과를 불러왔다.[12] 건축을 근본적으로 자율적인 것으로 바라보는 그러한 시각은 스카르파가 겪어야 했던 정치적 맥락과 20세기 이탈리아 건축을 특징짓는 전통과 근대 사이의 갈등을 모두 무시하는 것이다.

스카르파 건축 언어의 모호함은 (전통적) 맥락과 근대성이 상호 대립적이라는 선입관에서 벗어나도록 해주었으며, 그 대신 기능과 미학, 그리고 맥락을 통합할 수 있는 일련의 가능성을 제시해주었다. 맥락에 대한 스카르파의 입장은 카스텔베키오에 잘 나타나 있는데, 그가 연출해낸 은밀성(stealth)을 통해 큰 성취를 이루어 낸다. 그의 작업은 개별적인 요소를 적극적으로 표현하지만, 전시된 다른 작품에 대해서도 존중을 표하면서 관람객의 주의를 흩뜨리지 않도록 한다. 전시물이 미리 정해져 있는 등 경직된 환경 속에서 이루어진 작업임에도 불구하고 스카르파는 20세기 박물관 설계에 있어서 가장 중요한 걸작이라고 할 수 있는 작품을 만들어 내었다. 그의 미학은 매우 독특하고 개성이 강해 한마디로 정의하기는 어렵지만, 그러한 행위 자체가 동시대 도시 경관의 구성요소들을 회복하려는 근본적인 의도에서 비롯되었다는 사실을 잊어서는 안 된다.[13] 스카르파의 의도는 과거와 현재의 교차점에서 역사주의로 회귀하지 않고도 기억하고 싶은 경험을 만들어내는 한편, 그가 작업한 전시물들과 건물, 그리고 공간의 통합을 존중하는 것이었다. 스카르파의 건축이 진실해지는 이유는 그의 손이 닿을 때마다 맥락과 얽혀 풍부해지고 재료의 전통성이 지속되기 때문이다.

1 이텐(Itten)의 기초 교육 방법의 예에 대해서는 Bayer, Gropius and Gropius, 1938, pp. 30–35 참조.

2 1931년(파시스트 정권 9년차) 5월 13일 카를레토 스카르파(Carletto Scarpa)를 포함한 베니스의 합리주의자들이 서명한 편지는 1931년 5월 19일 *Il Lavoro Fascista*에 출판된다. 1985년 Dal Co와 Mazzoriol이 재출판한 책의 pp. 279–80에도 수록되어 있다. 이 편지에는 독일과 오스트리아 현대건축의 영향을 받을 수 있도록 이탈리아 건축의 성향은 공식적으로 배제시켜 달라는 청원이 포함되어 있다.

3 Bruno Zevi, '*Beneath or Beyond Architecture*' in Dal Co and Mazzoriol 1985, p. 271.

4 'Reggia'에 대해서는 Beltramini, Forster and Marini 2000, pp. 164–71 참조.

5 사첼로(Sacello)의 학문적 기원에 대한 논의는 Marisa Dalai Emiliani, '*Il progetto di allestimento tra eddimero e durata: una traccia pre le fonti visisve di Carlo Scarpa*' in Beltramini, Forster and Marini 2000, pp. 41–52.

6 Rafael Moneo, '*Representation and the Eye*' in Dal Co and Mazzariol 1985, p. 236.

7 Licisco Magagnato, '*The Castelvecchio Museum*' in Dal Co and Mazzariol 1985, p. 159.

8 Moneo, op. cit.

9 Rowe and Koetter 1978.

10 이 구문은 아름다움의 정의를 찾던 초현실주의자들에 의해 채택된다. 출처는 Comte de Lautréamont(Isidore Ducasse) 컬렉션 *Les Chants de Maldoror* 1868–9.

11 타푸리(Tafuri) 1980, p. 111.

12 Murphy 1990 및 K. 프램턴의 1995년도 저서 제9장 '*Carlo Scarpa and the Adoration of the Joint*' 참조.

13 영미권에는 1950년대와 60년대 Gordon Cullen이 쓴 『*Architectural Review*』의 기사를 통해 잘 알려져 있다. 타푸리는 '스카르파의 작품에 이런 것은 없다. 특정 시대에 집착하거나 두려워하는*(chronophillia or chronophobia)* 면은 그의 작업에 등장하지 않는다. 오히려 역사적 시간의 중첩을 자연스럽게 하고 있다.' Dal Co and Mazzariol 1985, p. 79 참조.

CHAPTER 10

Lucien Kroll: Maison Médicale, Brussels, 1969-72

뤼시앵 크롤:

메종 메디컬, 브뤼셀, 1969-72

삼십 년이 지났지만 메종 메디컬(Maison Médicale; 메메, Mémé)의 진정한 영향력을 서술하기란 쉽지 않다. 이것은 일반적인 근대건축의 단조로운 확실성이 여전히 지배적일 때 세상에 갑자기 나타나 참여(participation)라는 것에 극적인 새로운 이미지를 부여했다. 바로 옆에 서 있는 획일적인 병원과 대조되는 무질서한 풍채를 보는 것만으로도 아래로부터의(bottom-up) 계획과 위로부터의(top-down) 계획 사이의 중대한 차이를 인지하게 된다.

지안카를로 데 카를로(제13장)가 이미 1968년 테르니(Terni)의 참여형 주택에서 급진적인 실험을 하여 큰 성공을 거두었지만, 그 결과물은 일상적인 건축가의 말끔한 콘크리트 건축으로 마감되었다.[1] 뤼시앵 크롤은 고삐를 더 늦추었고 자발적인 건축을 위해 그러한 모든 관습과 정갈함을 포기했다. 이것은 필요한 만큼 어수선하고 변덕스럽게 보이도록 허락되었는데, 겉보기에 꽤 불명예스러운 듯하다. 그러나 크롤은 '*카탈로그에는 스물일곱 가지의 창문이 있지만 대부분의 건축가는 두세 가지만을 선택한다. 왜 스물일곱 가지를 다 사용하지 않는가?*'[2]라고 주장한다.

[사진 1] 메종 메디컬의 측면. 모든 복합 사회시설은 하층부, 주거 시설은 상층부에 위치한다.

우리는 이런 생각을 해본 적이 없다. 왜냐하면 이것은 반복이 경제적이고 필수적이라는 관습적인 지혜에 상당히 배치되기 때문이다. 더욱 심각하게도 이것은 건축의 선한 취향이라는 가정에, 더불어 단순함과 비율의 보편적인 혜택이라고 여겨지는 주된 신념에 어긋난다. 크롤은 책과 글을 통하여 지속적으로, 마찬가지로 무질서하여 이전에는 본 적 없는 일련의 프로젝트를 통하여 전형적인 개구쟁이의 위트로 기술주의적 주장과 미학적 주장 모두에 도전장을 내밀었다.[3]

뤼시앵 크롤은 1927년 브뤼셀에서 태어났고, 그곳에 있는 캉브르 국립 고등학교 (Ecole Nationale Supérieure de la Cambre)에서 건축을 공부하기 시작하여 1951년에 마쳤다. 초기에는 샤를 반덴호브(Charles Vandenhove)와 파트너로 일한 이후 1957년에 자신의 사무소를 개설했으며, 12년 동안 꾸준히 사회 프로젝트나 주택계획 등을 수행했다. 이 작품들은 섬세하게 계획되었고 잘 지어졌다. 외양도 적절히 아담하여 프랜 시스 스트라우벤(Francis Strauven)은 이 작품들을 온건한 네오-버내큘러(a mild neo-vernacular)라고 칭했다.[4] 참여에 대한 그의 관심은 제일 첫 번째 독립 프로젝트인 베네딕트 수도사를 위한 마레드소스(Maredsous) 수도원의 점진적인 개조와 함께 시작되었는데, 이 프로젝트는 1957년에 시작되어 단계별로 1972년까지 계속되었다. 1962년에는 참여의 기술이 더욱 개발되었으며, 그것은 그가 여전히 거주하고 있고 자기 사무실까지 포함한 아파트 블록의 건설을 통해서였다.

> 몇 가지 계획안을 만들고 난 후 거주자들을 인터뷰하여 모든 개개인의 바람에 대해 만장일치로 결론에 이르도록 하는 것이 적절해 보인다. 나는 모든 개인이 다르다는 것, 호감과 반감이 종이 위에서만 착안된 그 어떤 것보다 참된 도시 경관을 창조한다는 것을 발견했다.[5]

베네딕트회를 위한 프로젝트를 통해 크롤은 1960년대 후반 아프리카 르완다에 있는 한 수도원도 건축했다. 이 수도원 건축으로 그곳에서 다른 프로젝트들이 잇따랐는데, 여기에는 주민들이 스스로 지을 수 있는 작업방식을 통해 형성될 뉴타운도 포함된다.

> 우리는 키갈리의 초라한 마을을 모델로 삼아야 한다고 대통령에게 제안했다. 우리는 르완다 사람들이 다른 곳에서 스스로 지어오던 것을 짓도록 내버려 두기를 원했을 뿐만 아니라, 모형작업을 통해서도 그렇게 동기부여했다.[6]

식민주의로부터의 해방이라는 상황에서 이러한 개발이 갖는 정치적 함의가 아마도 크롤의 인식을 예리하게 했겠지만, 이러한 유토피아적 낙관주의의 순간은 대체로 미완으로 남았다.

메종 메디컬

메메와 주변 건물들은 1968년의 혁명과 저항 이후에 맺은 결실이다. 루뱅의 가톨릭

대학교는 구 도시를 떠나 신 루뱅(Louvain la Neuve)으로 이전하여 브뤼셀 근교 올뤼웨 상 랑베르(Woluwé St Lambert)에 거대한 의과대학을 새로 짓기로 결정했다. 획일적인 거대한 병원이 계획되었고, 그 옆에는 의대 학생들의 숙소와 식당, 상점, 사회시설이 들어선 사회센터 및 지하철역이 구상되었다. 이 대규모 개발은 보통의 관료주의적 원리를 바탕으로 계획되었으나 1968년 혁명으로 일어난 개혁에 따라 마스터플랜은 학생들의 승인을 받아야 했다. 하지만 학생들은 특정 사항들의 변경을 요구하며 마스터플랜을 반려했고, 요구 사항들은 받아들여지지 않았다. 이러한 교착상태를 타개하기 위해 당국은 학생들이 대학 쪽 목록에서 건축가를 선정할 수 있도록 허가했다.

그러나 그 목록에 만족하지 못한 의대생들은 건축학과 동료들에게 문의했고, 참여에 대한 관심으로 유명한 크롤이 추천을 받았다. 1969년 12월 커미선이 그에게 주어

[사진 2] ▼ 오티그니스의 수녀들을 위한 주택, 1974.

[사진 3] ▼ 크롤의 집과 사무소가 있는 공동주택, 1962-65.

[사진 4] ◀ 르완다에 있는 기힌다무야가 (Gihindamuyaga) 수도원, 1968.

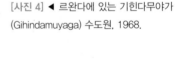

[사진 5] ▶
메메의 반항을 촉진한 거대한 병원, 올뤼웨 상 랑베르, 브뤼셀.

[사진 6] ▲ 메메의 토대에 있는 학교 밖 어린이 놀이터: 크롤은 항상 구역의 분할보다 통합을 추구했다.

[사진 7] ▼ 개발지역 단부의 식당들. 관료주의적인 요구를 피하지 못하고 공동 주방을 중심으로 모여 있다.

[사진 8] ▲ 건물군 입면도. 층은 일정한 수평 레벨을 갖지만 건물과 지면의 만남은 많은 사회시설을 수용하며 전체적으로 다양하다. 그리고 주거 부분은 다양한 지붕 처리와 함께 서로 다른 높이로 만들 수 있도록 허가되었다.

[사진 9] ◀ 전체 단지를 계획할 때 크롤의 사무실에서 주요한 조정 도구로 사용한 폴리스타이렌 모델. 건축가들은 모델을 수정하거나 무엇인가를 추가할 수 있었지만, 가져갈 수는 없었다.

졌고, 당국은 지체된 병원 공사와 초과된 예산에 신경을 더 썼기 때문에 처음에는 프로젝트에 약간의 자유가 허용되었다.[7] 크롤은 대안적 계획을 발전시킬 수 있는 기회를 얻은 것이다.

그때는 근대건축이 학문적이었던 시기여서 권위는 있었으나 그 장점들을 잃어버렸다. 근본적으로 그것은 인위적이고 자폐적인 기술로 제한되었다. 그러나 거기에는 사회 그룹들의 네트워크가 환경에 부여할 수 있는 풍성한 다양성에 대한 새로운 매력도 있었다. 질문은 이것이다. 건축가들과 기술적 가능성이 그들을 지원할 것인가, 아니면 모두를 혼란에 빠뜨릴 것인가?[8]

마스터플래닝의 부정적인 효과는 그 태생적 동질성과 지나친 단순화로 인해 심각

[사진 10] 결과로 의도된 전체 단지의 아이소메트릭 투영도.

하게 인식되었다. 그것은 모두 너무 쉽게 독재를 의미하거나, 최소한 독재를 허용하는 중앙 집중화된 정치권력을 의미한다. 마찬가지로 그것은 순전히 기술적인 접근법의 단편적인 사고방식을 상징하는데, 마치 모든 것을 시스템에 대해서만 이야기하고 공동체에 대해서는 거의 입을 닫는 조립식 대량생산 주거블록과 같다. 이와 대조적으로 오래된 타운과 마을은 수많은 제스처의 축적으로부터 야기된 복합성과 불규칙성을 갖는데, 각 부분은 사람들의 필요와 소망에 따라 지어지고 다시 지어져 결국 현재뿐만 아니라 그들의 상호관계의 기억마저도 대표한다.

사람들이 건물을 스스로 지을 때에는 매우 자동적인 피드백의 과정이 있다. 어떻게 공간이 삶을 조건 짓는지 발견하는 과정이자, 그 삶을 적절히 조정하거나 재해석하는 과정인 것이다. 그러나 건축가들이 점점 더 많은 주거지의 설계를 떠맡게 되면서 그 과정은 다소 맹목적인 강요가 되어버렸다. 크롤은 그들에 대하여 이렇게 말한다.

건축 오브제를 만드는 데에 집중하지만 그것이 거주자들에게 어떤 행태를 강요하는지 상상하지 않으며, 복잡한 환경이 엮이는 합의와 대립과 부조화를 모형 집단을 통해서 조차도 경험하지 않는다.[9]

그렇다면 어떻게 실제 도시 환경에 대응하는 복합성을 복구할 수 있을까? 크롤은 자신이 '소프트 존(soft zone)'이라고 부르는 것을 '스펀지 도시 조직(spongy urban tissue)'을 가지고 만들기 시작했다. 그는 어떤 점에서는 이미 결정된 마스터플랜을 따라야 했다. 그에게는 평방미터 단위로 열거된 길고 정교한 설계요목이 제공되었는데, 여기에는 다양한 크기의 아파트, 식당, 영화관과 극장, 교회, 스포츠 홀, 탁아소, 유치원, 우체국, 상점, 그리고 심지어 지하철역까지 포함되었다. 중요한 점은 통상적인 구조를 신속히 '얻어내는' 것을 피하는 일로, 아테네 헌장에 따라 영역별로 기능을 배열하거나 커다란 광장과 같은 형식 구조를 부여하며, 또는 거리와 하수도 체계 같은 교통과 서비스가 지배하도록 허가하는 일이 그것이다.

이러한 종류의 모든 제스처는 어떤 다른 활동보다 우선시하는 위계를 형성하려고 하며, 결과적으로 밑바닥에 있는 것들을 완전히 무시해 버린다. 그러나 크롤이 말하듯이 '매일의 활동에서 중성적인 것은 아무것도 없다.'[10] 그 대신 그는 학생 대표들, 친구들, 조수들과 동료들을 모아 '새로운 구역이 어떻게 삶과 작용할 것인가' 상상하는 일련의 브레인스토밍 기간을 가졌다.

일어나 씻는다. 춥다. 이웃집의 라디오가 나를 성가시게 한다. 나는 빵을 사러 가고, 우리는 커피를 끓인다. 최신 뉴스를 접하고, 어제 공원에 심었던 나무를 살펴본다. 우리는 집세를 내고, 나는 이웃집 아기를 아래층 탁아소에 맡긴다. 나는 독서를 하고, 우리는 대학에 일하러 간다. 나는 저녁 손님들을 위해 쌀과 야채를 사서 돌아온다. ……[11]

이와 같은 일상을 상상하는 그룹 전체의 사람들과 함께, 모두들 제시된 삶에 열정적으로 관여하게 되었다. 그리고 캠퍼스의 다양한 기능들이 수평적, 수직적으로 어떻게 연관될 필요가 있을지를 살펴보고 수직적인 연관성의 필요성을 확인하면서 활동

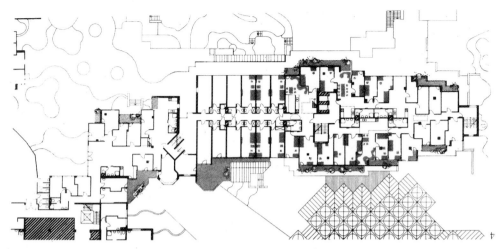
[사진 11] 불규칙성에도 불구하고 직각 그리드에 기초한 메메의 평면도.

과 상호작용의 리스트를 만드는 것이 가능하게 되었다.

그다음 단계는 그 부분들을 배열하는 계획과정을 위해 상호작용하는 방법을 전개시키는 것이었다. 크롤은 직원을 여섯 조로 나누어 각각에게 식당, 아파트, 가게, 사무실, 문화 공간, 그리고 오픈 스페이스와 같은 특정 요소들에 대한 책임을 부여하는 일부터 시작했다. 각각의 직원들은 설계요목이 허가한 면적을 알았으며, 이것은 1층 높이 두께로 된 정사각형 각각의 플라스틱 발포체(發泡體)로 표시되어 커다란 대지 모형 위에 배치되었고, 용도에 따라 색깔로 코드가 매겨졌다. 실 가닥은 커뮤니케이션을 나타냈다.

누군가가 – 식당의 중앙 지점에 – 배치를 시작하자 다른 사람들도 동참했고, 서로 각자가 책임지고 있는 부분의 특정한 필요성을 주장하면서 스티로폼 모형은 실의 연결과 함께 커져갔다. 크롤은 축적되는 과정을 보존하기 위해 조정은 있을지언정 배치상의 큰 변동은 없어야 한다는 규칙을 만들었다. – '당신은 실수도 보존해야 한다. 자연이 그러하다!' – 비록 각 팀의 리더들이 다른 팀에서는 연결 부분을 유지하기 위해 자기주장만을 할 수 없었지만, 크롤은 곧 그 팀들이 자신들에게 할당된 구역과 각 입안자들에게 지나치게 애착을 가지고 있다는 사실을 눈치챘다. 그는 팀을 섞어 재배정했고, 옆의 대지를 물리적인 섹터 즉 필지로 나눈 후, 각 그룹에 한 필지씩 책임을 맡겼다. 그들은 어쩔 수 없이 모형에 의해 설정된 일반적인 배치를 보유하게 되었으나 다시 수정하고 조절했다. 일이 점점 더 진행됨에 따라 팀들은 다시 자신들의 작업 구역에 대해 집착하게 되었고, ― '소작인 유형의 개인 소유권을 닮아(resembling private property of peasant type)' ― 크롤은 다시 그것을 재할당하여 공간을 층에 의해 수직으로 나누었다.

오픈 스페이스를 담당한 팀은 최선의 연결을 위해 실의 일부를 등고선 주위로 두름으로써 건물 블록을 맡은 팀들만큼이나 강한 영향력을 행사했다. 이 과정을 통해 팀 멤버들은 그들이 창조하는 관계와 영역에 대해 더욱 잘 알게 되었고, 해결되지 않는 점을 바로잡을 비평의 기회가 있었다. 그리고 이로 인해 축적된 정리 과정은 쓸모 있었다. 의과대 학생들의 의견을 시시때때로 참고하여 메메(메종 메디컬)를 중앙에 배치하는 것과 같은 몇몇 중요한 사항을 결정했고, 그 의견들은 이미 결정된 사항을 확인하거나 전체 단지가 더욱 풍요로워질 수 있도록 하는 데에도 도움이 되었다. 그들은 이후의 세부 계획에 더 깊이 관여하여, 심지어 특정한 방의 크기나 모양을 결정하는 데에도 개인이 선호하는 의견이 받아들여졌다. 그 결과 독특한 몇몇 방들이 생겨났고, 크롤은 이 방들을 허용한 것에 대하여 나중에 비판을 받기도 했다. 왜냐하면 그 학생들은 곧 이사를 갈 것이고, 다른 학생들이 그 터무니없는 방을 이어받아야 할 것이기 때문이다.

그러나 크롤은 가장 비실용적인 방들 중 하나였던 폭이 좁고 높이가 7m나 되는 방을 서로 차지하기 위해 학생들 간에 경쟁이 벌어졌었다는 사실을 알게 되었다. 그는 우리 중의 다수가 전에 타인들을 위해 지어진 집에 무척 행복하게 살고 있고, 손쉽게 그 집을 우리의 필요에 맞추거나 우리 자신들을 그 집의 독특함에 맞춘다고 지적한다. 중요한 점은 각각의 집들은 독자적이고 다르며, 각각 기억이 가득하고 복잡한 사회 정황을 반영한다는 사실이다. 그것은 '평균적인 사람'을 위해 설계된 '살기 위한 기계'의 황량한 반복이 아닐 뿐만 아니라, 제일 신속하고 저렴한 건설 기술의 직접적인 결과도 아니다.

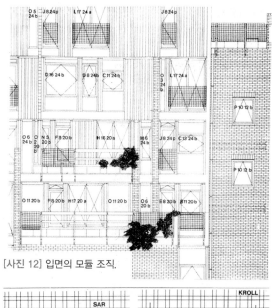

[사진 12] 입면의 모듈 조직.

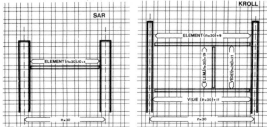

[사진 13] SAR 평면 모듈과 크롤의 변형.

[사진 14] 입면의 모듈 조직.

[사진 15] 크롤의 '떠도는 기둥들'.

그럼에도 불구하고, 시스템

크롤의 불규칙성에 대한 사랑과 불특정성에 대한 신념을 생각하면 메메와 주변 건물들이 직각 그리드와 엄격한 모듈에 기초하여 건축되었다는 사실에 놀랄 것이다. 이것은 네덜란드 이론가인 N. J. 하브라켄(Habraken)이 30cm를 기본 치수로 하여 자신

[사진 16] 벽돌공들이 장인의 감각을 더해 즉흥적으로 만들도록 유도된 딱딱한 조경 부분. 이 영역은 학교의 외부 놀이터이다.

의 지지이론의 일부로 개발한 사르(SAR)[12] 모듈의 수정된 버전에 근거한 것이다.[13] 부분적인 이유라면 미래의 변화를 감안하여 많은 곳에서 가변형 파티션을 수용하기 위함으로, 가장 급진적인 곳은 주거 건물의 다락인데 학생들이 자기 방의 크기뿐만 아니라 공유하는 사회 공간을 협의할 수 있기 때문이다. 그러나 모듈의 채택이야말로 공업화된 건설 기술의 수용을 암시하는 것으로 1960년대의 상황에서는 부득이한 것으로 보인다. 왜냐하면 당시는 많은 경우에 모듈이 도입되어 건물의 형태와 조직을 전적으로 지배했기 때문이다.

장소와 거주 문제에 그토록 민감했던 알도 반에이크(제3장)나 귄터 베니쉬(제8장)와 같은 건축가들이 조립 시스템에 깊이 관여했던 사실은 그런 생각이 얼마나 지배적이었는지 보여주며, 크롤 역시 여기에 몰두했었다.[14] 그러나 크롤은 공업 생산을 부득이한 것으로 받아들였지만 그것이 작동되는 방식에는 매우 비판적이었고, 시스템적 방법이 보통의 둔한 반복 대신 최대의 다양성을 위해 어떤 역할을 할 수 있을지를 탐구했다.

전제되었으나 기록되지 않은 한 가지 규칙은 기둥의 규칙적 배치이다. 이것은 합리적일 뿐만 아니라 경제적인 것으로 여겨지지만 일관된 리듬을 주는 경향도 있다. 크롤은 그리드 시스템을 유지하면서도 간격을 변화시켜 '떠도는 기둥들(wandering columns)'을 창안하기로 결정했는데, 기술자들을 화나게 하기는 했으나 슬래브를 두껍게 함으로써 쉽게 뜻을 이룰 수 있었다.[15]

또 다른 가능성은 건물 부분들의 층수를 다양화하는 것과 발코니나 오픈 데크를 알맞게 추가하여 지붕의 처리를 변화시키는 것이다. 비록 엄격한 직각 축에 근거한 계획이 기본 전제였지만, 이것이 직사각형의 외곽선을 엄격하게 규정하지는 않았다. 그래서 모서리 부분들이 평면과 단면 모두에서 계단처럼 꺾일 수 있었고, 건물의 분화 및 외부 조망의 향상을 가져왔다. 가장 중요한 것은 입면이 모든 가능한 외장재와 모

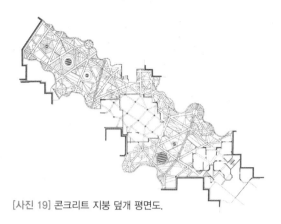

[사진 19] 콘크리트 지붕 덮개 평면도.

[사진 17, 18] ▲ 알마 전철역.

[사진 20] 중앙부 횡단면.

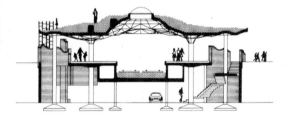

[사진 21] ▼ 역의 경계부와 그 뒤의 주거 건물.

든 가능한 색깔로 다양화되었다는 것이다. 모두 척도 조정으로 계획되었기 때문에 효과적으로 상호교체가 가능하지만, 크롤은 이것이 가능한 한 임의적이기를 원했다. 심지어 어떤 경우에는 게임용 카드를 임의적인 형태 생성자로 사용하기도 했다.[16] 목재 창호는 지역 작업장에서 구입한 것이 큰 공장에서 구입한 것보다 저렴하다는 것이 결국 판명되었고, 다른 종류의 수작업품도 가능한 한 포함되었다.

석공과 벽돌공들도 초청되어 참여한 일부 토대공사에는 상당한 자유가 주어졌다. 더욱이 그들은 현관 홀의 한 곳에 벽돌로 한 쌍의 거대한 사람 형상을 만들도록 요청받았다. 조경은 루이 르 로이(Louis Le Roy)라는 생태주의 경향의 네덜란드 조경가에게 맡겨졌는데, 그는 학생들과 함께 수집한 각양각색의 재료와 철거 폐물 더미들을 이용하여 작업했다. 또한 수많은 나무를 심었는데, 이웃들에게 식물을 기증받아 심기도 했으며 잡초도 마음껏 자라도록 내버려 두었다. 건물 옆에는 담쟁이덩굴을 심었으며 지붕 위에 화분도 놓아두었다. 따라서 건물들이 부드럽게 보이고, 건물들 사이의 공간이 인간적으로 보이도록 의도되어 조성된 야생 정원은 결실을 맺기까지 제대로 진행되는 듯했다. 그러나 이후 도가 지나치다고 판단한 담당부서에서 개입하여 불도저를 불러들이고 말았다. 그들에게 이 모든 것은 너무 지나쳤던 것이었다.

얼마나 많은 참여인가?

민주적인 정치인들과 공무원들은 종종 참여 아이디어에 말치레를 함으로써 프로젝트가 상당 부분 결정되었을 때 대중의 '의견을 묻고' 명목상의 승인을 받는 전략을 추구한다. 그러나 진정한 참여는 권력자들이 보통 생각할 수 없는 권력의 이양을 요구하기 때문에 드물다.[17] 대학이 크롤에게 커미션을 지급한 것은 분명히 그로 하여금 학생들을 달래기 위함이었다. 주요한 부분의 재고(再考)라기보다는 약간의 토론을 통해 주거 부분 정도에서 아마 작은 타협을 이끌기를 기대했을 것이다.

그러나 크롤은 참여자들이 스스로 결정하는 형태를 오래도록 실험해왔고 당국의 초청을 기회로 인식했다. '시스템의 내적 대립에 의해 틈이 발생하는데, 우리는 스스로 그 틈에 뛰어들어 행동하고, 그것이 다시 봉합되기 전에 탈출해야 한다.'[18] 학교 당국은 토론에 초청되었지만 관여하기를 거부했다. 그러나 크롤은 학생들의 참여만큼은 성사시켜 일반적으로 건축가들만이 갖는 많은 디자인 결정권을 그들에게 부여했으며, 특히 많은 학생이 자기들의 방을 구획하는 것에 적극적으로 참여하였다. 학생들은 사실 모든 단계에 관여했으나 메메에서 선출된 임명자들의 위원회가 지속적인 협의 상대로서 가장 효과적인 통로가 되었다.

그들이 결정에 도움을 준 일은 기능의 수평적 수직적 연결, 가변형 파티션의 사용, 세탁장의 중앙부 배치, 테라스에 채소 정원 조성, 그리고 주변 교외와의 연계성 창조 등이었다. 전략상 크롤은 자기 직원들이 개인적인 성향을 너무 드러내지 않도록 다양한 업무로 순환 배치하였지만, 중요한 사안들의 상당수가 역시 그들과 함께 결정되어야 했다. 이와 마찬가지로 크롤이든 그의 협력자든 어느 누구도 통상적인 인식에서의 디자인 통제권을 갖지 않는데, 결과는 프로세스에 좌우됨에 따라 아무도 예측할 수 없었다. 그들의 목표는 질서를 강요하기보다 어느 하나의 질서체계가 지배하는 것을 막는 것으로, 다양한 의사결정의 복합성이 스스로 발화하도록 유도했다. 그 이미지는 분명히 경악을 낳았다. 프로젝트가 끝나기도 전에 크롤의 사무실은 감독권이 보류되었고, 르 로이의 조경은 뜯겨 나갔다. 그리고 몇 년 동안 그곳은 관리가 되지 않아 더럽고 흉측한 건물들만 남았다.

[사진 22, 23] ▲ 알랑송에 있는 기존의 사회주택과 1978년 크롤에 의해 개조된 것.

[사진 24, 25] ▲ 크롤의 간략한 투영도. 주거 건물에 매스를 추가하거나 외장을 바꾸는 방법을 보여준다.

[사진 26] ▼ 위트레흐트 중심지의 평면도. 크롤이 두 개의 기존 건물을 댄스 학교로 개조한 것을 보여준다.

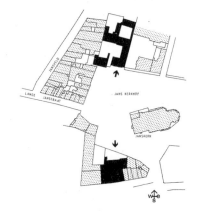

[사진 27] 크롤의 벨포르 생태학 센터. 1995. 지붕이 유리창으로 덮인 내부 모습.

그러나 크롤은 1970년대 후반 지하철역을 완성하기 위해 한 번 더 이 프로젝트에 관여하게 되어 그 균열을 해소하고 새로운 중심성을 덧입혔다. 점점 그 지역은 더 편안한 독자성을 개발했으며 자연히 언론의 각광을 받게 되었다.

후기 프로젝트

초기에 크롤은 사람들과 교감하는 호의적인 친구로서 그들을 위한 단일 주택을 건축했다. 그리고 그들의 개인적인 꿈이 성취되도록 도우며 평화로운 맨발의 건축가로서 작은 규모의 작업을 통해 지역에서의 경력을 지속해 왔다. 그러나 메메는 그를 세계무대에 자리매김하였고, 그의 급진적인 생각으로 인해 브뤼셀이라는 지방이 아닌 프랑스, 네덜란드, 독일 등지에서 건축주들이 그를 찾게 되었다.

크롤은 언제나 더 큰 사안에 관심을 가졌고 늘 비평적 입장을 취했는데, 첫째는 근대건축운동이 갖는 이데올로기적 실책과 오만함에 대해서였고, 둘째는 권위주의, 전체주의, 또는 경제에 경도된 정치에 대해서였다. 이들은 전후(戰後)의 대규모 주택계획에 대한 그의 신랄한 비판에 있어서 공통적인 표적이었는데, 그 주택계획의 일부는 크롤도 연구나 개량을 위해 위탁받은 바 있다. 이 과정의 근간이 되는 모델은 알랑송(Alençon)에 있는 사회주택 지구로, 이 지구에는 5층 조립식 슬래브 블록이 무자비하게 정렬하여 서 있었다. 1978년에 크롤은 이 주택 지구를 인간적으로 만들도록 요청받았고, 그는 이중 전략을 제안했다. 현존하는 슬래브 블록은 아파트를 더하고 빼거나, 개조하거나 외장재를 새로 하거나 지붕을 바꾸거나 하는 등으로 수정될 수 있었다. 거주자들이 이후 스스로 주도권을 가질 수 있다는 희망 속에서 샘플 블록이 촉매제가 되어 개조되었다. 다른 추천 사항은 블록 사이의 비어 있고 버려진 공간에 군락을 조성하는 것이다. 학교, 다른 주택들, 사회시설 등이 지역 건축가에 의해 건축되었다.

이러한 프로젝트들의 의도는 억압적인 단순성을 극복하고 복잡성과 상호작용을 발생시키는 것만으로 그들을 전통적인 타운이나 마을과 더욱 유사하게 만드는 것이다. 크롤은 사람들을 같은 아파트에 정렬시키는 것은 그들에게 유니폼을 입히는 것과 같다고 믿었고, 그의 어휘는 압제나 식민지 가부장제의 본질과 같은 군사적인 은유를 차용했다. 그의 주장에 따르면 문 색깔을 다르게 칠하는 것에도 용기가 필요하지만, 문이 다른 색깔이라면 거기에는 이미 개별적인 정체성에 대한 가능성이 있는 것이다. 따라서 복합성과 차이는 그 자체만으로도 중요한 것으로, 심지어 개인이 건축행위에 관여하기 시작하기 전부터 중요하다. 하지만 그 후는 사용의 과정이자 삶과 건축물 사이의 주고받는 과정으로 그 건물에 의미를 부여한다.

그 이외의 다른 많은 크롤의 프로젝트는 근대주의적 조닝(zoning) 및 사물을 엄격한 카테고리로 나누는 것을 거부했다. 1987년에 위트레흐트의 댄스 아카데미를 위한 새 건물에 대해 문의를 받았을 때, 그는 그들에게 구 도시를 떠나지 말고 그곳에서 재사용할 수 있는 건물을 찾으라고 조언했다. 그 결과 아카데미는 인접한 거리를 사이에 두고 걸어서 3분 거리의 두 곳으로 분할되었다. 교외의 고립된 교육지로 나가지 않음으로써 학생들은 결과적으로 도심의 삶에 참여하게 되었다.[19]

훨씬 더 극단적인 예는, 비록 실현되지 않았지만 셀레스타 타운의 양조장이다. 소유자들은 당연히 일련의 공정을 위하여 하나의 울타리 안에 단일한 영역을 구상했다. 그러나 크롤은 이것을 여러 부문으로 나누어 주변에 흩어지게 하는 것이 타운에 더 잘 어울린다고 생각했는데, 이것은 경쟁구도를 만드는 것이라기보다 타운을 보완하는 것이다.[20]

그는 벨포르 공과대학에서 중앙 광장을 완전히 공공장소로 만들고 인근 지역의 네트워크에 연계시킴으로써 정반대를 - 지역의 삶을 대학으로 가져오는 것을 - 추구했다. 대학의 학과가 별도의 기관으로서 광장 주변에 설계되었고, 모두 각각의 출입구를 만들었다. 그리고 몇몇 개인 주택들이 그 사이에 분산되도록 설계했다. 크롤은 주변 타워 블록들의 고립을 치유하기 위해 그들의 문 앞까지 건축하고자 했지만, 관

청에서 그들의 영역으로 설정한 보이지 않는 경계선이 매우 강해 이번에는 뜻을 이룰 수는 없었다.[21]

　처음부터 크롤의 작업은 생태학의 일종으로서 거주되는 조경(inhabited landscape)이라는 생각과 관계되어 있었고, 이것은 그의 책 제목인 『바이오 사이코 소시오 1: 도시생태학Bio Psycho Socio 1: Ecologies Urbanines』(1997)와 『모두 조경이다Tout est Paysage』(2001)에 반영된다. 1990년대 중반 그는 자연세계와 이에 대한 우리의 책임을 생각하는 교육을 촉진하기 위해 벨포르에 에코센터를 설계했다.[22] 생태학은 에너지 사용과 오염에 관련된 지속적인 주제이다. 1999년에는 건설업자와 협력하여 프랑스 동부 코드리(Caudry)의 중등학교를 위한 공모전에 당선했는데, 이것은 지속 가능성의 현실적인 실례를 보이도록 의도되었다. 작동하고 구현되는 모든 에너지에 대해서 매우 높은 기준을 만족해야 했고, 모든 교실에 사용 가능한 수준의 햇볕이 제공되어야 했는데, 이것은 빛이 양 측면과 두 층 모두에 유입되어야 함을 의미했다. 물의 사용도 최소화되어야 했고 흐르는 빗물도 모아 둘 수 있어야 했다. 재료를 운반하기 위한 교통 에너지도 계산되어야 했고 대지에서 폐기된 자재를 제거하는 비용도 계산되어야 했다. 이 가운데에서 어느 목표든지 충족되지 않으면 무거운 벌금이 부과될 계획이었는데, 모두 충족되었다. 이 프로젝트는 값진 논증으로서 얼마나 많은 정상적인 과정과 활동이 낭비적이고 공해를 발생하는지, 건축가들이 진정 지속 가능한 건축물을 지으려고 기대한다면 어떤 종류의 제약을 대면하게 되는지를 여실히 보여준다.[23]

비평, 그리고 나아갈 길

　크롤이 진행한 메메와 이후의 많은 프로젝트는 현재의 관례에 대한 비판으로, 어떻게 일들이 될 수 있는지, 즉 그것들이 무엇이 될 수 있는지의 이미지를 제시한다. 이 비판은 다양한 층위에서 명시적이기도 하고 함축적이기도 하다. 그가 지속적으로 기능을 혼합하는 것과 본질적으로 복합성을 추구하는 것은 구획된 마스터플랜에 대한 도전이다. 그리고 그가 계속해서 콘텍스트와의 연결에 몰두한 것은 고독한 오브제로 낙점된 건물의 영광스러운 격리에 대한 도전이다. 이러한 건물에 그는 '자폐증 환자'라는 이름을 붙였다.

건설에 대한 크롤의 이론적인 설명은 건물의 구조적, 기술적 결정주의의 배후에 널리 퍼진 가정에 대한 도전이다. 이와 대등하게 그가 활동적이었던 다른 영역이라면 – 비록 여기에서는 논의되지 않았지만 – 컴퓨터의 효과에 대한 것이다. 그는 일찌감치 캐드(CAD)를 습득했는데, 이것은 사용자로부터 건축을 소외시키는 또 다른 기술적인 규율의 층을 부과할지 모른다는 두려움이 일부 작용했기 때문이기도 했고, 캐드가 복합적인 작업에 도움을 줄 수 있다고 생각했기 때문이기도 했다.[24]

기술에 대한 재해석이 건축의 관례에 대한 생각을 위태롭게 했듯이, 크롤이 양식과 재료를 무제한으로 혼합한 것은 건축가들의 선호도나 전문가적인 기질과 정신에 대해 상정한 전제, 그리고 그것을 타인에게도 부여하려는 권리를 암시적으로 위태롭게 한다. 그는 그로피우스가 기계화에 대한 문제를 다음과 같이 너무도 쉽게 치부해 버린 것에 대해 꾸짖는다. : *'같은 목적을 위해 같은 것이 반복되는 것은 인간의 마음에 안정과 문명의 영향력을 행사한다.'*[25]

또한 크롤은 근대 건축가들로 하여금 지역적이고 특정한 것에 등을 돌리게 한 보편적인 선호에 대한 만연한 환상을 거부한다. 그럼에도 메메의 이미지 가운데 건축가들을 가장 위협하는 것은 아마 예술적인 통제가 부재한 것으로 보이는, 결과를 예측할 수 없는 창작의 과정일 것이다. 이것은 많은 사람이 생각하는 디자이너의 임무의 본질, 즉 모양을 만들고 질서를 구축하는 것을 부정하는 일이다. 그러나 이것은 우리로 하여금 마을과 타운, 도시가 필수적으로 많은 사람의 손을 거쳐 간 정신의 산물이자 공유된 것이어야 한다는 사실을 상기시킨다.

20세기 중반, 타워 블록과 슬래브 형식의 사회주택은 분명히 충분한 공유점을 갖지 못했고, 고밀도로 주호를 쌓아 넣는 기술의 문제처럼 다루어졌으며, 커뮤니티에 대한 생각은 거의 담지 못했다. 사람들은 스스로를 '안락하게' 만들기에는 무력하다고 느낀다. 그러나 이러한 환경은 근대 세계를 휩쓸고 지나간 일반적인 현상의 극단적 사례일 뿐이다. 사람들은 더 이상 스스로 건물을 지을 수 없거나, 혹은 스스로 짓도록 허락되지 않는다. 심지어 땅과 돈, 여러 가지 목공 기술을 지니고 있더라도 수많은 관료체제의 필요를 만족시키지 않는 이상 – 그 요구는 사전에 전문가가 모든 것을 도면으로 그려야만 충족된다. – 우리는 자기 집을 짓는 것조차 시작할 수 없다. 대부분의 사람들은 대개의 경우 재정적으로 훨씬 제한적이며, 세 든 집에서 중요한 변경을 하도록 허가받지 못한다.

지안카를로 데 카를로는 밀라노 사람들이 더 이상 아파트에 세 들기 전에 그러한 점들을 알아볼 필요를 느끼지 않는다고 전한다. 그들은 그저 면적이 몇 제곱미터인지를 알아볼 뿐이다. 이 모든 것은 사람들이 자기 주거에 대해 통제하지 못하는 데까지, 결과적으로 건물의 이용에 대한 표현을 상실하는 데까지 이르게 한다. 그러나 우리는 공업화 이전의 사회에 대한 연구로부터 건물이 얼마나 강렬하고도 자동적으로 신념과 가치를 반영할 수 있는지, 그리고 그들이 어떻게 공유된 현실에 기여하는지를 안다(제3장의 논의 참조). 건물(building)과 사용(use) 사이 상호반응의 고리가 끊어질 때 사람들은 무력감을 느끼고 소외되며, 결국 냉담해진다.

메메와 함께 크롤은 20세기 후반에 가장 강력한 참여의 이미지를 이루어 냈다. 비록 많은 측면에서 이것도 — 다시 닫히기 위해 열린 기회로서 — 타협해야 했지만 이것은 전 세계에 또 다른 건축, 즉 개발의 새로운 길에 대한 단서를 제공했다. 이것은 우리에게 건축이 언제나 얼마나 정치적인지, 얼마나 많은 주어진 이익 사이의 싸움인지 상기시킨다. 결정적으로 이것은 축조된 세상이 그 거주자에게 재결합될 수 있다는 가능성을 보여주었다. 이것은 아마도 근대 기술과 관료제에 의해 야기된 소외와 상실로부터 벗어날 수 있는 단 하나뿐인 유효한 방법일 것이다.

여러 프로젝트에서 크롤과 다른 선구자들은 참여가 목적에 반응한 차별화되고 다양화된 건물을 만든다는 것을 보여주었고, 건물과 사용 사이에 상호반응의 고리를 유발하여 대화가 발전하도록 하며 사람들로 하여금 한 장소에 뿌리내리도록 돕는다는 것을 보여주었다. 또한 참여는 거의 잊힌 건물 의식(儀式)을 재생시켜 사용자들이 심지어 건물의 완공 이전에 건물과 공감할 수 있도록 유도한다. 그리고 그렇게 해서 발생한 '소속감'은 삶이 계속 전개되도록 돌봄과 유지의 행위를 격려한다.

1 Zucchi 1992, pp. 106-16 참조.

2 저자와의 인터뷰, 1986.

3 Kroll 1986, 1987, 2001.

4 Francis Strauven, 'The Anarchitecture of Lucien Kroll', *Architectural Association Quarterly*, Vol. 8, No. 2, 1976, pp. 40-44.

5 Kroll 1987, p. 32.

6 Ibid, p. 26.

7 Ibid, p. 36.

8 Ibid, p. 40.

9 Kroll, 'The Soft Zone', *Architectural Association Quarterly*, Vol. 7, No. 4, 1975, p. 52.(영어로 출판된 디자인 과정에 대한 가장 자세한 서술).

10 Ibid, p. 52.

11 Ibid, p. 52.

12 Stichting Architectural Research 1965.

13 하브라켄은 이미 영구적 지지 구조와 클래딩, 또는 세입자들이 바꿀 수 있는 짧은 수명의 구획 요소의 차이를 고려했다. Kroll 1986, pp. 115-121.

14 프리캐스트 콘크리트 생산자들과의 자세한 토의를 포함하여 Kroll 1986, p. 33 참조.

15 Kroll 1986, pp. 42-45.

16 Ibid, p. 56.

17 자세한 논의와 많은 예를 위해서는 Blundell Jones, Petrescu and Till 2005 참조.

18 Strauven op. cit., p. 42.

19 Blundell Jones, 'Kroll Drama', *The Architectural Review*, November 1989, pp. 55-58.

20 Kroll 1987, pp. 98-101.

21 Blundell Jones, 'Kroll's open school', *The Architectural Review*, March 1987, pp. 63-68.

22 Blundell Jones, 'Green guage', *The Architectural Review*, November 1996, pp. 71-73.

23 Blundell Jones, 'Sustainable school', *The Architectural Review*, January 2002, pp. 69–73.

24 크롤의 책 『*Composants: The Architecture of Complexity*』(Kroll 1986)는 상당 부분 캐드에 대한 것으로, 독일어판의 제목은 『*CAD Architektur*』이다.

25 Gropius 1935.

CHAPTER 11

랠프 어스킨:

바이커 주거단지, 뉴캐슬, 1969-75

1914년 영국에서 태어난 랠프 어스킨은 런던의 리젠트 스트리트 폴리테크닉(Resent Street Polytechnic)에서 건축을 공부했다. 1939년 스웨덴으로 이주하여 2005년까지 살았으며, 그의 세대에서 선도적인 건축가가 되었다. 또한 그는 CIAM의 멤버로서, 그리고 훗날 팀 텐의 일원으로서 국제적인 역할을 하였고, 1960년대부터는 영국에서 설계 프로젝트를 시작하였는데, 그중 가장 중요한 프로젝트는 아마도 규모가 큰 바이커 주거단지(Byker housing) 개발일 것이다.[1]

이 주거단지 개발은 영국 내에서 1970년대의 핵심 작업으로 간주되었고, 어스킨의 국제적 명성을 공고히 해주었을 뿐만 아니라, 사용자 참여를 통해 주택에 대한 새롭고 발전된 방향을 시사하였다. 이 작업은 사회적, 건축적으로 모두 혁신적이었다. 가장 복지가 발달된 나라이자 유럽 최고의 사회적 주택 기준을 가진 나라에서 이러한 건축가가 나왔다는 것은 단순한 우연이 아니다. 그러나 이제 막 공영주택의 새로운 점들에 익숙해지기 시작할 무렵, 민영화가 정착되기 시작했다.[2] 바이커 주거단지의 마지막 부분들은 1979년 마거릿 대처 총리가 취임했을 때 여전히 건설 중이었다. 그녀는 주택을 민간 시장에 인계하였고, 공영주택 주식의 광범위한 매각을 명령하여 공

[사진 1] 안쪽에서 본 바이커 월(Byker Wall)의 일부.

영주택 세입자가 된다는 것을 거의 하나의 오명처럼 만들었다. 노동당의 집권에도 불구하고 이 글을 쓰고 있는 시점에서도 이러한 정치적 변화들은 여전히 역전되지 않아 오늘날의 다소 쇠락한 바이커(Byker)의 평가를 꽤나 어렵게 하고 있다.[3]

어스킨은 정치와 건축 두 가지 측면 모두에서 스웨덴의 진보성에 끌렸다. 퀘이커교도로 자라고 교육받은 그는, 스웨덴인들의 정직과 검소함, 1932년 확립된 사회 민주주의의 평등주의적인 성격에 동질감을 가졌다. 이러한 정치적인 가치들은 1930년 스톡홀름 박람회 전시관 건물에서 엿볼 수 있었다. 이 건물은 소위 새로운 기능주의자로 알려진 에릭 G. 아스플룬드(Erik Gunnar Asplund)가 설계하였는데 이를 통하여 정치적인 가치들이 스칸디나비아 전체에 퍼지게 되었다.[4]

스웨덴의 근대주의는 1920년대 '스웨덴의 우아함(Swedish Grace)'이라고 불린 신고전주의(neo-classical)의 부활 및 초기 국가 낭만주의(National Romanticism)의 강한 근원으로부터 자라났고, 아스플룬드, 시구르 레베렌츠(Sigurd Lewerentz), 스벤 마르켈리우스(Sven Markelius) 같은 건축가들은 랑나르 외스트베리(Ragnar Östberg), 칼 베스트만(Carl Westman), 라스 이스라엘 발만(Lars Israel Wahlman)과 같은 재능 있는 선배들이 제공한 토대 위에서 자신들의 작업을 발전시켰다.[5] 이 작은 건축 세계가 고객들로 하여금 높은 수준의 격을 갖춘 건물에 기꺼이 막대한 투자를 하게 하는 동시에 근대성이 가져온 변화를 수용하도록 했다.[6]

이와는 대조적으로, 1930년대 영국에서는 제국적인 보수주의가 여전히 기득권 세력으로 정체된 상태였고, 러티언스(Lutyens)의 작품에서 그 절정을 이루었으니 스웨덴의 정치 및 건축적 상황에 대한 어스킨의 반응은 충분히 이해할 만하다.[7] 웨이크와

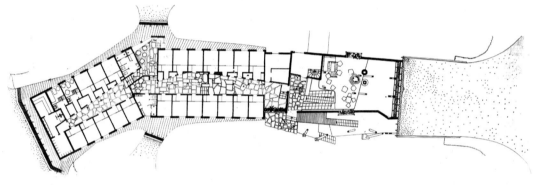

[사진 2, 3, 4] Borgafiäll의 스키장 호텔, 1948, 전면, 부지 계획과 1층 설계.

오딘(Weiike and Odeen)의 사무실에 자리를 얻은 어스킨은 결혼을 위해 약혼자인 루스(Ruth)를 초대했고, 그들이 함께 그곳에 있을 때 전쟁이 발발했다. 퀘이커교도로서 어스킨은 헌신적인 평화주의자였으나, 앰뷸런스 여단(Ambulance Brigade)에서 복무하였고 결국 고국으로 갈 수 없게 되었다. 스웨덴은 중립을 지켰으나 경제적으로 심각한 피해를 입어 건축 일이 줄어들면서, 어스킨은 가능할 때마다 설계 일을 찾으며 생계를 이어가야 했다. 그들은 1945년까지 스웨덴에 있으면서 그곳의 생활에 점점 익숙해진 나머지 계속 머무르기로 결심하였다.

어스킨의 건축방식이 얼마만큼이나 그의 영국적 배경 및 선천적인 특성 때문인지, 또 얼마만큼이 새롭게 받아들인 스웨덴적 특성 때문인지 말하기는 어렵지만, 그가 1948년의 스키장 호텔을 설계했을 무렵에는 이미 그의 특징적인 건축표현 양식이 많이 나타나 있었다. 이 호텔은 개별 부속건물을 구성하기 위한 부분들의 표현에서, 그리고 기능에 따른[8] 방의 구체적 설계에서 대륙의 유기적 전통을 따랐으며, 건물의 배치에서 빈번히 직각에서 이탈하였다는 점에서 매우 비(非) 영국적이었다(오히려 아스플룬드나 알토의 작품과 유사했다.).

그러나 어스킨의 호텔이 지닌 최대의 장점은 거대한 바람막이와 돌출된 경사지붕을 이용하여 기후에 대응한 것에 있으며, 이들 중 가장 큰 것은 초보자를 위한 스키 슬로프로 사용되었다. 내부와 외부의 공간적인 전환은 독특한 감각을 보여주고 있다. 남쪽 면의 돌출된 발코니와 창문들은 부드럽고 단계적인 진입을 만들고 있으며, 2개 층의 높이로 트인 공용공간에 독립적으로 서 있는 벽난로와 굴뚝은 내부로의 명확한 구심적 역할을 하고 있다. 이 건물은 아름다운 산악풍경 속에 꼭 맞는 자리를 잡았을 뿐만 아니라, 바람에 날려 쌓인 눈 더미를 형태적 요소의 일부로 사용하였다. 기울어진 구조적 기둥들과 노출된 철 구조물의 접합부는 눈의 하중이 지면으로 전달되는 것을 더욱 극적으로 보이게 했다.

1950년대에 어스킨은 스톡홀름에서 다수의 주택과 주거 단지계획 및 대규모 산업 복합단지들을 만들어내며 빠르게 많은 실적을 쌓아나갔다. 그의 스타일은 다양하고 창의적이었는데, '신 경험주의(The New Empiricism)'로 알려진 것을 따랐으며, 어스킨의 건축적 관심사의 범위는 확대되었다.[9] 그는 명성이 커져감에 따라 광범위한 지역에서 지역종합 기본계획을 포함한 큰 프로젝트들을 맡게 되었다. 북극 키루나(Kiruna)에서의 업무경험을 통해 그는 북극 건축에 대해 특별한 관심을 가졌는데, 이것은 아마도 극한의 조건들이나 기후에 의해 건물의 형태가 더 강하게 결정되기 때문이었을 것이다.

1959년 오텔로(Otterlo)의 CIAM에서 그는 북극 도시계획을 팀 텐 동료들에게 보여주며, 북쪽의 생활 환경에 대해 자세히 설명하였다. 북극에는 한밤에 해가 뜨는 짧은 여름과 혹독하게 춥고 어두우며 눈보라가 치는 겨울이 있었다. 그는 기온과 빛의 변화, 방향과 바람의 중요성, 단열처리를 잘해야 할 필요성, 노출면 최소화 및 냉기 전달 방지의 필요성에 대해 설명했다. 그는 '*아마 사람들은 그곳에 존재하는 특별한 환경에 대해 어떤 종류의 표현들을 찾을 수 있을 것이다. 나에게는 이 폐쇄된 겨울용*

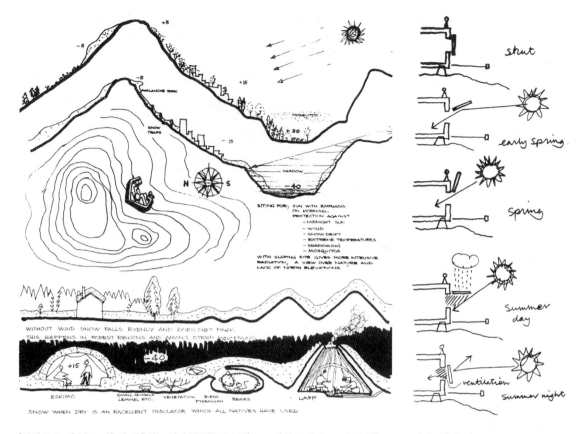

[사진 5, 6, 7] 북극 기후에 대응하는 것과 관련한 어스킨(Erskine)의 묘사. CIAM과 팀 텐(Team Ten)에 제출된 것. 왼쪽 맨 위: 북향의 방어벽이 있는 북극 도시계획. 위: 집들의 비교. 오른쪽: 기후 적응을 위한 북극의 창문들.

공간과 개방된 여름용 공간에 상당한 조형 가능성이 있는 것으로 보였다.'라고 덧붙였다.[10] 계속해서 그는 개성을 인정할 필요성과 '사람들이 하는 비합리적이고 웃기는 일들'을[11] 인정할 필요성을 언급하였다. 현대의 부는 약간의 노이로제를 대가로 이루어진 것이며, 이로 인해 '예전의 물리적 빈민가'는 제거되었으나, 새로운 '감정적 심리적 빈민가'가 이를 대체하였다고 말하였다.[12] 그가 중요하게 여긴 이 문제는 결과적으로 몇 번의 논쟁을 불러일으켰으나, 팀 텐 동료들은 이해하지 못하였고 그의 작업을 양식적 측면으로 비판하였다.

피터 스미스슨은 금욕적인 열정으로 그의 '미키마우스 스타일'을 거부하였는데, 이것은 다양한 재료와 색감, 그리고 과장하는 경향 때문이었다. 알도 반에이크(Aldo van

Eyck) 역시 단순함을 요구하였지만, 그는 부러움이 표현된 평을 덧붙였다. '*당신의 작품은 아름답게 완성됐군요. 거기에 의문은 없습니다. 아마도 당신은 무엇이든지 설계할 수 있을 것입니다.*'[13]

바이커(Byker) 주거단지의 설계는 거의 10년 뒤인 1968년에 시작되었다. 어스킨은 이미 스웨덴에서 주택 프로젝트를 몇 건 성공시켰는데, 그 당시는 사회적 주거단지가 정치적인 우선과제였고, 세계적으로 건축의 열기가 가장 높았던 때였다.[14] 그는 영국에서도 일하기 시작했다. 1966년부터 케임브리지의 클레어 칼리지(Clare College)를 설계했고, 킬링워스(Killingworth)와 뉴마켓(Newmarket)의 주택개발에도 참여하여 설계했다. 보수당(Conservatives)이 1968년에 뉴캐슬 시의회(NewCastle City Council)를 장악하고 바이커(Byker)를 민간 설계 컨설턴트에게 넘기기로 결정했을 때, 그는 국제적인 명성과 주택설계 경험 덕분에 이상적인 후보가 되었다.

옛 바이커 주거단지

바이커는 뉴캐슬(Newcastle) 중심부에서 동쪽으로 1마일 떨어진 타인(Tyne) 북쪽에 위치한다. 작은 마을로 시작되었으나, 19세기 후반에 조선소와 토목공사장의 산업 노동자들을 거주시키기 위해 격자형 토지구획 위에 연립주택이 지어졌다. 이 '타인사이드 연립주택(Tyneside flats)'은 미들랜즈(Midlands)에서처럼 두 채가 등을 맞댄 형식의 집은 아니었다. 이 연립주택은 2층으로 된 건물로 1층은 직접 들어갈 수 있고, 2층은 계단을 걸어 올라가는 주택이었다. 공중위생 상태는 열악했고, 인구는 과밀했으며, 가난이 만연해 있었기 때문에 1951년 뉴캐슬 시 개발계획에서 이 주택의 철거 및 재개발이 제기된 것과 1953년 보건의료 담당자(Medical Officer of Health)가 거의 1,200채의 주택에 부적격하다는 선고를 내린 것은 그리 놀랄 일은 아니었다.

그러나 다른 사항보다 공중위생 상태를 개선하는 것을 가장 우선시했기 때문에 다른 빈민

[사진 8] 옛 바이커 주거단지.

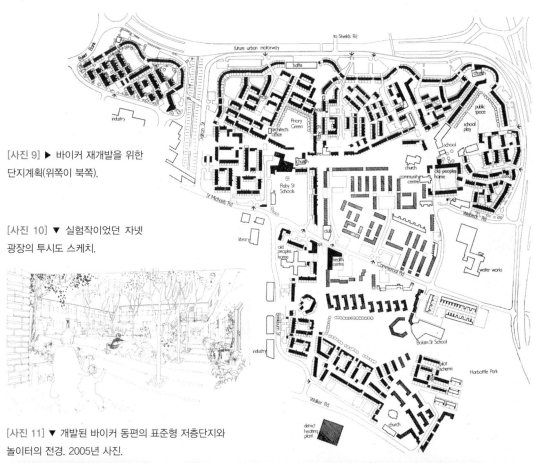

[사진 9] ▶ 바이커 재개발을 위한
단지계획(위쪽이 북쪽).

[사진 10] ▼ 실험작이었던 자넷
광장의 투시도 스케치.

[사진 11] ▼ 개발된 바이커 동편의 표준형 저층단지와
놀이터의 전경. 2005년 사진.

[사진 12, 13, 14] 2005년 촬영한 바이커 월의 내부 및 외부의 여러 부분들.

지역과 비교했을 때 주택의 재개발 절차는 더뎠다. 강제매입명령은 10년 후에 내려졌고, 실제로 철거는 1966년이 되어서야 시작되었다.[15] 한편 이 지역은 강한 특색을 가지고 있는 것으로 알려졌는데, 개발의 사각지대라는 열악한 삶에도 불구하고 약 20년 동안이나 대단히 긴밀하게 맺어진 공동체를 유지해 왔다.[16]

이웃들은 항상 서로 도울 준비가 되어 있었고, 특히 어려울 때 도와주었다. 돈으로 인해 (또는 돈의 부족이 더욱더) 우호적인 기질을 공고히 해주었다. 낮고 불안정한 임금과 오랜 시간의 육체노동 때문에 사람들은 서로서로 도와야 했다. 이러한 소속감은 이웃 간의 상부상조뿐만 아니라 서로 집이 가깝다는 이유에서도 생겨났다. 아이들은 뒷골목에서 함께 놀고 학교도 같이 다녔다. 젊은이들은 학창 시절 옆자리에 앉았던 여학생과 결혼했고, 길거리에서 같이 축구를 했던 친구들과 함께 일했다. 젊은 부부들은 부모님의 집 근처에 거처를 마련했고 이러한 순환이 다시 시작되었다.[17]

1966년 마침내 의회는 모든 주택을 철거하고 교체한다는 의사를 발표하였고, 예견되었던 일방적인 진행은 자연스럽게 거주자들의 불만을 불러일으켰다. 사람들은 자신들의 뿌리와 인간관계를 유지하면서 이 지역에 남고 싶으며, 계획과정에서 다소간의 발언권을 원한다는 의사를 분명히 하였다. 공공의 참여는 의회가 수용하려고 준비한 새롭고 진보적인 개념이었으며, 의회는 '바이커 사람들을 위한 바이커(Byker for Byker People)'[18]를 약속하였다.

그럼에도 불구하고 1963년 개발계획의 결정적인 대규모 조치는 부지 북쪽 가장자리 주변의 고속도로 건설이었으며, 최초의 철거로 자그마치 3,000명의 사람들이 이 지역에서 내몰렸는데, 단지 도로가 지날 땅을 확보하기 위해 실시된 일이었다. 어스킨이 참여하기 2년 전에 이미 고속도로 소음방지 벽의 건설은 설계의 최우선순위가 되어 있었다.

대화의 시작
처음에 어스킨은 기존 주택의 복원을 고려했으나 주택들의 물리적 상태가 좋지 않

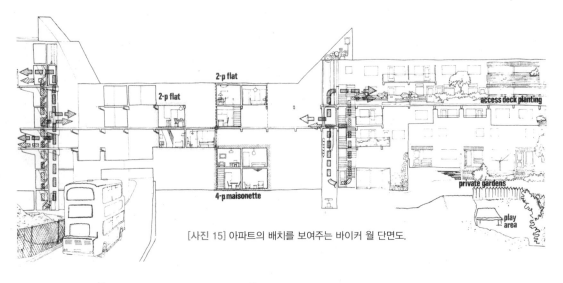

[사진 15] 아파트의 배치를 보여주는 바이커 월 단면도.

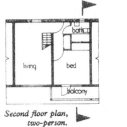

Second floor plan,
two-person.

[사진 16] ▲ 전형적인 아파트 평면.

[사진 17] ▼ 바이커 월의 남쪽 면.

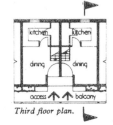

Third floor plan.

앞고 공간, 방향, 일조량, 교통안전, 공지(空地) 부족, 겨울철의 위험한 비탈길 등의 문제가 있었다. 그러나 결정적인 것은 세입자들이 새 집을 선호한다는 것과 그들 중 80퍼센트가 바이커(Byker)에 남고 싶어 한다는 점이었다. 이러한 점 때문에 새집이 완성됨에 따라 사람들이 옮겨올 수 있도록 부분적인 철거와 교체라는 순환 프로그램이 필요하였고, 지나친 철거 프로그램을 억제하기 위한 초기 수정안이 만들어졌다.

엄정하고 빠른 계획 수립보다 신중한 순서 설정과 지속적인 재조정을 포함하는 절차의 수용이 어스킨의 접근방식이 갖는 중요한 특징이자 장점이었다. 그는 마스터플랜(master-plan)을 내세우지 않았다. 1970년 의회가 승인한 그의 '의향서(Plan of Intent)'는 오히려 보편적인 용어로 쓰여 있었다. 이 의

향서에는 사회시설을 포함하여 주민들과의 협력 속에 '통합된 주거환경'을 만들겠다는 약속이 쓰여 있었다. 이 의향서를 통하여 바이커 지역의 특색 유지, 가족 유대관계의 해체 없는 새집 마련, 대지의 맥락에 대한 반응, 형태를 통한 각 주택 집단의 지역적 정체성 부여 등 세부적인 계획들이 마련될 수 있었다.

지역 및 그 지역 거주자들과의 접촉에는 높은 우선순위가 있었다. 초기 계획 단계에서 건축가인 어스킨의 딸 제인(Jane)과 그의 조수인 아르네 닐손(Arne Nilsson)은 뉴캐슬에 거주하였는데, 어스킨은 그곳을 자주 방문하였다. 일단 프로젝트가 위임되자, 그들은 바이커(Byker) 중심가의 옛 장례식장에 상주하며 일하기 위한 사무소를 세웠다. 한 층 위에는 행정건축가인 버넌 그레이시(Vernon Gracie)가 살았다. 소통을 위한 업무에 추가 수당이 주어졌고, 지역 주민들은 하루 중 아무 때나 이곳에 들러 자신들의 문제를 논의하고, 두려움을 누그러뜨렸으며, 마지막에는 자신들이 할당받을 아파트나 주택의 도면들을 보았다. 새로 건축하는 것과는 꽤 거리가 먼 문제들에 많은 시간이 쓰였으며, 건축가들은 모든 종류의 불평불만을 들어야 하는 최전선에 있었다.[19] 그러나 사회적 접점이 만들어졌고 주민들은 건축가들을 신뢰하게 되었으며, 건축가들은 주민들의 문제와 생활방식에 대하여 알게 되었다.

1971년 칼로우스테 굴벤키안 재단(the Calouste Gulbenkian Foundation)이 자금을 대어 '공동체 개발 프로젝트' 본부가 의회에 의해 설립되었다. 그 본부는 프로젝트를 위한 '행동센터'를 현장에 두었고, 세입자 연합(Tenants' Association)을 조직하는 것을 도왔다. 이러한 민관 연합을 통하여 최초로 사용자의 입장에서, 그리고 바로 그 주거지에서 소통이 시작되었다. 이것은 주민들이 얼굴 없는 시청 관료들을 상대하는 것에 대한 부정적인 견해 때문이었다. 실질적인 참여의 정도가 후일 과장되었다고는 해도, 1978년의 권위 있는 사회학 보고서에서는 '비록 건축가들이 공사 지연과 불확실성 때문에 의회에 대한 신뢰가 땅에 떨어진 상황에서 인계받았지만 그들은 공동체와 긴밀하고 섬세한 유대관계를 확립하였다.'고 인정할 수밖에 없었다.[20]

또 다른 사용자 참여 절차의 사례는 46채의 주택을 포함한 바이커 남쪽 부분에서의 시험 프로젝트였다. 이 프로젝트는 예상보다 더 많은 난관에 봉착했으나, 예견하지 못했던 문제들은 본 설계에서 보완되었다.

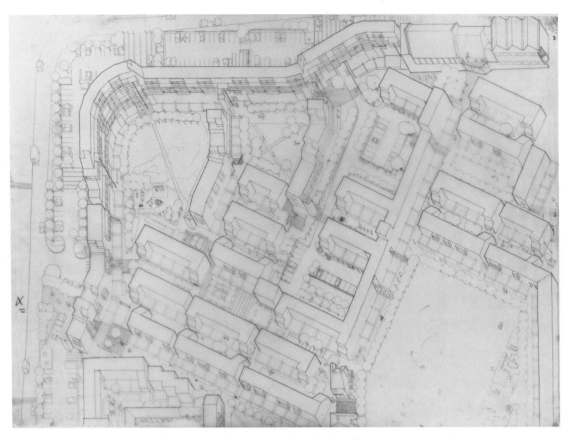

[사진 18] 바이커 월과 공용장소 및 저층 주택 간의 관계를 보여주는 북서쪽 코너의 축 측의 투영도.

형식적 반복의 회피

어스킨은 스웨덴에서 얻은 의미 있는 주거단지 설계 경험 덕분으로 비용 제한과 건물 규제에 대해 잘 알게 되었다. 따라서 그는 최대의 효과를 위해 제한된 자금을 어디에 쓸지, 최대의 다양성을 내기 위해 어떻게 설계해야 할지를 모두 잘 알고 있었고, 바이커(Byker)에도 꽤 직접적으로 다시 적용할 수 있는 일련의 전략들을 발전시켜 왔었다.[21] 그는 대규모 설계에 항상 따라오는 형식적 반복의 위험에 대해 예리하게 알고 있었다. 그 위험이란, 효율적인 공간 활용과 수월한 건축이 가능한 한두 채의 아파트나 주택을 설계하고 토지를 최선으로 사용할 수 있는 최적의 방향과 간격을 선택해서 그 결과를 끊임없이 반복하는 것을 말한다. 효율적인 대량생산에 맞춘 이러한 종류의 '이성주의'는 1920년대의 발터 그로피우스(Blundell Jones 2002, p. 17)에 의해 옹호되었으며, 그는 형식적인 반복의 문제를 가볍게 무시하였다.[22]

[사진 19] 많은 저층 주택에는 세입자 마음대로 사용 가능한 정원과 뒷마당이 있었다. 2005년의 모습.

그러나 그의 친구인 루드비히 힐버자이머(Ludwig Hilberseimer)는 이미 1927년, 태연하게도 이러한 과정이 필연적으로 생산하게 될 블록의 열들을 가득 그렸는데, 여기에는 위치와 규모에 대한 감각이라고는 전혀 없이 주택을 마치 포장용 상자와 같이 다루었다.[23] 스웨덴의 선구적 모더니스트인 아스플룬드는 이미 이러한 위험을 이해하고 있었고, 1917년 스톡홀름에 지어진 그의 첫 주택에서조차 단순한 반복이 지역의 지형에 대응하는 설계에 의해 어떻게 완화될 수 있는지를 보여주었다. 그는 동료들과 함께 저술한 근대주의 선언인 1931년의 『받아들이라*Acceptera*』라

[사진 20] 기존 건물들은 통합되었다.

는 저서에서 획일성의 위험[24]을 강조하기 위하여, 군인들과 춤추는 아가씨들이 한 동작으로 움직이는 그림을 가지고 「개인과 군중」이라는 글을 기고하였다. 그리고 자신의 모더니즘 작품에서는 현장의 특성 이용과 프로그램의 요소 표현을 끊임없이 추구하였는데, 이것은 그 특성이나 요소들이 개별적인 정체성으로 발전될 수 있게 하기 위한 것이었다. 이러한 스웨덴의 유산이 보이는 유기적 측면이 정확히 어스킨에 의해 계속되었다.

바이커 주거단지의 배치

대지의 북측 가장자리를 둘러싼 고속도로 차단막에 대한 필요성은 즉시 받아들여졌는데, 그 이유는 어스킨의 주거단지 프로젝트 전체를 통하여 경계를 명확히 하려는 그의 일관된 의지와 일치했기 때문이다. 이것은 프로젝트 초기 단계의 주거단지의 경계를 나타내는 보호벽뿐만 아니라, 벽이 기후에 대한 보호막으로 작용했던 그의 북극의 도시계획들과도 관련되었다. 그 결과 인상적이고 유명한 바이커 월(Byker Wall)이 만들어졌고 개발 전체가 그와 동일시되었다.

바이커 월은 겨우 방 한두 개 두께에 8층 건물 높이로 여기저기에 서 있었지만 지면 높이의 변화에 따라 끊임없이 변화가 가능했다. 볕이 드는 남쪽 면의 발코니와 진출입로는 견고한 벽돌로 된 북쪽 면과 대조적이었는데, 북쪽 면은 작은 창문과 통풍구만 나 있을 뿐이었다. 바이커 월은 승강기 통로 위에 튀어나온 삼각형 지붕으로 간간이 끊겼는데, 이 지붕은 뉴캐슬의 스카이라인을 두드러지게 하였다. 진출입로는 발코니와 구별하기 위해 그보다 더 넓게 만들어졌다.

거주시설의 20퍼센트만이 바이커 월 안에 위치하였고, 나머지 80퍼센트는 바이커 월로 보호된 집단거주지역 내의 저층 주택으로 배치되었다. 바이커 월과 저층 주택들의 이질감을 해소하기 위해 짧게 3개의 촉수 같은 매스를 벽면 안쪽에 덧붙였다. 이 매스는 월에서 나와 점점 높이가 낮아지며 공간들을 감쌌다. 전반적인 계획단계에서 초기의 격자 도로망은 급경사를 피하기 위하여 폐기되었고, 거의 등고선을 따라서 새롭게 배치되어 만들어졌지만 교회, 학교, 공장, 옛 목욕탕 등의 기존 건물들은 유지되어 새 도로망의 기준점으로서 도로의 기하학적 구조를 결정하는 데 도움을 주었다.

옛 건물들은 공동체에 필요한 시설로 사용되었으며 그와 함께 이 개발계획에는 계획지 남측의 중심지역에 우체국, 약국, 정육점, 청과상을 새롭게 계획했고 의료행위를 위한 구역의 지정도 포함되었다.

보행자의 안전과 생활 환경의 보호, 원활한 교통 소통을 위하여 자동차와 보행자를 분리시킨다는 보차분리의 개념은 세계대전 이후 널리 퍼진 정책으로, 이 정책은 바이커 프로젝트에서 외부와 연결되는 주요 출입동선을 따라 주 보행로망을 우선적으로 고려하는 결과로 나타났다. 반면 작은 골목길들은 단지 내 근거리를 연결하였다. 상대적으로 단순한 이층 연립주택의 형태는 거의 대부분 직사각형이었고 필수적으로 파커모리스 공간 표준(Parker-Morris space standards)의 제한을 받았으며, 작은 뜰을 가운데 두고 일련의 그룹을 형성하였는데, 종종 그 그룹의 말단이나 코너 부분은 기존의 유형과 다른 유형으로 구분되었다. 이와 같은 개념이 더욱 확대되고 발전되어 작은 뜰의 그룹과 도로의 그룹이 형성되고, 이것들은 다시 주 보행로로 명확히 구분되어 지역별 이름이 붙여져 동네의 이름이 되었다.

이 작업은 재개발의 예정된 단계에 따라 진행되었으며, 사회적 집단들은 이웃 관계를 무너뜨리지 않은 채 차례대로 이주했다. 상점들과 취미를 위한 공간들 및 기타 근린시설들이 포함되었고, 기존의 나무도 살릴 가능성이 있는 나무는 그대로 두었다. 외부 벤치와 피크닉 테이블, 퍼걸러 위의 식물들, 아이들의 놀이터, 매우 다양한 종류의 포장재 등으로 각각의 지역을 독특하게 만들고 강한 장소성을 만들어내며 다양한 규모의 변화무쌍한 풍경들이 만들어졌다. 많은 주택에 담으로 둘러싸인 뒤뜰이 있었는데, 이 뒤뜰은 세입자의 뜻에 따라 작은 마당이나 정원, 모터사이클 주차장 또는 노천작업장 등으로 쓰일 수 있었다. 보행로 쪽에 면하고 있는 주택들에는 공적영역으로 확장되어 소통하려는 듯이 집으로의 진입을 위한 단과 돌출된 포치가 있었고, 바이커 월의 진출입로 및 발코니에는 창틀을 씌워 공적, 사적 공간의 상호관계에 의지를 보이고 있다. 새로운 바이커는 매우 다양한 종류와 규모의 출입구를 포함하고 있었고, 그 결과 공간과 영역에 대한 진보적인 사유(私有)와 소유(所有)의 감각이 생겼다.

건물들은 상대적으로 벽돌, 목재, 콘크리트 등 저렴하고 평범한 재료들로 만들어졌고, 지붕은 경사가 낮고 골이 진 판으로 만들었으나 색상 범위는 다양했다. 바이커 월

[사진 21] 주 보행노선은 등고선을 따라 이어져 있는 좁은 골목들로 대체되었는데, 여기에 보이는 것처럼 때로는 입구가 있기도 하다.

남쪽 면의 벽돌 띠는 층간을 구분하는 데 도움이 되었고, 반면 창문 하나 없이 완전히 막힌 북쪽 벽면에서는 몇 가지의 다른 종류의 벽돌로 만든 대규모 문양이 추상적인 장식을 만들었다. 일부 주택은 수직 또는 수평 방향으로 목재를 덧대었고, 모든 곳의 목재는 강한 색으로 채색했다. 창문은 대체로 평범했으나, 여기저기에 수직으로 연속하여 배치된 창문은 복잡한 구성을 안정시키는 역할을 하였고, 특별한 위치에 있는 삼각형의 빛은 필요한 강조점을 더했다. 지붕은 거의 언제나 명확하게 만들어져서 피난과 보호의 느낌을 주었다.

바이커 월에 있는 커다란 경사면은 도시 전체의 랜드마크(landmark)가 되었으나, 낮은 경사지붕의 주택조차도 그 지붕의 가장자리에 다양한 형태적 요소들이 있었으며, 높은 경사의 작은 포치들은 그 효과를 더해주었다. 이 모든 것들은 수많은 지역적 랜드마크들과 함께, 새로 생긴 바이커 지역이 여러 해에 걸쳐 조금씩 성장한 오래된 도시처럼 시각적으로 복합적이고 다양한 환경을 확보하는 데 도움을 주었다.

사용자 참여와 그 한계

바이커 개발은 대단한 건축 성공작으로 광범위하게 받아들여졌으며, 이 개발의 대부분은 건축가들과 의회에 의한 사용자의 참여 절차 덕분이었다. 그럼에도 불구하고, 이후의 연구들은 두 가지의 주요 목적이 충족되지 못했다고 결론을 내렸다. 먼저 '바이커 주민을 위한 바이커(Byker for Byker People)'는 달성되지 못했는데, 결국 원래 주민의 소수만이 그곳에 살게 되었고, 12,000명의 원주민 대부분은 한두 가지 이유로 이주하였기 때문이다.[25] 어스킨에게 다행인 것은, 최악의 인구 유출은 그가 이 프로젝트

[사진 22] ▲ 작은 앞 정원과 뒤쪽 출입구가 있는 저층 주택들.

First floor.　First floor.　First floor.

4500

Ground floor, two-person.　Ground floor, three-person.　Ground floor, four-person.

[사진 23] ◀ 아키텍츠 저널에 소개된 전형적인 이층집과 아파트 설계.

[사진 24] ▼ 이층집의 단면도.

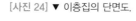

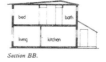

Section BB.

에 참여하기 전에 쫓겨난 3,000명의 주민들이다. 주민들이 쫓겨난 까닭은 예정된 신설 고속도로 때문이었으나, 결국 이 도로는 만들어지지 못했다.

또 다른 하나의 비난은 주민들이 설계에서 실제 발언권이 크지 않았다는 것인데, 그 고속도로 계획은 자치단체부터 행해진 일방성의 명백한 사례였다. 그러나 새로운 도로 형태도 협상을 할 수 있을 정도로 열려 있는 문제는 아니었다. 분별과 현재 관행이라는 이름 아래, 공공주택을 정의하는 데 있어 당연하게 여겨지는 원칙, 규제, 척도,

규약 등도 부과되었다. 일부 세입자들은 주택 설계에 참가할 수 있을 것이라고 예상했으나, 이런 일은 초기 시험 프로젝트에서 한정된 범위 안에서만 일어났다.[26]

그러나 의회로부터 의뢰받은 사회학 보고서에는 세입자의 요구로 도로가 2미터 뒤쪽으로 옮겨졌고 운동장이 재배치되었다고 기록되어 있는데, 이러한 규모의 변화들은 실제로 있었다.[27] 건축가들의 열린 사무소와 의회의 공동체 프로젝트 역시 불안감 완화와 이주 이후 사회적 관계를 공고히 해준 공동체 연대 발생에 있어서 모두 성공적이었다. 새롭게 형성된 이웃으로서의 공동체가 구 지역에서 신(新) 지역으로 이전된 것도 사회적 연속성을 보장하였고, (거부권을 주고) 미리 주택을 할당한 것도 위기가 닥치기 전에 주민들이 새로운 생활과 새 이웃 관계를 준비할 수 있게 하였다.

이러한 모든 것들은 의심할 여지 없이 합리적이었으나, 일부 세입자들은 이주 이후에 그들의 개발 이전 삶에서 존재했지만 잃어버린 측면들에 대한 유감을 표출하였다. 일부는 공동체와 모임으로서, 그리고 개인적 표현의 무대로서의 거리를 그리워했다. 그들은 기념식 행사(Jubilee celebrations)를[28] 어디에서 해야 할지 몰라 당황했으며, 명확한 입구성, 대칭적인 벽난로의 선반 위의 여러 가지 삶의 흔적들과 레이스 달린 커튼이 있는 거실에 이르는 일상의 관습에 따라 잘 정돈된 현관의 단이 사라진 것을 유감스러워했다.[29] 한 주민은 누군가가 바이커 월에서 죽으면 어떻게 될지, 입관 준비는 어떻게 하고 관은 어떻게 드나들지에 대해 걱정을 표했다.[30] 옛 주택들에서도 역시 아기들이 태어났고, 전통적인 규칙은 계속 지켜졌다. 산모는 2주 동안 침대에 머물러야 했고 6주 동안 집 밖 출입을 할 수 없었다. 머리를 빗거나 밀가루를 만지거나 찬물에 손을 대서도 안 되었다.[31] 이러한 규칙은 옛 생활의 필수적인 부분이었고, 힘든 육체적 경제적 환경에서도 품위 있고 정연한 생활을 유지하는 데 도움을 주었으나, 언제까지나 지속될 수 없다는 점은 명백했다. 만일 거리가 예전 그대로 유지되었다면, 지금은 그저 자동차로 꽉 막혀 있을 것이다. 거주라는 개념의 쇠락과는 관계없이, 출생과 사망은 다른 모든 지역들과 마찬가지로 병원에서 일어나고 있다. 맹렬한 추진력으로 재개발은 확실히 이러한 모든 종류의 변화를 가속화시켰지만, 변화는 불가피했다.

이러한 변화가 일어날 수밖에 없다고 하더라도 어스킨은 연속성을 주고 기억을 보존하며, 새로운 공동체가 자라날 수 있는 훌륭한 토양을 제공함으로써 개발의 일방성을 완화하는 방법들을 찾았다. 피터 스미스슨이 '미키 마우스'라고 비판하고, 콜린 아메리(Colin Amery)가 '천박한 세부장식'[32]이라고 비판한 그의 건축적 작업은 보통 구축(construction)에 근거를 둔 것이었고, 세월의 시험을 이겨내어 바이커로 하여금 주민들의 *브리콜라주*(역주: 도구를 닥치는 대로 써서 만든 것)나 자기 집을 꾸미려는 문이나 창문의 변화를 받아들이게 하였다.[33] 아메리의 우려에도 불구하고 바이커 월은 같은 시기에 지은 다른 고층 건설계획들처럼 슬럼화되어 골칫거리가 되지 않았고 계속 인기를 유지했다.

뤼시앵 크롤과 마찬가지로(제10장 참조), 어스킨은 사용자 정체성을 장려하기 위한 매우 복잡한 형태의 필요성을 이해했으며, 웬만한 기술적·경제적 문제들에 휘둘리지 않았다. 그는 주어진 것을 창조적으로 이용하여 강한 장소성을 재창조하는 데 성공하였다. 즉, 한 공동체가 어떠해야 하는지, 그것이 어떻게 계획되고 양성되어야 하는지, 그리고 주택이 공동체의 유대를 위한 장소와 어떻게 연결되어야 하는지에 대하여 강한 암시를 준 것이었다. 모든 결함에도 불구하고 이는 최근 영국의 민간 주택 개발보다 확실히 더 현명한 선택이었다. 최근 영국의 민간 주택 개발은 지키지도 못할 안락함에 대한 자기선전을 하고, 자동적인 외부 확대로 주변 경관을 무시한다. 또한 공동체를 정의하는 어떠한 시도도 없고, 경계를 이웃 간 소통의 장이 아닌 분쟁의 잠재지점으로 보면서 주민들에게 자동차에 종속된 생활을 강요한다. 어스킨이 모든 문제를 해결한 것도 아니고, 그가 제안했던 참여도 제한적이었으나, 그는 다른 사람들이 따르고 발전시켜 나갈 가치 있고 현명한 선례를 만들었다.

1   그에 비견할 주요 건축 작업은 클레어 홀(Clare Hall, 1966-69, 케임브리지)일 것이다. 이 작업은 케임브리지 대학을 새로 만들려고 한 급진적인 시도였다.

2   이것은 민영화의 형태였다. 지역 당국의 건축 사무소가 어스킨의 개인 회사에 자리를 내준 것이다.

3   첨부된 사진들은 저자가 2005년 8월 찍은 것으로 내외장재가 조금 낡았음을 보여준다. 바이커는 공영주택으로 유지되어 왔으나, 여전히 대부분 세입자가 들어와 살고 있고, 거리 시설물은 훼손되지 않았으며, 벽의 낙서도 놀랄 만큼 없다.

4   저자의 아스플룬드 연구논문. Blundell Jones, 2006.

5   Ibid.

6   아스플룬드의 양대 프로젝트인 우드랜드 화장터(Woodland Cemetery)와 고센버그 법원(Gothenburg Law Courts)은 둘 다 25년 동안 진행되었는데. 몇 번의 설계 변형을 통해 결과적으로 더 개선된 형태로 끝났다. 보통 장기적인 건축 프로젝트는 규모가 축소되고 타협될 뿐 아니라 교착상태에 빠진다. 아스플룬드의 고객들과 그들의 고문들은 무엇이 중요한지 잘 이해했던 것 같다.

7   '나는 30년대 말 영국의 보수주의로부터 탈출하기 위해 스웨덴에 처음 왔다. 나는 그 당시 스웨덴에서 우리가 어쩌면 다소 피상적으로 말했던 '국제주의'라는 근대건축운동의 양식들과 기술을 발견하였다.' 1959년, CIAM에서 어스킨. 뉴먼(Newman) 1961, p. 151에서 인용하였다.

8   이 원칙은 블룬델 존스(Blundell Jones)의 2002년 책, 제2장의 휴고 헤링과 한스 셔로운의 작품과 관련해서 설명된다.

9   이 시기 어스킨의 경력에 대하여 간략하게 요약한 내용을 보려면 매츠 에겔리우스(Mats Egelius)가 쓴 어스킨에 관한 '건축 설계(Architectural Design)' 특별 호(vol. 47, no. 11-12, 1977)를 볼 것.

10   뉴먼 1961, p. 167.

11   Ibid, p. 167.

12   Ibid, p. 168.

13   Ibid, p. 169.

14   '건축 설계(Architectural Design)'에서 Egelius. p. 810.

15 이러한 사실들 및 더 많은 내용은 1981년 타인(Tyne)에서 뉴캐슬(New Castle)시가 출간한 소책자 '바이커 재개발(*The Byker Redevelopment*)' 참조.

16 그 지역에 대한 이주 사진과 글은 핀란드 사진가인 시르카 리사 콘티넨(Sirkka-Liisa Konttinen)이 그녀의 저서 『*바이커(The Byker, 1985)*』에 실었다. 그녀는 1970년 그곳의 생활을 기록하기 위해 거기에서 살았다.

17 소책자 '바이커 재개발(*The Byker Redevelopment*)' n. 15 참조.

18 이러한 경향은 '1968년 도시 및 지역 계획법(Town and Country Planning Act)'에 참여 권고로 나타났는데, 스케핑턴과 시뵘(Skeffington and Seebohm) 보고서에서 뒷받침되었다. 햄프턴(Hampton)과 워크랜드(Walkland)의 책(1980, p. 10) 참조.

19 그들은 술래잡기를 하는 아이들을 비롯하여 모든 종류의 접촉을 기록한 일지를 작성했다.

20 Zutshi 1978, p. 40.

21 이것들은 '*Architectural Design*'(pp. 809-822)에서 에겔리우스가 쓴 '사람들을 위한 주택'이라는 장에 논리적으로 열거되어 있다.

22 그로피우스(Gropius), 1935.

23 힐버자이머(Hilberseimer)의 책 『*Gross-Stadt Architektur*』 참조(Verlag Julius Hoffmann, Stuttgart, 1927).

24 블룬델 존스(Blundell Jones), 2006.

25 피터 말패스(Peter Malpass)의 '바이커 재평가(A reappraisal of Byker)', *Architects Journal*, 1979년 5월 9일(pp. 961-989), 그리고 제2부(Part 2), 1979년 4월 14일(pp. 731-744).

26 Zutshi 1978, p. 51.

27 Ibid, p. 23.

28 Ibid, p. 23.

29 1985년 콘티넨의 사진들 참조. 또한 p. 38의 정화 의식에 대하여 묘사한 글도 참조.

30 Ibid, p. 113.

31 Ibid.

32 *The Architectural Review*, 1974년 12월.

33 2005년 내가 방문했을 당시, 원래 문의 거의 모두가 외부 제작된 하드우드 타입으
로 교체되었고, 일부 창문은 납 틀 창문 같은 다른 스타일로 바뀐 것이 뚜렷했다.
그러나 바이커는 그것들을 수용할 만큼 튼튼했다. 이것들은 2단계(Grade 2: 영국의
건물보전 단계 중 2단계를 의미함.)의 목록으로 뒤바뀔 수 있을 것이다.

CHAPTER 12

노먼 포스터 :

윌리스 파버와 뒤마 본사, 입스위치, 1975

1935년 맨체스터에서 태어난 노먼 포스터는 영국 공군에서 복무한 후 맨체스터 대학교 건축학과와 미국의 예일 대학교에서 공부하였다. 예일 대학교에서 리처드 로저스를 만나는데, 후일 그와 함께 영국 하이테크(British high-tech)를 선도하는 파트너십을 이룬다.[1] 포스터가 설계한, 입스위치에 있는 보험회사 윌리스 파버와 뒤마의 본사(Willis Faber & Dumas headquarters)는 1975년에 완공되었다. 이 건물은 그의 건축적 생각들이 잘 구현된 최초의 작품이라고 말할 수 있는데, 그 이유는 로저스와 피아노(Renzo Piano)의 협업에 의해 세워진 더 큰 규모의 퐁피두 센터(Pompidou Centre, 제14장)보다 먼저 완공되었기 때문이다. 하이테크의 주된 원칙은 보편적이고 이성적인 기술 탐구였지만,[2] 이 원칙은 건축가 개인의 문화적인 조건에 따르게 된다. 따라서 포스터의 초기 작품에 있어서 맨체스터 대학교와 예일 대학교의 영향력을 잠시 살펴보면 입스위치 건물 디자인의 배후에 숨겨진 몇몇 요소를 밝히는 데 도움이 된다.

맨체스터는 19세기 대규모의 산업 구조물로 이루어진 도시 경관을 형성하고 있다. 그러나 포스터에게 지속적으로 영향을 준 것은 20세기 중반 근대주의의 선구적인 작품이었다. 엔지니어인 오언 윌리엄스 경(Sir Owen Williams)이 1939년에 설계한 그레이

[사진 1] 입스위치 거리에 모습을 드러내고 있는 월리스 파버와 뒤마 본사의 검은색 건물 모습.

트 앤코츠 스트리트(Great Ancoats Street)에 있는 데일리 익스프레스(Daily Express) 회사 빌딩은 매우 인상적인 거대한 건물이다. 밤에 인쇄실의 기계가 작동할 때 건물이 빛을 발하는 모습은 더욱 인상적이다. 낮에는 검은색 유리패널의 표피가 인쇄실의 콘크리트 구조를 가리고 있다.

전통적인 건축 언어를 회피하고 자신만의 건축 형태를 개발하기 위해 포스터는 이와 같은 본질적인 공학의 전통으로 돌아갔다. 자신에게 영향을 주었던 건물들을 반추하면서 포스터는 바턴 아케이드(Barton Arcade, 1871)나 랭커스터 거리(Lancaster Avenue, 1873년경 철거됨.)와 같은 19세기의 유리 구조물들이 새로운 구축기술의 사회적 가능성에 영향을 미칠 것으로 판단했다.[3] 바턴 아케이드는 유리와 주철로 만든 볼트와 돔으로부터의 채광이 상가 통로 위의 사무실 층을 밝게 비추고, 딘스게이트(Deansgate)의 일반적인 거리와는 달리 자신만의 건축 언어로 뒷골목의 풍경을 급진적으로 만들고 있다. 랭커스터 거리는 주철과 목재를 사용하여 시공되었지만, 그 단면을 계단식으로 처리하여 많은 빛이 유입되게 하여 아래층까지 밝히고 있다. 포스터는 초기 강연에서 이러한 구조물들이 월리스 파버와 뒤마 건물을 설계하는 데 도움이 되었다고 밝

했다.[4]

예일 대학교에서 한 공부는 포스터에게 또
다른 의미 있는 영향을 주었는데, 초기 맨
체스터 대학교에서의 공부보다 영향이 더
크다고 볼 수 있다. 뉴 헤이븐에 있는 학교는
1961년 포스터가 미국에 왔을 때까지 폴 루
돌프(Paul Rudolph)의 지도 아래 아이비리그
경쟁자인 하버드 대학교를 제치고 으뜸가는
미국 건축학교의 지위를 누리고 있었다. 이
렇게 강렬하고 경쟁력이 심한 환경 속에서도
포스터는 그 대학의 지적 흐름에 다채로운
역량을 통하여 기여하고 있었던 루이스 칸
(Louis Kahn), 빈센트 스컬리(Vincent Scully), 제
임스 스털링(James Stirling), 세르게 체르마예
프(Serge Chermayeff)를 접할 수 있었다.

봉사를 받거나 봉사하는 공간에 대한 칸의
생각(Blundell Junes 2002, 제16장 참조)은 1953
년 예일 대학교의 아트 갤러리 꼭대기 층에
있는 건축대학원 작업실에서 뚜렷하게 나타
난다. 스털링은 레스터 대학교의 공학관 건
물에 사용될 글레이징 기술을 개발하고 있었
던 반면, 체르마예프는 저서 『공동체와 사생
활Community and Privacy』에서 상세하게 설명했
듯이 디자인에 대한 분석적 접근에 주안점을
두었는데 이는 건축과 도시설계에 대한 포스
터의 디자인 기법의 토대가 되었다.[5] 예일 대
학교를 떠나 영국에 돌아온 후에 포스터와

[사진 2] ▲ 오언 윌리엄스가 설계한 맨체스터에 있는 데일리 익스
프레스 빌딩(1939).

[사진 3] ▲ 노먼 포스터가 설계한 런던에 있는 프레드 올슨 사
빌딩(1969).

[사진 4] ▼ 윌리스 파버와 뒤마사의 에스컬레이터가 있는 통로.

[사진 5] ▲ 에스컬레이터에서 보이는 입구.

[사진 6] ▼ 외관에 있는 사무실 층.

[사진 7] ▲ 중앙 통로 위에서 입구를 내려다본 전망.

[사진 8] ▼ 낮에 거리에서 본 전망.

로저스는 비록 건축사의 자격은 얻지 못했지만 그들의 아내인 웬디(Wendy), 수(Su)와 함께 팀 포(Team 4)를 결성했다. 이 명칭은 팀 텐(Team X)을 지지하는 사람들이 지적으로 우위를 점하고 있던 건축 현장에 더 젊은 세대들이 출현하였음을 의미한다.

가장 큰 성과는 1965년에서 1966년에 걸쳐 지은 스윈던에 있는 릴라이언스 컨트롤 공장(Reliance Controls factory)이다. 3만 제곱피트(약 2,787제곱미터) 정도 되는 이 산업건물에서 두 건축가가 뒤를 이어 내놓게 되는 프로젝트에서의 미학적 요소들을 미리 살펴볼 수 있다.[6] 그러나 프로젝트가 많지 않아 팀 포(Team 4)는 해체되었다. 1967년부터 포스터는 독립하면서 대지의 지반 상태가 좋지 않았던 옥스퍼드의 극장 프로젝트를 시작으로 벅민스터 풀러(Buckminster Fuller)와 협력관계를 시작했으며 1971년 코샴(Cosham)에 IBM사 건물을 성공적으로 완공하게 되었다. 포스터는 녹색의 전원에 매끈한 직사각형 유리를 끼워 넣음으로써 막 싹트기 시작한 정보 기술의 세계에 발을 들여놓게 된다.[7]

윌리스 파버와 뒤마 건물은 기술적 및 사회적 관점에서 가장 혁신적이라는 명성을 얻었다. 건물의 디자인은 1971년 사우스엔드와 런던시의 여러 곳으로부터 건물을 이전하여 통합하기 위해 계획한 프로젝트로부터 시작되었다. 당시 분산되었던 보험회사 건물은 약간 비좁은 감이 있었던 것이다. 상대적으로 가깝고 통근시간이 짧다는 판단 아래 이 보험회사는 입스위치를 선택했다. 완성된 건물은 1층에 수영장이 있고 옥상에 정원이 있으며 사무직 노동자들이 여가 시간을 구내에서 보낼 수 있기 때문에 근로 환경이 매우 양호하다는 것을 보여준다. 이러한 근로 환경은 정치적 관점에 따라 고용자의 복지를 보여 주는 상징이자 직장에서의 여가 시간 활용의 전조로 해석될 수 있다. 당시 사람들은 아직 에너지를 사용하는 데 드는 비용에 대해서는 문제가 제기되지 않았고, 작업 공정이 기계화되고 컴퓨터화되는 등 기술이 진보되면 여가 시간이 늘어날 것이라고 생각했다.[8]

사무 공간의 기술적 표현 및 건축적 발전은 리버풀에 있는 피터 엘리스(Peter Ellis)가 설계한 오리엘 체임버(Oriel Chamber) 건물의 혁신적인 유리 파사드로부터라고 볼 수 있다. 이 건물은 널리 알려지지는 않았지만 19세기 중반 영국에서 발달한 산업용 건물의 원칙에 근거한 훌륭한 미학적 아름다움을 보여준다. 하지만 이 아름다움은 나름

[사진 9] ▲ 1층에 있는 수영장.

[사진 10] ▲ 수영장과 입구 홀 사이에 있는 유리 칸막이.

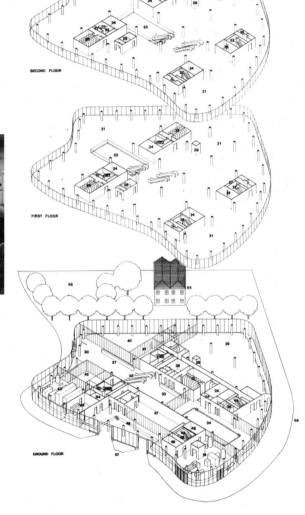

[사진 11] ▶ 바닥에서 상부까지 층 바닥 연속 투상도.

[사진 12] ▲ 유리 벽은 내부에서 볼 때 그다지 견고하게 보이지 않는 막에 불과하다.

[사진 13] ▲ 가로 쪽에서는 침범할 수 없는 장벽이다.

[사진 14] ◀ 이 건물을 세계적으로 유명하게 만든 혁신적인 창호를 자세히 보여주는 사진이다.

[사진 15] ▼ 검은색 박스 안에 설치된 옥상 레스토랑. 바닥에 깔린 푸른 잔디는 정원으로 탈바꿈했다.

대로 애를 쓴 역사주의적 파사드로 가려졌다. 젊은 제임스 스털링은 제2차 세계대전 초기부터 오리엘 체임버 건물의 화재를 감시해 왔으며 이후에도 이 건물의 특징에 대해 건축학적으로 관심을 가지고 연구했는데,[9] 이 연구 내용을 포스터에게 말해준 듯하다.

현대식 작업장의 개선에 대한 생각은 프랭크 로이드 라이트(Frank Lloyd Wright)가 설계한 라킨 빌딩(Larkin Building, 1904)이나 존슨 왁스 빌딩(Johnson Wax Building, 1939)과 같은 사례를 통하여 널리 퍼졌는데, 라이트는 채광이 가능한 투명한 아트리움(top-lit atrium)으로 만들고 진부한 장식을 줄이는 등 건축학적 잠재성을 보여주었다. 미스(Mies)의 후기 작품인 1958년 뉴욕에 완공된 프리즘 같은 시그램 빌딩(Seagram Building)의 사례도 투명성(transparency)에 의한 총체적인 미학의 승리를 나타낸다(Blundell Jones 2002, 제14장).

그런데 미스는 그 건물에서 개방적 유연성을 주장했음에도 불구하고 가구의 배치와 공간의 사용 측면에서는 강압적인 원칙을 적용했다. 깊은 평면(Deep plan) 형태와 일정한 조도의 인공조명은 온전한 시야를 확보해 주지

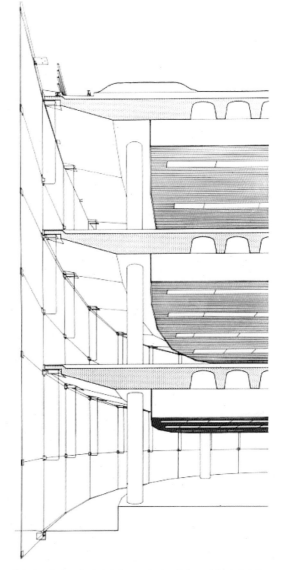

[사진 16] 건물의 가장자리를 보여주는 단면도. 얇은 바닥판과 세로 유리판이 외벽 표면을 지지하고 있다.

만, 1960년대 들어서 문제가 점점 제기되고 있는 관료적인 사무 공간의 이미지를 제공하는 측면도 있었다.[10] 물질적 풍요는 이러한 작업에 대한 환멸로 이어지는 한편, 작업 환경이 컴퓨터화되면서 엄격한 고용 형태는 느슨해질 것이라고 예견되었다. 레이너 밴험(Reyner Banham)이 지적했듯이 이것은 근본적으로 양식의 문제인데, 화려하

게 꾸며야만 한다고 생각하는(*flamboyance de rigeur*) 태도가 새로운 환경을 근로자들로부터 멀어지게 하는 결과를 가져온 것이었다.[11] 근로자는 안정된 직장, 연금, 점심시간의 수영, 전쟁과 같은 통금으로부터의 해방, 그리고 전원생활과 같은 편안함을 누릴 수 있었다. 윌리스 파버와 뒤마 본사가 센트럴 런던에서 입스위치로 이전했다는 사실은 전통적인 제조업이 급격히 쇠퇴하는 상황에서 금융 서비스 직종의 근무 환경이 어떤 혜택을 누리고 있는지 보여준다. 이러한 전원풍의 작업 환경은 1970년대 영국 산업을 특징지었던 정치적 분쟁에 대항하여 발전했다. 경제적 측면에서 좋은 선례를 남긴 일본이나 서독의 경우처럼 잇따라 집권한 영국 정부가 나서서 노사 관계와 협력을 진작했지만, 1973년에 발생한 석유파동으로 인해 사회적, 기술적 진보에 대한 낙관적인 시각은 수면 아래로 사라졌다. 실업률이 증가하고 제조업이 쇠퇴하는 상황이 사무실 환경에 즉시 영향을 미친 것은 아니었지만, 윌리스 파버와 뒤마 건물의 뒤를 잇는 혁신적 건축물이 곧바로 뒤이어 나타나지는 않게 되었다. 하지만 포스터의 전 작품 중에서 프랑크푸르트 코메르츠 은행(Frankfurt Commerzbank) 프로젝트(1991-97), 코메르츠 은행 본사(1986-90), 스위스 레 타워(Swiss Re tower, 1997-2004)와 같은 건축물들에 그 영향이 나타난다.

곡면의 외피

윌리스 파버와 뒤마 건물의 시각적 효과는 최근에 완공되었으나 도시 생활과 더 단절된 그레이프라이어스 센터(Greyfriars Centre)와 비교되었다.[12] 사회적, 재료적인 측면에서도 모두 실망스러운 이 건물의 문제점은 브루털리즘 건물에서 흔히 발견되는 것이었다.

반면에 윌리스 파버와 뒤마 건물은 덜 공격적인 이미지를 제시할 필요성이 있었는데, 이것은 내부 협의와 부지 취득 및 디자인을 특정한 요구조건에 맞추는 긴 과정을 거치고 나서 가능하였다. 부지는 중세 이후 유지되어 오던 마을의 중심부와 순환 도로 사이에 있는 작은 구획의 땅이 모인 곳이었다. 좀 늦게 제시되기는 했지만, 대지의 경계가 불규칙한 곡선으로 되어 있어 이 곡선에 유리 파사드를 맞추자는 결정을 내리고 난 뒤 본격적으로 프로젝트가 진행되었다.

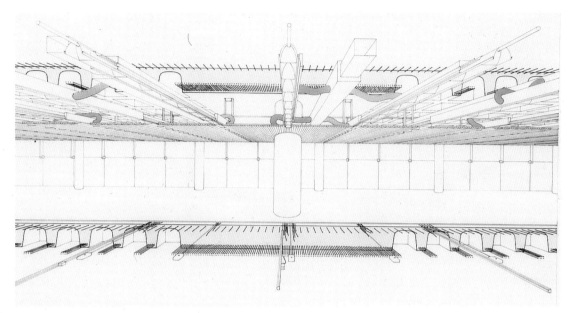
[사진 17] 플로어, 천장 공간, 이들을 통해 제공되는 배전을 나타내는 도면.

완공된 건물에서 단순해 보이는 형태의 이면에는 다소 복잡한 과정들이 있다. 디자인 과정 초기에는 벅민스터 풀러의 영향력에 대한 존경의 표시로 유리 외피에 둘러싸인 스페이스 프레임(space-frame)에 각각의 수평부재들을 연속적으로 연결할 계획이었다. 그러나 외부로 향하는 시선이 방해된다는 것이 결국 최종 디자인에 영향을 주었고, 일련의 디자인 과정을 거치는 동안 초기 의도가 수정되었으며 환경적인 측면에서 고려한 끝에 옥상에 잔디를 심은 저층 건물로 실현되었다. 초기에 바닥과 외피를 분리하려는 의도는 구축적인 것과는 관계없이 연결시키는 쪽으로 바뀌었고, 건물의 사회성을 강화해야 한다는 생각에 따라 중앙에 아트리움을 만들게 되었다.

최종적으로 확정된 공간의 구성은 이상하다고 생갈될 만큼 간단하다. 건물 외피의 약간 오목한 부분에 일렬로 늘어선 세 개의 회전문은 여섯 개의 에스컬레이터(이 에스컬레이터는 수영장이 보이는 중앙 아트리움으로부터 출발하고 있다.)로 구성된 건물의 주 축선의 공간과 연결되어 있다. 마치 샌드위치 모양의 단면 같은데, 입구와 수영장, 서비스 구역으로 구성된 지상 층과 식당과 잔디로 덮인 옥상 층 사이에 샌드위치 속의 고기처럼 2개 층의 개방형 사무 공간이 끼어 있는 모습이다. 이 모든 것들은 전장 28미터

[사진 18] 전형적인 깊은 평면 방식의 사무실. 천장에 인공조명과 통풍기가 있고 바닥에 케이블이 깔려 있어서 유동적으로 사무실을 배치할 수 있다.

의 와플 형 바닥과 격자 패턴으로 배치된 기둥에 의해 실현되고 있다. 가장자리의 기둥에서 바닥판은 캔틸레버 형식으로 돌출되었다. 밖으로 갈수록 쐐기 형태로 얇아져 층고는 높아진다. 이 바닥판에 매달린 유리 외피로 인해 사무실 어디에서든지 외부로 열린 역동적인 시선이 가능하다.

주 진입 축 공간의 둘레에 대칭적으로 배치된 네 개의 수직 코어로 인해 균등한 서비스 배관이 가능하며 각 층 천장의 빈 공간을 통해 더욱 쉽게 케이블의 변경과 배치가 가능하다. 이것은 앞으로 전화를 기반으로 한 의사소통 수단이 전자 디지털 미디어로 대체될 것임을 미리 예측한 결과였다. 이러한 서비스 전략은 초기 입주자와 분양할 때를 대비한 것으로, 더 나아가 각 부서의 분리와 다양한 입주자의 공간을 쉽게 분리하기 위한 것이었다.

이 건물 디자인의 *기본 구상(parti)*[13]은 도미노 프레임의 코르뷔지안 원칙을 따랐다. 실제로 맬컴 콴트릴(Malcolm Quantrill)은 이를 5가지 핵심과 관련지었다.[14] 비정형인 바닥판은 규칙적으로 배치된 기둥이 떠받치고 수직 동선(원래 모델에서의 계단과 만곡부, 뒤에서 다루게 될 에스컬레이터)에 의해 결정된다. 르코르뷔지에(Le Corbusier)가 주장했던 자유로운 형태의 파사드는 오언 윌리엄스의 빌딩에서 철 구조에 유리 마감을 설계한 선례가 있기는 했지만 50년 전까지만 해도 상상할 수 없었던 일이었는데, 입스위치에서 실현된 것이다. 현대인들은 컴퓨터로 작동하는 유동적인 파사드에 익숙해 있기 때문에 포스터가 설계한 곡선으로 된 덮개가 얼마나 혁명적인 것인지 상상하기 힘들다. 1950년대와 1960년대 영국 건축물은 엄격하리만큼 직사각형 모양을 고수하고 있었고 곡선 모양이나 특이한 각도로 건물을 지으면 '비합리적'이라는 비난을 들어야 했기 때문이다.[15]

건물은 오브제로 간주되었고 직사각형 모양으로 건축하는 방식에 따라 울퉁불퉁한 부지 위에 지어졌다. 이때 건물 주위로 웅덩이나 쓸모없는 공간이 생기게 마련이었다.[16] 포스터는 효율적으로 부지를 이용하여 생동감 넘치는 페리미터를 고안하는 데 성공했지만, 외관과 그리드의 불규칙한 관계를 다루어야 했고 자신의 하이테크 철학이 요구하는 표준 용어의 범위 안에서 이러한 변동요소를 다룰 기술적인 수단을 고안해야 했다. 융통성이 없을 것 같아 보이는 빌딩의 구성요소를 정형성에서 벗어난 형태로 개조한 것과 알려지지 않은 구성요소들이 잇따라 사용되어 매우 특별한 *장소성(genius loci)*을 형성할 수 있음을 보여준 것은 그의 유쾌한 혁명이라고 할 수 있다.

포스터는 사무실을 고층 건물로 짓는 표준적인 현대 방식을 거부하고(이코노미스트 본사에 적용된 지 10년도 안 되었다. – 제5장 참조) 건물의 윤곽과 주변 환경의 불규칙성을 중요하게 여기는 저층 건물을 선호했는데, 이것은 놀랍기는 하지만 건물이 애매한 방식으로 도시에서 존재하는 결과를 낳았다. 내부 구조는 깔끔하게 배치되었는데 구성요소가 위계에 맞게 배치되었다는 점에서 거의 신고전주의 보자르 양식(Beaux-Arts)에 이르렀으며 사무실 환경에 민주적인 이미지를 심어주었다. 주간에는 결집된 모습을 보여주고 야간에는 투명한 모습을 보여주는 등 빌딩의 도회적 애매모호함에 인상적인 시각 효과가 더해졌다. 더욱이 외관의 역동적인 모습으로 중세도시의 풍경이었던 예전 부지의 모습은 없어졌고 차곡차곡 쌓인 바닥판의 수평성이 강조된 모습으로 일반적인 도회적 규모는 말끔히 사라졌다. 결과적으로 포스터는 중정을 포함한 전통적 페리미터 블럭(perimeter block)과 그 공간에 강한 축으로 대칭적인 구성을 부여하고 여러 쌍의 에스컬레이터에 의해 규정된 멋진 공간을 창조해 냈다. 이런 형태의 중간 공간은 곧바로 깊은 평면(deep plan) 방식의 사무실에서 널리 나타나게 되었다.

기술혁명

유리로 만들어진 커튼 월은 건물의 최상층 끝에 매달려 아래로 늘어져 있으면서 유리면의 모서리들을 연결하는 금속판과 네오프렌 실링으로 마치 하나의 천처럼 연속적으로 연결되어 있다. 이러한 기술적 진보는 유리 제조회사 피킹턴사(社)가 개발한 새로운 커튼 월의 형식이었다. 이러한 형식을 모방하는 회사가 많이 나타났지만 우아한 모습의 피킹턴사의 형식과는 비교할 수 없었다. 유리로 만든 커튼 월의 물리적인 성질은 그 뛰어난 시각 효과 면에서 비할 수 있는 것이 없었다.

헬무트 야코비(Helmut Jacoby)의 초기 설계 투시도에서 보였던 창의 수직 부재를 포함한 모든 창틀의 제거는 각각의 유리판이 건물의 외피에 자연스럽고 연속적으로 붙어 있게 한다. 그래서 마치 그 전체가 하나의 유리판으로 되어 있는 것처럼 인지하게 한다. 이러한 효과는 유리에 색을 가미하면서 더욱 강화되었는데, 낮에는 빛이 반사되어 눈부시게 하는 효과가 나타났고 밤에는 건물 안에서 빛이 나오면 유리의 존재가 거의 없어 보이는 것 같은 효과가 나타났다. 존재하지 않는 듯 보이는 광택 피막은 이러한 신기한 현상이 얼마나 정교하게 일어나는지도 감춰버린다. 외피는 층당 두 개의 유리판이 수직으로 연결되어 구성되며 더 높은 높이가 필요한 지상 층에서만 그 규칙이 깨어진다. 외피 표면의 연속성과는 다르게 내부에서는 층별로 조금 다른 구축 패

[사진 19] 이스트 앵글리아 대학교에 있는 세인즈버리 센터. 유리   [사진 20] 세인즈버리 센터와 육교.
구조의 후면.

턴을 보인다. 이 패턴은 연결되어 있는 두 개의 유리판을 지지하기 위해 캔틸레버로 돌출된 상부 바닥으로부터 아래로 길게 내려와 유리면과 수직으로 붙어 있는 부재로 인해 발생한다.

이러한 일관성에 대한 또 다른 예외는 최상층 옥상에 있는 식당인데, 이 식당의 외피 역시 스페이스 프레임으로 된 지붕구조에 매달려 있다. 지붕에 깔린 잔디는 마을의 푸른 벌판을 생각나게 하는데 아마 전체 건물에서 가장 매력적인 요소일 것이다. 하지만 포스터는 무덤덤한 태도로 이에 대하여 설명했다.

…… 자본의 측면에서 본다면 조경으로 처리된 지붕은 아스팔트보다 비용이 많이 들어갑니다. 그런데 조금만 신경 쓰면 단열성능이 있는 누비이불이 생기는 셈이어서 건물 전체에 익스팬션 조인트를 하지 않아도 되고, 이 조인트를 위한 이중 배열인 기둥과 파일이 필요 없어져서 비용이 절감됩니다. 게다가 많은 에너지를 장기간 절약할 수 있게 됩니다.[17]

이 건물에서 기술에 대한 사항들은 혁신과 도전으로 볼 수 있지만, 옥상의 식당과 지상 층의 수영장을 제외하고는 정작 사무 공간에서 보여주어야 했던 사회적 현안에 대한 급진적인 모습은 찾기 힘들다. 쟁점이 될 수 있는 것은 그럴듯하게 만들어진 회사의 진입부, 임원들의 영역과 대다수의 직원이 일하는 일반적인 공간 사이의 전통적인 위계가 사라졌다는 것이다. 사무 공간 내에 방해물이 없고 유리로 둘러싸인 외피를 통해 외부로의 수평적인 시야가 확보되며, 아트리움을 통해 수직적으로 또는 대각선으로 시야가 확보된다. 그러나 지위에 따른 비품 배치나 공간의 배치상 거꾸로 상급자의 감시 기회가 더 많아진다는 점에서는 위계적인 요소가 다시 등장하고 있다.[18]

오픈 플랜(open plan) 디자인의 단순성은 같은 시기에 완공된 헤르만 헤르츠베르허르(Herman Hertzberger)의 아펠도른 센트럴 비히어(Centraal Beheer) 보험회사에서 보여준 사무 공간의 구성과 비교되어 왔다. 이 네덜란드 출신의 건축가는 알도 반에이크(제3장 참조)의 장소성에 대한 아이디어를 발전시켜 사무 공간을 몇 개의 층에 밀집하여 배치하고, 각 개별 공간의 사용자는 내부의 공적 공간을 통하여 시각적으로 소통하게 하였다. 구축적인 그리드가 반복적으로 사용된 센트럴 비히어(Centraal Beheer) 건물은 이와 같이 시각적인 소통성을 확보했지만 윌리스 파버와 뒤마 건물에서는 사람과 장소의 시각적인 관계성은 바닥판의 과장된 두께 때문에 애매해졌으며 천장의 반사 표면 및 외부의 빛에 의해 방해를 받는다.

윌리스 파버와 뒤마 건물의 부인할 수 없는 화려하고 미끈한 외관은 그 자체로 브랜드의 이미지가 되어 금융 기관의 상업적 속성과 아주 잘 맞아떨어졌다. 한편 다소 불분명한 사회적인 현안은 간과된 점이 있다. 산업적, 정치적 혼란기에 생겨나는 새로운 사회적 패턴 형성에 대해 언급하지 않는 것은 기술의 중립성을 손상시켜 물질을 위한 위장수단으로 삼는 태도로 이어질 수도 있다. 이 전략의 한계는 건물의 기능과 관련이 있다.

보험회사의 본사 건물이 지니는 회사 이미지는 1층에 수영장이 있는 낯선 상황에서도 일관성을 유지한다.[19] 하지만 공간이 통합되고 용도가 통일되었기 때문에 다양한 목적으로 활용되기는 어려울 것이다. 구역을 나누는 것은 문제의 여지가 있고 개인화를 추구하는 것은 이 건물의 집산적 특성에 배치될 것이다. 건축가들은 이러한 이유로 적응성과 개성이 한계를 지니고 있는 점을 중요하게 다루어 왔다. 이 건물에는 환경적으로도 다소 독단적인 모습이 보인다. 포스터는 통일된 파사드(정면) 처리 방식에 취해 향(orientation)에 따른 다양하고 독특한 적응방식을 무시했던 것이다. 이러한 사실은 우리로 하여금 다시 하이테크의 보편적 논쟁으로 돌아가게 한다.

고전적 문법의 하이테크?

건축계의 선두 주자들이 기사 작위를 받고 상원에 진출하면서 하이테크 건축은 확고한 건축 언어가 되었지만, 1970년대와 1980년대에 단일한 흐름으로 보였던 이 운동은 현재 두 가지 양상, 즉 '이미지'와 '객관성(objectivity)'이 겹친 것으로 보인다. '이미지'는 사람, 환경, 그리고 기계를 드라마틱하게 병치하는 건축을 통해 기술을 기반으로 한 낙관적인 미래를 제시한다. '객관성'은 1920년대 유토피아 신화의 한 부분인 즉물주의(Sachlichkeit)에서 발전했다. 이것은 '이미지'와는 대조적인 방식으로 더 냉정하게 의도적으로 표현을 억제하면서 새로운 공학 형식으로 나타나는 변화를 신중히 다루며, 공격적이지 않은 방식으로 실제 모습을 표현한다. 이러한 현상을 판타지와 실재로 분리하여 설명하는 일은 현상을 지나치게 단순화하는 것이 되겠지만, 이와 같이 만들어진 상황이 종종 판타지에 가깝다. 오히려 이러한 분리는 기술을 과격하게 표현하는 현상(제14장에 나오는 퐁피두 센터에서 드러난다.)과 다소 수동적인 거주민이 향유하는 '노력 없는 미래'라는 그럴듯한 모습 사이에 놓였다.

미국과 소련의 우주 개발 전쟁에서 현대 과학 기술이 나란히 길을 가고 있음이 드러나는데, 공학 기술의 업적은 달에서 골프를 치는 것처럼 우스꽝스럽게 격하되어 버렸다. 에너지 자원의 한계가 널리 인식되자 지금까지 달

[사진 21] 리처드 로저스가 설계한 런던에 있는 로이드 빌딩. 외관에 있는 전력공급 타워가 돋보인다.

성한 성과가 그동안 들인 노력에 합당한가에 대해 의문이 제기되었다.

윌리스 파버와 뒤마 건물의 고광택의 형태는 1960년대에 남아 있는 낙관주의의 독특한 요소를 표현했다. 퐁피두 센터에서 볼 수 있는 공공연한 반문화적 장식을 피하고 완전한 중립성에 따라 기업 환경의 정직성을 드러내었는데, 동일성과 무미건조함이 최면에 걸리듯 결합되어 버린 느낌이다. 이 건물은 *종합예술(Gesamtkunstwerk)*의 지위를 확립했지만, 예상되었듯이 미학적 모티프(예를 들면 파편적인 빛의 반사와 투명한 표면)에 의해 물성이 사라진 건물의 구조를 본다면 이 건물이 남긴 유산은 의심스럽다. 동일하게 충격을 주는 이미지를 포스터의 다음 작품인 이스트 앵글리아 프로젝트(1977), 즉 노리치에 있는 이스트 앵글리아 대학교의 세인즈버리 시각예술센터(Sainsbury Centre for the Visual Arts, 사진 19)에서도 목격할 수 있다. 여기에서도 역시 갤러리와 강의실이 캠퍼스 내에 끊임없이 연속된 건물에 통합되어 있다.

기술적 성과 역시 중요한데, 이것은 건물의 프레임이 벽에서 지붕으로 이어짐으로써 수직과 수평으로 하중을 골고루 분배될 수 있도록 개스킷 클래딩 시스템(gasketed cladding system)이 고안되었기 때문이다. 이로 인해 건축 역사상 최초로 벽과 지붕의 구분을 없앨 수 있었다.[20] 입스위치와 노리치에 있는 건물에서 보이는, 현혹시키는 듯 수수한 규모가 주는 매력이 포스터의 후기 작품에서는 사라져 스위스 리 타워의 유기적 형태는 가까이에서 보면 조각조각 나뉘어 있는 것처럼 보인다. 바로 이러한 점에서 1922년 미스 반데어로에(Mies van der Rohe)의 유리 마천루 프로젝트에서 시작된 시각적 환상의 전통을 실현한 것으로 보인다. 그러나 홍콩 상하이 은행 또는 스위스의 리 본사 건물에서는 찾아볼 수 없다.

더욱 흥미로운 비교는 향후 10년간 영국 하이테크의 가장 뛰어난 작품으로서 윌리스 파버와 뒤마 본사 건물의 뒤를 잇는 더 큰 규모의 건물인 리처드 로저스의 런던 로이드 빌딩(Lloyd's Building, 1986)이다. 두 건물 모두 불규칙한 대지 위에 세워졌고 중앙 아트리움 공간은 안정된 모티프를 제공한다. 두 건물의 아트리움은 에스컬레이터가 계속 가동됨으로써 활기를 띤다. 하지만 유사성은 여기까지이며 바닥판의 처리 방식부터 전혀 다르다.

로저스는 서비스 코어를 건물의 외곽 쪽으로 분산시켜 불규칙한 구획과 직사각형 모양의 사무실 플로어 사이에 놓이게 한다. 본질적으로는 '고딕 양식'[21]이라고 찬사를 받는 이러한 시도는 윌리스 파버와 뒤마 본사 건물에서 코어를 평면 안에 흡수하여 완벽하게 삭제했다고 했던 '강한 인상'을 건물 외부로 표현하고 있다. 이러한 비교는 무리하게 보일 수도 있겠지만, 이 두 건물은 하이테크(high-tech) 경향 내에서 각각 '고전주의 양식'과 '고딕 양식' 즉, 질서 또는 규칙화와 정교화(elaborating)로 양극화되는 경향을 보이며, 미를 보는 관점에서는 버크주의(Burkean)와 러스킨주의(Ruskian)를 드러낸다. 유용성을 인식하는 틀에 포함되기는 하지만, 고전주의적 또는 버크주의적인 미는 형태의 완전함과 부드러움을 추구하는 반면, 러스킨주의는 성장과 쇠퇴라는 활기찬 개념을 즐겨 드러낸다. 또한 이것은 각각의 작품 그 자체의 표현인가 아니면 진행 과정의 표현인가로도 구분할 수 있다.

모더니즘 초기에 지배적이었던 이성주의 정통성과 유기적인 '또 다른 전통' 사이의 중요한 차이점을 동일하게 보이는 하이테크 흐름 내에 분파가 만들어지는 방식에서도 발견할 수 있다.[22] 이러한 경향은 이미 기사 작위를 받은 마이클 홉킨스(Michael

Hopkins)와 니컬러스 그림쇼(Nicholas Grimshaw) 등의 좀 더 젊은 건축가들에게로 이어진다. 이들 작품에서 역시 둘 사이의 대조적인 모습을 볼 수 있는데, 이들의 작품은 1980년대와 1990년대의 더 보수적인 건축 환경에 영향을 받으며 수정되어 왔다. 포스터가 설계한 윌리스 파버와 뒤마 본사 건물의 모호한 형태는 도시 환경에 맞추는 일관성의 회복, 지역 환경에 대한 관심, 에너지 문제에 대하여 늘어가는 관심과 혁신적인 물질화 추구와 같은 당대 영국 건축학계의 몇몇 논쟁거리를 미리 보여주는 듯하다. 입스위치에 있는 그레이프라이어스 센터(Greyfriars Centre) 같은 건물로 인해 영국의 소도시가 무자비한 재개발로 인해 위협받고 있다는 인식이 1980년대에 널리 퍼졌고, '도시 경관(townscape)'을 중시하는 움직임과 환경보호 운동의 성장은 계획 당국에 큰 영향력을 행사했다.

　사회에 순응하는 일원으로 보이기를 원했다면 윌리스 파버와 뒤마 같은 유명한 회사는 우아하지만 평범한 건물 구조에 만족할 수도 있었을 것이다. 하지만 그들은 그 대신 노먼 포스터에게 설계를 위임함으로써 논쟁의 양극단에 있는 두 주제, 즉 기능을 현대적으로 표현하는 것과 역사적 맥락을 보존하는 것 모두를 만족시키는 것 같은 신비로운 형태의 건물을 얻었다. 낮 동안에 이 건물이 거리에 주는 시각 효과 - 반사되어 나타나는 빛의 띠와 중립적인 입구 - 가 이러한 대형 건물에 적절한 것인지는 의문이다. 이 문제에 대한 전형적인 방어는 건물을 감싼 주위의 모습이 건물의 외피에 반사되기 때문에 건물의 크기에 대한 인상은 사라지고, 그럼으로써 실체가 있는 것처럼 보이던 건물 자체가 눈에 보이지 않게 된다는 것이다. 하지만 개별 유리창 모서리의 섬세한 가공은 단단하지만 깨지기 쉽고 관통할 수 없을 것 같은 크리스털의 존재를 강조하는 인상을 준다.

미 주

1 포스터 부부와 로저스 부부는 팀 포(Team 4)를 결성하여 1963년에서 1967년까지 함께 작업했다. 그 후 포스터는 아내 웬디와 포스터 어소시에이츠를 설립했으며 포스터 어소시에이츠는 명칭만 약간 바뀐 채로 현재까지도 활동하고 있다.

2 '하이테크'라는 용어는 새롭게 등장한 브루털리즘의 공격적인 성향에 반발하여 기술로 해결하는 낙관주의와 공학의 감성을 활용하는 작업을 이르는 말에서 발전된 듯하다.

3 바턴 아케이드와 랭커스터 대로에 있는 건물을 살펴보려면 『Geist』지(1983) 카탈로그 pp. 351-59 참조.

4 노먼 포스터의 '로열 골드 메달 수상 소감 1983'(Jenkins, 2000) p. 485 참조.

5 체르마예프와 알렉산더(Chermayeff and Alexander, 1963) 참조. 예일 대학교 건축대학원 현장에 대한 간략한 설명은 앨런 파워스의 『Serge Chermayeff, Designer Architect Teacher』(London: RIBA Publications, 2001), pp. 208-12 참조.

6 릴라이언스 컨트롤 공장을 살펴보려면 『The Architectural Review』(July, 1967, pp. 18-21) 참조.

7 이 시기의 상황은 레이너 밴험의 『LL/LF/LE v Foster』(Jenkins, 2000), pp. 27-32 참조.

8 단기간에 끝난 4차 중동전쟁 당시 이스라엘을 지원한 국가에게 아랍 석유 생산국이 석유 공급을 제한함으로써 1973년 석유파동이 일어났다. 이로 인해 석유 가격이 4배나 뛰어 대부분의 선진국이 1980년대 초까지 경제침체를 겪었다. 석유파동을 겪고 난 뒤 무한한 에너지 자원에 의존해야 한다는 자각이 널리 퍼졌고 대체 에너지 자원에 대한 관심이 증가했다.

9 오리엘 체임버 건물과 스털링의 연관성은 Girouard(1998), pp. 38, 97, 112 참조.

10 자크 타티(Jacques Tati)는 작업환경에 발전된 기술을 적용하려는 낙관주의가 가져오는 결과를 자신의 영화 '플레이타임(Playtime, 1967)'에서 재미있게 풍자했다.

11 레이너 밴험의 『Grass Above, Glass Around』(1977)(Jenkins, 2000), pp. 43-47 참조.

12 에드워드 스키퍼 연합(Edward Skipper & Associates)이 디자인한 그레이 프라이어스 센터(1964-66)를 살펴보려면 Nikolaus Pevsner(Enid Sutcliffe가 개정), The Buildings of England: Suffolk(Harmondsworth: Penguin,

1974, 2nd Edition), pp. 307-8 참조. 브루털리즘의 목적을 생각해 볼 때, 그 학파의 주요한 주창자가 이 건물을 조소한 것은 아이러니이다. 레이너 밴험(1977), p. 43에서 인용.

13 노먼 포스터는 이 용어를 'Social Ends, Technical Means(1977)'(Jenkins, 2000), p. 463에서 본질적으로 보자르(Beaux-Arts) 건축의 관점에서 사용하였다.

14 Quantrill, 1999, p. 79.

15 Nikolaus Pevsner, *Pioneers of Modern Design* (Harmondsworth: Pelican, 1960), p. 217.

16 「Space left over: Making the best of the odd corner」(*The Architectural Review*, October, 1951, pp. 233-41)에 나온 것처럼 제2차 세계대전 후 재건축이 이루어지는 기간에 이미 이러한 문제점들이 발견되었다. 이후에 이러한 현상은 약자 SLOAP(Space left over after planning)로 알려졌다.

17 포스터의 「Social Ends, Technical Means」(1977), 앞에서 언급한 책. p. 468.

18 1979년 케임브리지 건축학부를 방문했을 때 직원이 명백하다고 인정했다. PBJ.

19 수영장은 뒤이어 더 많은 공간을 차지하게 되는데, 이것은 상장된 회사의 지위에 타협하지 않으려는 시도였다. Harwood 2003, p. 324 참조.

20 이것은 납작한 유리 지붕의 선구적인 작품으로 지금은 일반적으로 사용되는 포스터식의 혁신적인 작품이다.

21 Peter Davey, 'Renault Centre'(*The Architectural Review*, July, 1983, pp. 31-2).

22 Wilson(1995) 참조.

CHAPTER 13

지안카를로 데 카를로:

우르비노에 있는 마지스테로, 1968-76

지안카를로 데 카를로(Giancarlo De Carlo)는 건축가이자 도시 계획가뿐만 아니라 교수이자 작가로도 유명한 인물로 이탈리아 건축의 흐름에 비범한 지적인 행적을 남겼다. 1919년에 태어나 제2차 세계대전이 일어나기 직전에 교육과정을 다 마쳤으며 이후 파시스트들에 대항하여 싸웠다. 1950년대 들어서야 건축을 시작한 데 카를로는 그 이전에 작가로 널리 알려졌다. 작가로서 여러 권의 책을 썼고 프랭크 로이드 라이트(Frank Lloyd Wright), 르코르뷔지에(Le Corbusier), 윌리엄 모리스(William Morris)에 대한 책과 논문을 썼으며 건축 잡지 『*카사벨라 콘티뉴이타 Casabella Continuità*』의 편집장으로 일했다.[1] 데 카를로는 1951년 '자연발생적인 건축(Spontaneous architecture)'이라는 제목의 전시회를 주최했는데, 이것은 근대주의자로서 지역화(vernacular)의 장점에 대한 관심을 끌기 위한 초기의 시도였다.[2]

에르네스토 로저스(Ernesto Rogers)의 제자로서 이탈리아의 건축학 토론에 활발하게 참여했던 젊은 데 카를로는 곧바로 근대건축 국제회의(CIAM)에 초청을 받고 그곳에서 팀 텐(Team X)의 주도적인 인물 중 하나가 된다(제3장 참조). 이 회의는 다양한 건축 관련 인사들이 모이는 영향력이 큰 회의였고, 이 회의를 통해 알도 반에이크(Aldo van

[사진 1] 우르비노(Urbino)에 도착하여 메르카탈레(Mercatale)에서 올려다본 모습. 두칼레 궁전에 솟아 있는 두 개의 작은 탑, 람파 (Rampa)와 방어 요새.

Eyck, 제3장), 앨리슨과 피터 스미스슨 부부(Alison and Peter Smithson, 제5장), 랠프 어스킨 (Ralph Erskine, 제11장) 등의 사람들과 평생 교제할 수 있는 기회를 얻는다.[3] 팀 텐은 근 대주의 건축이론에 대해 시대를 앞서는 날카로운 비평문을 발표했다. 이 그룹은 근대 주의자의 건축이론 즉, 편협한 기능주의 및 조닝, 사업가와 행정관료들에게 휘둘리는 현상에 대하여 최초로 예리하게 비평을 했으며 이와 동시에 도시와 현대적인 생활방 식으로 인한 변화, 장소성, 참여 가능성에 대해서도 깊이 이해한 비평이었다.

처음부터 데 카를로는 각각의 건물들뿐만 아니라 도시에도 관심을 가지고 있었고 건축과 도시계획 사이에 인위적으로 발생된 담론상의 거리를 거부했다. 1950년대 말 에 데 카를로는 이상적인 건축주인 우르비노 대학의 학장 카를로 보(Carlo Bo)의 초빙 으로 소도시 우르비노의 종합 계획을 맡게 되는 큰 행운을 얻는다.[4] 오랜 기간 지속된 이 연구는 데 카를로의 실무에 영향을 주었다. 또한 대부분의 설계 초기 작업으로 건 축설계 착수를 위한 중요한 '영역의 해석'에 대한 이후의 강의에 핵심적인 내용이 되 었다.

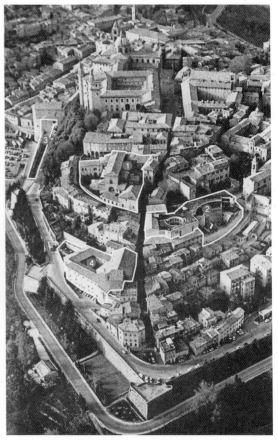

[사진 2, 3] 콜레 대학(The Collegio del Colle, 1962-66). 도시 외곽에 있으며 데 카를로가 초기에 설계한 중요한 작품이다.

[사진 4] 공중에서 우르비노를 바라본 모습으로 데 카를로가 개조해서 만든 4개의 장소를 확인할 수 있다.

❶ 경제학부 ❷ 마지스테로 ❸ 경사로와 마구간 ❹ 법학부

우르비노는 피에로 델 프란체스카(Pierro della Francesca)와 파올로 우첼로(Paolo Uccello) 같은 예술가의 후원자인 몬테펠트로 공작가(the Dukes of Motefeltro)의 정주지로서 오래된 역사가 있는 유서 깊은 곳이다. 이 도시에는 15세기 르네상스 시대에 건축가 프란체스코 디 조르조(Francesco di Giorgio)가 페데리고 공작(Duke Federigo)을 위해 지은 유명한 두칼레 궁전(Palazzo Ducale)이 도시의 스카이라인(skyline)을 지배하고 있다.

해안에서 멀리 떨어져 있었지만 우르비노는 로마와 리미니(Rimini)를 연결하는 유리한 환경에 위치하여 강력한 지역 농업을 통해 오랫동안 이익을 얻었다. 그러나

1860년 이탈리아 통일의 여파로 경제 상황과 통행 수단이 변함으로써 인구가 점점 줄어들어 지금은 관광지이자 시장이 서는 지방 도시로 그 역할이 축소되었다. 성벽으로 둘러싸인 도시 자체는 놀라울 만큼 옛 모습을 잘 간직하고 있었지만, 오래된 내부 도시 조직들은 대부분 상태가 온전하지 못했다. 새로운 건물을 짓는 데에 투자하는 만큼 중심부 개발에 자본이 투자되지 않았고, 그 대신 교외 지역이 군데군데 무질서하게 개발되었다. 대학의 개발로 새로운 생활양식이 도입되었고 인구는 두 배로 늘어났다. 문제는 '역사적 가치가 있는 도시 조직을 보존하는 데 반대하는 의견들을 어떻게 중재할 수 있는가' 하는 것이었다. '광역 재개발' 추진을 위하여 도시의 중심부가 유럽 대륙을 가로질러 무분별하게 찢겨지는 바로 그 시점에서 데 카를로는 이러한 문제에 직면했던 것이다.

1958년에서 1964년 사이에 데 카를로는 우르비노와 도시 조직 상태를 면밀하게 조사하여 성벽 구조와 도로망을 확인하고 유서 깊은 건축물과 철거할 건물을 파악했다. 또한 어떻게 도시가 사회적으로 제 기능을 했으며, 어느 부분이 도시의 일관성을 저해했는지 알아내려고 애썼다. 그는 '역할을 분명히 수행하는 그들의 존재가 바로 도시를 형성한다는 명징한 의식이 점차 와해되면서 도시의 거주자들의 행위 패턴이 점점 초기 도시의 형태적인 틀, 즉 도시의 구조와 도로 체계를 벗어난다는 사실'을 알게 되었다.[5]

데 카를로는 조사하는 과정에서 몇 가지 놀라운 사실을 발견했다. 예를 들면 공작이 말을 타고 도시 안으로 들어올 수 있게 해 주는 성벽의 보루에 달려 있는 거대한 나선형 경사로 같은 것들인데, 이곳은 19세기에 극장의 기초로 재사용되면서 돌 조각들로 가득하게 되어 버린 곳이다. 결국 그는 이 두 가지 모습을 복원하고 재해석할 수 있었다. 하지만 이러한 도시에서는 몇몇 건물만 보존하고 개조하여 박물관으로 이용할 수 있었다. 대부분의 경우 건물은 주어진 새로운 역할을 수용함으로써 그 수명을 연장하고 개보수에 대한 대가를 치른다. 대학이 확장되면 바로 이러한 건물에 들어오게 된다. 당시 도시 외곽에 대학 캠퍼스를 만드는 것이 널리 유행했는데, 데 카를로도 교외에 일련의 새로운 대학 건물들을 건설할 계획을 세웠다. 이 건물들은 인근 구릉 위에 따로 떨어져서 지어졌는데, 걸어서 왕래할 수 있었고 시대상을 확실히 보여주는

[사진 5] ▲ 우르비노의 척추 격인 비아 사피(Via Saffi) 거리에 있는 마지스테로의 정문. 공중에서 찍은 사진 4의 중앙에 보이는 마지스테로 건물의 반대면이다.

[사진 6] ▼ 북쪽 도로에서 바라본 새로 지은 마지스테로의 뒷부분. 둥근 모양의 창문은 꼭대기 층에 있는 카페 창문이다.

벽돌과 콘크리트 건축물로 지어졌다. 즉, 1962년에서 1966년 사이에 지어진 콜레 대학(The Collegio del Colle)은 데 카를로가 새롭게 시작한 건설 프로젝트에서 가장 뛰어난 건물일 것이다.[6]

하지만 학생들과 직원들을 술집, 카페, 서점으로 모으고 길거리에 활기를 띠게 하려면 대학 건물이 이 유서 깊은 도시 내에도 있어야 했다. 수도원과 수녀원으로 이용되던 오래된 건물이 모여 있는 곳은 원래 모습을 파괴하지 않고 숙박, 상업 시설로 바꾸기는 힘들 것으로 판단되었다. 대학 학부 건물의 경우처럼 이 건물들을 비슷한 규모로 유지한 채 새로운 사회적 기능을 추가하는 것이 알맞을 듯했고 마스터플랜에서도 그렇게 확인되었다.

데 카를로는 오래된 궁정 주위를 적당하게 변경하여 대학 사무실로 개조하는 소규모의 작업부터 시작했는데, 이때 새롭게 건설된 부분은 계단뿐이었으나 이후 30년 동안 대대적인 개조 작업을 통해 법학부, 교육학부, 경제학부가 들어섰다. 각각의 건물이 옛 모습을 보존하는 동시에 새롭게 인식될 수 있는 배치 방법을 고안해야 했기 때문에 모든 작업에는 세심한 재해석 과정이 수반되었다. 이 글에서는 1968년에서 1976년 사이에 지어진 교육학부인 마지스테로(Magistero) 건물을 상세하게 다룰 텐데, 이것은 이 건물들을 짓는 과정에서

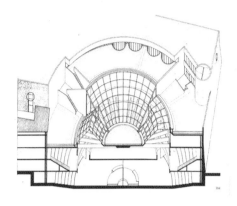

[사진 7] ▲ 대형 극장의 엑소노메트릭 투영도
(axonometric projection).

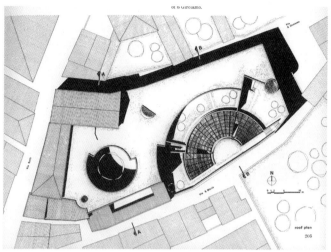

[사진 8] ▲ 위에서 지붕을 바라본 도면으로 극장, 카페 테라스와 그 주위를 감싼 뜰을 보여준다.

가장 근본적인 재해석 과정이 수반되었기 때문이다.

성벽으로 둘러싸인 오래된 도시는 방어적인 모습을 지닌 채 발달했는데, 가파른 산비탈에 자리를 잡고 있기 때문에 주로 등고선을 따라 외형이 형성되었다. 서쪽 로마에서 나온 도로가 성벽 밖 공터에 이르는데, 이곳은 오랫동안 시장이 형성되었던 곳(메르카탈레, Mercatale)으로 현재 관광객들이 도착하면 먼저 마주하게 되는 곳이다. 이곳 바로 뒤에 있는 두칼레 궁전 윗부분에 이 도시의 절정이며 가장 주목받는 작은 탑 두 개가 대칭을 이루고 있다. 궁전 뒤에는 도시의 척추 격인 가장 긴 도로, 비아 사피(Via Saffi)가 마을을 북서쪽에서 남쪽으로 가로지른다.

데 카를로가 개조해서 만든 대학 학부 세 곳은 도로에서 떨어져 있고 남쪽 끝을 향하고 있으며, 마지스테로는 도시 동편의 중간에 자리 잡고 있다. 마지스테로는 외곽을 둘러싼 기존의 벽돌 벽과 등고선을 따라 형성된 비아 사피 도로부터 시작하여 동쪽으로 뻗은 한 쌍의 도로 사이에 끼어 있는 도시 전체 블록을 모두 차지하고 있다. 이 블록은 18세기에는 수녀원이었고 19세기에는 고아원이었는데, 데 카를로가 조사하던 때에는 서쪽의 집들은 상태가 엉망이었고 동쪽 끝에는 정원이 방치되어 있었다. 건물 귀퉁이에 있는 교회의 내부만 보존할 가치가 있었는데, 1층은 시험 삼아 영화관으로 개조하고 2층과 3층은 도서관으로 개조했다. 파사드(정면)에 비아 사피와 비아 산타 마리아(Via Santa Maria) 도로를 볼 수 있는 창문이 갖추어진 이전 주택의 파사드는 보존하여 여전히 도로를 바라볼 수 있도록 하였고, 사무실이나 세미나실 같은 규모가 작은 프런트 룸으로 사용할 수 있게 하였다.

구심점으로서의 극장

데 카를로는 불규칙한 볼륨을 가지고 작업을 해야 했고 숙박 시설은 더욱 늘려야만 했다. 도로 레벨보다 더 깊이 부지를 파 내려갈 수 있게 됨에 따라 상황이 유리해진 듯했지만, 낮에도 채광이 되어야 한다는 조건 아래에서만 가능한 방법이었다. 또한 어떤 형태로든 정원 테라스를 복원시켜 도시를 가로지르는 녹지 축을 유지하는 것이 필요했다. 카를로는 비정형의 경계 내에 두 개의 원을 배치하는 기발한 제안을 하였다. 하나는 그리스의 대형 극장처럼 커다란 반원형이며, 다른 하나는 작지만 완전한 원형의 뜰이다. 반원은 소수의 사람이 많은 관중에게 말할 수 있어서 대규모의 마을 행사가 있을 때 사람들을 불러 모으는 데 사용되는 전형적인 형태이다. 이에 대해서는 데 카를로의 친구인 알도 반에이크가 내부를 향하는 관중과 외부를 향하는 관중을 설명한 도표를 통해 매력적으로 보여주었다.

또한 반에이크는 『포럼Forum』지에 실린 원시 부족의 춤추는 모습이 담긴 사진을 예로 들어, 원이 안무에 사용되는 점을 언급하며 원이 인간의 노동 활동에 되풀이해서 등장하는 점에 주목했다. 원이 작은 규모일 때는 국지적 초점을 명확히 하는 데에 이용되었다. 또한 원은 조각하기 위한 공간을 만들거나 반에이크가 설계한 고아원에 있는 놀이 공간을 특징짓거나 마지스테로의 꼭대기 층에 있는 좌석이 모인 구역을 만드는 데에 이용되었다. 하지만 마지스테로에 있는 극장은 다양한 규모로 그 기능을 발휘했고 당시에 퍼져 있는 유연성에 대한 개념을 채택했다. 이 대규모의 극장은 높이가 낮은 두 종류의 칸막이, 즉 접이식 칸막이와 이동식 칸막이를 갖춤으로써 기념 연설과 학위 수여식을 6개로 분리된 장소에서 치를 수 있는데, 이 중 두 곳은 낮은 층에 있고 네 곳은 갤러리에 있다. 강연 홀은 위층의 바닥과 같은 모양인데 중앙에 있는 것은 반원형이고, 갤러리에 있는 것은 네 개로 나뉜다. 깔때기 모양의 천창이 이러한

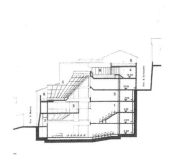

[사진 9] ▲ 극장의 단면도.

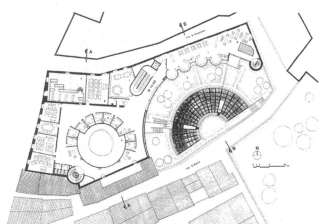

[사진 12] ▲ 최상층 평면도. 극장의 지붕 조명과 카페, 테라스를 보여주고 있다.

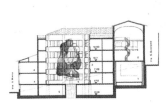

[사진 10] ▲ 중정을 바라본 단면도.

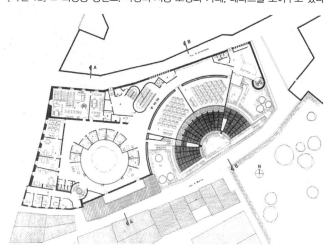

[사진 13] ▲ 위층의 평면도. 극장 위의 강의실을 보여준다.

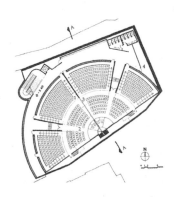

[사진 11] ▲ 극장의 저층 평면도. 무대와 객석 중앙을 분할하여 표시하고 있다.

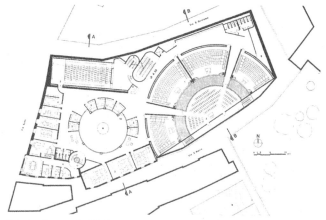

[사진 14] ▲ 극장 위층의 평면도. 강의실과 더불어 전시실이 두 배로 늘어난다.

[사진 15] 꼭대기 층에 있는 카페의 내부. 창밖으로 골짜기를 볼 수 있다.

복합적인 공간 전체를 비추고 마치 유리에 비친 환영처럼 그 아래에 있는 극장의 존재를 드러내고 있다. 반사된 빛을 건물 안쪽 깊숙이 15미터 정도까지 전달하는 매우 큰 빈 공간은 하늘과 항상 이어져 있고, 사용자는 다른 사용자들의 존재를 인식할 수 있게 한다. 그곳에서 강연을 듣는 것은 대규모 원형의 장소에서 벌어지는 의식에 참여하는 것과 같은 느낌을 주며 대형 선박에 1,500명이 한 공동체를 이루어 가득 들어차 있는 것 같은 특이한 상황을 떠올리게 한다.[7]

두 번째 원은 반원이 아닌 첫 번째 원보다 훨씬 작은 완전한 원이다. 이 원은 건물의 서측 평면에서 안뜰과 빛 우물의 역할을 하고, 바닥이 대지보다 낮아 아늑한 느낌을 주며, 내부에서 응시할 수 있는 나무와 바닥을 마감한 정적인 공간이다. 직원들이 일하는 사무실은 이 두 원을 감싸고 있는 매스에 배치되어 있다. 층마다 여러 장소들 사이에는 발생하는 틈들은 채광과 포이어(foyer)로의 시선을 유발한다.

주어진 상황을 재구성하는 교묘한 평면상의 장치는 마치 세 번째 층에 있는 북측

[사진 16] ▲ 카페 테라스와 극장에 있는 지붕 조명.

[사진 17, 18] ▼ 대형 극장과 내부에서 나오는 지붕 조명.

뜰에서 아래에 있는 좀 더 작은 뜰로 원을 투사하듯이 수렴시키는 것이다. 이러한 장치는 이 건물 안으로 들어오거나 건물을 바라보는 사람들의 시선이 이곳저곳으로 분산되는 것을 간단하게 방지해준다. 이것은 반원이 아닌 완전한 원형으로 설계했다면 발생할 수 있는 문제였다. 대비되는 두 원의 형태는 사용자에게 명확하게 읽힌다. 구체적으로 이 대비는 필연적으로 차 있음과 비어 있음, 안과 밖, 큰 것과 작은 것과 같이 드러난다. 동시에 이 두 원은 도면상으로 보면 간편하게 건물을 채워주는 듯하다. 공간을 정확하게 활용할 수 있게 해 주고, 일련의 순환 홀 사이에 형태가 분명하지 않은 부드러운 형태의 불규칙한 공간으로 남아 있어서 복도라기보다 거리 같은 느낌을 준다. 이와 같은 불규칙한 형태의 공간의 장점은 한스 셔로운(Blundell Jones 2002, p. 59, 195-201)과 알바 알토 같은 대가들이 이해하여 활용한 바 있는데, 1970년대에 들어와서는 순환 공간이 다른 부분과 마찬가지로 동일한 그리드에 의해 형태가 만들어져 인식할 수 있는 차이는 줄어들었다.

마지스테로의 주위를 돌아보면 불규칙한 외벽으로부터 도드라지게 볼록 나온 형태의 주 계단실을 발견할 수 있고, 이 계단실과 완만한 경사로의 적절한 배치로 인해 건물로 진입하는 뜰의 공간적 인상이 명확해진다는 것을 알 수 있다. 이 진입 뜰은 반원 형상 극장의 4분 1의 크기로 원형의 대형 극장과 오래된 교회 사이에 교묘하게 자리 잡고 있다. 그러나 두 개의 평면상의 원들은 직각으로 반지름이 연결되어 기하학적으로 조화를 이루고 있다.

마을을 별 생각 없이 한가롭게 거닌다면 이 건물의 존재를 알아채기 쉽지 않다. 그도 그럴 것이 비아 사피 도로에 있는 건물의 입구는 흔히 보이는 수수한 전통적인 돌 구조의 출입구이고 언덕 위를 향한 3층 건물의 끝 쪽에 비대칭적으로 배치되어 있기 때문이다. 벽에 구멍을 뚫어놓은 듯한 부출입구는 한층 더 수수하다. 비아 산 지롤라모(Via San Girolamo) 도로와 인접한 북쪽 끝의 모퉁이는 완전히 신축한 구조로 벽돌을 단단하게 쌓아서 만들었고, 창문은 약간 높게 뚫어져 있으며 서비스용 출입구가 있다. 오직 동쪽 끝에 있는 둥근 모양의 창문만이 무엇인가 특별하다는 인상을 준다.

건물의 전체적인 구조는 성벽과 문으로 둘러싸인 도시 전체의 모습과 닮았는데, 이 건물 안에는 길, 집, 시장 그리고 극장이 있기 때문이다. 부지의 경계선은 천 년이 넘

[사진 19, 20] 커다란 지붕 조명과 그 아래 펼쳐지는 골짜기의 모습.

[사진 21] 도시 밖에서 본 마지스테로.

는 시간이 흐르는 동안 이곳에서 살던 사람들이 미리 설정해 놓은 셈이어서 개조 작업은 안에서 밖으로 진행되었다. 이것은 새로운 건물을 지을 때 염두에 두기 마련인 전경 – 배경 패턴을 뒤집은 것이라고 할 수 있다. 그렇기 때문에 방문객들은 건물의 내부가 어떤 모습일지는 직접 들여다보아야만 알 수 있다.

또 하나의 흥미로운 장면이 있는데, 도시 너머의 골짜기에서 도시를 바라보는 장면이다. 마지스테로는 우르비노의 스카이라인에서 그 모습을 드러낸다. 예전에 있던 지붕과 새로 만든 지붕은 벽돌로 된 계단 탑과 함께 모습을 드러내고, 깔때기 모양의 커튼 월의 상부는 극장을 암시한다. 이러한 모습은 오랫동안 새로운 환경에 적응해 온 도시에 현대적 기법으로 만든 새로운 시설물이 들어섰음을 말해준다.

거리에서 시작하여 지붕 꼭대기를 거쳐 마지막으로 건물 내부로 이어지는 광경은 건물의 모습을 조금씩 흥미진진하게 드러낸다. 얼핏 보기에 마지스테로의 세계는 그 내부에만 있는 듯하지만, 한 층 한 층 올라가다 보면 새로운 광경이 눈앞에 펼쳐진다. 건물 주위를 둘러싼 도로가 눈에 들어오고 지붕 위에서는 도시 전체가 한눈에 들어오게 된다. 더욱더 흥미진진한 도시의 전경은 마침내 지붕에 있는 사회적 관계의 상징인 카페에 이르러야만 볼 수 있다. 여기에 대형 극장의 외벽이 수직으로 연장되어 카페의 가로 방향의 창을 만들고 마침내 캔틸레버로 돌출된 지붕을 지지한다. 커다란

[사진 22-25] 구불구불한 원형 공간과 위층에 있는 강의실.

[사진 26] 겨울의 햇빛이 낮게 깔리는 작은 원형 중정에 있는 뜰.

콘크리트 판이 반원형으로 왕관을 씌우듯 돌출된 지붕을 둘러서 복잡하고 다양한 레벨들을 수평적으로 정리하며 그림자와 지붕 패러핏의 깊이로 인해 그 효과는 더욱 강해진다. 이 난간과 평행을 이루는 2층의 난간은 극장을 덮고 있는 깔때기 모양의 커튼 월의 끝부분을 마무리하고 있다. 이 두 난간 사이에 잔디가 깔린 지붕 테라스와 나무가 있는데, 이곳은 카페를 밖으로 확장하고 있다. 집들과 그 집들에 인접한 교회를 보면 지표면에서 바라보고 있다는 착각이 들 수도 있으며 이전 부지에 있었던 정원 테라스를 떠올리게 한다. 여기에서 시선을 돌려 남동쪽을 바라보면 하늘 아래 산봉우리가 저 멀리 펼쳐지는 장대한 경치가 눈에 들어온다. 도시 한가운데에서 갑자기 전원 풍경을 마주하게 되는 것이다.

반원 모양의 정원 양 끝에는 그보다 낮은 테라스가 있는데 이곳에서 계단으로 내려갈 수 있다. 여기에서 더 내려가면 중심에 위치한 또 다른 반원형의 테라스에 다다르는데, 이곳에는 사람이 겨우 올라갈 정도의 오래된 산비탈 폐허에 을씨년스러운 극장이 서 있다. 에피다우루스(Epidaurus)나 타오르미나(Taormina)에 있는 원형극장을 떠올리게 하면서 뒤에 펼쳐지는 파노라마는 이곳을 더욱 흥미진진하게 한다.

오래된 벽돌 파사드, 모퉁이에 있는 회반죽으로 만든 교회 천장, 쪼아서 만든 오래된 문틀과 창틀을 조심스럽게 보존하였지만, 이 계획은 복원 프로젝트가 아니었다. 거친 작업이 적지 않았다. 부지의 거의 모든 부분을 끄집어내 파헤쳤고 옛 시대의 잔재들은 깨끗하게 치워야 했다. 거대한 옹벽 및 흙과 나무를 올려놓을 넓은 바닥판 용도의 철근 콘크리트의 도움이 없었다면 즉, 현대적인 기술이 없었다면 건물 개조는 상상도 못 했을 것이다. 더 깊숙한 공간에 거주할 수 있게 만들어 준 인공 환기시설과 전기 조명이 없었어도 마찬가지였을 것이다.

하지만 딥 플랜(deep plan) 식으로 체계적으로 건축한 건물들에서 볼 수 있는 일반적인 효과는 철저하게 배제했다. 즉, 기둥 그리드를 전혀 사용하지 않았으며, 전반적으로 또는 가능하다면 우연한 방식으로 천장에 규칙적인 형광등을 전혀 달지 않았다. 오히려 반대의 경우였다. 데 카를로는 온갖 노력을 다해 모든 부분에 특별한 의미를 부여했다. 층마다 특색이 다르게 하고 빛만으로 조명 역할을 하게 한 것은 아니지만, 빈 공간을 나누어 주간에 빛이 깊숙한 곳까지 들어올 수 있게 했다. 원형의 뜰과 극장의 지붕 조명을 제외한다고 해도, 휴게실 사이의 빈 공간과 3개의 주된 계단실 위에 채광창이 있어서 그곳으로 들어오는 빛이 각 층 남쪽 외관에 있는 열쇠구멍 모양의 창으로 퍼졌다.

이러한 모든 요소가 조화롭게 작용하기 위해서는 정교한 계획을 세워야 했다. 이 작업을 완수하기 위해서는 기존의 구조를 복합적으로 이해해야 했다. 그래서 사전에 매우 정밀한 조사를 하여 어떤 작업이 가능한지를 인식했던 것인데, 이것이 '영역 해석'의 중요한 절차였다. 그리고 나서는 어떻게든 예전 환경에 맞추어 숙박 시설을 배치하는 방법을 고안해야 했기 때문에 기존 공간과 조명, 대응 공간을 그대로 수용했다. 전통적인 개조 작업에서는 대부분 이전 구조를 중립적으로 이용 가능한 공간으로 다루기 때문에 새로운 계획이 시행되면 전 구조는 존중받지 못하고 새 작업을 통해 건물의 본질이 형성되는 것이 일반적인 현상이다. 그러나 데 카를로는 개조 작업에서 혁신적인 기술로 옛 구조와 새 건물을 결합하고 배치했다. 그래서 새 계획은 이전 부지의 모습을 보존하는 방향에서 시행되었고 두 요소는 긴밀하게 결합했다. 마지스테로와 인접한 법학부 건물과 경제학부 건물 개조 작업에서도 이러한 점을 찾아볼 수 있는데, 두 건물 모두 기존의 내부 구조를 유지하는 것에서 더 나아가 잘 보존되고 있기 때문에 그 가치가 매우 크다.[8]

참여

마지스테로가 완공되었을 당시 데 카를로는 우르비노에서 20년 동안 일하고 있었기 때문에 도시의 구조에 친숙했고 공무원과 지역 주민들을 잘 알고 있었다. 당시 그를 방문한 친구들과 조수들의 말에 따르면, 주민들이 그에게 와서 토지를 확장하여 적절하게 꾸미는 방법을 많이 물어보았다고 한다. 그러면 그는 카페에서 논의한 끝에 재빨리 쪽지에 해결방법을 그려주고 주민들이 바로 가져가서 해결할 수 있도록 했다고 한다.[9]

이탈리아의 대학은 특별한 자치권을 가지고 있었기 때문에[10] 데 카를로는 대학 측과 오랜 기간 함께 작업하는 동안 대학의 필요사항을 어떻게 충족할 수 있을 것인지에 대해 깊이 논의할 수 있었다. 이것을 가능하게 한 것은 지방의 행정 규모가 작아 어느 정도 융통성이 있었기 때문이다. 이는 중요한 요인으로 그는 1979년 회견에서 다음과 같이 말했다.

관료주의는 오늘날 우리의 가장 큰 적입니다. 관료주의는 문제를 망각하거나 단순화시키고, 업무량과 효율을 추구하는 경향이 있습니다. …… 그러므로 내 후원자는 주민들입니다. 이곳이 작은 마을이기 때문에 그것이 가능한 것입니다. 적어도 주민들 모두와 안면을 익혔고 문제를 논의하러 그들을 찾아갑니다. 그러면 그들이 의회에 그 문제를 올려 나를 지원해 줍니다. 특히 건설 초기에, 마지스테로의 내부를 파낼 때 나를 위협하는 주민도 있었습니다. 하지만 이제 그들은 이 건물들을 자신들의 '소유'로 느끼고 자랑스러워하며 방문객들에게 건물에 대해 설명해 주고 건물 사진이 있는 우편엽서를 팔기도 합니다. 내가 주민들과 오랜 시간에 걸쳐 충분히 대화를 나누면서 작업을 했기 때문에 이런 일이 가능한 것입니다.[11]

이러한 그의 생각은 데 카를로가 건축에 이론과 실제를 도입한 초기 개척자라는 점을 떠올리게 한다. 그는 건물을 이용하면 가치가 손상된다는 듯이 건물 자체를 완벽하게 드러내 보이려는 방법을 비판하고[12] 자신의 작품에서는 이용자들을 연관시키기 위해 할 수 있는 모든 시도를 했다. 이에 앞서 10년 전에 그는 테르니(Terni)에 사는 철강 노동자들을 위해 주택을 건설한 적이 있었다. 이는 거주민들과 오랫동안 논의하고 협상한 끝에 나온 결실이었고, 1980년대 베네치아 운하에 있는 마초르보섬(Mazzorbo)에서 주택을 건설할 때 이러한 방식을 수정하여 적용하게 된다.[13]

그는 1969년 강연에서 거침없고 설득력 있는 목소리로 '건축자와 이용자 사이에 있는 장벽은 모두 무너뜨려야 한다. 그래야 건설과 사용이 동일한 작업 과정에서 독특한 두 부분으로 작용한다.'라고 강조했다.[14] 그는 사용자와 협의하는 것뿐만 아니라 사용 과정에서 디자인을 피드백하는 것도 강조했다. 이 과정은 건축 과정에서 종종 잊어버리는 과정이지만 그는 매우 중요하게 생각했다. 디자인 피드백 과정은 무력한 사용자에게 강제되는 알아보기 힘든 규정이 아니라 창의적인 대화를 통해 이루어지는 것이다. 사람들이 꼭 건축가가 의도한 바대로 건물을 사용할 필요는 없다는 사실을 데 카를로는 일찍 인식했고,[15] 마지스테로를 설명하면서 '그 사용이 오히려 건축에 나쁜 영향을 줄 수 있다는 것은 가장 흥미로운 부분'이라고 말하기

[사진 27] 베네치아 운하에 있는 마초르보섬(Mazzorbo)의 주택들(1987). 데 카를로는 지역에 있는 주택을 규모와 형태 면에서 재해석했고, 그 근처 부라노섬(Burano)에서 볼 수 있는 밝은 색채를 도입하기까지 했다.

까지 했다.[16] 물론 이 말은 근대주의 운동이 제시한 기능주의 방식과 제한된 계획을 따르는 사고방식에서 벗어남을 의미한다. 그렇다고 해서 기능주의의 의도가 잘못되었다는 것이 아니라 매우 제한되어 있기 때문에 사용자들의 선택을 고려하지 못했다는 뜻이다. 이 '나쁜 영향'의 기미가 보일 때 이용자의 의견을 들어야 하는 것이다.

참여는 시공 과정에도 적용할 수 있다. 마지스테로를 설계하고 시공하는 데 걸린 기간이 8년이나 되었기 때문에 충분한 시간을 들여 주의 깊게 계획하고 개발할 수 있었다. 건물의 시공은 데 카를로가 알고 있는 지방 건축업자들이 했고, 그는 이들과 이미 서로 존중하는 관계를 구축한 상태였다.

장인정신이 중요하다는 사실이 점점 잊혀 가고 있습니다. 건축에 대해 생각하는 것만으로는 충분하지 않습니다. 건축을 실현해야 합니다. …… 장인정신은 실제로 매우 중요합니다. 우르비노에서는 열정을 가지고 일하는 사람들을 찾아내 훈련시킬 수 있습니다. 양보다 질이 중요합니다. 그들에게 장인정신은 제작을 넘어서는 의미를 줍니다. 예를 들면, 콘크리트 보강용 철근을 만드는 한 남자가 내게 자신이 제작한 것이 얼마나 멋있는지 보여주고 싶어 했습니다. 물론 그 자신도 철근이 건물 내부로 숨겨져 보이지 않게 될 것을 알고 있었지만 말입니다. 중요한 것은 자부심입니다. 그러니 벽돌이나 타설 콘크리트 같은 간단한 재료도 완벽하게 제 구실만 할 수 있다면 활용할 수 있는 것입니다. …… 어떤 사람과는 20년 동안 함께 작업한 적도 있습니다. 그런 경우에는 관계가 개선되어 작업은 우리가 상의하는 것이 중요한 부분이 됩니다. …… 여기 우르비노에서도 이런 관계가 자연스럽게 형성되었는데, 이것은 아마도 건설업이 아직 산업화되지 않았기 때문일 것입니다.[17]

마지스테로는 독특한 건축물이다. 이 건물을 둘러싼 환경과 밀접하게 어울리지 못하면 상상조차 할 수 없다. 다른 장소에 있는 마지스테로는 상상할 수 없다. '보존 프로젝트'치고는 급진적이었고 박물관적인 정신에 의해 작업이 늦춰지지는 않았다. 오래된 도시 구획 안에 깊숙이 자리 잡았다는 점이 마지스테로에 강렬한 장소감을 주며 옛 모습과 새 모습이 대비되는 모습은 지층에 있는 화석에서 연대를 볼 수 있는 것처럼 역사의 흐름을 느끼게 해 준다. 이러한 혼성적인 성격 덕분에 건물을 지은 목적에 대해 명확하고 유토피아적인 설명을 하지 않아도 된다. 그러나 새로 만든 많은 건축물의 경우 좋든 나쁘든 그렇게 해야 하고 그 이후로도 계속 매우 명확하게 설명해야 한다.

또한 마지스테로는 '양식'을 따르지 않아도 되었는데, 이것은 비슷한 시기에 데 카를로가 주위에 지은 새로운 건축물들 때문이라기보다는 시기에 구애받지 않는다는 특징 때문이었다. 대신에 오래된 외관 안에 새롭게 지은 건물의 본체는 오히려 신비스럽게 보이고, 마지스테로는 현대 대학과 오래된 도시가 나누는 매혹적으로 울려 퍼지는 대화를 드러내 준다. 이 건물 안에 새겨진 옛 흔적이 현대 사회와 상호작용을 하며 하나의 장소가 만들어지고 증축 과정은 아직 완결되지 않은 것처럼 보이는데, 그 이유는 건물 위로 층을 더 만들 수 있다는 암시를 주기 때문이다. 부분적으로 건물의 구조와 낮 동안의 빛을 활용하기 위한 설비는 기능적인 문제를 해결하기 위한 과감하고 독창적인 방안이다. 하지만 이보다 더욱 중요한 것은 새로운 건축요소들의 질서 정연한 배열이 옛 건물의 배열 속에서 의외로 잘 어울린다는 점이다.

1 *Le Corbusier, antologia critica degli scritti*(Milan: Rosa e Ballo, 1945), *William Morris*(Milan: Ⅱ Balcone, 1947), 'L'insegnamento di F.L.Wright', *Dormus*, no. 207, 1946. 이 시기에 대한 정보를 더 얻으려면 Giorgio Ciucci, *'Then perhaps, and even by different paths, art will come'*, in Samassa and Tonicello 2004, pp. 289–317 참조.

2 9차 밀라노 트리엔날레(1951)에서 전시되었다. 이것은 버나드 루돌프스키(Bernard Rudolfsky)의 『건축가 없는 건축*Architecture without Architects*』(MOMA, New York, 1964)보다 10년 이상 앞선 것이었다.

3 팀 텐(Team Ten)에 대한 데 카를로의 설명은 Zucchi 1992, pp. 26–35 참조.

4 '우르비노 대학은 작가이자 문학 비평가인 카를로 보라는 뛰어난 인물의 후원을 받고 있었는데, 그는 *30년 넘게 학장으로 있었다. 카를로 보는 15세기에 페데리고 데 몬테펠트로가 했던 것처럼 그 마을에 깊은 인상을 남겼다.*' De Carlo in Lasdun 1984, p. 52.

5 Zucci 1992, p. 46, *The History of a city and plans for its development*, Cambridge, Mass, 1970.

6 Lasdun의 한 챕터(1984, pp. 50–71)「*The University Centre, Urbino*」에 데 카를로가 이 대학들을 설명한 부분이 있다.

7 이와 비슷한 사례는 대형 극장에 초점을 맞추고 그것을 대학의 상징으로 본 알바 알토의 헬싱키 공과대학교(1955–64)(현 알토대학교)에서 찾아볼 수 있다.

8 경제학부 건물을 다룬 최근의 평론에는 피터 블룬델 존스의 「Long Game at Urbino」가 있으며 『아키텍추럴 리뷰*The Architectural Review*』(October, 2002, pp. 69–72)에 실려 있다.

9 Paolo Ceccarelli, Samassa and Tonicello, 2004, p. 241.

10 Lasdun, 1984, p. 54에서 데 카를로가 설명하였다.

11 『아키텍추럴 리뷰*The Architectural Review*』(April, 1979, p. 213)에 실린 「De Carlo in an interview with Judi Loach」.

12 '신문과 잡지 기고란은 사용자들을 고려한 건축에 대해 설명하지도 않고, 일상생활에서 건축이 실제로 하는 기능에 대한 정보를 제공하지도 않으며, 사람들이 실제

로 마주하는 3차원의 자연 구조를 이용, 변형, 개조하는 모습이 담긴 이미지나 사진, 기사를 싣지도 않는 것 같다. 이러한 현실에서 사람들은 건물을 영구적이고 지속적으로 거주하며 관계를 변화시켜 나가며 실제 재료로 만드는 구체적인 현실의 공간이 아니라 잠재적인 공간으로 보는 듯하다.' 데 카를로가『Architecture's Public』(pp. 3-22)에 쓴 글로, 이 책은『Parametro』(no. 5)에서 1970년에 처음 출간했고, Zucchi에서 1992년에, Blundell Jones, Petrescu and Till이 2005년에 재간했다.

13 피터 블룬델 존스의「Lagoon grouping」참조.『The Architectural Review』(July, 1987, pp. 21-27)에 실려 있다.

14 데 카를로의『Architecture's Public』의 주석 12 참조.

15 Rykwert 1982, p. 22.

16 『The Architectural Review』(April, 1979, p. 214)에 실린「De Carlo in an interview with Judi Loach」.

17 위의 책.

CHAPTER 14

렌초 피아노와 리처드 로저스:

퐁피두 센터, 파리, 1969-77

19세기 후반 이후로 파리 아방가르드의 이미지는 오스만(Haussmann)이 주도했던 전통 도시를 기반으로 한 제국 개선사업으로 각인되었다.[1] 넓은 대로와 대형 아케이드가 들어선 도시 풍경은 무엇인가 부르주아지의 취향이 묻어났지만, 아방가르드에 의해 인간적으로 해석되기도 했다. 초현실주의자들(Surrealists)에게 파리는 그들의 몸을 기꺼이 내던질 만한 위대한 도시였다.[2] 나치 점령과 해방을 거친 뒤, 파리의 상황주의자들(Situationists)은 미국식 도시화를 단호히 거부했으며 소비주의와 상업적인 개발을 빌미로 한 자유로운 환경의 파괴를 비판했다.[3] 문제가 된 마레(Marais) 지역에서 상황주의자들은 산업 시설과 주거, 레저와 시장이 공존하기를 바랐다. 또한 그들이 소중히 여겼던 '우연성'에 열려 있는 환경을 원했다.[4] 1968년 학생운동이 일어나자, 상황주의자들은 이를 두고 그들의 바람이 실현되는 증거라고 재빨리 주장했다. 마오쩌둥 사상(Maoism)과 반미주의, 그리고 청년 특유의 쾌락주의가 뒤섞인 이 운동은 결국 진압당하지만, 신임 대통령이었던 조르주 퐁피두(Georges Pompidou)는 문화가 국가 가치에 중요한 역할을 할 것을 즉각 알아차린다. 그의 문화 정책은 전임자인 드골(de Gaulle)의 원칙을 뒤집는 것으로 프랑스 사회의 극심한 분열을 초래했다. 퐁피두는 심

[사진 1] 퐁피두 센터, 개관 1주년 또는 2주년 무렵의 1층 진입구의 모습.

지어 현대미술가와 디자이너들을 동원해 엘리제궁의 실내를 자궁처럼 아늑하고 옵아트(op-art) 형식을 띤 것으로 바꾸도록 지시하기도 했다.[5] 도시적인 규모에서는 상업지구 라데팡스(La Défense)를 건설하여 기업들의 오랜 요구를 충족시켰다.

그러던 1969년 12월 11일, 고급문화를 후원하던 전통에 따라 새로운 형태의 문화센터를 파리의 도심에 세우겠다는 계획을 발표하기에 이른다. 이 계획은 대중에게 현대문화의 면면을 표현할 좋은 기회였다. 마레에 부지를 선택함으로써 골치 아픈 노동자계층 거주구역에 대한 개선도 기대할 수 있게 되었다. 곧 도시 심장부에 들어설 공공 시설을 위한 건축현상공모가 시행되었다. 새로운 시설은 단순한 삶의 부산물이 아니라 삶을 생성하고 구체화시켜 나가는 것이어야 했다. 이러한 좋은 의도는 다소 보수적인 의제에 의해 가려졌다가 개관 후에야 관련 인사들의 입을 통해 세상에 알려졌다. 보부르(Beaubourg: 이 프로젝트는 지역의 이름을 따서 당시 이렇게 불렸다.)는 '*대통령의 취향과 집착이 여태껏 잠재되었던 프랑스인의 열망과 조우하는 곳*[6]'이다.

현상공모는 신축도서관, 특별전시실, 신국립 근대박물관, 공업디자인센터, 극장과 공연장, 음향·음악 연구소(IRCAM)을 비롯해 프로그램이 포함한 모든 구성요소들의

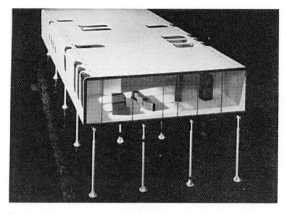

[사진 2] ◀ 리처드 로저스, Zip-up Enclosure 1970년: 노먼 포스터의 세인즈버리 센터의 개념과 매우 유사하다(이 책 290쪽 참조).

[사진 3] ▲ Team 4. 릴라이언스 컨트롤 공장 1965년(철거). 이 작품에는 건축 부재 전체가 조립되어 완성되는 새로운 건축 언어에 대한 관심을 보여준다.

높은 접근성을 요구했다. 장 프루베(Jean Prouvé)와 필립 존슨(Philip Johnson), 그리고 오스카 니마이어(Oscar Niemeyer)로 구성된 평가단은 1971년 렌초 피아노와 리처드 로저스에게 1등상을 수여했다. 그들의 계획안이 선택된 데에는 내부의 특장점은 물론 부지의 절반을 공공의 열린 장소로 할애하는 과감한 결정이 큰 영향을 미쳤다.

건축가들

1933년 이탈리아의 피렌체에서 태어난 리처드 로저스는 이탈리아의 저명한 비평가이자 건축가인 에르네스토 로저스(Ernesto Rogers, 1909-69)의 조카이기도 하다. 로저스는 런던의 AA 스쿨(Architectural Association School of Architecture)과 미국의 예일 대학교에서 공부하던 중 노먼 포스터와 만나게 된다. 런던으로 돌아온 후 로저스와 포스터는 각자의 부인들을 포함해 팀 포(Team 4)라는 이름으로 활동하기도 했다(제12장 참조). 이 사무소가 해체된 뒤, 로저스는 1970년의 오사카 엑스포의 이탈리아관을 설계한 젊은 렌초 피아노와 함께 새로운 팀을 결성한다.

1937년 제노아에서 건설업자의 아들로 태어난 피아노는 에르네스토 로저스가 교편을 잡던 밀라노 공과대학을 거쳐, 제노아에 위치한 프랑코 알비니의 사무소와 미국 필라델피아의 루이스 칸 사무실에서 실전 경험을 쌓았다. 두 건축가는 각기 다른 경력에도 불구하고 첫 공동 작업을 통해 새로운 경량재료와 생산 및 조립과정, 그리고 더욱 탄력적인 건축의 형태에 대한 관심을 공유하게 된다.[7]

유연한 구조체

피아노와 로저스에 의한 퐁피두 센터의 디자인은 두 건축가가 지닌 개방적이고 유연한 기술의 적용에 대한 관심을 더욱 증폭시켰다. 파리 도심에 남북 방향으로 위치한 부지는 우선 두 건축가의 대담한 결정에 의해 반으로 나뉘어 서쪽 면은 공공 활동을 위한 열린 광장으로 사용된다. 퐁피두 센터 건물은 부지의 나머지 반을 차지하며, 광장을 접하고 있는 서쪽 파사드를 통해 진입하게 된다. 이 계획은 미스에서 비롯된 유연하고 변화 가능한 건물에 대한 생각을 극단적으로 발전시킨 것으로 대규모의 격자형 구조물(trellis)을 이용해 다양한 프로그램들을 필요에 따라 수용할 수 있도록 했다(Blundell Jones 2002, 제14장 참조). 유연성을 극대화하기 위해 최대한 거대한 볼륨을 만들 필요가 있었다. 그 구조물은 48미터에 달하는 긴 경간으로 설계되어 수직으로 13개의 가로 틀이 설치되고 각기 12.9미터에 달하는 베이(bay)를 형성한다. 높이에 대해서도 유연하게 대처하기 위해 다섯 층은 6미터 간격으로 배치되었으며, 그것을 다시 3미터의 작은 공간으로 분할할 수 있게 했다.

이 계획안이 보여주는 구조의 리듬은 중앙 파사드를 대각선 방향으로 가로지르는 프레임에 의해 시각적으로 더욱 강조된다. 오브 아럽과 파트너스(Ove Arup and Partners)사(社)의 피터 라이스(Peter Rice)와 테드 해폴드(Ted Happold)에 의한 구조설계는 메인 트러스를 가로지르는 긴 캔틸레버로 된 '겔버레트(gerberettes)'를 포함하고 있다. 이 구조는 장방형 건물의 기둥 바깥쪽으로 5미터까지 돌출되어 있어 건물 내 동선(circulation) 등 각종 서비스를 위한 공간을 제공하고 있다. 이 구조물은 승강기와 보행로의 서편에 위치하며 동쪽으로는 실내의 공기 조절을 위한 거대한 서비스용 설비장치가 있는데, 서비스 공간에 대한 루이스 칸의 안을 극적으로 발전시킨 것이다(Blundell Jones 2002, 제16장 참조).

로저스는 예일 대학교에서 공부하는 동안, 피아노는 칸의 사무실에서 근무하는 동안 각기 루이스 칸의 영향을 받았다. 서비스를 위한 각종 장비는 건물 외부에 설치되어 관리의 편의를 도모하였으며 밝은 색으로 칠해졌다. 결과적으로 퐁피두 센터는 내용물을 희생하는 대가로 구조와 설비를 기념비화할 수 있었다. 그러나 그 가변성으로 인해 항구적인 정체성은 갖지 못했다. 수많은 파이프들은 원유정제소와 비교되어 '퐁

[사진 5] 세드릭 프라이스: 조앤 리틀우드를 위한 펀 팰리스 프로젝트(계획안, 1960~65).

[사진 4] 아키그램 '아케이드' 1969년. 퐁피두 센터를 탄생시키는 실마리를 제공한 작품이다.

피돌리움(Pompidolium)'이라는 별칭을 얻기도 했다. 피아노는 다음과 같이 회고하고 있다.

산업계에 대한 이해는 사실상 문학적인 것에 가까웠다. 그것은 마치 기술을 바라보는 아이러니한 시각을 보여준 쥘 베른(Jules Verne)의 공상 과학소설에 나오는 선박과 같은 것이었다. 극단적인 시각이 팽배했고, 형태는 상징적으로 사용되어 통상적인 기념비의 이미지를 없애고 공장의 이미지로 대체하려고 했다. 생산의 장(場)인 공장은 문화 생산의 장이기도 하다. 이것이 목적이었다.[8]

[사진 6] 퐁피두 센터: 현상공모 프로젝트.

[사진 7] ▲ 광장을 마주 보고 있는 파사드의 가장자리.
[사진 8] ▼ 스키드모어, 오윙스 앤드 메릴(SOM), 레버 하우스, 뉴욕, 1952년.

그러한 종류의 건물이 대규모로 지어진 것은 이번이 처음이지만, 일반적인 개념으로는 크게 낯설지 않은 것이었다. 도시적인 차원의 효과와 감성을 추구하기 위하여 피아노와 로저스는 잡지명이자 동명의 건축가 그룹인 '아키그램'의 자료들을 참조하는데 그들의 기술적이고 생물 형태적인 도시 계획안은 공상 과학소설에 기인한다. 그 설계 계획에 위촉된 것은 영광스러운 일이었지만 이내 건축가들은 다양한 정신적인 요소들을 실행 가능한 현실로 치환해야 하는 큰 임무에 부닥치게 된다. 개방된 거대한 구조물에 개별적인 요소들을 더하는 방식은 AA 스쿨의 교수인 세드릭 프라이스(Cedric Price)에게 영향을 받은 것으로 특히 1960-65년에 발표된 펀 팰리스(Fun Palace) 프로젝트에서 영향을 받았다.[9]

연극기획자인 조앤 리틀우드에 의해 위촉된 펀 팰리스 프로젝트는 다양한 극적 요구와 관객들의 유희를 위한 변화를 지속적으로 수용하기 위한 것이었다. 비록 실현되지는 않았지만 이 프로젝트의 모든 것은 불과 10년 정도가 수명이었다. 프라이스의 개념은 더욱 가변적인 것으로, 그는 퐁피두의 각 층이 고정되어 움직일 수 없다는 사실에 실망한 것으로 알려져 있다.

도시의 재해석

건물을 단지 오브제로만 바라보는 것은 건물 속에 포함된 생동감 있는 내용물의 의도와 건물

[사진 9] ▲ 일반인에게 가장 잘 알려진 퐁피두 센터의 서쪽 면. 에스컬레이터 경사로가 보인다.

[사진 10] ▼ 근대미술관 첫 작품전: 전경이 가져다주는 공업적인 느낌은 나중에 전통적인 방식으로 바뀌게 된다.

[사진 11] ▲ 건물의 뒤편으로 '퐁피돌리움(Pompidolium)'이라는 별칭으로 불리는 파이프가 노출되어 있다.

[사진 12] ▼ '겔버레트' 캔틸레버와 바깥으로 드러내어 설치된 환기 시스템을 아래에서 올려다본 모습.

과 도시적인 맥락의 상호작용을 파악하지 못하도록 한다. 특히 피아노와 로저스가 새롭게 조성한 광장이 그러한 경우에 해당한다. 이 광장은 자연스러운 가로의 모습을 만들어내지만 연대기적인 맥락에 대한 이해 없이는 그 창의성을 완전히 이해할 수 없음에도 불구하고, 항상 도시에 대한 사고를 전환시킨 훌륭한 성공사례로 여겨져 왔다.

제2차 세계대전 이후에 자리를 잡게 되는 근대건축운동의 도시성(urbanism)은 1970년대 초반에 이르러 개인과 장소, 그리고 역사를 부정하는 불만족스러운 것이었음이 드러난다. 그것은 교통량에 대한 지나친 고려와 그에 부속된 공학적인 구조 탓에 인간과 기계 사이에 갈등을 조장한다. 차량과 보행자를 분리하는 간편한 방법은 리처드 소네트(Richard Sonnett)가 지적하는 '죽은 공공 공간(dead public space)'이라는 현상을 일으킨다. 그가 쓴 책 『공인의 추락The Fall of Public Man』에서는 스키드모어, 오윙스 앤드 메릴(SOM, Skidmore, Owings and Merrill)이 설계한 뉴욕의 레버 하우스(Lever House, 1951-52)에 대해 다음과 같이 언급하고 있다.

레버 하우스의 1층은 개방된 광장이자 정원으로 북쪽 편에 탑이 세워져 있으며, 한 층 위 다른 삼면은 나지막한 구조물이 둘러싸고 있다. 말발굽 형상 아래의 1층 진입로를 따라 들어가면 정원을 마주

[사진 13] ▶ 건물과 광장의 단면도.
넓은 공간의 오른쪽으로 환기 시설,
왼쪽으로 서비스 배관이
보인다.

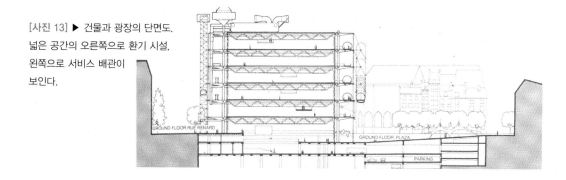

[사진 14] ▶ 기준층 평면도.

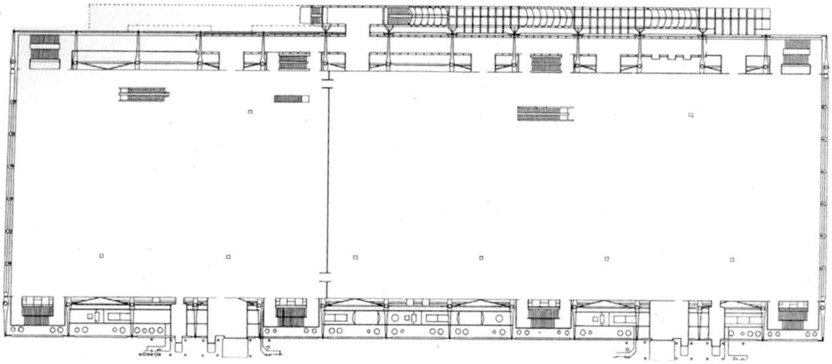

[사진 15] ▼ 공공광장이 포함된 1층 평면도.

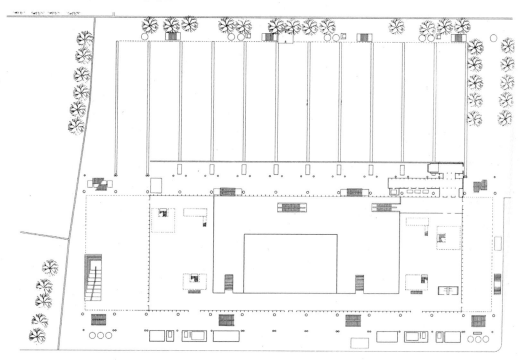

하게 된다. 도로를 마주한 1층은 죽은 공간이다. 1층에서는 어떤 종류의 행위도 일어나지 않는다. 그곳은 단지 건물 내로 진입하기 위한 수단에 불과하다. 이 건축물의 국제적인 유형의 형태는 그 기능과는 어울리지 않는 면이 있다. 조그마한 공공의 광장은 형태적으로는 부활한 듯하지만, 기능적으로 사람들을 상호작용하게 하고 다양한 행위를 수용해야 하는 공공광장의 특성은 완전히 파괴되고 말았다.[10]

레버 하우스는 근대건축운동을 상징하는 가장 중요한 미국적인 사례이지만, 자유공간의 오브제(object-in-space)를 창조하는 데 집중한 결과 지상에서 일어날 수 있는 행위를 차단하고 말았다. 퐁피두 센터로 알려진 피아노와 로저스의 건물은 이러한 문제를 극복하려는 시도이다. 설계과정에 기술적인 논리를 더해 시각적으로 자극적이고 건물들과 공간들 사이의 연결성과 관계성을 더욱더 직접적으로 개선하려고 했다.

광장을 마주한 파사드는 항상 가장 중요한 것으로, 주된 모티프는 기관의 로고 또는 상업적인 브랜드가 차지하기도 했다. 파사드의 에스컬레이터가 보여주는 강력한 사선은 파리에서 사람들이 가장 많이 찾는 전경 중 하나가 되어 퐁피두는 물론 파리 전체를 상징하게 된다. 단 하나의 사선으로 보여주는 동선(circulation)의 합리화, 그리고 초기 디자인에 나타났던 외부 투사용 스크린(projection screen)을 없애는 결정은 건축 그 자체의 존재감을 드러내게 했다. (스크린은 구성주의자들의 영향을 받은 것으로 보인다.) 광장에는 비록 영구적으로 설계된 요소들은 없지만, 상인들과 엔터테이너들이 늘 북적거려 공공 집합장소로서의 기능을 원만히 수행한다.

이러한 성공은 근대주의가 지향했던 기본적인 요소로 내부의 기능성과는 무관하게 성취된 것이다. 그 대신 에스컬레이터가 설치된 파사드에 설계의 초점이 맞춰짐으로써 방문객은 에스컬레이터에서 파리 시내의 전경을 바라보는 경험을 할 수 있게 되었으며, 동시에 관광객 스스로가 광장의 문화적인 전경을 구성하는 일부가 되도록 했다. 에스컬레이터를 통한 수직적인 이동과 그 과정의 경험은 건물의 상징이 되었지만, 한편으로는 본래의 문화적인 목적과는 동떨어진 면도 있다. 앨런 콜쿠훈(Alan Colquhoun)은 잡지『아키텍추럴 디자인*Architectural Design*』에 다음과 같이 기술하고 있다.

심사위원들에게 강력한 호소력을 지녔던 것은 그 건물이 마치 문화를 거래하는 큰 장터처럼 중심지로서 확실한 역할을 하며, 특정한 분야에 정해진 공간이나 형태를 구체적으로 부여하지 않았다는 것이었다. 그 건물은 기존의 문화적인 질서와 시장에서 나타나는 문화적 동질화 (assimilation), 즉 통합을 갈구하는 상징이었다. 오스만 남작(Baron Haussmann)이 기존의 많은 공공건물들 중에서 새로운 유형으로 시장(장터)을 대표할 수 있는 무엇인가를 기대했었다면, 퐁피두 센터의 심사에서 많은 위원들은 문화의 총체를 '시장'으로 이해하고 그 상징성을 독특하지만 중립적인 박스 공간 안에 포함시킴으로써 '문화'라는 모호하고 구분하기 어려운 문건들을 통째로 수용하게 된다.[11]

하지만, 주요 구조부와 내부 시설(infill)의 적절한 배치가 요구되었고, 구조물이 내부 시설보다 더 내구적이어야 하는 점 때문에 시공과정에서도 상호 간의 조화가 필수적이었다. 결국 이러한 이유로 동일한 유닛이 각기 다른 기능을 수행해야 하는 모순을 안게 된다. 퐁피두 센터가 완공되고 나서 30여 년이 지난 지금 돌아보면, 보수공사를 위해 전체 건물을 폐쇄해야 하는 등 유연함에 대한 당시의 의도가 부적절했다는 것이 확인되었다. 시시각각 변하는 사용자의 요구와 공간들을 지탱하고 있는 구조물의 비(非)

[사진 16] ▲ 에스컬레이터 제일 위에서 바라본 파리의 전경 (지붕 모습).

[사진 17] ▼ 최상층 레스토랑.

기념비성을 고려하면, 현실은 건축가가 꿈꾸는 자연스러운 건축의 창조와는 모순되는 것이다. 콜쿤훈은 원래 의도가 유지되지 못한 점에 대해 다음처럼 기술했다.

> 퐁피두 센터 안에서 일어나는 온갖 일을 미루어 보건대, 건물은 할 말이 하나도 없다. 그렇다고 다른 측면에서 소박하다거나 꾸밈이 없다는 것도 아니다. 건물의 큰 규모와 장애물 하나 없는 로프트(loft)의 넓은 공간을 고려해 본다면 외부에 장치물을 설치함으로써 이 엄청난 지루함을 깰 수 있다는 생각이 오히려 이상할 정도이다. 건물의 디자인이 진행될수록 각 구조물의 부재 크기가 상당히 커서 원래 개념의 섬세하고 경쾌한 면을 유지하기 어렵다는 것을 깨닫게 되었으며, 결국 더 웅대한 몸짓을 더하게 되었다.[12]

이 건물을 가장 잘 나타내는 특징이 된 웅대한 몸짓이란 바로 동쪽 파사드의 서비스 요소들과 서쪽 파사드의 유명한 에스컬레이터이다. 동쪽의 파사드는 서비스용의 파이프들이 가로에 건축적으로 표현될 수 있는 적절한 소재인지에 대한 의문을 제기한다. 이러한 몸짓은 대중의 주목을 끌기를 의도하는(*épater le bourgeois*) 프랑스 부르주아의 전통 중의 하나로 보이지만, 대형 건물을 대담한 형태로 보여주는 러시아 구성주의의 영향도 느껴진다. 하지만 특정한 구성적 모티프와 무관하게 질서를 유지하고 있다.

이 건물에서 두드러지는 것 중 하나는 캔틸레버로 된 가장자리의 베이(bay)를 조각과 같은 수준으로 매우 세련되게 만들었다는 점이다. 이중 천장의 높이로 된 베이는 대각선으로 가로지르는 세선세공(filigree) 방식을 통해 각양각색으로 된 많은 덕트들과 대조를 이루고 있다. 퐁피두 센터는 기술적으로 투명한 운용을 의도하여 지어졌지만, 건물의 진출입에 대해서는 여전히 문제가 있었다. 1층은 원래 지금처럼 사방을 둘러싸기보다는 레나르가(街)와 광장 두 곳 모두로부터 진입을 허용할 방침이었지만, 1970년대 국제 테러조직의 등장으로 인해 보안상의 문제가 제기되어 이 발상은 실행되지 못했다.

박물관과 소장품

　퐁피두 센터의 또 다른 문제는 소장품을 전시해야 하는 건물에 지나친 관심이 모아지고 있다는 점이었다. 특히, 국립 근대미술관에서는 노골적으로 드러난 구조물들, 특히 폭 3미터 길이 50미터에 달하는 트러스는 보는 사람들의 눈에 거슬렸을 뿐만 아니라, 전시된 회화 작품이나 소형 조각품을 감상하기 어려울 정도로 주위를 산만하게 했다. 이러한 불만은 1980년대 중반 이탈리아의 건축가 가에 아울렌티(Gae Aulenti)를 위촉하여 구조물들 사이에 무난한 방식으로 여러 개의 방들을 만들도록 했다.[13] 혁명적인 박물관이 흰색의 플라스터 벽과 숨겨진 조명으로 전통적인 미술관 같은 분위기를 연출하도록 했다는 것은 참으로 아이러니한 일이 아닐 수 없다.

　이러한 아이러니는 예술을 받아들이는 방식을 변화시키려던 원래 의도를 고려하면 우리를 더욱 혼란스럽게 만든다. 국가기관과 공공 전시 시설이 아직은 전통적인 취향을 고수하던 20세기 초반, 전위 예술가들이 문화적인 자극을 보여준 장소는, 그 뜨거운 열정을 무색하게 하는 일상적인 상업 전시 공간에서였다. 제2차 세계대전 이후 피카소(Picasso), 브라크(Braque), 그리고 레제(Léger)와 같은 전위 예술가들은 자유 프랑스의 문화적인 가치를 대표할 수 있는 방법을 각기 찾아 나선다. 이브 클랭(Yves Klein), 알베르토 자코메티(Alberto Giacometti), 그리고 장 팅겔

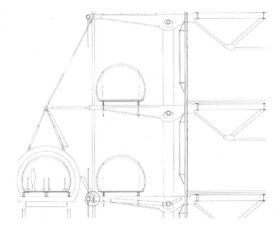

[사진 18] ▲ '겔버레트' 상세도와 상부에 매달린 이동 시스템.

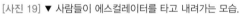

[사진 19] ▼ 사람들이 에스컬레이터를 타고 내려가는 모습.

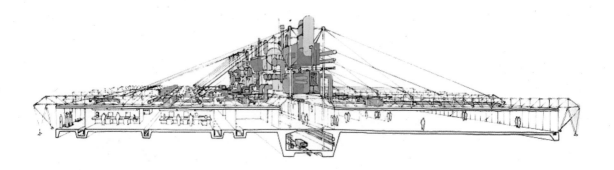

[사진 20] 인모스(Inmos) 마이크로 프로세스 공장 투시 단면도. 리처드 로저스, 남부 웨일스, 1982년: 개방된 유연한 평면 공간과 노출된 서비스 시설에 대한 논리는 대경간 구조물에 의해 가능해진 것이었다. 이 공장은 컴퓨터용 칩을 생산하는 곳으로 하이테크 건축의 건축주로서도 적절했다.

[사진 21] 런던의 로이드 은행 건물. 리처드 로저스, 1979–84.

리(Jean Tinguely)와 같은 젊은 세대들은 상대적으로 구조적인 요소가 덜한 곳에서 그들의 작업을 전시하기를 희망했으며, 회화와 조각, 그리고 공연을 구분하는 전통적인 방식에서 벗어나고자 했다. 파리에 있는 기존의 근대미술관은 페리스틸(Peristyle)로 된 차가운 고전주의 건물로 웅장한 계단실과 기념비적인 조각을 가지고 있어 (근대예술을 수용하기에) 적절하지 않아 보였다.[14]

누벨바그(Nouvelle Vague: new wave) 운동에 의해 국제적으로 알려진 것처럼 프랑스 영화를 통한 문화적 삶에 대한 홍보는, 예술의 범위를 항구적인 것에서 덧없는 것으로까지 바꾸어 놓았다. 냉전기 프랑스가 문화적인 창조력에 기반을 두고 초당파적인 정체성을 추구했듯이, 1958년 이후 10여 년 동안 드골 대통령의 문화부장관이었던 앙드레 말로(André Malraux)는 동시대 예술에 대한 국가의 지원을 늘렸다. 하지만 냉전기에 프랑스의 문화유산이 근대가 낳은 영웅들에게 집중했다면, 퐁피두 센터의 문화정책은 더욱더 동시대적인 상황에 관심을 두고 각 분야들 간의 벽을 허물려는 의도를 지니고 있었다.

하지만 퐁피두 센터가 할 수 있는 일은 고작 다른 분야의 예술작품을 서로 가까이 전시하는 것에 불과했다. 퐁피두 센터라는 큰 기관에 기대되는 야망의 크기와 행정 조직이기에 관료 사회에 기대야만 하는 처지는, 불가피하게 퐁피두 센터가 원래 의도했던 자율적 창조성과는 거리가 먼 관료들의 취향을 대변하는 형태를 가질 수밖에 없었던 이유이다. 수평으로 분산된 기능들과 에스컬레이터 동선의 독자적인 배치는 건물을 기술적인 측면에서 구획하는 결과를 낳았는데, 아마도 수사학적으로 에스컬레이터를 통합시키려고 애쓰는 것이라기보다 건물의 공적인 역할을 더욱 진솔한 이미지로 나타낸 것이라고 여겨진다. 이 센터의 소장품을 파리시(市)와 더불어 보여주고 싶은 욕망은, 전통적인 방식 일체를 창조적으로 해석하도록 북돋워주는 것 이외에는 도리가 없었다.

퐁피두 센터의 독자적인 미학은 퐁피두 센터를 역사주의 건물로도 보이게 한다. 공업적인 요소를 과장한 표현이 러시아 구성주의를 연상시키기 때문이다. 이것은 이상하지만 적절한 평가일 수도 있다. 왜냐하면 그 건물의 프로그램은 사회적 응축기 (social condenser)를 구상한 구성주의자들의 것과 유사했고, 문화적인 생산품과 그 소비자들 사이의 커다란 여과장치로 기계적인 요소들을 동반하고 있기 때문이다. 이러한 외관의 기계 지상주의적인 성격과 건축시공을 통해 이루어낸 의심할 바 없는 기술적 성취에 대한 강조는, 문화 상품화인 동시에 비슷한 가치를 가지면서 대체로 호환 가능한 더 많은 상품이 더 많은 소비자에게 다가가는 현대사회에서 문화마저 갈수록 상품화하는 경향으로 눈길을 돌리게 했다. 공업제품을 미학적으로 치환하는 다다이스트(Dadaist)의 전략 또한 퐁피두 센터에 반영되어 있는데, 다다이스트의 아이러니와 혼란성은 정부 지원을 통하여 배제되었다.

고전적인 연관성?

기능적인 논리가 형태주의자들의 구성적인 장치를 부정하는 듯한 퐁피두 센터 파사드의 특징이 고전적인 건축의 특징과 일부 연관되어 있다는 것은 놀라운 일이다.

특히 공공의 광장을 마주하고 있는 기념비적인 파사드가 그렇다는 점은 더욱 흥미롭다. 이 점은 전위주의자들의 의도를 완전히 뒤집어버린다. 콜쿠훈은 다음과 같이 전위주의자들을 받아들이고 있다.

> 한편으로 이것은 '자유로운 창조(예술에서 말하는 자유주의)'라는 이름으로 아카데미(엘리트) 문화를 폐기하려고 했다. 다른 한편으로, 이것은 '평균적 인간'이 집착하는 이 모든 관습과 습관(자유주의 국가의 상업주의는 이 집착을 더 공고화한다.)을 내버리는 바람에 평균적인 인간은 받아들일 수 없었던 극도의 기능주의와 순수한 형식주의를 전면에 내세웠다.[15]

퐁피두 센터는 (비록 정치 엘리트의 기획으로 만들어지기는 했어도) 비(非)엘리트주의적 문화기관을 창조하려는 시도였으며, 이와 동시에 다가가기 쉬운 장소, 외관이 두드러지는 공간(공공건물, 공적 공간이라면 시민사회의 통합을 상징해야 한다는 전통적 사고)을 제공했다. 그러나 센터는 그에 걸맞은 건축적 성취를 이루어 내지는 못했다. 유연성에 대한 건축가들의 열망은 당초 의도한 '자유로운 창조(free creation)'에 요구되는 기능적 틀을 도리어 지나치게 제약하여, 건물 형태의 혁신적인 변경 가능성을 봉쇄해 버렸다.

이러한 형식이 대중에게 판에 박힌 문화라는 느낌을 주지 않도록 장터 같은 분위기를 연출하려면 그만한 기술적인 수사학을 담아야 한다는 사실 또한 아이러니로 귀착되었을 뿐이다. 예를 들어 방문객 다수는 파리 전경을 구경하러 에스컬레이터를 타고 올라갈 뿐, 정작 미술관으로는 들어가지 않는다. 센터의 내용물을 진짜로 음미하는 것보다 큰 화젯거리와 과시효과가 더 중시되었고, 이 과시효과는 이후 건립된 많은 문화적 랜드마크들에서 그대로 답습된다. 이러한 현상은 투명성(transparency), 즉 원칙들끼리는 전형적인 근대주의 용어로 말하면 안과 밖 사이는 소통 가능해야 한다는 미학적 이념에서도 발견된다. 유리로 된 퐁피두 센터의 외관에 문자 그대로 적용된 이 표면상의 투명성의 이념은 미테랑 대통령 시기 프랑스 국가의 자기 혁신의 상징처럼 되었다.[16] 한 예로, 선도적인 유리(창호) 시스템 기술은 장 누벨(Jean Nouvel)이 설계한 아랍문화원에 적용되어 퐁피두 센터의 전략을 미학적으로 한층 더 성숙시켰다.

한편, 퐁피두 센터를 설계한 건축가들은 이후 개인적으로나 건축적으로 변화를 겪게 된다. 렌초 피아노의 바로 다음 작품인 IRCAM 건물(1988-89)을 퐁피두 센터와 비교하면 변화를 쉽게 알 수 있다. 이 작품에서 피아노는 독립적인 대지 위에 자유롭게 건축하는 것이 아니라, 기존의 19세기 건물을 활용해야만 했다. 그러나 그는 기술적으로 혁신적인 동시에 주변과 조화로운 타협을 이루어 냈다. 즉, 벽돌을 사용하되 내력벽이 아니라 방수 패널로 사용한 것이다. 이것은 자신의 이전 작품을 흉내 내지 않고 당면한 맥락에 집중하는 피아노의 뛰어난 재능을 가늠하게 하는 척도이면서, 기성의 하이테크에 대한 낙관주의의 대안을 둘러싼 건축 논쟁에 다시 불을 붙였다.

서명과 브랜드

퐁피두 센터는 완공 후 곧 국제적으로 유명한 랜드마크가 되었다. 그것은 미술관이 경제 회생의 촉매인 동시에 도시 재정비의 초점이 된 최초의 사례이다. 개관 후 10년 동안 퐁피두 센터는 시민이 찬탄하는 장소이자 공공의 삶의 중심으로 성황을 누렸다.

프랑스의 다른 도시들, 나중에는 독일과 에스파냐의 도시들까지 이 선례를 따르면서 퐁피두 센터 모델은 세계적인 건축가들이 솜씨를 과시하는 척도처럼 되었다.

다행히도 박물관이나 미술관들의 요구란 기념비적인 특징을 요구하면서도 개인적인 해석에 열려 있게 마련이어서, 건축가들이 양식상의 다원주의를 한껏 구사할 수 있는 최적의 기회가 되었다. 그러나 바로 알아볼 수 있는 퐁피두의 하이테크적 외관을 그대로 모방할 수도, 그 구성요소를 다른 건축에서 재활용할 수도 없었다. 결정적인 것은 이미지였다. 기존의 공장 건물요소들을 조합한다는 퐁피두의 건축 언어는 스털링과 윌퍼드가 (도리아

[사진 22] IRCAM 빌딩 1988-89. 렌초 피아노. 퐁피두 센터 옆에 세워졌다.

식 요소를 가미하여) 설계한 슈투트가르트 국립미술관에서 문화적 아이러니의 표상으로서 극한에 다다른다. 파리에서 행해진 문화 실험이 대단히 성공적이었던 나머지 진지한 모방을 낳기 힘들었을 것이다. 피아노가 설계한 미국 휴스턴의 메닐 미술관(Menil Collection, 1981-86)과 노먼 포스터의 1977년 영국 노리치의 세인즈버리 센터, 프랑스 님(Nîmes)의 미디어테크(1984-93)는 한층 차분해진 표현이 특징이다. 로저스는 런던의 로이드 은행(1979-84) 설계를 통해 퐁피두 센터에 어깨를 견줄 만한 근육질의 건축적 표현으로 회귀한다. 하이테크 건축 언어가 다른 유형의 건물에 전파됨에 따라, 퐁피두 센터는 그 건축 언어가 누린 초기의 열광을 점차 상실하고, 도시 속 건축물로서의 가치가 더 영속적인 유산처럼 되었다.

선도적인 문화적 기념비도 식상한 전략이 되어 한때 퐁피두와 같은 건축을 원하던 모든 도시는 이제 구겐하임 미술관 같은 건축을 원하게 되었다. 그렇다고 해서 퐁피두의 장점이 더 이상 없는 것은 아니다. 드넓은 부지를 공공 용도로 제공받았고, 참신한 특징들로 도시의 스카이라인을 변화시켜 건물 자체가 도시를 구경하는 새로운 포인트가 되었다. 그뿐 아니라, 사회적 측면에서도 퐁피두 센터는 맥락을 제시하는 도구, 즉 다른 건축가들이 더욱더 자기 의식적인 건축 수단을 통해 모색하는 어떤 지향점의 역할을 했다. 그 건축 언어의 참신함에도 불구하고, 퐁피두 센터가 구현한 도시계획은 결국 전통적인 공공 공간과 공공건물이 관계에 의존하는 보수적인 계획이었다. 건축물 배치의 명쾌함과 기존 공간과 파사드 모두를 공공이 전혀 새롭게 전용(轉用)하는 데 성공한 점은, 비호감이 깃든 근대주의 도시 공간이라는 통념에 대한 반례로 자주 인용되기에 이르렀다. 이런 측면은 로저스 이후의 작품들, 특히 1994년 런던의 채널 4 방송국의 본부 건물에서 되풀이된다. 이러한 이념은 로저스가 위원장으로 있었던 영국 정부의 도시재생위원회가 1999년 발간한 보고서 「도시 르네상스를 향하여」에도 잘 나타나 있다.[17]

결론

근대화의 미학을 반영한 오스만의 파리 개조계획에 포함된 대로들이 1789년, 1830년, 1848년 혁명이 일어난 장소들을 말소하기 위한 것이었다면, 퐁피두 센터도 아마 1968년의 학생운동을 똑같이 망각시키기 위한 것이라고 할 수 있다. 또한 에펠탑같이 영웅적인 근대성의 스펙터클은 새로운 문화 시나리오에 대한 지식인들의 요구를 만족시킬 수 있는 좋은 방법이었다.

그러나 건물 외관의 참신함에 불구하고 그 내용물은 오히려 관광과 문화 활성화라는 전통적인 요구에 부응하는 것임이 곧 드러났다. 건물의 외형과 내용물 사이의 관계란 언제든지 무시할 수 있는 것이어서, 퐁피두에 참여한 분야들의 학제적(interdisciplinary) 협력이 깨질 수 있다는 의구심을 불식할 수 있었다. 퐁피두 센터의 건립은 인근 부동산 가격의 상승효과 덕분에 지역의 상업적 재개발의 기폭제가 되었다. 그러나 한편 내적으로, 동시에 외적으로 더 큰 도시 환경과의 관계에서 유연성을 이루어 낸다는 당초의 약속은 스스로 배신한 셈이 되었다. 궁극적으로 퐁피두 센터의 성취란 문화적, 미학적이라기보다 기술적, 도시적인 것에 머물렀다.

1　Giedion 1966, pp. 744-775 참조.

2　1926년 이래 파리의 도시성에 대한 초현실주의자들의 해석은 아라곤(Aragon, 1994)의 문헌, 그리고 도시와 예술생산의 관련성에 대한 최근의 조사는 윌슨(Wilson, 2002)의 글을 참조할 것.

3　Sadler 1998 참조.

4　마레(Marais)의 요소들은 상황주의자들의 심리 지리학적인 작업에서 자주 언급되고 있다. 여기에 대한 논의와 완공된 퐁피두 센터와의 연관성은 Sadler 1998, pp. 62-66 참조.

5　퐁피두 센터의 문화적 후원에 대한 긍정적인 평가는 퐁피두 대통령의 사거(死去) 25주년 기념 전시회의 도록(1999)을 참조할 것.

6　Claude Mollard, *L'Enjeu du Centre Pompidou.* Alan Colquhoun(1977) 재인용. *Critique in Centre Pompidou*, AD Profiles No. 2, London: Architectural Design(쪽 번호 없음).

7　Appleyard 1986, p. 310 참조.

8　Lampugnani 1995, p. 10에 언급된 렌초 피아노.

9　Fun Palace에 대한 자료는 Cedric Price, *Cedric Price*, Architectural Association, London, 1984 참조.

10　Sennett 1986, p. 12.

11　Colquhoun(1977) op. cit., 쪽 번호 없음.

12　미주 11번 참조.

13　Catherine Lawless, 'The new fitting out of the National Museum of Modern Art in the Centre Georges Pompidou' in *Casabella*, Vol. 49, No. 515, July/August 1985, pp. 54-63.

14　1937년 건축가 Dondel, Aubert, Viard, 그리고 Dastugue에 의해 파리 엑스포에 출품된 동경의 궁전(Palais de Tokyo)은 제2차 세계대전 후 에밀 앙투안 부르델(Emile Antoine Bourdelle)이 조각한 9미터 높이의 청동으로 된 '프랑스'라는 제목의 작품으로 장식되었다. 부르델의 이 작품은 1925년 처음으로 전시된 바 있다.

15　Colquhoun(1977) op. cit, 쪽 번호 없음.

16　Fierro 2003 참조.

17　Rogers et al. 1999.

CHAPTER 15

Aldo Rossi: New Cemetery of San Cataldo, Modena, 1971-78

알도 로시:

산 카탈도의 신 공동묘지, 모데나, 1971-78

전후(戰後)의 건축이 대체로 도시 환경을 등한시한 점은 1970년대에 반동을 야기했고, 기억이라는 것에 대한 질문을 물리적인 면모와 시적 내용 모두의 차원에서 재개시켰다. 이러한 상황은 그 어느 곳도 이탈리아보다 강하지 않았다. 그러나 그곳은 파시즘의 발생지이기도 하여 이탈리아 건축에는 해방 이후에도 수십 년 동안 긴 그림자가 드리워진다. 이탈리아는 그동안 정권이 역사적 형태와 근대성의 역할 모두를 독점하였기 때문에 1945년 이후에는 새로운 방향성을 찾고자 하는 움직임이 더욱 활기를 띠었다.

아달베르토 리베라(Adalberto Libera)는 로마에서 활동하며 주택 공급을 통한 사회적 필요의 충족 문제에 집중했고, 토착적이고 익명적인 건축에 관심을 기울였다. 붕괴한 정권과 긴밀하게 연관되었던 루이지 모레티(Luigi Moretti)는 공간적 가치에 대한 관심으로 후퇴했고, 이것은 그의 건물과 잡지 『스파지오Spazio』에 드러난다.[1] 밀라노에서는 『카사벨라Casabella』의 편집장이자 이탈리아의 대표적 CIAM 구성원인 에르네스토 로저스가 BBPR(Banfi, Belgiojoso, Peressuti and Rogers)의 작품을 밀라노의 치미테로 모뉴멘탈레(Cimitero Monumentale, 기념 묘지 1945-55)에 있는 추방자들을 위한 격자 큐브 기념

[사진 1] BBPR(Banfi, Belgiojoso, Peressuti and Rogers), 토레 벨라스카, 밀라노, 1958.

[사진 2] 모데나의 공동묘지: 로시의 원형적(原型的) 창을 통해 본 정육면체의 성소.

비의 차가운 추상으로부터 도시의 스카이라인에 논란거리가 된 토레 벨라스카(Torre Velasca, 1958)의 슈퍼 중세주의로 변형시켰다.[2] 이 건물의 돌출한 상층부는 BBPR이 도시계획에 대해 역사적 전례에 근거한 보수적 입장을 취하게 되었음을 제시한다. 이러한 분위기는 로저스나 『카사벨라 Casabella』와 연관된 젊은 건축가들의 무리에도 영향을 미쳤는데, 카를로 아이모니노(Carlo Aymonino), 조르조 그라시(Giorgio Grassi), 알도 로시 등이 포함된다. 그들은 앞서의 팀 텐과 마찬가지로, 1947년 제8차 건축 트리엔날레를 위해 설계한 QT8(Quartiere Triennale Ottava)과 같은 근대주의 도시개발의 실패를 들추어내는 데에 열심이었다.[3] 그러나 '라 텐덴차(La Tendenza)'라고 불린 이 그룹은 팀 텐과는 달리 모더니즘에 환멸을 느꼈고, 그 반동으로 그들은 노스탤지어와 기억의 분위기가 가득한 작품을 만들게 되었다.

역사의 회복

경제 기적으로 밀라노가 확장된 것과 이에 따라 거주민들이 재배치된 것은, 그동안 일관성 있던 도시에 새로운 문제들을 드러 냈다.[4] 1960년대에 이르러 역사적인 건축 형태는 파시즘 아래에서 겪었던 오용을 피할 수 있었고, 그에 대한 진지한 연구가 행해졌다. 이것은 익명의 도시 건축물이나 토착적 유형학뿐만 아니라, 중세와 르네상스의 도시 팔라초와 같은 기념비적 구조물의 구성적인 가치에도 관한 것이다. 표면상의 정치적인 상황이라면 그전의 사회 조건들의 그림 같은 낭만화(浪漫化)라기보다 당시 좌경의 지식인들이 종종 노동자 계급의 삶에 부여한 진정성의 유형을 찾는 것이었다.

[사진 3] 파두아의 팔라초 델라 라지오네. 로시의 『도시의 건축』에 서술된 건물.

알도 로시(1931년 밀라노 출생)도 이러한 일반적인 '사실주의'에 대한 관심을 공유했는데, 이것은 당대의 신사실주의(Neo-Realism)라는 문화와 영화의 현상에도 일제히 반영된 것이었다. 그는 처음에는 중요한 이론가로서, 그 뒤에는 드로잉과 건물 형태에 있어서 강력한 건축 이미지의 창조자로서 부상했다.[5]

도시의 건축

로시의 주된 이론 작업인 『도시의 건축 The Architecture of the City』은 근대주의 도시에 통렬한 비판을 가한 것으로, 1966년 이탈리아어로 출판되었고 영어로는 1982년에 번역되었다. 그러나 이 책은 '시대정신'에 대해 숙명론에 가까운 집착을 주장함에 있어서 마르크스주의의 노선을 취했다.[6] 로시는 건축이 역사의 유동적인 흐름의 바깥에 서 있으며, 그 기하학으로부터 그리고 시간을 극복하고 남은 풍화의 축적으로부터 힘을 얻는다고 설명했다. 이것은 도시의 집합적인 경험을 강조했고, 단일한 기념비적인 건축물의 상대적 중요성을 약화시켰으며, 건축의 유형학으로 집중적으로 유도했다. 루카(Lucca)의 로마 원형 경기장과 같이 인용된 예들은 수세기에 걸쳐 다른 용도와 해석을 뒷받침하는 형태의 힘을 환기시켰는데, 이것은 정통 근대주의자들에 의해 옹호된 단순한 기능주의와 모순된다.[7]

로시는 근대의 도시 계획자들과 집합적이고 유형학적인 적합성의 중요성에 대한 관심을 공유했지만, 산업화된 기능주의의 발전 이전에 듀랜드에 의해 창안된 분류 상의 형태들에도 관심을 기울였다.[8] 그렇다고 하더라도 로시의 디자인 작품에 나타난 유형학은 과학적인 카테고리라기보다 시적인 것이었다. 그리고 그는 자신의 작업에 있어서 소수의 형태들을 다른 조합과 상황에 재적용하는 경향이 있었는데, 이러한 경향은 역설적이게도 매우 구별된 개인적인 건축 언어를 창조하게 했다. 갈라라테세(Gallaratese) 주거단지(1969-70)나 파냐노 올로나(Fagnano Olona)의 학교(1972)와 같은 로시의 초기 건물들은 강한 사회적 근간을 지녔고, 이것은 개인적 공간과 집합적 공간의 위계적인 연결을 통하여 표출되었다. 비록 상징적이고 기념비적인 성격이 이미 우세했지만 말이다. 이러한 성격은 스케일의 의도적인 과장을 통해서, 그리고 — 종종 넷으로 분할된 — 정사각형 창, 시계, 기둥, 굴뚝과 같은 중요한 모티브의 사용을 통해서 얻어졌다. 반세기 전 조르조 데 키리코(Giorgio de Chirico)의 '형이상학적 회화(Pittura Metafisica)' 및 그와 연관된 카를로 카라(Carlo Carra), 마리오 시로니(Mario Sironi)와 같은 예술가로부터 받은 직접적 영감도 있었다. 로시는 근대주의자들에게 배척된 고전적인 전통의 대칭과 형식성을 회복하는 한편, 축조의 무장식적 단순성과 형태의

[사진 4] 파냐노 올로나의 학교, 1972.

[사진 5] 밀라노 북부의 갈라라테세 아파트, 1969-70.

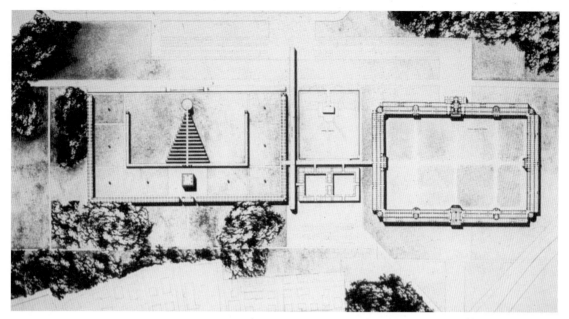

[사진 6] 모데나 산 카탈도의 공동묘지 배치도. 오른쪽의 담장처럼 에워싼 것은 19세기의 묘지이고, 왼쪽 부분이 로시에 의해 배치된 것이다.

엄정함을 추구함으로써 이들이 단지 오래된 양식으로 보일 수 있는 위험성을 피했다.

모데나의 공동묘지

1858년에서 1876년 사이 체사레 코스타(Cesare Costa)에 의해 설계된 모데나에 있는 산 카탈도의 신고전주의적 공동묘지는 점점 그 수용 한도를 넘어서게 된다. 1967년에서 1969년에는 카를로 스카르파(Carlo Scarpa)가 이 문제를 다루려고 시도했지만 그 노력은 무위로 돌아갔다. 그래서 증축을 위한 디자인 공모전이 진행되었고, 1971년 로시가 이 공모전에서 당선되었다. 대규모 증축을 위한 그의 제안이 받아들여져 1980년대 초에 공사가 시작되었다. 공사는 아직도 미완성이지만, 그 폭넓은 평판은 드로잉과 사진에서 보여지는 이미지가 로시 작품의 정수를 포착했다는 것을 확인해준다. 로시는 『과학적 자서전 A Scientific Autobiography』에서 이 프로젝트의 기원을 다음과 같이 서술하고 있다.

1971년 4월, 이스탄불로 가던 베오그라드와 자그레브 사이의 길에서 나는 심각한 자동차 사고를 당했다. 이 사고의 결과로 공동묘지 프로젝트는 슬라본스키 브로드의 작은 병원에서 착상되었고, 나의 젊음은 끝이 났다. 나는 작은 1층 병실 창가에 누워 있었는데, 그 창을 통해 하늘과 작은 정원을 바라보았다. 거의 꼼짝하지 못하고 누워 있으면서 과거를 생각했고, 때로는 아무 생각 없이 단지 나무와 하늘을 쳐다보았다. 사물들의 현존, 그리고 사물들로부터 분리된 나의 현존은 – 뼈의 통증을 깊이 인지하며 – 나를 어린 시절로 되돌렸다. 이듬해 여름, 이 프로젝트에 골몰할 때는, 아마도 그 이미지와 뼈의 통증만이 내게 기억된 것 같다. 나는 몸의 골격 구조를 재결합될 일련의 골절로 생각했다. 슬라본스키 브로드에서 나는 죽음을 뼈대의 형태 및 그것이 겪게 될 변형과 동일시했다.[9]

[사진 7] '성인의 형상이 있는 나의 프로젝트의 일부', 1972 – 조르조 데 키리코의 '형이상학적 회화'에서 영감을 얻은 로시의 드로잉.

인간 골격의 형상은 새 공동묘지의 구조적인 이미지를 제공했다. 기존 19세기 공동묘지의 높은 벽과 콜로네이드가 있는 직사각형 배치로부터 힌트를 얻어 로시는 대략 비슷한 규모의 새로운 구역을 제안했다. 기존의 것에서는 우아한 납골당의 주랑(stoas)이 연속적인 담장이 되었고, 예배당들은 그 영역의 주요부에 놓였으며, 중앙은 묘지를 위해 남겨졌다.

로시는 이러한 체계를 뒤집어 중앙부를 기념비적인 복합건물로 점유하도록 함으로써, 여기에 새로운 공동묘지의 의미를 부각시켰다. 그는 이 중앙 단지를 공동묘지, 납골당 그리고 성소의 세 부분으로 구성하여 계획했다. 그러나 오직 후자만이 수정된 형태로 건설되었다. 공동묘지는 기념비적인 원추형 모양으로, 훨씬 친숙한 공업용도의 선례에서 뿐만 아니라 불레(Boullée)와 르두(Ledoux)의 계몽주의 선례에서도 착안되었다.[10] 로시는 다음과 같이 적었다.

공동묘지에서는 버려진 시신의 잔해가 발견된다. 이 사자(死者)들은 덧없는 이승과의 연계가 사라진, 일반적으로 정신병원이나 병원, 감옥 등에서 나온 사람들로, 절망적인 또는 잊힌 생명들이다. 시(市)는 이 억압받았던 사람들에게 그 어떤 것보다도 높은 기념비를 세운다.[11]

원뿔은 골격의 머리로 계획되었고 갈빗대들은 납골당에 의하여 형성되었는데, 매장실에 형성된 일련의 수평 열은 전체적으로 삼각형의 평면을 구성하며 원뿔을 향하여 솟아 있다. 이러한 날개들의 최하단은 개방된 울타리를 형성하지만, 아직 이 마지막 열의 한쪽 반만 건설되었을 뿐이다. 마지막으로, 빌라노에 있는 추방자들을 위한 BBPR의 격자 큐브 기념비가 반전된 것이 이곳의 성소이다. 이것은 하늘로 열린 빈 큐브로 같은 간격으로 배치된 정사각형 구멍들이 뚫려 있다. 이것은 버려진 건물 터와 마치지 못한 일의 이미지를 띠고 있다. 피터 아이젠먼(Peter Eisenman)은 다음과 같이 관찰하였다.

모데나 공동묘지의 성소는 계몽주의의 죽은 자들의 도시를 모델로 취한다. 여기에서 이것은 현재의 삶(집합 주거 유닛)을 재현한다. 또한 이것은 삶과 죽음, 폐허와 재생의 교차점이 된다. 이 공동묘지는 로시의 말을 빌면, '형태의 합리성이 근대 도시의 무분별하고 정비되지 않은 성장에 대한 대안이 되는 건축

[사진 8] 중앙 출입구에서 본 성소.

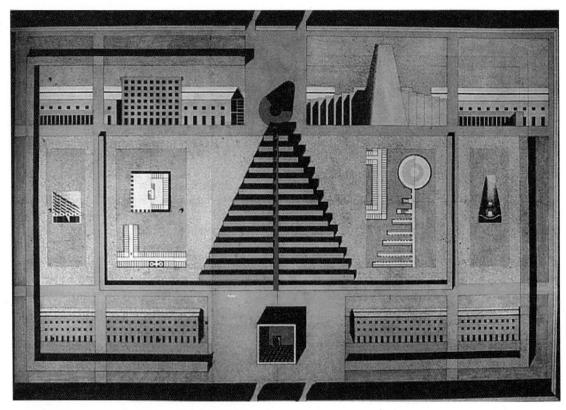

[사진 9] 로시의 채색된 공동묘지 드로잉. 평면, 단면, 입면을 혼합하여 여러 가지 원형적 형태를 결합했다.

[사진 10] 로시가 증축한 영역의 경계벽.

적 장소'이다. 이것은 도시라는 제도와 죽음의 관계를 의미하는 집합적 기념비이다. 성소 자체는 …… 언뜻 보면 집합주택, 즉 아파트 블록의 모양을 띤다. 그러나 여기에는 층도 없고, 창문 프레임이나 유리도 없다. 이것은 결코 낭만적인 폐허가 아니라 죽음과 유사한, 미완성으로 버려진 건물이다. '이 빈집은 산 자들을 위한 집과 똑같다. 창문은 벽 위에서 그 형태적인 조건을 유지한다. 그러나 점유를 상징하는 프레임, 멀리온, 유리와 같은 요소들은 부재한다.' 이 버려진 작품은 다른 어떤 것보다 중요한, 버려진 죽은 자와 버려진 산 자를 위한 - 로시의 용어로 - 기념비 (monument)가 된다. 공동묘지의 빈집이라는 구성은 산 자들의 기억을 위한 공간이다. 이것은 산 자들이 무정하게 죽은 자들을 기억할 때, 산 자들에 의해 점유된다. 억제되는 후회로, 죽음은 유례 없는 감상(感傷)이 된다.[12]

버려진 집, 또는 황량한 공장은 그들이 머금은 서글픈 느낌 때문에 로시가 활용한 이미지이다. 그러나 거기에는 덜 개인적인 연관성과 더 넓은 역사적 전망을 제시하는 다른 의미와 여운이 있다. 새 공동묘지의 납골당이 갖는 병영(兵營) 같은 성격은 포솔리(Fossoli)에 있는 캠프의 병영을 연상시킨다. 이곳은 카르피(Carpi) 근교에 세워진, 북부 이탈리아의 나치 점유지에서 희생된 모든 이들을 위한 강제 이송 지역이다. 두 장소는 20km도 채 떨어지지 않았으며 같은 기차 노선이 두 곳을 모두 지나간다. 진부한 형태들의 울림에 대한 그의 감수성과 20세기의 공포에 대한 그들의 반향을 생각해 보면, 로시의 미학적 선택들의 모호성은 결코 우연의 일치가 아니다. 그것들은 일반적이고 문화적일 뿐만 아니라 - 중요한 유적과의 인접성에 있어서 - 지역적이고 역사적인 상황을 표출한다.

이 프로젝트의 엄숙한 드로잉에 특히 드러나는 불안과 위협의 기조는 유족들이 공동묘지를 방문할 때 그들을 주저하게 하지 않는다. 버스 정류장으로부터 검은 복장의 미망인을 따라 지하도를 통과하고, 벽의 개구부에 들어서고 꽃집을 지나면, 거대한 신고전주의적 콜로네이드에 이르게 된다. 포르티코(portico)를 통해 '지붕의 푸른색'을 힐끗 보면, 우리는 황폐한 공동묘지 사다리의 꼭대기 너머 높은 담장 뒤로 보이는 새 납골당의 전망을 맞이한다. 작은 문을 들어서면 어둡고 무표정한 거대한 스토아에서 표류하게 된다. 해변의 오두막을 닮은 옆의 대리석 건물은 마지막 여가를 즐기는 가족을 안장한다. 위층에서는 수많은 정사각형 컨테이너 옆에서 꽃이 천천히 시드는데, 유약을 바른 사진은 눈을 깜빡이거나 떨거나 (또는 미소를 짓거나) 하지 않고 바깥을 응시한다. 황량한 잔디밭을 지나 버려진 집에 들어선다. 그늘 속에서 하늘은 정사각형의 프레임으로 들어오고, 노파는 낙엽을 쓸어 담는다. 로시는 이렇게 적는다.

[사진 11] ▲ 뜰과 스토아.

[사진 12] ◀ 해변 오두막형 납골당.

지방자치단체의 긴박한 필요성, 관료주의적 업무, 고아의 얼굴, 사적 관계의 후회, 부
드러움과 무관심, 이러한 것들 이외에도 이 공동묘지 프로젝트는 우리 각자가 가지고
있는 공동묘지의 이미지를 따른다.[13]

죽은 자들의 현존은 이 공동묘지에서 그 건축이 뿌리내리고 있는 토양을 구성한다.
각각은 신원이 확인되고 구획되어 무리로부터 구별될 수 있으며, 방문자들로 하여금
우리 모두가 친지를 잃은 유족이라는 사실을 상기시킨다.

[사진 13] 신고전주의적 콜로네이드.　　　　　　　[사진 14] 새 콜로네이드.

보편적 성명

비평가들이 로시의 작품에서 감지하는 여운은 도시 및 건축의 영역을 넘어 더욱 일반적인 문화의 상황을 상징한다.

　…… 제2차 세계대전 이후 인간의 조건은 급격히 변했다. 1945년의 사건들, 즉 나치의 유대인 대학살과 원폭 투하의 의미를 온전히 이해하는 것은 인생을 살아가는 근거를 변화시켰다. 임박한 대량 죽음이나 최후의 대량 죽음 사이에서 선택의 기로에 직면한 인간에게 영웅적 행위는, 개인적이든 집단적이든 옹호될 수 없다. 오직 생존만이 관건이다. 문제는, 시대착오적이지만 희망을 계속 이어나갈 것이냐, 아니면 생존만을 위한 조건을 받아들일 것이냐 사이에서 지금 어떤 선택을 하는가이다. 그리고 영웅만이 유일한 생존자일 경우 선택의 여지는 없다. 예전에 이러한 선택권을 가졌던 인간의 조건은 끝났고, 서양 문명의 진보라는 계속되던 '서사'는 끊겨 버렸다.[14]

아이젠먼의 형식비평은 자신이 묘사하는 지적 상황의 밀레니얼리스트(millennialist) 적인 논조를 극복한다. 그의 분석은 로시와 같은 건축가들의 작품에서 공명했다. 로시는 상업성의 유혹과 테크놀로지의 광기를 무시하며 불안하게 하는 힘을 가진 작품을 창작함으로써, 현대 삶의 불확실성을 구현했다. 노스탤지어가 테크놀로지와 사회 진보에 대한 믿음을 대체해 버린 시대에 상실감, 통일감의 부재, 미래에 대한 불안 등은 많은 문화 생산에 있어서 공통적으로 나타나는 특성들이다.

모더니즘은 여전히 추종자들이 있고, 그들은 지속되는 자신들의 믿음의 역사주의적 근간을 받아들이려고 하지 않는 것으로 보인다. 그러나 불일치와 비일관성으로 널리 알려진 포스트모더니즘의 기호는 완전히 반아이러니컬(unironical)한 혼성품으로 전락했다. 로시는 혼성품의 희생자가 된 다른 사람들과 마찬가지였지만, 그의 형태가 가진 바로 그 진부함이 유효성과 의미의 상실을 정화시킴으로써 그것의 부재를 재현했다. 마크 테일러는 아래와 같이 적었다.

가장 중요한 것은 추상 및 구상 예술가와 건축가 모두가 재현(representation)을 문젯거리로 여겼다는 사실이다. 재현의 문제가 대두된 것은 20세기 철학에서 언어에 대한 의문이 전개된 것과 유사하다. 그리고 실제로 이 두 가지 이슈는 공통된 문제점이 다르게 얽힌 것이다. 언어가 예로부터 재현적으로 이해되어 온 한편, 재현은 점차 언어의 관점에서 이해되기 시작했다. 역설적이게도 자의식이 강한 철학자, 예술가, 건축가가 자신이 이용하는 미디어에 더욱 관여하면 할수록 언어와 재현 자체는 더욱 불투명하게 된다. 언어와 재현은 현실의 창 또는 거울 대신, 갈수록 그것이 드러내는 것보다 더 모호하게 만드는 스크린이나 베일을 형성하는 것 같다. 시각이 의심스러워짐에 따라, 재현은 실현되어야 할 이상에서 극복되어야 할 어려움으로 변한다.[15]

로시의 재현이 갖는 불변성은 그의 건물이 수용하도록 계획된 기능과는 무관하게 관찰자로 하여금 동시대 존재의 환멸에 직면하게 했다. 여기에서 선택된 사례의 기능이 죽은 자들의 도시, 즉 궁극적인 집단의 경험이라는 사실은 재현과 언어의 이슈에 더욱 공감이 가도록 만든다.

[사진 15] 중앙 성소의 추상적인 큐브.

드로잉과 건물

로시의 작품은 많은 역설(Paradox)을 선사한다. 본질상 개인적인 비전이지만 공공
적인 표현의 저장소로서의 신기한 힘, 영향력 있는 글과 널리 출판된 설계 작품 사이
의 모순, 그리고 종이 위에 남겨진 것과 실제로 지어진 것 사이의 차이가 거기에 존재
한다. 설계 드로잉과 지어진 건물 사이의 관계는 많은 논쟁의 주제가 되어왔다. 아이
젠먼은 다음과 같이 논평한다.

정통적인 건축 드로잉의 영역 내에서는 아마 오직 알도 로시만이 오늘날의 건축에 있
어서 비평적 드로잉의 가치를 획득했다고 하겠다. 이것은 재현 방식의 전복으로, 거기
에서는 실현된 건물이 드로잉의 재현이 된다.[16]

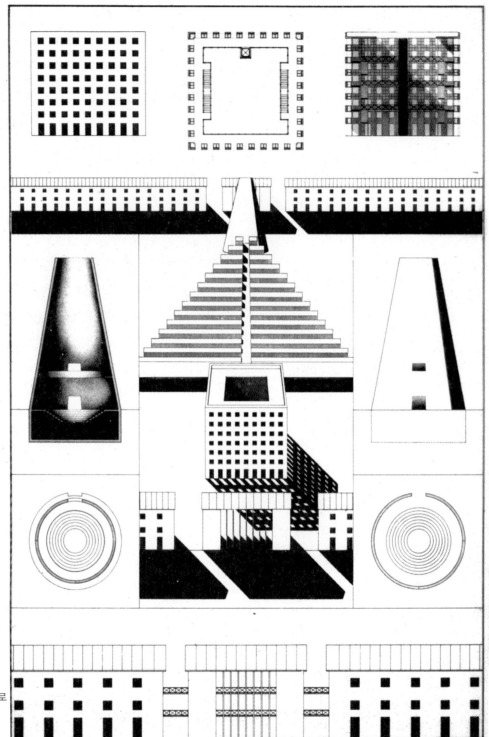

[사진 16]
다양한 요소들로
그려진 로시의
드로잉.

로시의 이미지가 갖는 그래픽 언어는 매우 강력하여 건물의 경험으로부터 독립된 세계를 제시할 수 있다. 이것은 로시의 많은 프로젝트가 경험한 디자인과 건설 사이의 실제적 불확실성으로써 일부 설명될 수 있다. 그는 드로잉만이 유일하게 실현된 것이라는 점과 그 안에 프로젝트가 구현할 – 비전을 통한 감각적 전유(專有)에만 제한된 – 아이디어의 온전한 특질을 담아야만 한다는 점을 알고 있었다. 그의 드로잉은 종이 위의 제한된 세계 내에서 '*형이상학적 회화*'와의 유사성을 크게 넘어서는 많은 불가해한 요소들을 포함한다. 종종 정사투영(正射投影)의 관례는 초기에 객관적이었던 형태를 주관적인 비전으로 투영하도록 조작된다.

기하학적 논리로 구성된 도면들은 건물 부분들의 분배를 훨씬 뛰어넘는다. 왜냐하면 거기에는, 불레와 르두의 *말하는 건축*(Architecture Parlante)의 연장선상에서, 그것들이 몸이나 도시를 재현한다는 의미가 있기 때문이다. 로시의 입면도에 인물이 부재하다는 바로 그 점은 역설적이게도 콜로네이드를 따라 누군가가 지나갔다는 느낌이나 창가에 애수에 찬 인물이 숨어 실재한다는 느낌을 불러일으킨다. 단면은 특히 진하게 그림자가 드리웠을 때, 실내의 '친밀한 광대함'을 드러낸다. 그리고 종종 그 드로잉들에서 이러한 건축적 관례들은 세부의 파편들을 구성하기 위하여, 그리고 분위기를 고조시키기 위하여 사용된다. 따라서 프레임으로서 도면이 갖는 엄정성은 건물들이 담으려는 일상의 삶을 구성하기 위한 은유로 읽힐 수 있다.

드로잉들은, 특히 신중하게 구성된 패널에 모였을 때, 그 프로젝트의 세계를 바라보는 창문의 역할을 한다. 그 수수께끼에 더하여 드로잉들의 의미에 대한 비평적인 담론은, 1993년에 출판된 아지미(Adjmi)와 베르톨로토(Bertolotto)의 책에서 알 수 있듯이 양적인 면에서 지어진 건물에 대한 논평을 넘어섰다.[17]

시공과의 관계도 해석상의 어려움을 야기했다. 비록 후기 프로젝트에서 로시는 명성으로 인해 풍부한 재료를 사용할 기회가 많았지만, 작업 구상의 초기에는 철, 콘크리트, 벽돌, 스투코와 같은 일반적인 재료를 이용하여 작업을 구상하려고 하였다. 이 작업이 실행되면 종종 투박해 보였는데, 그 이유에는 두 가지가 있다.

첫째로, 설계와 실무 사이의 불일치는 관리가 고르지 못할 수 있다는 것을 의미한다. 예를 들면 모데나의 큐브형 성소는 노출 벽돌로 시공될 계획이었다. 그러나 파

[사진 17] 새 납골당.

비오 레인하트(Fabio Reinhart)에 따르면, 로시의 파트너인 잔니 브라기에리(Gianni Braghieri)가 현장을 방문하고 블록이 대신 사용되었음을 발견했다고 한다. 이것은 결국 스투코로 마감되어야 했다.[18] 그 변화는 프로젝트의 진정성을 입증한 타협으로 차분하게 받아들여졌는데, 작업공이 부지중에 개입한 것을 견뎌내는 능력을 보임으로써 받아들여질 수 있었다.

둘째로, 건물의 시공적 단순성은 르코르뷔지에의 사보아 저택(Blundell Jones 2002, 제7장)에서 전형화된 근대주의자의 재료성에 대한 태도를 보여준다. 그러나 이것은 아르테 포베라(Arte Povera)와 신사실주의에서 나타난 지극히 이탈리아적인 태도와도 연관될 수 있다.[19] 아르테 포베라는 재료의 단순성에 내재하는 미학적인 가치를 관념적 깊이의 환기라는 측면에서 추구했다. 신사실주의는 파시즘을 지지했던 거짓이나 착각과는 정반대로 − 예를 들어 로마의 전통을 테크놀로지의 진보와 모순되게 짝지었던 것 − 일상성과 현실성을 두둔했다. 비록 시공된 로시 건물의 투박함이 때때로 파시스트 건축과의 비교를 유발하기도 했지만, 콘크리트, 스투코, 철 사이에 거의 해결되지 않은 접합부를 의도적으로 사용한 것 역시 당시 이탈리아 도시 형태를 재정의하던 산업화 풍경의 여파로 볼 수 있다.

그 수사법은 노동의 삶과 환경에 대해 전형적으로 영웅적인 좌익의 관점을 반영했는데, 이것은 표면상으로 유행과 물질주의가 전혀 없는 보통 사람을 위한 유토피아로서 로시가 소련에서 목격했던 것이다.[20] 공장과 주거 블록의 집단적 환경은 공동묘지의 이미지를 위한 구체적인 표현을 제공했다. 철학적으로 이것은 '무엇이든 괜찮다'는 정책을 제시하기 위함이 아니라, 오히려 다양성에 대한 관용적 태도가 불가해한 현존

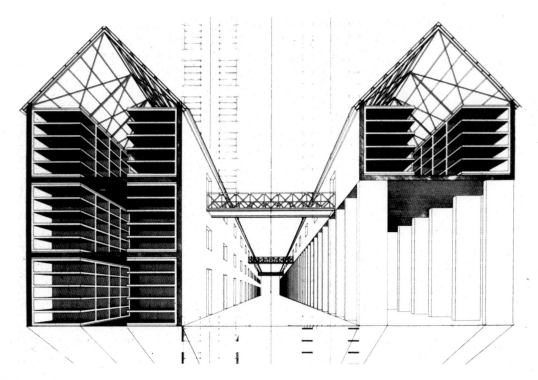

[사진 18] 공장 같은 건물의 원형적(原型的) 힘.

과 함께, 눈에 띄지 않으면서도 확고한 프레임에 가장 잘 수용된다는 것을 제시하기 위함이다.

후기 작품

로시의 이후 경력은 그의 드로잉과 글의 전파로 좌우되었는데, 『도시의 건축』 영역 본은 원서가 나온 지 15년쯤 지난 후에야 출판된다. 그의 건물의 경우 해외 커미션이 점점 중요한 역할을 했음에도 불구하고, 이탈리아에서는 건설 산업의 비효율성 때문에 그 모습을 드러내는 데에 상당히 오랜 시간이 걸렸다. 강렬한 그림자가 있고 스케일과 밝은 색조가 격렬히 병치된 로시의 드로잉들은 낯선 조합 속에서 익숙한 요소들을 훨씬 더 즉각적으로 연상시키는 경험을 제시한다. 시각적으로 호기심을 불러일으키면서도 평이하고, 포스트모더니즘과 손쉽게 연관되었기 때문에 그들은 밀라노의 디자인 문화로 금세 전유되었다. 하지만 이것은 피상적이었고 기저의 이론에 대한 참조가 부재했다.

그러나 공동묘지 계획이 메타포를 제공한 로시의 도시이론은 페루자(Perugia) 근교 폰티베게(Fontivegge)의 라 누오바 피아차(La Nuova Piazza)에서 표현의 기회를 찾았다. 1982년부터 부분적으로 지어진 이 새로운 스퀘어는 역사적인 페루자의 중심 공간인 11월 4일 광장(Piazza IV Novembre)을 그 원천으로 삼았다. 이곳에서는 교회와 정부의 기념물들이 오르막 공간을 건너 서로 불편하게 대면한다. 로시는 이 새로운 스퀘어에서 콜로네이드, 계단, 모서리 기둥, 기념비적인 시계 등의 익숙한 어휘를 결합하여 불편한 공간을 창조했다. 그러나 선호된 형태들은 그의 생각이 전달되는 것을 방해하여 공간의 효과를 줄였고, 그 공간은 그것이 기원했던 역사적 공간들의 메마른 복제로 남겨졌다.[21]

로시의 영향은 이미지보다 이론의 형태를 취한 곳에서 더 성공적이었던 것으로 드러났다. 다양한 개인과 그룹이 그에게 고무되었는데, 이탈리아로부터 공간적으로나 풍토적으로 먼 두 가지 경우가 특히 두드러진다.

첫 번째로, 로시의 아이디어는 미국에서의 교육을 통해 뉴 어버니즘(new urbanism)의 발전을 위한 영감을 - 무엇보다 꽉 짜인 패턴 내에서 공적 공간과 사적 공간을 유형학적으로 구별한 점을, 그리고 전통적이고 익숙한 형태를 연상시키는 잠재성을 - 제공함으로써 '마이애미 스쿨(School of Miami)'에 영향을 미쳤다.[22]

두 번째로, 더블린에서 젊은 세대 건축가들이 로시 드로잉의 전시를 통해 그의 아이디어에 관심을 갖게 되었다. 이것은 원시 고전주의의 표현으로 토착 형태를 분석적으로 분류한 것과 같은 이론적 연구뿐만 아니라 지어진 건물에도 - 특히 템플 바(Temple Bar) 구역의 재생에 - 영향을 끼쳤다.[23]

유형학에 대한 로시의 연구는 문화적 콘텍스트에서만큼이나 물리적 콘텍스트에서도 일어났고, 그의 손길의 능숙함이 부각된 곳도 바로 거기였다. 그가 경력을 쌓기 시작했던 근대주의의 건축적 환경은 디테일의 정확성에 가치를 두었고, 장소에 대한 문제는 외도로 여겼다. 그는 얼룩진 콘크리트와 금이 간 벽토, 철제 계단과 창살, 과장된 또는 심하게 부풀려진 스케일 등이 건축과 도시 유형학이 정의될 수 있는 전형적인 환경의 요소라고 생각했다. 바로 그 진부함이 그것의 편재와 용이한 이해의 징조였다.

로시의 지적인 위치는 문학적 형식과 대중적 형태를 더 공공연히 사용한 아이젠먼(제16장)이나 벤투리(제18장)와 같은 미국의 동시대인들의 그것보다 신중했다. 로시는 자신의 형태가 당연히 승인될 것이라는 어느 정도의 필연성을 가정했다. 바로 그 침묵, 즉 수사적 장황함의 완전한 결여가 그의 작품이 가진 가장 부드럽고 영속적인 특질이다.

로시는 1997년 9월 또 한 번의 자동차 사고로 세상을 떠났다. 그의 작품은 유행이 끝났는데, 아마도 1980년대에 과다하게 노출된 결과일 것이다. 1980년도의 베니스 테아트로 델 몬도(Teatro del Mondo)를 제외하면, 일정 규모 이상의 후기 작품들의 대부분은 모데나 공동묘지가 함축했던 힘을 보여주지 못했다. 그러나 그의 드로잉은 생명력을 계속 가지고 있었다. 이탈리아 정부가 매입한 컬렉션으로 이루어진 2004년 로마의 주요 전시회로 40년에 이르는 그의 전 작품을 역사적 현상으로 재평가하는 것이 가능했다. 그리고 그의 작품은 『도시의 건축』이 칭송했던 도시 인공물(urban artefact)들과 마찬가지로 그것이 형성된 환경에 그만의 독특한 영향력을 행사했다.

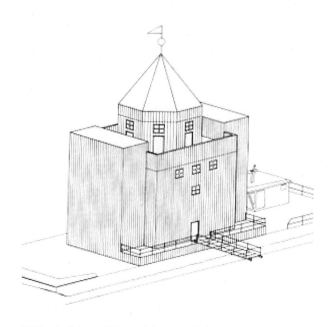

[사진 19] 테아트로 델 몬도, 베니스 바지선(船) 위의 극장. 1980.

1 특히 로마의 투스콜라노(Tuscolano)에 있는 사회주택단지(1950-54) 참조. Garofalo and Veresani 1992, pp. 149-155. 모레티에 대해서는 Bucci and Mulazzani 2002 참조.

2 추방자들을 위한 이 기념비에 대해서는 Strathaus and Reichlin 1995 참조. 토레 벨라스카에 대해서는 Brunetti 1996 참조.

3 Bottoni 1954, pp. 196-241 참조.

4 Foot 2001.

5 Adjmi and Bertolotto 1993.

6 Rossi 1982 a.

7 Ibid, pp. 29-32.

8 Durand 1802-05.

9 Rossi 1982 b, p. 11.

10 로시는 에밀 카우프만의 저서에 영향을 받았다. Emil Kaufmann, *Three Revolutionary Architects: Boullee, Ledoux and Lequeu,* The American Philosophical Society, Philadelphia, 1952. 그리고 이에 대한 글을 출판했다. 'Emil Kaufmann e l'architettura dell'Illuminismo' in *Casabella - continuità,* No. 222, November 1958, pp. 42-47.

11 Aldo Rossi, '*The Blue of the Sky*'(1971) in O'Regan 1983, p. 42.

12 Peter Eisenman, '*The House of the Dead as the City of Survival*' in Frampton 1979, pp. 4-15.

13 Rossi(1971), as cited in n. 11, p. 47.

14 Eisenman 1979 op. cit.

15 Taylor 1992, p. 8.

16 Eisenman 1979 op. cit.

17 Adjmi and Bertolotto 1993. 1997년 로시가 세상을 떠난 이후 그의 스케치북 가운데 일부가 새로운 소유자에 의해 복사본으로 출판되었다. *I Quaderni di Aldo Rossi 1990-97*, Getty Trust Publications, Los Angeles, 2000.

18 안나리사 트렌틴(Annalisa Trentin)과 파비오 레인하트(Fabio Reinhart)의 인터뷰. 'Dopo Aldo Rossi', *d'Architettura*, no. 23, May 2004, p. 181.

19 Jacobson 2001 참조.

20 Rossi 1982 b.

21 Canniffe 2006, pp. 153−4 참조.

22 Dutton 2000.

23 Quinn 1996.

CHAPTER 16

Peter Eisenman: Wexner Center for the Visual Arts, Columbus, Ohio, 1983-89

피터 아이젠먼:

웩스너 시각예술센터, 오하이오 콜럼버스, 1983-89

1920년대에 근대주의운동이 확립됨에 따라, 20세기의 많은 건축이 공개 대지에 건물을 자유롭게 세운 오브제나 다른 것들과 가볍게 병치된 것으로 다루었고(Blundell Jones 2002, 제3장과 제7장), 이것은 근대적 계획의 지배적인 방식이 되었다. 1970년대에 근대주의의 유산이 문제시될 때, 피터 아이젠먼을 포함한 일부 건축가들은 오브제로서 그들의 건물이 갖는 물질적 면모를 분해하려고 세심하게 시도했고, 대신 그것이 자족적 실체인지 아니면 도시 콘텍스트를 이루는 더 큰 구조의 요소인지 그 모호함에 주목했다.

이러한 문제가 현대건축의 개념 가운데 중대한 위치를 점했던 것은 '포스트모던'으로 알려진 문화적 조건의 결과이다. 이 용어는 단지 모던에 뒤따르는 시기를 나타내고 그것에 대한 반작용이라는 점에서 모더니즘과 연관되지만, 지난 30여 년 동안 지나치게 사용되어 엘리트 순수미술로부터 대중적 방식에 이르기까지 모든 종류의 문화적 발현에 싫증날 정도로 적용되었다.[1]

건축에서 포스트모던은 특정한 형태의 사용을 통한 손쉬운 정의를 허락하지 않고, 유희 관념에 대한 자기성찰적(self-reflexive) 관심을 알리는 형태의 영민한 사용에 드러난다고 할 수 있다.[2] 일부 비평가들은 포스트모던이 선전된 자의식적 이중가치를 갖는 조작의 게임이 아니라고 느낀다. 오히려 할 포스터(Hal Foster)는 다음과 같이 주장한다.

모더니즘을 해체하고 현상유지에 저항하려는 포스트모더니즘과 후자를 공표하기 위해 전자를 거부하는 포스트모더니즘, 즉 저항의 포스트모더니즘과 반동의 포스트모더니즘 사이의 근본적인 대립이다.[3]

포스터의 언어는 명백한 코드를 담고 있다. 왜냐하면 이 서술이 1980년대 초에 속했기

[사진 1] 웩스너 센터. 새 건물의 입구 파빌리온으로 기능하는 재건된 병기고의 세부 사진.

때문인데, 레이건과 대처의 시기에 '저항(resistance)'과 '반동(reaction)'을 지칭하는 것은 정치적으로 명확한 학자들에게 정치적인 좌우와 등가를 의미했다. 그러나 사반세기 후, 냉전 시나리오가 바르샤바 조약의 붕괴, 경제의 세계화, 그리고 '대테러 전쟁'에 의해 침해되었다. 이와 같은 새로운 상황은 저항과 반동 간의 차이를 무마했을 뿐만 아니라 좌와 우의 정의를 훨씬 덜 명확하게 만들었다. 이제 정치적 극단주의와 파벌주의가 '반동의 포스트모더니즘'의 어떠한 개념보다도 더 위협적인 불안정을 야기한다. 자주 발생하듯이 현실은 아카데미의 말끔한 지적 모델을 대신해 왔다.

마찬가지로, 우리는 불안정한 '시대정신(Zeigeist)'을 표출하는 건축을 창조하고자 하는 인물들을 잊어서는 안 된다. 그들은 철학과 의미론이라는 어렵고 모순된 학문을 참조함으로써 전문적인 논쟁의 고립된 세계로부터 문화적 콘텍스트에 더 의도적으로 연관된 위치로 이동했다. 그들 가운데 피터 아이젠먼은 보컬 리더였고, 자율적 건축의 주창자였다. 그러한 건축은 오래전부터 드로잉과 학문적 담론에 존재했었는데, 그가 1983년 콜럼버스의 오하이오 주립대학교 시각예술센터 현상설계에 당선되면서 실질적인 건축 실무 작업을 하게 되었다.

1932년 뉴저지에서 태어난 아이젠먼은 코넬 대학교와 컬럼비아 대학교에서 교육받았고, 케임브리지 대학교에서 박사과정을 밟았다.[4] 그는 1967년 미국에 돌아와서 뉴욕에 건축도시연구소(Institute for Architecture and Urban Studies)를 창설했는데, 이 연구소는 기관지인 『오퍼지션스Oppositions』와 함께 1970년대 건축 담론을 위한 국제적인 토론의 장이 되었고, 케네스 프램턴, 알도 로시, 렘 쿨하스와 같은 인물들을 영입했다. 또한 그는 주택 건축가로서 '뉴욕 5'라는 그룹과 관련되었는데, - 다른 구성원은 마이클 그레이브스(Michael Graves), 찰스 과스메이(Charles Gwathmey), 존 헤이덕(John Hejduk), 리처드 마이어(Richard Meier)였다. - 그 주된 요인은 선구적 모더니즘의 재해석이라는 미학적 유사성이 그들의 작품에 존재했다는 사실이었다. '백색파(The Whites)'로도 알려진 그들은, 영향력이 큰 배후 조정자였던 필립 존슨(Philip Johnson)의 비호 아래에 모였다. 존슨은 헨리 러셀 히치콕(Henry-Russell Hitchcock)과 함께 1932년 뉴욕 현대미술관에서 국제주의 양식(International Style) 전시회를 주관한 적이 있다. 미국의 사회적, 정치적 혼란기였던 1970년대 초, 이 새로운 건축 엘리트들은 바로 직전 선배들에 대항하여 자율적 건축의 주창자로서의 경력을 확립했다. 뉴욕 현대미술관의 건축·디자인 분과 책임자였던 아서 드렉슬러(Arthur Drexler)는 이 신세대의 갈망에 대하여 아래와 같이 적었다.

브루털리즘, 청바지의 건축, 그리고 프롤레타리아적 우월의식에 의해 쇠퇴한 또 다른 매너리즘 등은 미스의 우아하지만 임의적인 순수 구조만큼이나 이 건축가들에게 깊은 인상을 주지 못한다. 그 대신 그들은 30년대가 버리고 간 곳에서 열매를 수확하는데, 제2차 세계대전에 의해 훼방을 받기 전 합리적 시학의 건축에 함의된 것과 전후의 잇따른 환멸, 불안, 그리고 분노의 분위기에 함의된 것을 추구했다. 우리 모두가 알다시피 그 분노에는 타당한 이유가 있다. 우리는 모두 여러 가지 방법으로 사회개혁에 관여한다. 그러나 개혁에 대한 관심은 모든 논의에, 그리고 건축이 우선이고 사회개혁이 둘째라는 모든 주장에 대한 비판에 반영된다. 유럽의 젊은 세대는 건축이 그 혁명을 성취하는 데에 가장 거리가 먼 도구라는 것을 아직 눈치 채지 못했지만, 미국에서 이것은 건축 저널리즘이 불가능한 일에 헛수고하는 것과 같은 뻔한 사실이다.[5]

건축 전문직에 대한 현지 평가의 정확도가 어떠하든지 간에, 이 다섯 명의 건축가들은 실무와 교육계에 자리를 잡아 단결된 주류에 대하여 일관된 대안을 제시해 간다.

언어로서의 건축

아이젠먼은 1970년대에 걸쳐 일련의 주택 프로젝트를 진행하여 일부는 실현되었고 일부는 드로잉으로만 남았다. 이들은 그가 박사학위 논문에서 발전시킨 언어학적 유추를 물리적 형태로 탐구한 것이다. 그는 주세페 테라니(Giuseppe Terragni)의 작품(Blundell Jones 2002, 제10장)을 분석했는데, 이것은 콜린 세인트 존 윌슨에게 소개받은 것으로 이후 콜린 로(Colin Rowe)와 함께 코모에 있는 그의 건물들을 방문하기도 했다. 두 멘토는 모두 케임브리지에서 학생들을 가르치고 있었다. 그는 이 핵심적인 합리주의 건축가의 기하학적 구성으로부터 건축요소의 어휘와 구문을 추론했으며, 이들을 자기 참조적 모티프로 분리시켰다.[6]

이 형태 시스템은 자신의 작품에 재적용되어 냉정한 근대주의 정통성의 인상을 준다. 그러나 자세히 관찰해 보면 르코르뷔지에나 미스 반데어로에의 작품에 나타나는 것과 같은 기계주의의 상징성을 찾을 수 없으며, 공간 구성에서도 우아함을 발견할 수 없다. 아이젠먼의 보, 기둥, 벽, 그리고 바닥은 검소하며 무표정하다. 이들의 자리매김은 기능이 수용되는 것에 대한 어떠한 암시도 주지 않는다. 그는 실제로 기능주의에 대한 부정이 건축의 본질을 추출하려는 시도에 있어서 필수적이라고 생각했다.[7]

아이젠먼은 구조주의와 해체주의라는 당대의 언어학 이론들의 영향 아래에서 건축과 언어 사이의 유추를 발전시켰다. 이러한 이론들에 대한 관심은 주어진 텍스트의 내용이 아닌 그 형태에, 특히 단어들 사이의 통사론적(syntactical) 관계에 집중되었기 때문에 중요했다. 이것은 의미가 다양한 층위로 전이되어 그 표면 아래에서 모호해질 수 있다는 것을 암시한다.[8] 테라니의 건축 어휘는 이상적인 대응물을 제공하는 것으로 보였는데, 왜냐하면 그의 프레임과 표면이 갖는 환원적이고 상징적인 성질이 유사하게 숨겨진 건축 가치의 체계를 제시했기 때문이다.

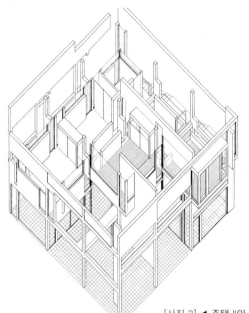

[사진 3] ▲ 베를린 체크포인트 찰리의 사회주거 건물, 1980-88: 국제 건축전시회(Internationale Bauausstellung)의 일부로 건설되었다.

[사진 2] ◀ 주택 II의 엑소노메트릭 드로잉, 버몬트 하드위크, 1969-70.

아이젠먼이 실현한 프로젝트 가운데 버몬트 하드위크(Vermont Hardwick)의 주택 II(1969-70)가 있다. 이 주택에서는 건축적인 아이디어가 구조물 두 세트, 기둥들의 그리드, 그리고 평평한 벽들의 세트 사이에서 발생하는 상호 과잉에 집중하면서 복잡한 공간 매트릭스를 창조한다. 코네티컷의 콘월에 있는 주택 VI(1972-76)에서는 이러한 과잉이 실제의 초록색 계단 위로 매달려 있는 붉은색 계단에 의해 명시되어, 중력으로부터 파생한 건축적 관례에 대하여 더욱 확실히 이의를 제기한다. 또한 아이젠먼의 추상은 칼 안드레(Carl André)와 솔 레 위트(Sol Le Witt)의 조각과 같은 당시 뉴욕의 미니멀리스트 예술에 빚진 바 있다. 드렉슬러가 주장하듯이, 그토록 강렬한 미학적 관심사는 사회참여의 마지막 흔적을 건축적 논의의 영역에서 제거해 버렸다. 그러나 매우 지대하게 근대주의자의 전례를 참조했기 때문에 아이젠먼의 (그리고 뉴욕 5의 다른 네 구성원들의) 형태 어휘는 찰스 무어(Charles Moore)와 로버트 벤투리(Robert Venturi)의 더 절충적인 포스트모던 작품만큼이나 자의식적인 역사주의로 만들었다. 아이젠먼의 작품 변화는 베니스 건축 비엔날레에 - 실현되지 못한 1978년의 칸나레지오(Cannaregio) 타운 스퀘어 프로젝트와 1980-88년 베를린 체크포인트 찰리의 사회주거 건물과 함께 – 초청되면서 이루어졌다. 두 경우 모두에서 대지의 역사는 익숙한 추상적 큐브 형태를 발생시킨 근본적인 기준점을 제공한다. 아이젠먼은 콘텍스트를 발견했고, 그의 후속 작품은 대지의 기하학적 분석으로부터 파생된 기억이라는 아이디어에 점점 더 의존하게 된다.[9]

웩스너 센터

1983년 6월에 콜럼버스 오하이오 주립대학교의 새로운 시각예술센터를 설계하기 위한 초청 공모전이 열렸고, 건물은 1989년에 개관했다. (I. M. 페이의 파트너이자 하버드 건축학과의 학장이었던) 해리 코브(Harry Cobb)가 심사한 이 공모전은 세사르 펠리(Cesar Pelli), 마이클 그레이브스, 칼만 맥키넬(Kallman Mckinnell)과 우드(Wood), 그리고 아서 에릭슨(Arthur Erickson) 등을 비롯한 걸출한 그룹으로부터 응모안을 접수받았다. 그러나 아이젠먼의 '비건축(non-building)'이 교육, 연구, 전시를 통합하려는 요구를 가장 잘 대표하는 것으로 선택되었다.[10]

대학의 타원형 캠퍼스 끝에 자리한 대지에는 이미 두 개의 커다란 강당이 서로 직각으로 캠퍼스의 일반적인 그리드에 맞추어 배치되어 있었다. 또한 이 대지는 대학의 그리드가 도시의 것과 만나는 지점이기도 하며, 서로 12.25°의 차이를 보인다. 이 각도의 변화는 아이젠먼에게 출발점을 제공했다. 그것은 서로의 존재 가치를 위태롭게 하는 두 시스템 사이의 대립과 분열을 활용한다는, 그의 작품에 되풀이되는 주제였다.[11] 이 개념은 앞서 언급한 칸나레지오와 체크포인트 찰리를 위한 프로젝트에서 탐구되었는데, 프로젝트에서는 인위적인 '고고학적 발굴'과 관련하여 지면의 처리가 대지 역사의 명백한 메타포로 작용했다.

웩스너 센터의 경우, 오하이오주의 전체 영역에 부여된 제퍼슨의 그리드에 의해 정의되고 서술되었기 때문에 맥락상의 구성요소에 더 큰 울림이 있었다.[12] 아이젠먼은 충돌하는 그리드들을 중첩함으로써 그들의 힘을 전복시켰고, 그리드가 더 이상 지적 게임이 아니라 대지를 형성하는 힘의 물리적 표명이라는 참신성을 선보였다. 라파엘 모네오(Rafael Moneo)는 다음과 같이 기술했다.

[사진 4] ▲ 오하이오 주립대학교 캠퍼스의 잔디에서 본 웩스너 센터 출입구: 오른쪽부터 기존 강당, 비계 그리드, 그리고 복원된 병기고이다.

[사진 5] ▼ 기존 강당 사이의 공공 통로: 지상은 수평의 통로지만 비계 프레임은 사다리꼴 단면을 가진 것에 주목해야 한다.

그런 상황(즉, 대지와 프로그램)이 건축에 영향을 미친다는 것을 받아들이는 데에 주저했던 아이젠먼의 입장은 최소한 내재적으로라도 바뀌었다. 그의 작품은 이제 그 기저의 맥락적인 이슈를 고찰하는 것으로부터, 현대의 문학적 아이디어를 건축에 도입하는 프로그램을 해석하는 것으로부터 형태를 띠기 시작한다. 사람들은 이러한 태도의 변화가 단지 70년대 후반의 포스트모더니즘적 쾌락에 대한 그의 대답인지, 아니면 문학비평을 건축에 도입시키려는 최근의 관심에 대한 대답인지 궁금해한다. 그러나 우리는 대지와 프로그램에 대한 새로운 관심이 더 넓고 복잡한 프로젝트에 접근한 결과라는 것 역시 이해할 수 있다. 결과적으로 피터 아이젠먼은 건

[사진 6] 건물 배면에 드러난 비계 그리드. 여기에서 경사진 형태가 뚜렷하게 보인다.

축이 생성되기 위해서는 외적 변수들을 포함할 필요가 있다는 것과 오직 외적 상황의 프레임 내에서만 건축이 의미를 획득할 수 있다는 것을 깨달은 것으로 보인다.[13]

아이젠먼은 자신이 선호하는 건축 형태를 바꾸지 않으면서도 내면화된 지적 구조 체제로부터 외면화된 것으로 이동했다. 그는 도시의 그리드를 두 개의 기존 강당 사이에서 길을 엮는 장치로 활용했다. 이 길은 대중에게 열리기도 하고 외부에 노출되기도 하면서, 대중을 지면 아래의 전시공간들을 묶는 연결자로 만든다. 이것은 그리드의 뼈대구조로 특징지어졌고, 평면을 끊고 솟아오른 형태로 변이됨으로써 평면에서 그리드가 틀어진 것이 공간적으로 암시되었다.

이 연결로의 주 출입구는 아마도 이 복합건축에서 가장 논란거리가 되는 요소일 것이다. 왜냐하면 기다란 갤러리가 길을 수직으로 가로지르는 곳에 위치한 입구의 건물은 작은 강당으로 가는 길을 만들기 위해 1960년대에 철거되었던 19세기 고딕 탑상형 구조인 병기고를 파편적으로 복원한 것이기 때문이다. 발굴된 원래 위치의 흔적을 보이면서도 각도가 틀어졌지만, 공모안에서의 병기고는 전체적으로 복원되는 것이었다. 그러나 이후 원래의 건축적 텍스트를 분해하는 단계가 발생했고, 새 병기고는 그리드의 영향을 받아 벽돌 표면이 갈라지고 그 역사적 형태의 일관성에 균열이 갔다. 이 건물은 또 다른 틀어진 그리드에 의해 영향을 받았는데, 그것은 주 계단을 틀에 넣었지만 자신은 공중의 기둥에 의해 전복된 것이다. 기둥은 아이젠먼이 이전의 프로젝트에서 '건축(Architecture)'(즉, 정확히 말해 건축이지만 건물이 아닌 것)을 선언하기 위해 만든 잉여의 장치이다. 아이젠먼의 용법에서 그리드는 파편으로서라도 적법성을 보유한 언어의 요소이다. 실로 그 파편적인 성질은 건물의 요소에서 도시까지, 심지어 대륙에 이르기까지 어떤 규모에서든 잠재적인 완성을 암시한다. 모네오에 따르면 이 건물은 다음과 같이 말할 수 있다.

…… 거대한 규모의 구축을 다루기 위한 이론적 방법의 능력을 시험한다. 이러한 분석적인 태도는 고도의 일반성으로 문제에 접근하도록 한다. 그리드에 대한 강조 및 거기에서 연유한 건축적 전략은 연속성을 창조하며 단절된 현실의 조각들도 통합할 수 있는 수단을 준다. 단일한 건물의 개념은 사라졌으며, 전통적 건물을 향한 것이라기보다 그 대신 오늘날 우리의 도시 개념에 대한 인식에 가까운 복잡한 현실이 대두된다. 오늘날 도시의 불안정성은 이 '웩스너 센터'에 반영되는 것으로 보이며, 이로 인해 나는 아이젠먼의 작품이 명확히 가장하지도 않으면서 오늘날의 도시 현실을 복제한다고 말하게 된다. 아마 역설적이게도, 아이젠먼이 어쩌면 해체주의라고 부르기를 원하는 그러한 과정의 일부는, 사실 도시가 자체의 생성에서 다소 무의식적이지만 이성적인 방법으로 보여준 형태의 메커니즘과 그다지 멀지 않을 것이다. 바꾸어 말하면, 피터 아이젠먼이 지난 기간 탐구한 일부 방책들은 도시가 시간의 흐름과 함께 무의식적으로 발전시켜온 전략들에 내포된 것이다. 아이젠먼의 연구는 의외로 실제 도시의 서술과 일치하는 듯하다.[14]

과정에 대한 이러한 무의식적이고 자동적인 활용은 아이젠먼이 전 경력에 걸쳐 탐구한 현상이지만, 웩스너 센터야말로 그 이론적 방법을 도시 환경에 성공적으로 적용한 첫 번째 대규모 작품이며, 장 루이 코엔(Jean-Louis Cohen)이 '하이퍼컨텍스추얼리

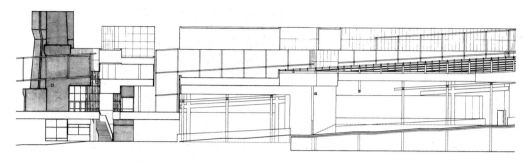

[사진 7] 복원된 병기고와 통로 및 지하의 주요 내부 층을 보여주는 부분 단면도.

티(hypercontextuality)'라고 기술한 거대 질서에 호소하려는 모방을 뛰어넘는다.[15] 웩스너는 구상과 추상 사이의 차이를 무시하고, 건축 언어의 관습적 범주 바깥에 서서 모호한 중간지대를 점한다. 이것은 전통적이지도, 즉 방의 모양에 지배되지도 않고, 근대주의적이지도, 즉 흐르는 공간적인 연속성에 기대지도 않으며, 그렇다고 해서 기능주의적이지도, 즉 사용에 결정되지도 않는다. 그 대신 웩스너 센터는 대지와 작업들을 하향된 스케일로 중첩시키는 일반적인 질서 원리를 보여준다.

고딕 탑상형의 입구 건물의 예와 같이 인위적인 역사로 여길 수 있는 것을 아이젠먼이 사용한 데에서 우리는 부활되어 재해석되는 요소들, 즉 긴밀한 장소 특정적(site-specific) 요소들과 만난다. 이 요소들이 의도적으로 원근 화법적이고 심지어 그림 같은 풍경으로 만들어져야 한다는 것은 그것들이 주변의 검정색 유리 입면들에 불안하게 부착된 것으로 강조된다. 검정색 유리 입면들은 주변의 특성이 의미의 담지자로 읽혀야 함을 침묵으로써 대조적으로 선언한다.

웩스너의 열린 그리드 뼈대구조(또는 '비계' 요소)의 공간이 환각적으로 왜곡된 데에도 역시 중요한 점이 깃들어 있다. 아이젠먼

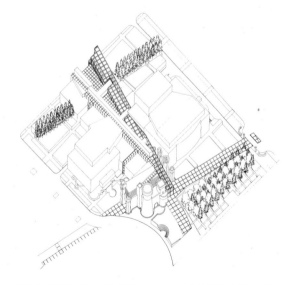

[사진 8] 기존의 강당, 충돌하는 그리드, 그리고 복원된 병기고를 보여주는 웩스너 센터의 엑소노메트릭 드로잉.

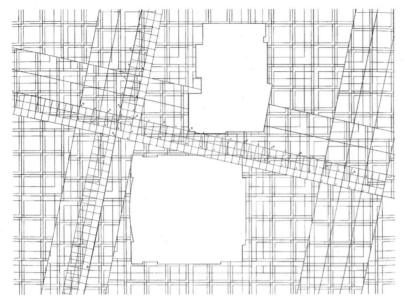

[사진 9] ◀ 도시와 캠퍼스 사이의 전위(轉位)된 그리드를 보여주는 오하이오 주립대학교의 배치도. 붉은 선은 북쪽의 스포츠 시설과 남쪽의 가로망을 연결해주는 제퍼슨 그리드의 축을 나타낸다.

[사진 10] ▼ 기존의 강당들과 그 사이의 공공 통로를 보여주는 출입구 층의 평면.

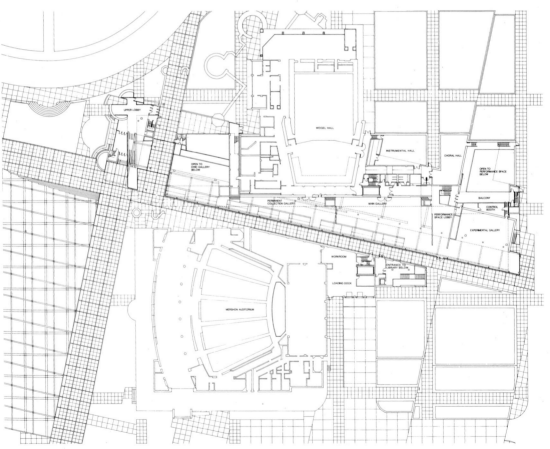

은 주택 X 프로젝트(1975)를 엑소노메트릭(axonometric) 모형으로 끝냈는데, 이것은 하나의 특정한 시점에서 2차원적 건축 투사를 흉내 내기 위해 직각의 관계로 왜곡한 것이다.[16] 엑소노메트릭 투사는 3차원 형태를 2차원적으로 재현한 것으로, 투시도와 달리 크기가 일정하게 남기 때문에 그가 선호한 관행이다.

웩스너 센터에서 비계의 비직각적인 왜곡은 유리창과 그 공간의 직각 그리드에 반하여 진행되었는데, 일련의 왜곡된 경관을 창출하기 위해서였다. 이 건축가는 한 가지 장치의 적용이 곧 다른 것의 분열을 자극하는 건물을 만듦으로써 건축이 가장하는 통일성과 일관성을 가지고 유희한다. 이러한 종류의 과장되고 뒤틀린 공간은 이 건물의 노선을 따르는 디자인들의 특징이며, 웩스너 센터가 개관한 해인 1989년에 다니엘 리베스킨트(Daniel Libeskind)가 베를린 유대인 박물관을 위해 선보인 첫 번째 프로젝트가 그 예이다.[17]

드로잉 관행에 대한 문제는 우리를 아이젠먼 작품의 재현(representation)에 대한 이슈로, 그리고 작품이 만들어지고 해석되는 필터로서의 지속적인 현존(presence)으로 이끈다. 분석적인 방법을 통한 레이어들의 중첩은 주요한 재현적인 모티브가 되었다. 이것은 그래픽 형태로, 특히 비중력의 엑소노메트릭 투사로 빈번히 발생하며, 그러한 엑소노메트릭 투사는 콘텍스트의 레이어들이 드러나는 근대주의 건축의 '상징적인 형태'이다. (그러나 아이젠먼의 용법은 콘텍스트를 제거하기 위해 그것을 사용한 엘 리시츠키(El Lissitsky) 같은 선구적 근대주의자들의 용법과 대비된다.) 중첩시키는 기술의 흔적은 실제로 실현된 형태와 공간에 다시 발생하여 이들이 서로 다른 규모로 반복되면서 명백해지고, 부재한 요소의 현존을 상징하는 표면의 상처에서, 그리고 맥락적 참조를 전하기 위한 그리드 교차의 편재적인 적용에서 발생한다(사진 11).

모더니즘의 매너리즘적 재해석?

아이젠먼의 후기 작품을 작동시키는 전략은 매너리즘의 전형인 규범의 분해와 재배열이다.[18] 건축의 역사에서 선구적인 단계가 쇠퇴의 단계로 이어져 전임자의 기대를 재배치하거나 전복시킨다는 사실은 16세기의 이탈리아와 그럴듯한 대응점을 제시한다. 당시 알베르티(Alberti)의 이론으로 정의되었던 조화로운 완성과 균형의 추구는

[사진 11] 공중 기둥이 있는 출입구 측의 내부.

줄리오 로마노(Giulio Romano)의 작품에 나타난, 팔라초 테(Palazzo Te)의 안뜰에 보이는 과장된 섬세함과 현저한 투박함을 갖는 기이한 소산에 자리를 내주었다. 이러한 대비는 문화와 자연 사이의 대립을 상징하며, 마치 혼란과 무질서의 힘으로 위협에 빠져 있기라도 하듯이 문명의 열망을 나타냈다.[19]

또 다른 역사적인 대응점은 기존의 상황에 새로운 가치를 부여하기 위해 약화된 공간을 창조하는 것으로, 바사리(Vasari)의 플로렌스 우피치(Uffizi)에서와 같은 매너리즘적인 도시 개입에서 볼 수 있다.[20] 아이젠먼의 매너리즘은 동시대 마이클 그레이브스의 그것과 다르게 매너리스트의 형태를 모방함으로써 표출되지 않았고, 기둥에 당김음 리듬(syncopated columnar rhythm)을 채택하거나 건축요소의 표면을 합판으로 형성하거나 투시도적 암시를 깊이 있게 창조함으로써 표현되었다. 아이젠먼은 자신이 처음 분석했던 모더니즘의 형태적 추상에 빚지고 있다.

아이젠먼의 프로젝트에 지속적으로 적용된 문학적 메타포는 팔림프세스트(palimpsest)로, 이것은 다른 텍스트를 덮어쓰기 위하여 이전 텍스트를 지움으로써 귀했던 양피지를 재사용하던 중세의 관습에서 기원했다. 숨겨진 의미의 조각들을 명백한 메시지와 굳이 연결할 필요 없이 방치하는 이러한 억제의 행위는 비판 이론의 심리학적인 근간의 일부로, 여기에서는 겉보기에 임의적인 상황이 간접적인 의미와 소통의 풍부한 서사 속으로 직조된다. 이것은 문학적 장치로서 움베르토 에코의 『장미의 이름』과 같은 소설에서는 평범한 것이었지만, 도시적인 관점에서는 역사적 형태의 침전된 층위들에 대한 관심을 다시 새롭게 했다.

[사진 12] 주 갤러리의 내부.

[사진 13] 복원된 병기고와 새로운 건물요소들의 병치를 보여주는 외부.

[사진 14] 대지 전체의 공공의 통로를 나타내는 비계 그리드 단부의 세부 사진.

팔림프세스트는 완벽한 모델을 제시했는데, 단일한 저자 목소리의 부재에 기인한 진정으로 불분명한 의미의 출현을 허가하며 아마도 반쯤만 알려진 숨겨져 있는 깊이를 암시한다. 이것은 무의식적으로 감지되며 창조에 대한 강박으로 저자, 관찰자, 또는 디자이너를 번거롭게 하지도 않는다. 모든 분명한 것들이 그 비일관성과 단절에 있어서 단순하게 드러났고 해석자를 기다렸다. 이것은 상황에 따라 수동적이었고, 이 수동성은 모더니즘과 연관된 행위의 요청과 뚜렷한 대조를 보인다. 그러나 이 모든 무질서에도 불구하고 아이젠먼은 자기 자신만의 것이라고 할 만한 건축 언어를 창조할 수 있었다(사진 14).

아이젠먼에 의해 해석된 주요한 건축적 팔림 프세스트는 테라니의 작품이었고, 그의 가장 중요한 오브제는 코모에 있는 카사 델 파쇼(Casa del Fascio)이다(Blundell Jones 2002, 제10장). 아이젠먼의 독법에 있어서 그 작품의 정치적인 내용은 형태적 속성에 대한 선호를 이끌어 내면서 완전히 무시되었다. 제2차 세계대전의 종말론적 중요성에 대하여 – 최소한 유대인 대학살과 히로시마에 대해서라도 – 그토록 심각하게 염려했던 건축가에게 이것은 이상해 보인다.

그러나 후기 구조주의에 의해 정의된 문화적 콘텍스트의 힘이 매우 막강해서 어떠한 윤리적 책임이든 형태에 대한 초점으로 인해 분산되어 버릴 수 있다.[21] 이탈리아 모더니즘의 특별한 성격은 파시스트 정권에게 요구되었던 역사에 대한 자의식적 집착으로, 프랑스와 독일 모더니즘의 태도와 구별된다. 르코르뷔지에나 미스 반데어로에의 형식주의 또는 기능주의 수사학(rhetoric)으로부터 거리가 먼 추상적 형태는 분명히 건축 문화의 역사와 관련된다. 아이젠먼의 초기 작품에서 백색의 큐브 형태는 테라니 유산의 발산으로 보아야 하는데, 그 유산은 초보자들에게 명시적으로 이해될 수 있다면 좋겠지만 함축적으로 존재한다. 이후의 작품은 형태에 덜 구애받으며, 단지 테라니와의 관계를 더 확실하게 만든다. 예를 들어 카사 델 파쇼의 연구에서

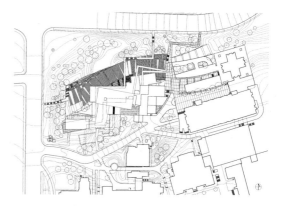

[사진 15] ▲ 아로노프 센터, 1988–96.

[사진 16] ▼ 코라 엘 워크 프로젝트 모형(1985–86). 자크 데리다와의 협업(건축되지 않음.).

[사진 17] ▼ 카스텔베키오 박물관 안뜰의 '잃어버린 발자국의 정원', 베로나, 2004–05. 2004년 베니스 건축 비엔날레의 일부.

개발한 통사론적 분석은 적층의 방법론을 제공했고, 이를 통하여 20여 년 후 대지의 팔림프세스트가 발굴될 수 있었다.

웩스너 센터가 완성되어갈 즈음, 아이젠먼의 작품은 1988년 뉴욕 현대미술관의 해체주의 건축 전시회에서 선보였는데, 이 전시회는 새롭게 정의된 건축 유파를 재생산하려는 자의식적인 시도로 1932년 같은 장소에서 개최된 국제주의 양식 전시회와 동일한 효과를 얻었다. 전례처럼, 그리고 1970년대 뉴욕 5의 프로모션에서와 같이 필립 존슨은 이 새로운 양식을 크게 후원했다. 프랭크 게리(Frank Gehry), 다니엘 리베스킨트, 자하 하디드(Zaha Hadid), 쿱 힘멜블라우(Coop Himmelblau), 베르나르 추미(Bernard Tschumi), 그리고 렘 쿨하스의 작품과 함께 전시되었던 아이젠먼의 디자인은 게리와 하디드가 선보인 것만큼 형태에 대한 확신에 의존하지 않았고, 쿨하스가 보여준 것만큼 근대건축의 상업화에 대한 역설적 태도에도 의존하지 않았다. 대신 그의 작품의 지적 기초, 형태의 자극적인 병치, 과정으로서의 디자인(design-as-process)이라는 골격은 모순과 투쟁하는 건축, 근대주의 전임자들보다 덜 자족적인 건축, 그리고 왜곡이라는 불안을 일으키는 속성에도 불구하고 그 콘텍스트에 관여하는 건축을 제시했다.

[사진 18] 유럽 유대인 학살 추모공원. 베를린. 2005.

이후 작품

웩스너 센터가 내부와 외부, 오브제와 콘텍스트 사이의 경계를 흐리게 한 점은 1986년 롱비치 캘리포니아 주립대학교의 미술관(건축되지 않음.)과 1988-96년 오하이오 신시내티의 아로노프 디자인 예술 센터(Aronoff

Center for Design and Art) 등의 잇따른 프로젝트에서 되풀이되었다. 또한 실현되지는 못했지만, 1985-86년 철학자 자크 데리다(Jacques Derrida)와 함께 한, 코라 엘 워크스 (Chora L Works)로 명명된 협업도 있었다. 이것은 베르나르 추미의 파리 라 빌레트 공원을 위한 작품으로서 공원 디자인의 기원에 대한 두 건축가 사이의 신랄한 논쟁을 야기하기도 했다.[22] 이러한 '비건축' 프로젝트들의 공들인 마무리는 ─ 여기에서 건축의 직립성이라는 관례는 지면의 모호함, 형태의 중첩, '인위적 발굴'이라는 구성 기술에 의해 도전을 받았다. ─ 모두 웩스너 센터에 적용되었던 전략에서 발전하였다.[23] 반복되는 일련의 중첩적인 모호성은 입체파의 구성에서 나왔지만, 복잡한 컴퓨터 모델링 기술의 도래야말로 이후 시기의 훨씬 복잡한 형태를 가능하게 한 것이다. 인간적인 규모와 점유의 표시를 억압하는 컴퓨터의 성향은 아이젠먼의 수작업에 이미 나타났었고, 이것은 나중에 (아이젠먼이 요구하는 지적인 논쟁만 없다면) 빌바오에 있는 게리의 구겐하임과 같은 공공 작품의 특성이 되었다고 할 수 있다.

2004-05년에 선보인 베로나에 있는 카스텔베키오(Castelvecchio) 안뜰의 설치 작품 '잃어버린 발자국의 정원(Garden of Lost Footsteps)'과 같이[24] 아이젠먼 자신도 건축, 도시, 조경의 형태를 중심으로 지속적으로 실험했다. 무엇보다 가장 도발적이었던 것은 2005년 봄, 오랜 시간이 지난 끝에 개관한 '유럽 유대인 학살 추모공원(Memorial to the Murdered Jews of Europe)'이다. 이 추모비 공원은 조경과 기억이 함께 결합하여 건축가이자 이론가로서의 그의 작품 이면에 존재하는 여운을 불러일으킨다.

1 건축, 문화, 도시의 영역에 대해서는, 일례로 Jencks 1977, Foster 1985, Ellin 1995 참조.

2 Jencks 1977, pp. 87-90. 아이젠먼에 대한 특별한 언급으로는 Kenneth Frampton, 'Eisenman Revisited: Running Interference' in *Peter Eisenman, Architecture and Urbanism*, Extra Edition, August 1988, pp. 57-69 참조. 이것은 요한 호이징하(Johannes Huizinga)의 『*Homo Ludens*』에서 인용한 글로 시작한다.

3 Foster 1985, pp. xi-xii 참조.

4 Peter D. Eisenman, *The Formal Basis of Modern Architecture*, Ph.D. thesis, University of Cambridge, 1963, later published by Lars Muller Publishers, Baden, 2006.

5 Drexler 1975, p. 1.

6 테라니에 대한 분석은 일련의 에세이로 출판되었고 결국 Eisenman(2003)에 포괄적으로 모아졌다.

7 Eisenman 1987 참조.

8 Mario Gandelsonas, '*From Structure to Subject: The Formation of an Architectural Language*' in Eisenman 1982, pp. 7-30 참조.

9 Moneo 2004, p. 175.

10 공모전의 응모안들은 Arnell and Bickford 1984년에 출판된다.

11 이러한 종류의 각도 변화를 활용한 것은 초기 모더니즘에도 존재했다. 예를 들어, 르코르뷔지에의 예술가들을 위한 대량생산 주거 계획안(1924)에 나타난 정방형 볼륨의 대각선 배치는 더 큰 공간의 환영을 창조한다는 주장으로 정당화되었다(Le Corbusier 1927, pp. 236-7). 이 점은 한스 셔로운의 만하임 극장 계획안(1953)에서도 볼 수 있고(Blundell Jones 2002, 제13장), 같은 건축가의 뢰바우(Löbau) 슈민케(Schminke) 주택(1932-3)으로도 거슬러 올라간다. 아이젠먼은 각도 변화의 기하학을 코네티컷 레이크빌에 계획한 주택 III(1969-71)에도 적용했다.

12 제퍼슨의 그리드(The Jeffersonian Grid)는 1785년 토머스 제퍼슨이 제정한 토지 법령(Land Ordinance Act)을 뜻한다. 이것은 미국 도시와 전원 풍경의 그리드적 특성을 단계적으로 확립했다. Pope 1996, p. 51 참조.

13 Rafael Moneo, 'Unexpected Coincidences' in Moneo, Vidler et al. 1989, p. 40.

14 Ibid., p. 45.

15 Jean-Louis Cohen in Bedard 1994, p. 120.

16 Eisenman 1982, pp. 158-66 참조.

17 Libeskind 1991, pp. 85-107.

18 Pier Vittorio Aureli, 'Mannerism, or the Manner at the time of Eisenman' in Eisenman History Italy, Marco Casamonti (ed.) Area, No. 74, May-June 2004, pp. 78-85.

19 Hauser 1965 참조.

20 Eamonn Canniffe, Mannerist Interventions: Three Sixteenth Century Italian Squares, Urban Design Studies: Annual of the University of Greenwich Urban Design Unit, Vol. 1, 1995, pp. 57-74.

21 Johnson and Wigley, 1988.

22 Kipnis and Leeser 1997, pp. 82-5 참조.

23 Bedard 1994.

24 Forster et al. 2004.

CHAPTER 17

카를요세프 샤트너 :

바이센하우스, 아이히슈테트, 1985-88

오늘날 세계는 국제적인 명성을 가진 건축가들의 작품을 동원하여 경쟁적으로 도시를 장식하고 있으며, 이 건축가들의 평판은 그들이 적립한 항공사 마일리지로 좌우되고는 한다. 그 대척점에 카를요세프 샤트너(Karljosef Schattner)가 있다. 그가 남긴 모든 작품은 불과 인구 13,000여 명으로 구성된 소도시에 지어졌다.[1]

아이히슈테트(Eichstätt)는 독일 바바리아 지방 북쪽의 뮌헨과 뉘른베르크(Nuremberg) 사이에 위치한 곳으로, 로마 가톨릭교회의 역사적 상징성을 지닌 곳이다. 8세기에 웨섹스(Wessex)의 성 빌리바드(St. Willibad)에 의해 수도원이 세워진 후, 이 도시에는 바바리아의 제후가 겸임하는 주교좌가 설치되었고 주교 중 한 명은 11세기 교황의 자리에 오르기도 한다. 30년 전쟁이 치러지던 1633–34년 사이 중세 아이히슈테트는 스웨덴군에 함락된 뒤, 교회의 후원을 얻어 이탈리아에서 불러들인 바로크 장인들에 의해 재건축되었으며, 19세기 초 국가에 '토지'가 헌납될 때까지 주교에 의해 도시가 운영되었다. 이후 시장이 서는 작은 마을로 그 위상이 약화되었는데, 산업과 상업 발전에 따른 도시 간 연결성이 확대되는 추세에 비켜 서 있어 오히려 성장 일변도의 공학적 부작용을 피할 수 있었다.

하지만 종교적 중심지로서 도시는 여전히 전통과 기억, 경건함과 온전함을 간직하고 있었다. 알트뮐강의 좁은 계곡 사이에 자리한 아이히슈테트는 근대적인 외곽도시이지만 여전히 그림처럼 아름답고, 오래된 도시 중심부는 중세의 도시계획과 바로크 건축이 조화를 이룬 특이한 곳이다. 도시의 성벽과 성문은 19세기까지 그대로 남아 있었다.

1957년 카를요세프 샤트너가 33세의 나이로 교구의 건축가가 되었을 때, 그는 자신이 정착할 만한 장소에서 안정적인 일자리를 얻었다는 사실에 기뻐했다. 그는 상대적으로 조용한 직업적 존재감을 기대했고, (건축가로서 유명세를 바라지 않았던 그는) 교회에 소속된 수많은 역사적 건물들을 관리하고 증축하거나 개축했으며, 드문드문 새로운 건물을 짓기도 했다. 하지만 불과 1년 뒤인 1958년, 주교들은 직업학교를 설립하기로 결정했으며 학교는 훗날 정부의 지원을 받아 아이히슈테트 가톨릭대학으로 확장된다. 7개 학부와 종교적 신념으로부터 자유로운 4,200명의 학생으로 구성된 이 작은 학교는 샤트너에게 주어진 첫 번째 신축 건물이었다.

도시 북쪽에 완전히 새로운 캠퍼스를 지으려던 당초의 계획은 일반적 경향에 따라 샤트너도 동의했지만, 다행스럽게도 구도심 동쪽에 더욱 가까운 부지가 선정되면서 철회되었다.[2] 대학은 이후 도시와 자연스럽게 일체화되었으며 샤트너가 교구의 건축가 직위를 유지하던 34년 동안 조금씩 성장할 수 있었다. 대학은 일부 역사적 건물의 보존 및 개축을 위하여 자금을 확보하고, 대학의 후원 아래 샤트너와 다른 건축가

[사진 1] 18세기 판화에 표현된 아이히슈테트.

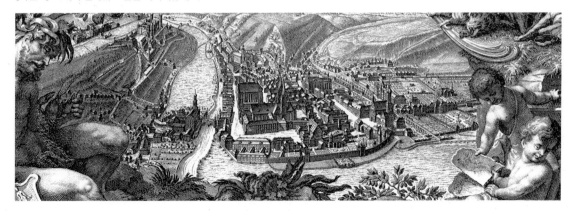

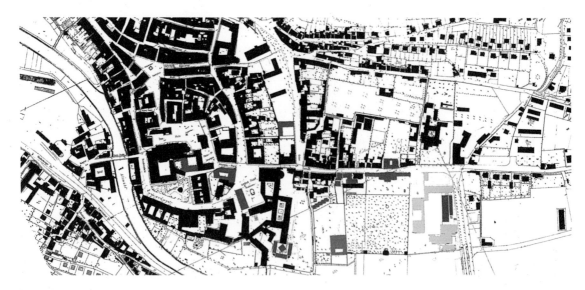

[사진 2] 왼편으로 강을 두고 아이히슈테트 도심이 가운데 위치해 있다. 북동쪽으로 난 길은 가장 가까운 교외로 연결된다. 바이센하우스는 붉은색으로 표시되어 있다.

들은 새로운 건물을 짓게 된다.[3] 다음 사례 연구는 샤트너가 개조한 건물로 그의 후기 작품에 해당한다.

이 작품과 연관된 일련의 건축물 개조(conversions)는 샤트너를 유명하게 해 주었을 뿐 아니라 1980년대 건축가들에게 아이히슈테트를 각인시켰다. 특히 주목할 부분은 고도로 정제된 디테일과 새것과 옛것 사이에 의도된 극단적인 대비이다. 이것은 복원되었거나 또는 묵묵히 견뎌온 옛 건물부터 완전히 새로 지어진 건물까지 아우르는 연속적인 접근법으로 시각적으로 가장 두드러진 성과에 해당한다. 이 작업은 상당히 좁은 지역에 국한되었기 때문에 사실상 모든 작업이 구성된 전체의 일부가 되었으며, 개별적인 행위들 또한 누적되어 건축 언어(repertoire)의 일부가 되었다.

샤트너의 작업은 그가 아이히슈테트에 친숙해지고 도시 조직과 역사에 대한 이해가 깊어짐에 따라 더욱 자신감이 더해져 추진되었고, 작업의 범위도 확장되었다. 샤트너가 그 직위에 있는 기간 동안 단 4명의 주교만 교체되었기 때문에, 그는 지속적인 토론과 합리적인 논쟁을 할 수 있는 행운의 건축주를 맞이하게 되었으며, 상업적인 측면에서 벗어나 건축의 질을 고민하고 장기적인 목표를 설정할 수 있었다. 그에게는 전체 계획을 조심스럽게 세우고 사무실의 업무 강도를 일정하게 유지할 수 있는 시간이 주어졌다.

샤트너는 지역의 건축업자나 철강업체들과 오랜 시간 유익한 대화를 나누었고, 과도한 비용을 지불하지 않고도 그의 기대 수준까지 품질을 끌어올릴 수 있었다. 또한 그는 석공과 조이너(joiner), 미장 등 공정별 전문가 12명으로 구성된 *건축워크숍(Dombauhütte)* 팀을 조직하여 주로 초기 건축 복원작업에 참여시켰으며, 이후 신축 건물의 특수한 작업에도 참여하도록 했다. 이러한 작업환경은 오늘날의 기준에 비하면 구식이고 낭만적일 만큼 소규모이지만, 많은 건축가들이 이상적으로 여길 정도의 선망의 대상이고 그 결과물의 질 또한 이를 증명한다.

샤트너의 배경

1924년 동독에서 태어난 샤트너는 제2차 세계대전 발발 당시 학생이었으며, 18세이던 1942년 징집되었다. 전장에서 부상당한 뒤에는 요양을 위해 잉골슈타트(Ingolstadt)에 가게 되었으며, 아이히슈테트에서 온 간호사와 결혼하여 인근 마을에 정착한다. 1949년 뮌헨 공대에서 시작했던 건축 공부는 전쟁의 여파로 미루어졌다. 당시 뮌헨 공대의 주요 인물로는 한스 될가스트(Hans Döllgast)를 들 수 있는데, 그는 뮌헨의 미술관 알테 피나코테크(Alte Pinakothek)를 복원한 건축가로 그 작업은 샤트너의 학창 시절에 진행되고 있었다. 작업은 옛것에 새로운 레이어를 더하는 중요한 작업으로 될가스트는 폭격당한 클렌체(Klenze) 설계의 벽돌조 석제 파사드를, 형식은 채우되 훼손된 부분은 그대로 보존하는 방식으로 원형을 복원했다. 그 외에도 신 프랑크푸르트의 주요 인물로, *장소성(Genius Loci)*을 주창한 거물 테오도어 피셔(Theodor Fischer)에게 사사한 마틴 엘사에세르(Martin Elsaesser) 교수가 있다.[4] 학생으로서 샤트너는 프랭크 로이드 라이트(Frank Lloyd Wright)의 작품 전시회를 열기도 하고, 당시 독일에서 건축을 전공한 학생들에게 인기 있던 스위스와 스칸디나비아로의 수학여행을 기획하기도 한다. 덴마크에서는 아르네 야콥센(Arne Jacobsen)의 작품을 접하고(imbibed), 스웨덴에서는 근대건축의 초기 작품으로 옛것과 새것을 확연히 대조시킨 G. 아스플룬드(Asplund)의 1937년작 예테보리 법원 청사를 방문했다(Blundell Jones 2002, 제11장).

1960년대에 이르러 샤트너는 동경했던 이탈리아로 자신만의 건축 여행을 떠난다.

[사진 3] ◀ 1960–65년에 새로 지어진 대학교 건물. [사진 2]의 도면에 노란색으로 표시되어 있다.

우르비노에서는 당시 명성을 얻어가면서 떠오르는 신예였던 지안카를로 데 카를로의 작품(제13장)을, 그리고 베로나에서는 카를로 스카르파의 작품(제9장)을 보고 깊은 감명을 받는다. 샤트너의 표현대로 새로운 작업과 보존된 역사적인 요소들을 '수술용 메스(scalpel)를 사용하여' 분리하는 스카르파의 방법은[5] 샤트너에게 크나큰 영감을 주었다. 또한 스카르파로부터 디테일과 재료를 다루는 방법도 배웠는데, 왁스를 사용한 스투코 방식(*stucco lustro*)도 그중 하나였다.[6] 아이히슈테트를 이탈리아와 연관 지어 각

[사진 4, 5] ▼ 1963–65년에 세워진 신학대학 건물. [사진 2]의 도면에 초록색으로 표시되어 있다. 샤트너가 설계한 다른 건물들은 파란색으로 표시되어 있다.

인시키려는 샤트너의 연상법(reforging)이자 전략은 1670년부터 1799년 사이 아이히슈테트에서 활동한 바로크 건축가 세 명 – 야코프 엥겔(Jacob Engel), 가브리엘 드 가브리엘리(Gabriel de Gabrieli), 그리고 마우리치오 페데티(Maurizio Pedetti) – 이 모두 이탈리아인이었기에 만족스럽게 들어맞았다. 알프스를 넘나드는 그러한 문화적 교류는 오랫동안 성과를 내었다.

1960–65년 동안 새로운 가톨릭대학을 위해 샤트너가 설계한 첫 번째 건물은 마을의 동쪽에 지어졌는데, 주교의 이전 여름 별장과 가까운 곳이었다. 그곳에는 이전 주교들의 별장 정원의 연장으로, 다양한 크기의 잘 지어진 슬라브 블록들이 넓은 잔디 정원을 두고 늘어서 있었다. 이렇게 엄격하고 명료하며 섬세하게 지어진 건축은 노출 콘크리트 프레임과 토산품인 쥐라–스톤으로 구성되어 당대의 브루털리즘(Brutalism)을 따르고 있었다.

주교좌의 정원 건너편에는 1963–65년에 연이어 본관(state)과 도서관(seminary library)이 건축되었다. 벽으로 둘러싸인 기존의 정원에 더 엄격한 사각형의 큐브가 더해져, 서가의 견고함과 수도원처럼 사색적인 중정의 보이드가 대조를 이룬다. 비록 감성이 맥락에 더해졌지만, 두 건물 모두 바로크로 둘러싸인 주변 환경에서 별다른 양식적 연관성을 갖지는 않았다. 오히려 당시 그곳을 방문한 건축가들은 미스(Mies, 강철 디테일)나 칸(Kahn, 기하학적 계획) 또는 알토(Aalto, 천창)를 생각할 정도였다.

1960년대 중반 샤트너는 건축물 개조 작업을 시작했다. 첫 번째 작업은 디너리(Deanery) 성당으로 중세에 기원을 둔 헛간과 같은 구조로 되어 있었으며, 파사드와 건물의 가장자리, 그리고 구불구불한 지붕은 스투코로 칠해진 바로크 양식으로 고쳐진 상태였다. 건물의 상태가 매우 열악했고, 지붕 공간의 확장을 위해 기존 인테리어는 철거되어야 했으며, 성당의 사무실들(샤트너 자신의 공간을 포함해서)을 효과적으로 사용하기 위해 새로운 출구도 만들어야 했다. 샤트너는 바로크식 파사드에 어울리도록 손으로 깎아낸 석조 프레임을 새로이 추가하는 한편, 위층과의 연결성을 인지하도록 했다. 그것은 노출 콘크리트로 된 3층 높이의 홀에서 출발하여 강철로 된 계단을 통해 다리와 유사한 방식으로 도달한다. 자연광이 들어오는 공간은 건물의 공간 조직을 드러내며 짧은 통로를 통해 사무실에 도착하는 품격 있는 프로세스를 연출한다.

평범한 방문객들에게는 별것 아닌 것으로 여겨질지 모르지만, 샤트너의 개조 작업은 능숙했을 뿐만 아니라 건물의 특성을 살리기 위해 무엇을 보존하는 것이 중요한지 선택하는 것이었다. 비록 안과 밖에 채택된 언어가 달라지기는 하지만, 공간의 질(quality)이 저하되지 않았고, 새로운 기능이 더해지며 희생된 것도 없었다. 여러 건의 민감한 개조 작업들이 뒤를 이었고, 일부는 대담한 작업이기도 했다.

샤트너는 1980년 울머 호프(Ulmer Hof)의 개조 작업으로 건축 언론계의 국제적인 조명을 받게 된다. 중앙부에 미려한 바로크식 파사드를 가진 이 3층 건물은 레온로드 광장을 바라보는 위치에 있어 신학대학 건물로 사용될 예정이었다. 후정(後庭)을 둘러싸고 있는, 3면으로 잘 보존된 건물은 샤트너가 한쪽에 지붕을 더해 도서관으로 만들었으며 여러 개의 책장을 배치하여 네 번째 면을 닫히도록 했다. 그는 기존의 창문과 채색된 장식, 심지어는 가장자리의 외부 시계까지 그대로 둔 채 외부의 파사드를 보존함으로써 공간의 연관성을 부여하는 속성(liminal nature)을 활용했다.

그와 동시에, 노출된 강철과 콘크리트 그리고 유리로 된 새 책장, 나선형 계단, 지붕의 트러스, 오래된 아케이드를 위한 구조용 지지 프레임 등으로 새로운 작업의 세

[사진 6] 외부 정원에서 도서관으로 바뀐 울머 호프.

[사진 7] 개조된 주임사제의 집무실로 들어가는 새로운 현관.

부적인 감각을 뽐내기도 했다. 파사드에 칠해진 페인트를 연구한 바에 따르면, 파사드는 여러 겹으로 칠해졌고 한때 전시용 판처럼 그대로 방치되기도 했으며, 주위에 있는 여러 종류의 채색 창문은 일부 단면도와 더불어 파사드를 위해 재생산되었다고 한다. 마을을 향한 건물의 파사드는 여전히 바로크 형태를 지니고 있지만, 기존 광장의 고요한 통일성은 찾아볼 수 없고, 그 대신 역사의 켜가 모습을 드러내고 있다. 하나씩 껍질이 벗겨지고 새로운 켜가 눈에 띄게 더해졌다.

바이센하우스(고아원)

지금 자세히 다루고자 하는 이 건물은 개조된 건물을 다시 개조한 것으로 건축적으로 독특하고 유별난 사례이다. 이 건물은 주교의 여름 별장보다 먼저 지어진 것으로 별장이 있는 길 맞은편 마을의 구 외곽 동쪽에 놓여 있다. 오래된 많은 마을이 그렇듯이 성벽을 넘어선 시점부터 마을의 발전은 주요 도로의 방향과 함께하기 때문에 리본 모양으로 성장해 가는데, 이곳에는 알트뮐강의 계곡을 따라 남동쪽으로 도로가 나 있다.

1581년 이 부지에는 르네상스 양식의 큰 저택이 세워졌으며, 이 저택은 1633년의 대화재에도 무사히 살아남았다. 1695년에는 또 다른 저택이 세워졌다. 두 집은 가로 방향으로 박공지붕이 만들어진 비슷한 크기였지만, 건물의 방향은 약간 달랐으며 두 집 사이에 작은 길도 나 있었다. 두 집은 시에 매각된 뒤 1758년 마우리치오 페데티에 의해 고아원으로 통합되었는데, 그는 아이히슈테트를 바로크 양식으로 재건축한 이탈리아 건축가 중 한 사람이다. 그는 두 채의 박공지붕을 새로운 고전적인 파사드로 연결시킨 뒤 새로운 중앙 현관을 증축했지만 본래의 구조와 두 개의 독립된 계단실은 남겨 두었다. 이 두 집의 대칭성은 우측 집은 여아용, 좌측 집은 남아용으로 성별을 구분하는 한편, 두 집 사이에 새로 만들어진 진입 축은 작은 우물을 지나 부지 뒤편에 위치한 작은 채플까지 이어진다. 어린이들은 1층에 설치된 갤러리에 모일 수 있어 각자의 집을 떠나지 않고도 종교적인 예식에 참여할 수 있었다.

집 한 채의 내부가 다른 한 채보다 더 깊은 탓에 페데티가 지붕에 의도한 기하학적 구조는 실현하기 곤란한 상태였다. 결국 새로운 뒷면 벽을 세워서 사각형을 만들어내

[사진 8] 바이센하우스에 복원된 바로크 파사드.

었다. 그 공간은 뒤쪽 방의 확장으로 인한 여러 가지 기능들, 로지아 또는 창고나 다용도실의 기능까지 갖추었다. 고아원으로서의 전체적인 구성은 1910년 약간의 리노베이션을 거쳐 20세기까지 지속되었다. 고아원은 제2차 세계대전 이후 더 이상 필요

없게 되어 일시적으로 유치원으로 사용되기도 했다. 그 이후에는 노숙자를 위한 호스텔로 사용되었다가 십여 년간 빈집으로 남게 된다.

이 집을 개축(reconstruction)하려고 했을 때에는 비록 원래 주택의 벽체와 지붕구조는 무난한 상태로 남아 있었지만, 상당히 낙후된 상태였다. 건축적으로는 '오염된' 상태였기 때문에 그 집은 기념비로 인지되지 않았고, 만일 샤트너가 관심을 갖지 않았다면 지체 없이 철거되고 말았을 것이다.

1980년대 중반, 샤트너는 이 부지 맞은편에 심리학과 언론학부 건물을 계획하고 있었는데, 그의 계획은 새로운 블록을 만들고 여름 별장으로 사용되던 기존의 바로크식 오렌지 온실(orangery) 건물을 증축하는 것이었다. 하지만, 부지 크기에 비해 요구되는 건축 프로그램이 너무 컸기 때문에 대형 스튜디오를 만들기 위

[사진 9] 복원된 건물의 실내.

해 지하층을 더 깊게 할 필요가 생겼다. 그는 지하층 대신 두 학부의 사무실과 세미나 공간을 바이센하우스에 재배치할 수 있는 가능성을 보고, 주교를 설득하여 해당 부지를 매입하도록 했다.

역사적인 3단계

바이센하우스에 특유의 개성과 스케일을 부여하고 도시 중심부로 발길을 이끄는 랜드마크로 자리매김하게 한 것이 바로크 시기라면, 이상한 지붕과 뒤틀린 파사드 그리고 내부 구성에서는 르네상스 주택의 존재감이 물씬 풍긴다. 바로크의 덧칠이 지워졌을 때 벽체의 그림들도 마찬가지로 한때 이 주택들이 화려한 시절을 보냈음을 증언했으며, 역사적 건물을 복원하는 이들로부터 곧 '어느 시기를 복원할까요?'라는 익숙

한 질문을 받게 된다. 이것은 대학이 페데티의 흔적을 지우고 두 채의 주택으로 회귀한다는 의미로, 기관의 속성에도 반하며 대학의 프로그램을 수용하기에도 어려운 일이 된다. 하지만 초기의 흔적을 지우는 것 또한 서글픈 일이다. 바로크 양식으로 정확히 복원한다고 하더라도 현대적인 요구를 충족시키기는 어려울 것이며, 페데티의 채플과 같이 위계적 중요성이 필요한 경우도 아니었다.

분명히 역사의 두 부분 모두 흥미로웠지만 새로운 프로그램을 위한 개조를 고려한다면, 샤트너는 3분의 1 이상 건축면적을 늘릴 필요가 있었다. 그는 기존의 창문과 채색 및 몰딩을 모두 유지한 채 독특한 바로크식 파사드를 복원했으며, 페데티의 도면과 그 밖의 다른 작품들에 남겨진 자료를 근거로 손실된 부분들을 대체해 나갔다. 그는 벽화를 복원하거나 일부만 남아 있는 플라스터 지붕을 개축하고 1층의 벽돌조로 된 원형 천장(vault)도 고치는 등 실내의 많은 부분을 복원해 내었다.

이와 동시에 샤트너는 해석의 문제에도 매달렸다. 그는 대학의 두 개 학과를 대칭적으로 분리하여 의미를 부여했다: 왼쪽은 심리학과, 오른쪽은 언론학과로 정했다. 샤트너는 채플을 철거하고 이전의 작은 통로가 지녔던 기억을 되살리고자 복도 끝에서 천장까지 유리를 설치(glazing)했으며, 두 학과의 공용으로 건축적인 주목을 끄는 새로운 계단실도 추가했다. 빈 공간으로 남겨진 기존 계단실에는 현대식 화장실 설비가 갖추어졌는데, 중앙에 배치되어 편리하게 사용할 수 있었고 인공조명과 환기장치가 더해졌다.

샤트너는 모서리 부분이 채색된 르네상스 시대 주택의 원래 벽면을 찾아내고, 페데티가 덧붙인 뒤편의 벽과 방들 사이의 여러 가지 잡동사니를 제거하고, 방들 간의 각도 변화도 다시 드러내기로 결정했다. 건물의 뒷면을 재통합하기 위하여 그는 마치 강철 프레임에 구멍이 나란히 나 있는 것처럼 창문을 일정하게 배치한 스크린 벽을 석조로 디자인하여 추가했다. 이 독립적인 파사드는 알도 로시(제15장 참조)와 같은 현대의 신이성주의자들이 보여준 추상적인 효과를 가져왔지만, 한 지붕 아래 외부공간과 진짜 실내공간이라는 공간의 켜를 정의하기도 한다.

강철로 된 피난계단은 건물 양쪽의 가장자리에 위치시켰고, 건물과 잘 어울리면서도 현관문(portal)과 같은 차이가 드러나도록 작은 사각형으로 된 위쪽의 구멍 패턴을

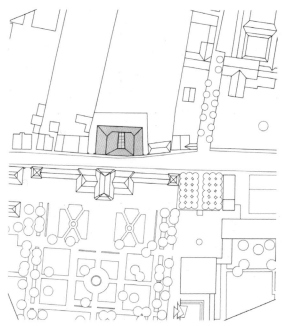

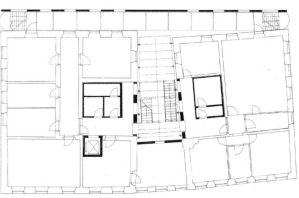

[사진 11] ▲ 후면에서 바라본 바이센하우스의 엑소노메트릭 도면. 스크린 벽과 중앙홀이 보인다.

[사진 10] ▲ 배치도. 길 건너 주교의 여름 별장이 있다. 도심은 왼쪽이다.

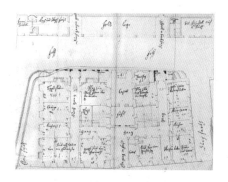

[사진 13] ▲ 개조된 위층의 평면도.

[사진 12] ▲ 18세기에 제작된 1층 평면도.

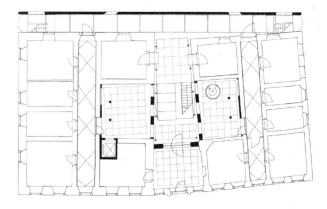

[사진 14] ▶ 개조된 아래층의 평면도. 가로 쪽에서 출구는 도면 아래쪽 가운데이다.

[사진 15, 16, 17] 현관과 출입구의 대조적인 모습. 내부 공간의 효과가 두드러진다.

통하여 가장자리를 강조했다. 일반적인 크기로 된 두 개의 강철문은 진입 방향을 따라 1층으로 연결되어 학과별 복도의 끝에 있는 출입구로 연결된다. 스크린 벽의 위쪽 끝은 이어지는 듯 보이는 타일 지붕에 고정시켰는데, 지붕의 양 끝은 약간 들쳐져 있지만 가운데 부분은 비어 있는 비대칭 경사 지붕(monopitch)이었다.

극적인 공간의 전개

사용자를 위한 공간의 경험은 풍부하게 되어 있다. 가로 쪽에서 건물로 접근하면 고아원 시기의 문양이 도금된 바로크 양식의 파사드가 완벽하게 복원된 것을 찾아볼 수 있다. 문틀의 필라스터와 캐노피는 안쪽의 석조 아치를 둘러싼 듯이 보이고, 여기부터는 근대성이 스며들어 목조 틀로 된 비대칭 철골조 문이 걸리면서 차분히 가톨릭 대학교(KATHOLISCHE UNIVERSITÄT)를 향하게 된다.

[사진 18] 기존 주택 두 채를 통합하는 추상적인 스크린 벽을 보여주는 개조된 바이센하우스의 후면.

문에는 사실 유리가 끼워져 있어 자세히 보면 현관을 어렴풋이 볼 수 있지만, 외부의 평면구성은 수직선이 강렬하고 촘촘한 검은색 강철 그리드로 정의된다. 그것은 확연히 근대적인 동시에 바로크의 맥락과도 잘 어울려 가히 원형(archetypal)이라고 하기에 부족하지 않다. 문이 열리면 천장에 설치된 그리드로 된 목조 캐노피에 의해 작은 집(aedicule)을 의미하는 사각형의 평면이 바닥에 비치고, 이것은 바깥쪽으로 나갈 때 더욱 잘 드러난다.

입구에 들어서면, 진입 방향 축선의 중간쯤에 설치된 유리문과 햇살이 가득한 중앙 홀이 시선을 사로잡는다. 별도의 틀이 없는 안쪽 유리문은 반쯤 아치 모양을 한 검은색 강철로 만들어져 있고, 내부에는 원형 모양이 계속되어 무릎 높이의 사각형 문과 만나게 된다. 여기에서 다시 원형(archetypal)의 기하학을 찾아볼 수 있다. 반달 모양으로 된 중국식 문을 연상할 수도 있지만, 누구라도 특별한 느낌을 갖지 않을 수 없는 입구는 이 건물에서 가장 중요하다고 할 수 있다. 도로변을 향한 출구와는 대조적으로 이 문은 채움과 비움의 또 다른 상호작용을 보여주며, 실제 출구의 모습은 검은색

[사진 19] 위층에서 새로 발견된 벽화.　　　　　[사진 20] 채색장식이 된 기존의 벽과 새로 설치된 후면 스크린 벽.

으로 절개된 둥근 형태 때문에 거의 드러나지 않을 정도이다. 두꺼운 벽의 처리방법이나 전면과 후면의 대조를 통해 찾아볼 수 있는 깊이에 따른 효과와, 유·무광의 바닥 면이 가져다주는 층간 질감의 차이를 통하여 각 부분은 경계를 이루어낸다.

개구부를 통한 전망은 홀과 유리 벽, 그리고 창문 너머 뒷면의 스크린 벽에 이른다. 중앙계단실은 건물의 뒷면에서 전면을 향하게 되어 있고 가장자리가 높게 처리된 점도 돋보이지만, 플랫폼의 끝부분에 있는 네 개의 초기 돌계단이 출발점과 도착점을 알려준다. 계단의 두께와 그늘지는 틈새가 이동성을 강조해 주지만, 가장 극적인 점은 아래층 바닥을 향해 가장자리에서 바라본 유난히 경사진 바닥 공간이다. 그것은 마치 자연적으로 형성된 경사처럼 보이며 계단석은 통행을 더욱 원활하게 할 수 있도록 더해진 듯하다. 플랫폼의 뒤에는 유리 벽과 지붕이 뒤쪽의 스크린 벽과 지붕 위의 경사진 한쪽 면(monopitch)까지 시선을 허락한다. 건물 속의 건물이다. 돌아서서 가로에 면한 건물 뒤편의 위층으로 올라가는 계단을 향해 눈을 돌리면, 석조로 된 발판들이 연속성을 보여주며 곧 계단실 철골조에 갇힌 채 위층으로 시선을 인도한다.

홀 공간의 양쪽 끝은 원래의 창문 개구부를 가진 두 채의 르네상스 주택의 외부 벽체 그대로이며, 일부는 고아원 채플에서 행해졌던 미사에 참여한 어린이들을 위한 관람용 갤러리가 되었다. 샤트너는 원래 창문을 복원하고 벽의 도색도 다시 했으며 안전을 위하여 보이드 공간에는 철로 된 그릴도 추가했다. 이질적이고 분리된 구조로 취급된 유리 지붕과 계단실은 다섯 쌍의 강철 기둥 위에 설치되었으며, 공간의 가장자리와 벽체 건너편을 연결시켜 안정을 도모했다.

날렵한 강철 구조는 가시성이 뛰어나며, 건물 내부에 다른 건물이 있는 듯한 인상을 주도록 했다. 이것은 옛 건물의 법칙에서 벗어나 꽤 구체적이고 독립적인 건축 언어를 구축하게 해주었다. 예를 들어, 강철로 된 다수의 앵글을 수직 기둥에 뒤이어 나란히 정렬시켰으며, 계단실의 설치와 더불어 현대식 주두와 기단을 적용하는 등 변용과 시각 변화를 수용할 수 있도록 했다. 검정색의 강철 구조와는 대조적으로 튜브형의 손잡이는 고급스럽고 둥근 스테인리스 튜브로 만들어져 손이 쉽게 갈 수 있도록 연출했다.

빛으로 가득 찬 계단실은 해질 무렵에는 그림자가 수많은 십자(十)를 그리며 교차하는데, 그 변화가 상당히 극적으로 이루어졌다. 이 건물은 대부분의 방들이 전통적인 방식으로 지어져 있어 건물 중심에 대한 인지와 방향성 설정이 절실했다. 사무실과 세미나실들을 잘 살펴보면 고급스러운 천장으로 마감된 품위 있는 방으로 이루어져 있다는 것을 알 수 있고, 가장 소박한 방조차도 편안하게 균형이 잘 잡혀 있다. 전통 패턴으로 된 목재 창문은 유리가 드러나지 않게 삼중으로 끼워져 있어 도로의 소음을 효과적으로 차단하는 한편,[7] 채광과 서비스를 각 층마다 세심하게 제공하여 오래된 벽체의 표면이 훼손되지 않도록 주의를 기울였다. 모든 교차(junction) 부분은 면밀히 검토되어 작은 부분 하나도 우연히 만들어진 부분이 없을 만큼 수준 높은 마감을 보여준다.

복원인가 재해석인가?

건축가들 사이에서 과거의 건물을 섬세하게 다루기로 정평이 난 샤트너는 의외로 보존주의자들의 강한 반발에 직면한다.[8] 그들은 당연히 독일인들이 '소독'(sanitising)이라고 명명한 과정을 통해 역사적이고 고고학적인 증거들을 개조(conversion) 과정에서 잃어버려 증거가 없어질 것을 우려하고 있었다.[9] 하지만 그들은 옛것과 새것의 날카로운 대조를 통해 나타나는 재해석의 오만함도 염려하고 있었다. 이들 중 일부는 원래 건물의 주된 양식을 고수하고, 새로운 부분은 고딕 또는 바로크 양식이 섞이도록 하는 것이 더 올바른 판단이라고 생각했다. 얼핏 명백하게 보이는 이러한 방식의 문제는, 선조들이 정확히 무엇을 했는지 영영 알 수 없게 된다는 것과 장인들의 솜씨도 드러나게(emulate) 할 수 없다는 점이다. 즉, 고요한 물을 진흙탕으로 만드는 것처럼, 가짜로 옛것을 제공함으로써 진짜 옛것을 사실상 구별하지 못하게 한다는 것이다.[10]

19세기의 이른바 '복원' 열풍은 많은 기념비에 돌이킬 수 없는 피해를 입혔고, 이에 맞서 윌리엄 모리스(William Morris)와 필립 웨브(Philip Webb)는 '훼손 반대(anti-scrape)'를 표방한 '고대건축 보호협회(Society for the Protection of Ancient Buildings)'를 설립했다.[11] 그들은 최소의 간섭을 통한 보존정책을 추구했는데, 이러한 정책은 현대에 와서 거의 전 세계적으로 받아들여지고 있고, 고유한 문화적 가치를 인정받아 국가의 비용으로 보존되는 주요 기념물에 대해서는 분명 적절한 방법이라고 할 것이다. 하지만 현실적으로 이와 같은 특별한 대접을 받을 수 있는 건물은 소수에 불과하다. 만약 바이센하우스의 사례처럼 기념물을 활용할 수 있는 방법을 찾을 수 있다면, 훨씬 더 많은 건물이 이러한 보존의 혜택을 받을 수 있을 것이다.

모든 건물은 차이는 있을지언정 장소에 대한 기억을 가지고 있고 그 기억을 제공하기도 한다.[12] 건물의 수명 또한 에너지의 절감과 더불어 유용하게 연장되지만, 많은 개조 작업들은 실용적일 뿐 부주의하게 이루어져 역사를 무시하고 새로운 프로그램을 수용(shoe-horning)하지 못하는 아쉬움을 남기게 된다. 샤트너가 보여준 개선의 유형은 내용물과 그것을 담는 그릇 사이의 접점을 찾아야 하기 때문에 훨씬 더 어렵고 재해석도 꼭 필요하지만, 공공의 공간 즉, 자신의 방으로 가기 위해 반드시 거쳐야 하는 곳으로 타인들과 함께 소통하는 곳을 탄생시키는 성공을 거둔다. 그가 건물의 역사에서 하나의 새롭고 강력한 켜를 더할 때 통시적인 시각에서 그 건물의 오래된 켜가 가치를 잃어버리거나 모순되기보다는, 새로운 켜가 거주자들에게 주는 주거의 신선함과 즐거움이 그 빈자리를 말끔히 채우게 된다. 한 예로, 사무실과 회의실처럼 그

[사진 21] 중앙홀의 계단과 개구부의 상세한 모습.

자체로는 아마도 건축적 표현을 불러일으키지 못할 것 같은 상대적으로 밋밋한 프로그램의 경우에도 그는 오래된 맥락과의 대화를 통해 장소성을 강력히 보존하고 활력이 생기도록 할 수 있다.

아이히슈테트는 작은 지방 도시에 불과하지만, 샤트너의 건축은 세계적인 원천에 의지하고 있으며, 지금은 세계적으로 유명한 곳이 되었다.[13] 최근의 스타 건축가 시스템과 전통적으로 개인의 창의력을 강조하는 예술사 모두 샤트너의 재능에 주목하겠지만, 교구 건축가로서 그가 누린 특권, 즉 수십 년에 걸쳐 지역의 모든 건축물을 연구했고, 충분한 재정을 가지고 공감할 수 있는 건축주를 가졌으며, 그의 뜻을 존중하는 장인들과 함께 일할 수 있었다는 점을 간과해서는 안 된다. '비장소성'으로 더욱더 가득 찬 현대사회에서 만일 *장소성*(genius loci)을 간절히 필요로 한다면[14] 샤트너의 건축은 이를 제공하는 확실한 한 가지 방법이다. 그리고 이것은 국제적인 슈퍼스타 건축가를 부르는 것과는 완전히 반대되는 것이다. 그들은 거의 장소에 대해 무지하고, 사람들은 불과 며칠 사이에 마술처럼 저명한 건축가의 능력이 나타나기를 기대하는 것뿐이다. 게다가 그런 경우에는 건축가가 현장과 멀리 떨어져 있어 현지 시공업자들과의 교류가 부족하고 시공과정에서의 어려움도 동반된다. 만일 모든 마을에서 샤트너와 같은 건축가가 기용되고 지역의 조건에 반응하는 그만의 건축을 발전시킬 수 있도록 유사한 기회가 주어졌다면, 건축은 많은 발전을 거듭했을 것이다.

1 　상대적으로 현대 상업과 산업 발전에 영향을 받지 않았기 때문에 주민의 수는 1807-1966년 사이에 겨우 2배 증가했고, 나중에 10,500명까지 늘었을 뿐이다. 관련 자료는 Günther Kühne, '*Ort und Stunde: Eichstätt heute*' in Conrads, 1983 참조. 또 다른 주요 자료로 1999년도 펜트(Pehnt) 저서 참조.

2 　행운이 따랐던 사건으로 지방정부 차원에서 소유하고 있는 부지를 자본화시키려는 시도에서 비롯된다. Pehnt 1999년 저서 p. 21 참조.

3 　공모전을 통해 권터 베니쉬(Günter Behnisch)가 설계한 대학도서관이 주목할 만하다(1987년). *The Architectural Review*, March 1988, pp. 28-36 참조. 이 글은 샤트너의 인내심과 개방적인 태도에 대한 것으로, 펜트(Pehnt)가 '실내악'에서 뜬금없이 나타난 '잼-세션(jam-session)'으로 지칭하며 부정적으로 바라본 대안으로의 건축을 지지했다.

4 　피셔는 장소성(genius loci)을 크게 주창한 인물로 유기적 건축가들을 배출한 교육자로서 중요한 가치를 지닌다. 이들은 휴고 헤링(Hugo Häring), 브루노 타우트(Bruno Taut), 에리히 멘델존(Erich Mendelsohn), 그리고 도미니쿠스 뵘(Dominikus Böhm) 등을 들 수 있다. 너딩거(Nerdinger, 1988) 참조.

5 　펜트(Pehnt 1999) p. 20 참조.

6 　'*거친 스투코(stucco lustro)*' 기법은 다음과 같다. 먼저 벽체를 모래와 시멘트를 섞어 부드럽게 마감해 둔다. 그리고 사포칠(sandpaper)과 충전재(filler)가 더해지는 과정이 반복된다. 충전재는 전통적으로 사용되어 오던 광물 성분의 색채가 포함되어 있어 깊은 표피층의 일부를 깎아내어 드러내는 방식으로 다양한 색채 효과를 거둘 수 있다. 벽체 표면은 최종적으로 왁스칠로 마감된다.

7 　독일에서 이중 창문은 물론 전통적이지만, 삼중창의 경우는 내부의 불빛이 새는 것을 막도록 하는 장치를 사용하여 만들어진다. 이것은 홑창의 경우 외부의 불빛이 스며들어 창 안에 남아 있으므로 전통적인 방식으로 된 구분(subdivision)을 어떻게 드러낼 것인가 하는 문제를 해결해 주었다.

8 　이 부분은 1988년 아이히슈테트를 방문했을 때, 샤트너의 조수이자 나중에 후계자가 되는 외르크 호마이어(Jörg Homeier)로부터 듣게 되었다. 1999년 출판된 펜트(Pehnt)의 저서 21-23쪽에도 기록되어 있다.

9 'Sanierung'은 오래된 건물의 재활용(rehabilitation)을 뜻하는 일반적인 단어이다.

10 1988년 11월 *The Architectural Review* 86–90쪽에 걸쳐 게재된 퀸런 테리(Quinlan Terry)의 리치먼드 리버사이드(Richmond Riverside)에 대한 저자의 글 참조.

11 SPAB의 기원에 대하여 잘 정리된 글은 Kirk(2005) pp. 166–177 참조.

12 역사적인 건물의 등재 과정은 흥미롭게 전개되어 왔다. 30년이 경과하지 않으면 그다지 확실한 평판을 얻을 수는 없다. 하지만, 그 이후에는 중요한 평가 기준으로 출판물과 전문가의 의견을 근거로 그 '수준(quality)'이 가늠된다. 대략 300년 정도가 경과하면 모든 건물이 중요한 것처럼 되는데, 단지 오래되고 현존한다는 이유에서이다. 그리고 고고학자들에게는 쓰레기조차도 유물이 되기 십상이다. 게다가 시간이 경과함에 따라 일반적인 건물조차 희소성의 가치를 가지게 되어, 점진적으로 뛰어난 건축물에서 보통 건축물로 등재 과정의 변화도 이루어진다. 교회와 같은 예식을 위한 건물은 확실한 보존을 위하여 고려된 반면, 산업용 건물들은 교회와 마찬가지로 장소성을 지니도록 하는 데 크게 기여했음에 불구하고 보존되지 못하고 있다.

13 샤트너는 적어도 편협한 지역주의(parochial)를 가지고 있지 않았기 때문에 지역의 향토 건축가로 남아 있을 수 있었다. 그는 각종 학술회의에 참여하기도 했고, 언론에 발표된 국제적인 사건들에 주목하며 다른 건축가들의 작품도 직접 가서 살펴보았다. 예를 들어 1988년 작업이 한창이던 그의 작품에서 드러난 창문은 레베렌츠(Lewerentz)의 영향이 확연했다.

14 같은 제목으로 된 Marc Augé의 저서(1995) 참조.

로버트 벤투리와

데니즈 스콧 브라운:

세인즈버리 윙, 내셔널 갤러리, 런던, 1986-91

로버트 벤투리(Robert Venturi)는 1966년 뉴욕 근대미술관(MoMA)에서 출판한 『건축의 복합성과 대립성 *Complexity and Contradiction in Architecture*』이라는 혁신적인 책으로 명성을 얻었다. 이것은 빈센트 스컬리(Vincent Scully)에 의해 '르코르뷔지에의 1923년도 『건축을 향하여 *Vers une architecture*』 이래 아마도 가장 중요한 글일 것'이라고 서술되었다.[1] 그러나 르코르뷔지에의 책과 대조적으로 벤투리의 책은 메시아적 관점에서 선포한 보편적인 이론이 아니라 건축의 쾌락이 부수적이고, 우발적이며, 병치적이고, 비일관적인 것에 있음을 주장한 '온건한 선언서(gentle manifesto)'였다. 그의 제안은 이성주의를 편애하고 직관적인 것을 비난했던 지난 40년 동안의 건축이론에 대한 대항이었다. '적은 것이 많은 것이다(Less is more)'라는 미스의 명언에 대하여 벤투리가 다소 익살맞게 응답한 것이 '적은 말은 지루한 것이다(Less is a bore)'였다.[2]

팀 텐은 기존의 사회적 패턴, 형태의 적극적인 표현, 특징적인 재료의 개척 등에 대한 호소로 전후 건축을 다시 활성화하려고 노력했다. 대조적으로 벤투리의 처방은 애매함, 이중적 기능 요소, 역사에 대한 의도적 환각, 그리고 '난해한 통합'에 대한 것이었다. 스컬리가 적은 것처럼 말이다. '그 통합은 새로워서 – 오직 새것들이 그렇듯이

– 보기 어렵고, 쓰기 어렵고, 품위나 명료성이 없다.'[3]

로버트 벤투리는 1925년 필라델피아에서 태어났고 프린스턴 대학교에서 교육을 받았는데, 그의 스승들 가운데에는 보자르의 대가인 장 라바투트(Jean Labatut)가 포함되어 있었다. 전문가로서의 이러한 기본 훈련은 에로 사리넨(Eero Saarinen)과 루이스 칸(Louis Kahn) 문하의 작업 사이에 있던, 로마의 아메리칸 아카데미(The American Academy)의 시기에서 강화되었다.[4] 고전과 근대로부터 받은 영향의 혼합과 그 내재적 모순은 앞서 언급한 벤투리의 책에서 제시된 것으로, 그가 건축이론을 재해석하기 위한 배경이었다.

벤투리의 아내이자 직장 동료인 데니즈 스콧 브라운(Denise Scott Brown)은 1931년 남아프리카에서 태어나 유럽 모더니즘의 영향에 물든 분위기에서 자랐다. 그녀의 어머니는 르코르뷔지에와 서신을 주고받던 렉스 마티엔센(Rex Martienssen)의 건축학과 동급생이었다. 그녀와 그녀의 첫 남편인 로버트 스콧 브라운(1959년 사망)은 런던 AA에서 건축교육을 마치고, 펜실베이니아 대학교의 루이스 칸 밑으로 들어가 대학원에 진학할 수 있도록 피터 스미스슨(Peter Smithson)의 추천을 받았다.[5] 그러나 그녀는 도시계획에, 특히 그것의 사회적 측면에 경도되어 건축에서 살짝 비켜나가게 된다. 필

[사진 1] 평화 시위대의 배경으로 보이는 런던 트래펄가 광장 코너의 세인즈버리 윙. 기존의 갤러리는 오른쪽으로 보인다.

라델피아에서 그녀는 로버트 벤투리를 만나 당대 건축과 도시에 대한 그의 불만을 확인했고, 그들은 함께할 이후의 경력에 동력이 된 논제를 같이 발전시켜 나갔다. 그들은 당시 아카데미와 전문가 그룹에서 논의되던 건축과 도시계획의 빈곤함을 책망했다. 왜냐하면 기능주의의 신조가 경직된 형식주의를 은폐했고 다양한 인간 활동을 위한 환경을 제공하는 데에 실패했기 때문이다.[6] 근대주의자들에 의해 약속된 유토피아는 당시 창조되던 도시 환경에서 보이지 않는데, 개발 중인 미국 도시들에서는 분명히 그러했다.

이탈리아 매너리즘의 표현적 효과에 대한 그들의 공통된 관심은, 건축의 개별 시스템이 변화에 적응할 수 있는 더 친밀한 언어로 어떻게 진화할 수 있는지에 대한 역사적 모델을 제시하는 것이었다. 그들에게는 소통적인 건축에 대한 필요가 동시대 건축가들이 행하던 공간적인 실험보다 더 급박해 보였다. 그리고 그들은 범용적인 공간 해법을 더 선호하였는데, 왜냐하면 이것이 역사적인 진화를 거친 결과 내재적으로 기능적이며 본질적으로 경제적이었기 때문이다.

제1장에서 논의되었듯이 미국의 학교에서 근대건축이 대두된 것은 발터 그로피우스, 마르셀 브로이어, 루트비히 미스 반데어로에, 그리고 주제프 L. 세르트(Josep Lluis Sert)와 같이 나치즘과 파시즘을 피하여 망명의 길에 올랐던 건축가들의 흐름과 특히 연관된다. 대조적으로, 벤투리의 교육 경험은 다소 구식이었다. 지배적이었던 보자르

[사진 2] 오리 대 장식된 헛간(Duck versus Decorated Shed).

[사진 3] 옛날의 사랑스러웠던 라스베이거스 거리 (The beloved Las Vegas Strip of yore).

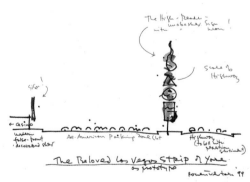

의 영감이 그와 동료들에게 건물 평면 및 입면 구성을 위해 보수적이지만 탄탄한 교육을 제공했다.[7]

벤투리는 다소 늦은 개척자였으나 참신한 건축 인재였던 루이스 칸을 멘토로 여겼는데, 칸은 만연해 있는 기능주의를 뛰어넘는 건축을 창조하고자 시적 내용을 추구하며 분투하고 있었다. 칸 자신이 로마의 아메리칸 아카데미에서 잠시나마 체류했던 점은 그로 하여금 폐허에 고취된 근원적 건축을 발전시키는 데에 집중하도록 했다. 나중에 같은 도시를 경험한 벤투리는 옛것과 근대의 공존에, 그리고 규모와 기능에 있어서의 결과적 비일관성에 주의를 기울였다. 이러한 건축적인 영향들을 보완한 것이 윌리엄 엠프슨(William Empson)의『일곱 가지 종류의 모호성 Seven Types of Ambiguity』에 나타난 문학적 유추로, 벤투리가『복합성과 대립성』에서의 분석을 위해 사용한 몇몇 비평적 도구의 원천이었다.[8]

또 다른 중요한 영향은 당대 미국의 구상미술, 특히 팝 아트에서 받았는데, 이것은 추상 표현주의의 냉정하고 불가해한 침묵보다 훨씬 참여적인 대안을 창조하기 위해 광고와 그래픽 이미지를 끌어들였다. 대중 이미지에 대한 찬사는 결혼 후 데니즈 스콧 브라운과 함께 쓴『라스베이거스의 교훈 Learning from Las Vegas』에서 특히 분명하게 나타났다. 건축가들에게 일반적으로 거부된 진부한 건축을 진지하게 여김으로써 의도한 충격 효과는 별개로 하더라도, 이 책은 기호(sign)에 대한 찬송이기도 하다. 벤투리, 스콧 브라운, 그리고 공동 집필자 스티븐 아이제너(Steven Izenour)는 '오리(duck)'와 '장식된 헛간(decorated shed)' 사이의 유명한 대비를 창안했다. '오리'는 형태를 통해 기능을 표현하는 건물이고, '장식된 헛간'은 부가된 기호에 의해 식별할 수 있는 표준의 침묵하는 상자이다.[9] 범용적인 건물과 - 창고든 헛간이든 - 외부의 표현적인 기호 사이의 간극은 그들 작품의 중요한 모티프가 되었다. 그것은 도시적인 상황과 건물 모두에 있어서 공적인 영역과 사적인 영역 사이의 위계적 구분에 우선권을 부여하도록 도왔고, 내용이 외관으로부터 의식적으로 구분됨을 반영했다.

우리의 역사적 관점에서 볼 때 벤투리와 스콧 브라운의 비평이 갖는 반문화적 측면을 바르게 평가하기란 어려울 듯하다. 왜냐하면 그들의 가르침이 이후의 건축 담론에 매우 폭넓게 흡수되었기 때문이다. 1960년대 중반『복합성과 대립성』이 저술될 때까

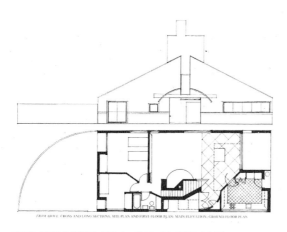

[사진 4] 바나 벤투리 하우스, 1961-64, 평면과 입면.

지의 모더니즘 건축과 추상 표현주의 예술의 당대 형태는 미국 기업과 정부에 전유(專有)되어, 20년 전 임스의 작품(제1장)에 나타난 경향인 자본주의 시스템에 고양된 개인주의를 대표하였다. 벤투리 부부의 원천은 임스 부부의 것만큼이나 절충적이었지만, 그것은 형태 시스템의 요소들처럼 중성화되지 않았다.

그 대신 같은 시기 재스퍼 존스(Jasper Johns)나 로버트 라우션버그(Robert Rauschenberg)의 하이브리드 회화와 조각같이 서로 병치되고 통합되었다. 미국 문화에 삽입된 그들의 작품은 영향력이 막강한 앤디 워홀(Andy Warhol)의 뒤를 이은 작품에 비하면 덜 의도적으로 진부했다. 이렇게 예술가들이 대중적인 이미지를 활용한 것은 결코 관습적인 가치에 대한 단순한 허가가 아니었다. 왜냐하면 그것이 갤러리의 상황에서는 인습을 타파하는 충격적인 위력을 가지고 있기 때문이다. 비록 벤투리와 스콧 브라운이 대중적인 이미지를 그들의 교육과 전문적 경험에 의해 물든 학구적 습성으로 보완했지만, 이 건축가들의 유사한 용법에 대해서도 똑같이 말할 수 있다.

『복합성과 대립성』의 마지막 섹션에서 벤투리는 자신이 설계한 작품을 통해 자신의 이론을 표출했는데, 이 작품 가운데는 1961년에서 1964년 사이 펜실베이니아의 체스트넛 힐(Chestnut Hill)에 자신의 어머니를 위해 지은 주택인 바나 벤투리 하우스(Vanna Venturi House)도 포함된다. 이 집은 결정적으로, '기계'가 아닌 '주택'의 명백한 이미지를 만들려는 노력에 집중함으로써 근대주의운동의 태도와 결별했다. 벤투리가 썼듯이 '문, 창문, 굴뚝, 그리고 박공의 관습적인 조합을 이룬 정면은 상징적이라고 할 만한 주택의 이미지를 창출한다.'[10] 이 단순한 방식의 이면에는 절충하고 참조할 만한 수많은 점들이 있었다.

파사드는 마세르에 있는 팔라디오의 빌라 바르바로(Villa Barbaro, 1550년대)의 그로토

(grotto)에서 파생되었고, 표면 디테일의 실루엣은 로마에 있는 미켈란젤로의 포르타 피아(Porta Pia, 1561-64)에서 나왔다. 이것은 대개 대칭적이기는 하지만 그 대칭성이 완전한 것도 아니다. 비대칭적으로 구성된 창문은 『복합성과 대립성』에 언급된 매킴(Mckim), 메드, 화이트가 설계한 로드아일랜드(Rhode Island, 1887)의 하원 건물을 연상시킨다. 박공은 매너리스트의 기법인 쪼개진 페디먼트(pediment)를 참조하여 끊겼고, 단일성 또는 이중성으로 읽히게 된다. 이것은 그 책에 마찬가지로 인용된 루이지 모레티(Luigi Moretti)의 로마 카사 델 기라솔레(Casa del Girasole, 1947-50)를 상기시킨다.[11] 이와 같은 참조할 점의 레이어들이 대체로 외부에서는 융합되지만, 내부에서는 의도적으로 서툴게 남겨진 것으로 보인다. 왜냐하면 굴절과 왜곡으로 인해 처음에는 단순해 보이는 주택에 공간적 복합성이 정교하게 고안되었기 때문이다. 이 작품으로 벤투리는 확고한 이중가치의 반열에 오르게 되었다. 내외부 공간의 연속성이라는 근대주의 원리가 거부되지만, 이것은 역사주의로 인지되는 공간적인 방법이 아니라 주와 종의 공간 전통으로 인해 단절된 게임을 즐기는 방법으로 대체된다. 이것은 모더니즘의 경험 없이는 생각할 수 없는데, 그 까닭은 르코르뷔지에의 5원칙이 이전의 전통에 고의적으로 배치되었던 것과 똑같이 이것도 근대주의 원칙에 의식적으로 충돌하기 때문이다. 바나 벤투리 하우스 및 잇따르는 더욱 큰 건물들은 내부와 외부의 구분을 중요하게 생각했지만, 도시를 연속성의 형태로 여기는 점도 반영했다.

> 벤투리의 가장 중요한 영감은 …… 이탈리아의 도시 파사드로부터 나온 것으로 보이는데, 그것은 내부와 외부의 반 요구조건들(counter requirements)에 맞추어 끝없이 조정되었고 일상의 제반 업무와 함께 변화했다. 그것은 거대한 풍경(landscape)에서 두드러진 조각 같은 배우라기보다 거리와 광장의 복잡한 공간을 담고 정의하는 이였다.[12]

벤투리의 일반적인 디자인 원리에 대한 빈센트 스컬리의 서술이 1966년 처음 출판된 그의 작품에 적용될 수 있었던 것처럼, 사반세기 후 런던 내셔널 갤러리의 세인즈버리 윙 개관에도 적용할 수 있을 것으로 보인다.

세인즈버리 윙

 런던 내셔널 갤러리에 신축된 부속건물은 벤투리와 스콧 브라운이 그 무대에 출연하기 훨씬 전부터 복잡한 역사를 가지고 있었다. 이 갤러리는 런던에서 가장 잘 알려진 공공 공간 중 하나인 트래펄가 광장(Trafalgar Square)의 북측 면을 점한다. 1832-38년 윌리엄 윌킨스(William Wilkins)에 의한 원래 건물은 이미 다소 익명적으로 배면을 향해 확장된 적이 있었지만 더 넓은 갤러리 공간을 요구했다. 확장 가능한 분명한 장소는 제2차 세계대전 중 파괴된 가구점의 이름을 따서 이른바 햄프턴 사이트(Hampton site)로 부르는 서측이었고, 그동안 주차장으로 사용되고 있었다. 이 대지는 광장의 북서쪽 코너를 특징지을 뿐만 아니라, 도시 그리드가 유명한 폴몰(Pall Mall) 거리와 만나 방향을 바꾸는 지점을 점유하기도 했다.

 이 복잡하고 어려운 대지의 문제에 더한 것이 대칭적 신고전주의 스타일의 기존 건물이 갖는 자족성이었다. 이 대지는 1958년, 장래의 내셔널 갤러리 확장을 위해 매입되었다. 이듬해 새 건물을 위한 공모전이 『선데이 타임스Sunday Times』에 의해 조직되었지만 정부의 지원을 받는 데에 실패했다. 20여 년 후인 1981-82년, 본격적인 공모전에서 영국의 건축가들인 아렌즈(Ahrends), 버턴(Burton)과 코랄레크(Koralek)가 당선되었는데, 이들은 최종안을 발전시키도록 요청받았다.[13] 이 요청은 당시 막 권력을 잡은 마거릿 대처로 인해 건축가/개발자의 공모전으로 설정되어 임대 사무실을 포함하여 자금을 충당할 예정이었으므로 타협의 여지가 있었다.

 건축가들은 1983년 수정안을 제시했지만 찰스 왕세자(the Prince of Wales)가 건축 평단에 급습을 감행했다. 그는 이듬해 햄프턴 코트 연설에서 이 일을 특별한 냉소의 주제로 선택하여 '아주 사랑하는 친구의 얼굴에 난 여드름'이라고 명명했던 것이다.[14] 그 디자인은 급히 철회되었고, 설계 요강에서 핵심적인 모순이 인정되어 이 건축에 출자할 후원자가 물색되었다. 정치적으로 영향력 있는 식품업계의 거물인 세인즈버리 가문이 그 역할을 맡는 데에 동의했고, 두 번째 공모전을 위하여 새로운 건축가 명단이 작성되었다. 그들은 I. M. 페이의 해리 코브(Harry Cobb), 콜쿠훈(Colquhoun)과 밀러(Miller), 제레미 딕슨(Jeremy Dixon)과 BDP, 캠벨(Campbell), 조골로비치(Zogolovitch), 윌킨슨(Wilkinson)과 고프(Gough), 제임스 스털링(James Stirling)과 마이클 윌퍼드

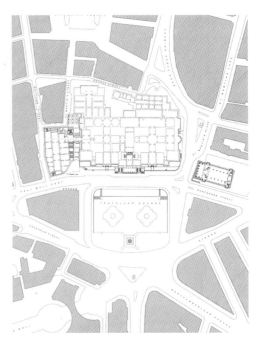

[사진 5] ▲ 아렌즈, 버턴과 코랄레크의 내셔널 갤러리 확장 프로젝트(첫 단계), 1982.

[사진 6] ▶ 런던의 트래펄가 광장의 배치도. 북측으로 원래 건물의 주 갤러리 층이, 오른쪽으로 세인트 마틴–인–더–필드 교회당이, 그리고 왼쪽으로 세인즈버리 윙이 보인다. 레스터 광장의 남쪽 단부의 위치는 왼쪽 위이다.

[사진 7] ▼ 윌킨스 파사드와의 명확한 표현적인 관계를 보여주는 세인즈버리 윙 파사드.

(Michael Wilford), 그리고 최종 당선자가 된 벤투리, 라치(Rauch)와 스콧 브라운이었다.[15]

벤투리의 디자인은 논란의 시기에 부정적인 의견들에 시달리게 되었다. 지연된 디자인 과정 동안 그 광장의 대각선 건너편에 있는 그랜드 빌딩즈(Grand Buildings)라고 불리고 있는 대지를 재건한다는 결정이 내려졌고, 선정된 디자인은 외적으로 빅토리아식 기존 건물을 모사한 것이었다. 갤러리 확장부의 규모와 형태는 윌리엄 윌킨스의 내셔널 갤러리(1832-38)의 높이를 존중할 필요가 있었고, 반대편에 있는 제임스 기브스(James Gibbs)의 세인트 마틴-인-더-필드 교회당(church of St Martin-in-the-Fields, 1720-26)을 보완하는 식으로 트래펄가 광장의 코너를 완성해야 했다. 갤러리 내부는 초기 르네상스 수집품을 위한 적절한 배경이 될 필요가 있었다. 광장과 갤러리의 서로 다른 상황적 요구를 해결하기 위해 벤투리는 윌킨스의 입면 요소들을 복제했고, 그것들을 광장 쪽 입면을 따라 펼쳤으며, 입면이 본관으로부터 멀어지면서 그 복잡한 디테일이 사라지도록 했다.

벤투리의 전략은 보기보다 더 지혜로웠다. 왜냐하면 골칫거리였던 모서리의 결정적인 전환을 기둥들의 유희 뒤에서 실행했기 때문이다. 그는 모서리를 옛 건물의 남서쪽 코너를 마주하는 곳으로 옮김으로써 확실한 *존재 이유*를 부여했다. 그 모서리는 이제 주빌리 워크(Jubilee Walk)로의 대칭적 관문을 틀 지우며, 레스터 광장(Leicester Square)을 향해 뻗은 보행자 도로의 정체성을 강화한다.

보이드인 가로에 중심을 둔 이 대칭적인 형상은 솔리드인 내셔널 갤러리 입면 전체의 대칭성과 직접적으로 충돌한다. 그러나 벤투리는 입면이 너무 길어 보통 전체적으로 조망되지 않는다는 사실에 의지했다. 주빌리 워크에는 한 쌍의 출입구가 있고, 그 지점에서 생성되는 강한 경계성은 벤투리로 하여금 모서리 근방에서 외피를 현대적 유리 파사드로 전환시키도록 허용해 준다. 그곳은 다른 공간에 속하기 때문이다.

내부적으로는 갤러리 층의 공간이 랜턴 같은 천장이 있는 일련의 방들로 나뉘었다. 이러한 천장은 존 소안 경(Sir John Soane)의 건축, 특히 1811-14년의 덜위치 갤러리(Dulwich Picture Gallery)로부터 유래되었다. 국가 기관의 중요한 공간이라고 하기에 이 갤러리의 방들은 믿을 수 없을 만큼 온건하다. 그러나 개구부와 걸레받이 디테일에

[사진 8] ▲ 주 갤러리 층과 그 위의 서비스 영역을 보여주는 세인즈버리 윙 단면도. 오른쪽의 거대한 계단실은 중간층 카페를 지나 현관 층과 지하의 특별 전시실에까지 연결된다.

[사진 9] ▼ 연속된 갤러리의 조망.

토스카나의 대리석을 사용함으로써 (브루넬레 스키가 플로렌스의 산 로렌초와 산토 스피리토에서 사용했듯이) 실내는 그 빛과 형태를 통해 르네상스 교회당 인테리어의 환영(幻影)을 창조하고, 수집품을 위한 어렴풋하지만 적절한 배경이 된다. 파사드와 높여진 갤러리 층의 연결은 거대한 계단에 의해 가능한데, 이 계단은 내셔널 갤러리 측면에 인접한 유리창의 벽면을 따라 상승한다. 그리고 이것은 레스터 광장과 트래펄가 광장을 연결하는 공공 통로와 평행하며, 두 건물을 연결하는 갤러리 층의 로톤다·브리지(rotunda bridge)가 이 통로의 위에 걸쳐 지나간다.

반어와 모순

단순하고 자기를 내세우지 않는 듯 보인다고 냉정하게 서술할 수 있는 세 가지 요소인 파사드, 통로, 그리고 갤러리는 벤투리에 의해 반어적인 방법으로 처리되었다. 파사드는 비록 윌킨스의 어휘에서 사용된 요소로 구성되었지만 고전적인 균형을 전복하도록 디자인되었다. 벽면의 부드러운 막은 지상층에서 도려내어 디자인되었고, (고전적인 관점에서) 벽면을 받쳐야 할 징두리의 면적도 줄어들었다. 개구부는 내력 구조의 어떠한 표시도 없이 깔끔하게 뚫렸고, 상인방이나 홍예석도 없다.

층이 진 쌍쌍의 필라스터들과 단일한 벽면에 부착된 반원 기둥이 콘서티나(concertina)처럼 접히고 굽어진 면 위에서 수직적인 연속성을 보여준다. 윌킨스의 주돌림띠는 벤투리에 의해서도 반복되지만, 그것을 비롯한 다른 부속 요소들은 반원 기둥에 이르기 전에 점차 가늘어진다. 돌림띠의 흐름은 점점 얇아지는 일련의 막힌 창을 지원한다. 폴몰 거리 건너의 캐나다 하우스를 향한 큰 창은 더욱더 왜곡되어 갤러리 공간과 통하지 않는데, 이 모순적인 요소는 그림으로부터 주의를 분산시키지 않도록 큐레이터들의 요청에 의해 도입되었다.

파사드는 다른 영향들도 나타낸다. 예를 들어, 지상층 로지아의 처리는 발다사레 페루치(Baldassare Peruzzi)의 팔라초 마시모 알레 콜로네(Palazzo Massimo alle Colonne, 1532-38)의 곡선 로지아 및 아르만도 브라시니(Armando Brasini)가 설계한 피아차 유클리데(Piazza Euclide)의 '쿠오레 이마콜라토 디 마리아(Cuore Immacolato di Maria, 성모 성심, 1923)' 교회당의 콜로네이드와 유사하다. 이들은 모두 로마에 있고 『복합성과 대립성』에 인용되었다.[16]

갤러리들은 짐짓 가장하고 있는 것 같은 관례적인 방들과는 거리가 멀고, 대지의 경계선에 맞춘 공간 배열로 인해 빈번히 경사각을 갖는다. 그 엇갈린 네트워크는 새 갤러리들과 옛것들을 연결하는 비직각적인 전망에 의해 관통된다. 이 통로는 점강하는 원근화법의 *트롱프뢰유(trompe l'oeil)* 형태를 띠며, 익살스럽게도 조반니 바티스타 치마 다 코넬리아노(Giovanni Battista Cima da Conegliano)의 그림인 '성 도마의 불신(1502-04)'으로 끝난다. 조망을 틀 짓고 실제와 비슷한 터스컨 칼럼들은 얇게 베어져 벽의 두께 속으로 불안하게 끼워지는 한편, 그 위의 아치는 높이가 줄어들며 천장의 기울어진 면에 다른 깊이로 삽입된다. 벤투리의 투시도적인 점강 조망은 르네상스와 바로크 건축의 오랜 전통과 연결되지만, 아치 개구부의 표현은 기꺼이 속아주는 희극적인 관례에 이를 정도의 이중가치를 보여준다. 만약 앞의 아이젠먼을 다룬 장의 서두에서 언급했던 포스트모던의 조건이 더 이상 믿음을 허용하지 않는다면, 어떻게 치마 그림의 주제인 불신이 있을 수 있을까? 벤투리는 그 역설을 강조한다.

계단은 바나 벤투리 하우스에서처럼 상승함에 따라 넓어진다. 이것은 다소 무겁기는 하지만 전체적으로 유리를 두른 외벽과 바깥이 돌로 덮인 내벽 사이에 놓이고, 윌킨스 건물의 반대편을 연상시키는 일련의 창으로 인해 단조로움을 덜어낸다. 위로는 어색한 철제 아치들이 천장에 매달려 있다. 이들은 여러 면에서 전체 건물의 표현 방법을 상징한다. 각 요소는 마치 장식으로 그 가치를 고양하려는 듯 보이지만, 사실상 기능과 의미 모두에 있어서 콘텍스트와 무관하다. 이러한 이탈의 언어는 오직 공공 통로라고 기술할 수 있는 것만을 – 파사드, 계단, 그리고 갤러리 조망을 – 지배하는데, 왜냐하면 갤러리 내에서는 이러한 건축적인 주의를 구하는 것이 대체로 중지되기 때문이다.

포스트모던 관용어의 새로운 관례는 르네상스의 위대한 플라톤적인 확실함에 비하면 마치 빛이 바래는 듯하다. 표면에 대한 벤투리의 매혹이 내부와 외부를 연결한다는 빈센트 스컬리의 주장은 이와 배치되는 것으로 보인다. 오히려 표면은 독립된 면으로 축소되어, 내부와 외부 콘텍스트라는 큰 이슈에 관계하지 않고 그 자체의 관심만을 나타낸다.

벤투리와 스콧 브라운이 개인적인 가정의 범위와 공공의 도시 영역 사이의 건축 어휘를 치환한 것은 발전하는 건축 경력상에서 변화하는 기회들을 단순하게 반영한 것일지도 모른다. 그러나 자의식적으로 해결되지 않은 모티프들과 공간 경험들의 세트로 여겨지는 내셔널 갤러리의 확장과 작은 바나 벤투리 하우스 사이의 유사점들은 매우 인상적이다. 이것은 역사적인 이탈리아의 환경에서 종종 발견되는 한 건물의 재가공과 유사한 인위적인 역사 창조를 어느 정도 암시하지만, 세부 표현이 위조를 시도하지는 않는다. 콘텍스트에 의존할 뿐만 아니라 충돌하는 형태와 기능상의 필요를 만족시켜야 하는 건축 작업의 조건적인 성격도, 건축적인 재능에 대한 작가적 요구를

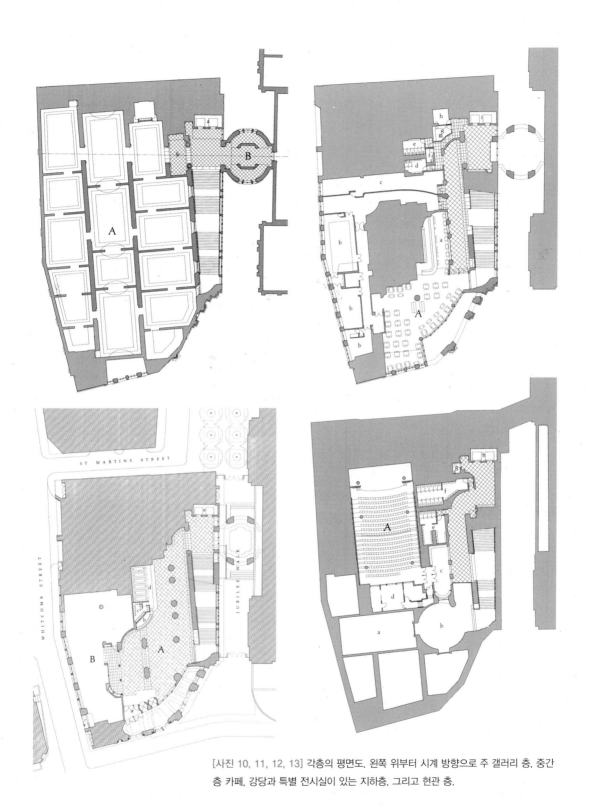

[사진 10, 11, 12, 13] 각층의 평면도. 왼쪽 위부터 시계 방향으로 주 갤러리 층, 중간 층 카페, 강당과 특별 전시실이 있는 지하층, 그리고 현관 층.

[사진 14] 신구 파사드의 짝을 보여주는 로톤다 브리지 연결로를 향한 조망.

[사진 15] 넬슨 동상을 반사하는 주 계단실 쪽의 유리로 덮인 파사드 및 뒤쪽 캐나다 하우스의 포르티코(portico).

그다지 섬세하게 전복하지 않는다.

세인즈버리 윙의 다양한 속성은 벤투리와 스콧 브라운의 이전 연구에 나타났던 특정한 관심사로 거슬러 올라갈 수 있다. 전통적인 방법으로 처리된 갤러리의 공간은 측창 없이 천창으로 채광되는, 그 건축가들의 용어로 '범용적(generic)' 공간이다. 많이 은폐된 광도 조절 테크놀로지의 지원이 있지만 이것은 기본적으로 팔라초의 전통으로부터 19세기에 발전된 그림을 감상하는 공간의 유형으로, 노리치(Norwich)의 세인즈버리 센터에서 노먼 포스터(Norman Foster)가 같은 가문의 후원 아래에서 시도한 급진적인 대안들과 대조된다.

거리의 출입구를 위층 갤러리의 기존 프롬나드(promenade)와 연결하는 공공 통로는 매끄럽게 연결되기보다 병치된 별개의 장면들로 구성된다. 이들은 드럼/브리지 연결로, 허구의 투시도적 조망, 승강기가 조심스럽게 수반된 거대한 계단실, 글자가 새겨진 내벽/지상층 로비의 거친 벽면을 등진 외벽, 그리고 광장으로 열린 출입구 로지아

[사진 16] 유리로 덮인 파사드와 윌킨스 입면이 보이는 거대한 계단실 인테리어.

[사진 17] 갤러리 층에서 본 계단실. 현수 철제 아치 및 갤러리로부터 열리는 내부/외부 창문을 보여준다.

등이다. 모두 새 구조물의 경계 영역을 점유하며 갤러리 공간의 중심부를 둘러싸고 있다. 실제의 경계면 – 원래 건물을 반사하는 틀에 끼워진 유리 벽, (소안의 덜위치 갤러리의 평범한 외관에 경의를 표하는) 북쪽과 서쪽의 벽돌벽, 그리고 돌로 된 출입구 파사드 – 모두 갤러리에 대한 이야기가 유발될 수 있는 사건들의 축적에 공헌한다. 이러한 이야기의 우회적이고 모순적인 성격은 벤투리가 존경하는 영국 건축의 영웅들 가운데 가장 근래의 인물인 에드윈 러티언스(Edwin Lutyens)와 관련한 일종의 인위적인 역사를 암시한다.[17]

　같은 종류의 허구가 기존 건물과 연관되어서도 나타난다. 윌킨스의 모티프를 연속시킨 세인즈버리 윙의 파사드는 페루치와 미켈란젤로로부터 통합된, 권력 강화를 위하여 버려진 프로젝트를 암시한다. 내부/외부 돌벽을 급히 오르는 거대한 계단은 토디(Todi)의 팔라초 코무날레(Palazzo Comunale)와 같은 중앙 이탈리아 팔라초의 완전한 외부의 계단을 연상시킨다. 이것은 마치 계단실이 나중에 현수 철제 아치로 지붕이

[사진 18] 파사드 분절 디테일. 원래 건물에서 후퇴하면서 오른쪽에서 왼쪽으로 덴틸(dentil) 띠가 불연속적으로 이어지는 점에 주목하라.

덮이고, 미스의 유리 벽으로 둘러싸인 듯하다. 아치들은 소안의 자택에 속이 빈 아치들이 매달려 있는 모습을 떠오르게 한다.

그러나 벤투리 작품의 불연속성은 그의 고전적 요소 차용을 케임브리지 다우닝 칼리지에 있는 퀸런 테리(Quinlan Terry)의 하워드 빌딩(1985–89)이 보여주는 순수한 고전주의와 구별 짓는다. 이것은 (역시 윌킨스에 의한) 오리지널 건물들이 지배하는 신고전주의 캠퍼스에 온건한 영국식 바로크를 시도한 것이다.[18]

런던의 세인즈버리 윙은 같은 시기 벤투리에 의해 설계된 시애틀 미술관(1984–91)과 강한 유사성을 띤다. 대지와 단면의 비슷한 구성은 트래펄가 광장에서 건물을 기존 구조에 직접 연결하는 요소에 의해 보완되었고, 그에 따라 독특한 기념비로서의 독립성이 위협을 받았다. 파사드의 처리, 주 갤러리로의 축적 연결, 그리고 일정 정

[사진 19] 치마 다 코넬리아노의 '성 도마의 불신'을 향한 점강 투시도의 교차 축 조망.

도 억제되어 표현된 부수적인 입면들, 이 모든 것이 새 건물의 위장을 지원한다. 대조적으로, 진부한 개구부의 디테일, 납작하게 눌린 철물과 이집트식의 연꽃무늬 주두는 그 건물이 도시 조직으로 용해되는 것을 거스르고, 대신 그 고귀한 신분을 나타낸다.

만약 이 모호성이 의식적인 전략이고 달리 제시하는 어떠한 증거도 없다면, 삽입 (embeddedness)과 고립 사이의 동요는 『복합성과 대립성』에서 확인된 작품들로 거슬러 올라갈 수 있다. 이 특징은 역사적 건축뿐만 아니라 카사 델 기라솔레와 브라시니의 피아차 유클리데 교회당과 같이 앞서 인용된 20세기의 실례에서도 명백하다. 고전주의 요소의 중요성을 무시하는 근대주의자의 눈에 그러한 건물들은 복합성이라기보다 단지 모순을 제시했고, 건축적인 절충주의에 대한 벤투리의 옹호는 '무엇이든 괜찮다 (anything goes)'는 정책으로 오인될 만했다.

벤투리의 영향

세인즈버리 윙은 비록 『복합성과 대립성』이 출판된 지 자그마치 25년 후에 완성되었지만, 매우 공공적인 영역에 대한 벤투리의 아이디어를 위해 '소급적(retroactive)' 선언서의 형태를 제시했다. 이에 대한 비판은 경멸적이었다. 특히 영국의 건축 독자들은 그것에 대한 각계의 불승인으로 여전히 상심해 있다.[19] 케케묵어 보수적으로도 보이고, 서툴러 원시적으로도 보이는 벤투리의 건축 언어는 영국에서 거의 추종자를 얻지 못했다. 그러나 1993년에 설립된 내셔널 로터리(National Lottery)로부터의 자금이 영국의 문화적인 토대를 재정의하면서 수년 내에 그 전략들은 다른 장소들로 퍼졌다.

마름돌 세공, 기념비적인 글 새김, 의사(擬似) 외부의 거대한 계단실, 유리 외피, 그리고 고전주의 규범의 새로운 사용이 심지어 노먼 포스터가 설계하여 2000년에 개관한 영국박물관(British Museum)의 중정을 위한 프로젝트마저도 특징지었다. 더 북쪽으로는, 벤슨과 포사이스(Benson and Forsyth)의 디자인으로 1998년 완성된 에든버러 (Edinburgh)의 스코틀랜드 박물관이 벤투리의 작품과 유사성을 보여주었는데, 특히 근대주의적 중심부와 역사적인 콘텍스트에 의해 규정된 절충적인 외부 사이의 분열에서 유사성을 찾을 수 있다.

벤투리의 건물은 영국 공공 건축의 재정의를 위해 중요한 역할을 했는데, 새로운 기회들이 나타나기 시작한 1990년대 중반까지 건축가들이 대중의 승인에 대한 필요성을 더욱 인지하게 된 것이다. 런던의 다른 박물관을 담당하는 주체들은 그들의 기관에 대한 신선한 이미지를 창조하고자 하는 열성으로 더욱 젊은 세대 건축가들에게로 향했다. 즉, 아직 실현되지 않은 빅토리아 앤드 앨버트 뮤지엄(Victoria and Albert Museum, 1966)을 위해서는 다니엘 리베스킨트(Daniel Libeskind)에게로, 그리고 테이트 모던(Tate Modern, 2000)을 위해서는 헤어초크 앤드 드 뫼롱(Herzog and de Meuron)에게로 향했던 것이다. 방법론의 다양성과 차이에 대한 관용은 벤투리가 자기 영속성 이외의 모든 목적을 상실한 근대주의자들의 정통성을 위협했던 것에 크게 빚지고 있다. 그가 20세기 이전의 건축을 수용한 사실은 건축가들을 고무시켜 문화적으로 참조할 만한 점들로 작품을 풍요롭게 했을 뿐만 아니라, 거의 의무적으로 아이러니를 표출하게도 했다. 1966년, 벤투리는 다음과 같이 선포했다.

오래되고 중요한 상투어들을 – 효과적인 진부한 말들을 – 자기 조건의 새로운 콘텍스트에서 최선의 노력과 큰돈과 우아한 기술을 다른 곳으로 유도하는 사회 내에서 결합하는 역할을 받아들이고자 하는 건축가는, 아이러니하게도 사회의 반전된 가치척도를 위한 진정한 염려를 이러한 간접적인 방법으로 표출할 수 있다.[20]

1 Vincent Scully, in the Introduction to Venturi 1966, p. 11.

2 Venturi 1966, p. 25.

3 Scully, op. cit., p. 11.

4 Brownlee and De Long 1997, p. 72 참조. 1956년 로마에서 돌아온 벤투리는 이듬해 자신의 사무소를 개설하기까지 칸의 사무소에서 일했다.

5 Venturi and Scott Brown 2004, pp. 105-7 and 109-14 참조.

6 Moneo 2004, pp. 52-5 참조.

7 미국에 적용된 보자르 양식과 칸의 영향에 관한 짧은 논의를 위해서는 Brownlee and De Long 1977, pp. 13-15를 참조. 벤투리도 그 영향을 인정한 바 있다. Venturi and Scott Brown 2004, p. 7.

8 Empson 1930. 벤투리가 이것을 사용한 것에 대해서는 다음을 참조. Venturi 1966, pp. 27-30.

9 Venturi, Scott Brown and Izenour 1972. 벤투리는 오리와 장식된 헛간의 구분을 다음과 같이 요약한다. Venturi and Scott Brown 2004, p. 35:

우리의 예일/라스베이거스 스튜디오가 전형적인 거리에 대해 발전시킨 가장 생생한 아이디어는 우리 시대 건축의 프로토타입으로서의 오리와 장식된 헛간을 구분한 것이었다. 즉, 건물은 자체로서 상징이다. 이 점은 우리가 유명하게 만든 (피터 블레이크가 처음에 악명 높게 만든) 길거리 스탠드인 롱아일랜드 덕(Long Island Duck)으로 예시되었는데, 이것은 지금 국립역사기록부에 등재되었다. 또한 그 아이디어는 건물을 범용적인 창고(loft)로 보는데, 건물의 아름다움은 장식적이거나 도상학적인 표면, 그리고/또는 부가된 사인으로부터 파생된다. 장식된 헛간은 소통으로서의 건축의 핵심적 형태로 표현보다 의미가 그 속성으로 추구되고, 미학적인 차원은 조각적인 분절보다 장식적인 표면에서 파생된다.

10 Venturi 1966, p. 118.

11 하원 건물과 카사 델 기라솔레에 대해서는 각각 다음을 참조. Venturi 1966, p. 55 and p. 11.

12 Scully op. cit., p. 12.

13 이 공모전에 대한 리뷰는 다음과 같다. Peter Buchanan, 'National Gallery Gamble', *The Architectural Review*, December 1982, pp. 19–25. 마지막 건물이 이루어질 때까지의 다양한 단계에 대한 과정에 대한 전체 기사는 Amery(1991)에 나온다.

14 이 연설은 RIBA 150주년 기념식에서의 기조연설로 다음과 같이 출판되었다. HRH The Prince of Wales, 'The Hampton Court speech', *RIBA Transactions*, vol. 3, no. 2 (6), 1984, pp. 48–51.

15 이 초청공모전의 경쟁안들은 다음과 같이 출판되었다. *Architectural Design*, AD Profile: 63 *The National Gallery*, vol. 56, no. 1/2, 1986.

16 팔라초 마시모와 쿠오레 이마콜라토에 대해서는 각각 다음을 참조. Venturi 1966, p. 54 and p. 78.

17 Robert Venturi and Denise Scott-Brown, 'Learning from Lutyens', *RIBA Journal*, vol. 76, August 1969, pp. 353–4 참조.

18 Gavin Stamp, Leon Krier and John Summerson, 'Classics Debate', *Architects' Journal*, vol. 187, no. 11, 16 March 1988, pp. 34–51 참조.

19 나와 공동 집필자인 피터 블룬델 존스는 이 당선 프로젝트에 대한 비평을 썼다. *Architects' Journal*, 13 May 1987, pp. 22–26. 완성된 건물에 대한 영국인들의 리뷰는 다음과 같다. David Jenkins, 'Capital gains', *Architects' Journal*, 21/28 August 1991, p. 22–33, 36–39; Robert Maxwell, 'Both serious and popular: Venturi's Sainsbury Wing', *Architecture Today*, no. 20, July 1991, pp. 30–32, 35–38, 41; and Rowan Moore, 'National Gallery', *The Architectural Review*, July 1991, pp. 30–36.

20 Venturi 1966, p. 52.

결론

Conclusion

앞서 출판된 『근대건축 작품연구*Modern Architecture Through Case Studies*』(Blundell Jones 2002)과 이 책 사이의 적절한 연결고리가 되는 건물로 루트비히 미스 반데어로에가 설계한 바르셀로나 파빌리온을 들 수 있다. 이 건축물은 1929년에 세워졌고 곧 철거 되었으나, 불사조처럼 부활하여 1986년 제2의 생을 시작했다. 예기하지 못했던, 색깔 까지 추가된 완벽한 재건은 미스의 작품이 얼마나 영속적인지를 보여주었다. 특히 그 부활은 포스트모더니즘으로 알려진 절충주의적인 과잉의 종말과 시각예술 분야를 아 우르는, 새롭고도 더욱 단호한 미니멀리즘의 시작을 축하하는 듯 보였다. 테크놀로지, 특히 유리 테크놀로지의 진보에도 불구하고 원래 건물에서 유리는 가능한 한 크고 프 레임 없이 만들어졌다. 1990년대의 어떠한 새로운 미니멀리스트 주택도 그 위엄에 도 전할 수 없을 만큼 이 건물은 절대적인 디자인 작품으로 보인다.

이 건축물에서는 매우 가느다란 기둥들 위에서 부유하는 것처럼 보이게 하는 오랜 기법이 아직도 유효했다. 그리고 이 건물은 21세기를 맞이하는 시점에서도 여전히 현 대적으로 보였기 때문에, 상당히 세련된 집으로서 르노 자동차 광고를 위한 배경에 등장하기도 했다. 이것은 모더니즘의 신봉자들에게 위안이 될 만큼 1920년대에 이미 설정된 굳건한 과정의 지속을 암시했다. 마치 중간에 있었던 이단들은 일시적이었고 추방될 수 있다는 듯이 말이다. 그러나 이 모든 것이 꼭 그렇지만은 않다.[1]

먼저, 바르셀로나 파빌리온은 하나가 아닌 서로 다른 두 건물로 간주할 만하다. 원래의 파빌리온은 매우 제한된 사람들만 볼 수 있었다. 이것은 흑백사진의 출판물을 통해 명성을 얻었다. 그리고 근대건축에 대한 거의 모든 책에 게재됨으로써 미스에게 국제적인 명성을 가져다주었다. 건축물은 사진을 매우 잘 받아 호화로운 재료가 사진에서도 무척 생생하게 나타났으며, 미끄러지는 듯한 면들은 한 장의 사진이 얼마만큼 호기심을 유발하는지에 대한 미스터리의 아우라를 창조했다. 그러나 종이 위에서 명성이 간직되었던 것만큼 전시회의 주최국과 참가국이 둘 다 파시즘에 굴복함으로써 독일이 전시 건물의 그러한 이미지를 유지할 수도, 에스파냐가 그것을 지원할 수도 없었다.

파빌리온은 해체되었고 그 구성요소는 흩어져 버렸다. 그리고 히틀러가 자신의 벙커에서 자살하고 프랑코가 늙어 세상을 떠날 때까지 잠자는 숲속의 미녀처럼 50년 동

[사진 1] 루트비히 미스 반데어로에, 바르셀로나 파빌리온, 1929. 1983-86년 솔라 모랄레스에 의해 재건된 모습.

안을 사진 속에서 방해받지 않고 잠들어 있었던 것이다. 에스파냐의 두 번째 도시이자 프랑코의 적수인 좌익의 본거지에 자리 잡은 이 건물이 1983-86년에 부활한 것은 에스파냐의 적극적인 근대화와 회복, 그리고 유럽으로의 재편입에 편승했기 때문이다. 이는 시(市) 건축가인 오리올 보히가스(Oriol Bohigas)와 프로젝트 건축가인 이그나시 데 솔라 모랄레스(Ignasi de Sola-Morales) 두 사람이 미스에게 경의를 표한 것이었다. 그러나 그 건물의 역사적인 중요성과 흥겨운 국제도시 바르셀로나를 위한 관광객 유치의 가능성이 없이는 돈이 모이지 않았을 것이다.[2]

이 건물은 원래의 대지에 재건되었지만 전시의 다른 요소들을 복원하려고 하지 않았기 때문에 콘텍스트가 완전히 바뀌었다. 국제적인 경쟁의 의의는 사라졌고, 만약 그 파빌리온이 독일을 대표한다고 한다면 그것은 오늘날의 독일이 아닌 오래전에 사라진 바이마르 공화국이다. 전시라는 목적은 지속되었지만 현재 이 파빌리온이 바르셀로나 의자 – 그 샘플은 전 세계적으로 입수 가능하다. – 와 함께 전시한 것은 문화적 아이콘으로서의 자신이다. 파빌리온은 세련된 박물관 순회여행의 일부이자 관광경제에 결정적인 기념비의 일부가 되었다.

저가 항공은 고사하고 믿을 만한 항공편 자체가 부재했던 1929년에는 지금같이 폭넓은 인지도와 잦은 방문을 생각할 수 없었다. 그 파빌리온을 찾은 관광객의 일반적인 역할 가운데에는 건축 관광객을 위한 순례지에서의 더욱더 특별한 역할이 존재한다. 출판물을 통해서나 파빌리온 웹사이트의 멋진 사진으로부터 처음 알게 된 것의 모든 의의에 대해 그 건물이 잠깐 확인해 주는 것이다. 세계 각지에서 온 건축가와 건축학도들은 20-30분 동안을 거닐면서 이 불가능한 이상에 대해 숙고하고, 개인적인 관계를 만들기 위해 각자의 사진을 찍는다. 그리고 또 다른 진기한 건물들을 찾아 떠난다.

오래된 건물을 모든 디테일에 이르기까지 전부 복원하는 일은 드문데, 특히 서양에서는 물리적 재료의 지속에 더 큰 가치가 부여되기 때문이다.[3] 그러나 미스의 파빌리온을 새로운 재료로 복원한 것은 시간의 모든 흔적을 불허함으로써 영속성의 인상을 증가시켰고, 한편으로는 향상된 테크놀로지가 기술적으로 어려운 디테일을 은밀히 보증해주었다. *시대정신*과 재료의 이성적 사용에 대해 자인하는 신봉자였던 미스가 변화를 거부하는 이러한 장치에 대해 어떻게 생각할는지는 추측만이 가능하겠다.

하지만, 자신의 건물이 두 가지 실체화 사이에서 조용한 연속성을 가진 것은 분명 스스로 언급한 '우리 시대의 절박한 혼란 속에 작은 질서를 부여한다.'는 열망을 이행한 것일 터이다. 그리고 기념비성을 위한 그의 노력이 결코 의도적이지 않았다는 것은 믿기 힘들다.

과거의 수많은 위대한 건축 작품들, 특히 무덤이나 사원이 이러한 역할을 실천해 왔는데, 이들은 사회적으로 중요한 신념과 의식의 기억을 제공할 뿐만 아니라 이토록 빠르게 변하는 세상 속에서 최소한 무엇인가는 변하지 말아야 한다는 인상을 유지하도록 돕는다. 그럼에도 불구하고 위에 서술한 이 근대 작품의 탈근대적 독법으로부터,[4] 틀 짓기(framing), 연상, 사회적 목적과 관점이, 기념비는 변하지 않는다는 환상을 언제나 지지하면서도 어떻게 첫 번째와 두 번째의 실체화 사이에서 극적으로 변해왔는지를 관찰해보자.

정치적, 경제적, 사회적 변화

불변성에 대한 이러한 시도는 역사상 이전의 어떤 시기보다도 더 심원하고 폭넓은 정치, 사회 변화의 배경과 대비되었다. 이 책에서 다룬 건물의 설계자와 거주자들은 제2차 세계대전의 파괴와 불확실성을 겪었고, 철의 장막으로 나뉜 세계지도의 재편을 경험했다. 그리고 반세기 동안 초강대국들 사이의 냉전이 뒤따랐으며, 국가 사회주의와 자유시장 자본주의 사이의 불안한 균형도 함께 겪었다. 비록 우리의 사례들이 모두 그 경계의 한쪽에만 자리 잡았지만, 사회주의 이데올로기의 영향은 반에이크, 스미슨 부부, 어스킨, 데 카를로, 로저스, 로시 등을 포함한 여러 건축가들의 작품에 스며들었다.

1980년 이전, 대부분의 건축가들은 최소한 대중 앞에서만큼은 진보적이었고, 복지국가의 가치와 국가가 후원하는 사회자원 공유의 필요성을 당연시했다. 이것은 종종 그러한 시스템에 속한 건물이 상대적으로 온건하고, 효과적이며, 덜 수사적이어야 한다는 신념에 수반되었다. 시장 가치의 맹공하에 서양의 사회제도가 뒤이어 퇴락한 것은 이 책 후반부 사례들의 상대적 개인주의로 설명할 수 있다. 그들의 표현의 자유는 차이에 대한 관용과 경쟁적 위치들의 평등성을 보여주는데, 이는 현대 실무자들에게 제공되는 건축 어휘의 다양성 가운데에 여전히 나타난다.

경제적으로는 1945년 이후 회복이 더딘 시기가 있었지만, 르코르뷔지에의 마르세유 유니테 다비타시옹(Unité d'Habitation)과 같이 전쟁 전에는 실현 불가능했던 몇몇 유토피아 프로젝트들의 실행이 허가되었다. 1950년대와 1960년대에는 급속한 경제 회복이 폭넓은 재건과 많은 건축적 실험을 가능하게 했으나, 1960년대 말에 이르면 기술적 실패가 확산되고 정통 모더니즘의 상투적인 속성이 공공연히 명백해짐에 따라 의구심이 밀려들었다. 건축의 방향에 대한 회의는 1973년의 에너지 위기와 불경기의 산업적 불안에 의해 강화되어 건축가들이 생각하고 재조직할 시간을 갖게 되었다. 그러한 시간을 갖게 되기까지 그다음의 경제적 호황이 1980년대에 있었고, 포스트모더니즘의 양식적 해방이 절정에 달했다. 그러나 그러한 도취감도 1980년대가 불경기로 마감됨에 따라 계속 이어지지 못했다. 경제적 호황과 불황은 연속성의 부재를 의미했고, 건축의 양식과 생산에 두드러진 차이를 불러일으킨 것이다.

발전하는 테크놀로지

테크놀로지의 변화가 20세기 후반의 건축에 미친 영향은 언뜻 보면 전반기에 드러난 효과에 비해 덜 두드러진 것처럼 보인다. 왜냐하면 어떤 것도 1920년대의 양식적 변화만큼이나 뚜렷해 보이지 않기 때문이다. 그러나 블룬델 존스(2002)의 결론에서 논의되었듯이 전후에 전체 근대주의 어휘와 그 이론적 근거가 강화되었다. 근대주의자들의 디테일이 기술적으로 실현 가능하게 되었고, 노먼 포스터의 무테 유리창(제12장) 같은 것들은 새로운 가능성의 길을 열었을 만큼 발전했다.

깊은 평면의 융통성 있는 다층 건물은 도시의 기준이 되었고, 높은 지가(地價)가 그것을 경제적인 측면에서 강요했다. 수작업이 기계생산에 밀려나고 교통이 발전함에 따라 점점 더 잘 갖추어진 건물들이 세계 각지에서 온 부품들로 조립되었고, 장소와의 모든 필연적인 연계는 침식되어 갔다. 그러는 사이 도시는 자동차에게 완전히 자리를 내어줌으로써 자동차가 거리를 장악했고, 주차장이 광장을 삭막하게 했으며, 교외가 넓고 멀리 확장되었다. 자동차의 사용이 사람들의 모든 활동을 점점 더 장악한 것은 도시의 경험, 건물과 우리의 관계, 그리고 공공 영역의 성격을 급격히 변화시

컸다. 마치 그것이 충분한 변화가 아니라는 듯 전자통신은 더 깊은 의식의 전환을 야기했다. 즉, 가상적 공공의 삶이 처음에는 텔레비전을 통해 공유되는가 싶더니, 그다음에는 인터넷이 실제의 삶에 침투하여 사회적 관계를 다시 정의했다.

어쩌면 이러한 어떤 것들보다 덜 명확하지만 똑같이 건축을 함정에 빠뜨리는 것이 관료주의와 정부 조달의 변화일 것이다. 이들은 건물이 어떻게 조직되고 어떻게 보여야 할지에 대한 결정에 큰 영향을 줌으로써 건축가의 힘을 위태롭게 할 뿐만 아니라, 사용자들로부터도 건축적 사안들을 더 멀리 빼앗아갔다.

전환하는 패러다임

이러한 변화와 발전의 배경 아래에서 건축은 두 가지 주요한 패러다임의 전환을 거쳐 왔다('패러다임의 전환'이라는 용어는 토머스 쿤(Thomas Kuhn)이 『과학혁명의 구조 *The Structure of Scientific Revolutions*』에서 처음 사용했는데, 아인슈타인이 뉴턴을 대체했던 예처럼 신념에 대한 중대한 재구성이 발생하는 학문의 지점을 가리킨다.).[5] 1920년대의 첫 번째 전환은 모더니즘의 확립을 특징지었고, 또 다른 전환은 이 책이 다룬 시간 범위의 중심이라고 할 수 있는 1968–73년에 발생하였다. 두 번째 전환이 첫 번째 전환에 대한 반동이라는 점, 그리고 모더니즘이 환원적인 반면, 포스트모더니즘은 포괄적이라는 점에서 이 두 가지의 전환은 상보적이다.

제1차 세계대전의 대학살 이후 모더니즘은 사회적, 기술적 변화의 첫 번째 물결을 맞이하여, 이를 유토피아적 계획안과 함께 칭송될 해방으로 간주했다. 신재료와 대량 생산 방법, 자동차, 비행기, 그리고 과학이 대대적으로 환영받은 반면, 군주제나 귀족 사회와 같은 오랜 제도들은 고통 없이 잊힐 수 있었고, 그 위계적인 표현은 그것을 떠받치던 습관이나 기념비와 함께 억제되었다. 일찌감치 서로 다른 사상적 경로들을 추구했던 바이센호프 주택단지(Weissenhofsiedlung)의 작가들은(Blundell Jones 2002, 제1장) 기꺼이 공동 전선의 의도를 따라 국제주의 양식이라는 개념을 가능하게 했던 형태적 일관성을 받아들였다. 그 사이의 갈라진 틈이 은폐된 것은, 새로운 외관의 세계와 새로운 의사(擬似) 과학 이데올로기가 서로 동의어로 받아들여질 때까지 협력하여 발전했기 때문이다. 그 강령에 대한 차용은 상당히 일관적이었다.

한네스 마이어(Hannes Meyer)가 1928년 바우하우스에서의 선언서 'bauen'으로[6] 극단을 보여주었다면(여기에서 그는 주택을 디자인할 때 오직 열두 가지 기능만이 존재한다고 자신만만하게 선언했다.), 비슷한 노선이 훨씬 온건한 건축가들에 의해서도 채택되었다. 예를 들어 1930년대 G. 아스플룬드의 교육 내용에 대한 보고서는 기술적이고 기능적인 논의에 대하여 강조하지만, 지금 그의 작품의 핵심으로 간주되는 역사나 콘텍스트에 대한 태도에 대해서는 거의 토의되지 않았음을 제시한다.[7] 그토록 재능 있는 인물로부터 우리는 예술이 그것을 기술하고 분석하는 능력에 앞설 것이라고 기대하지만, 그 역시 유사 과학적 세계관에 순응하고 제약을 받아 미학적인 (정의할 수 없는) 것, 표현적인 (개인적인) 것, 역사적인 (양식적인) 것을 단지 비이성적 미신으로 배제하려는 경향을 보였다.[8] 이러한 것들은 단순히 버려졌다기보다 논의의 적절한 주제이기를 거부했다. 이들에 대한 침묵이라는 공모가 일어났던 것인데, 대략 1970년경까지 지속되었다.

그러한 논의의 한계는 세 가지 결과를 초래했다. 첫째, 모든 것이 건축주에게 설명하는 실무 건축가에 의해서든 건축학교 '크리틱'에서 발표하는 학생에 의해서든 엄격하게 기능적이고 이성적인 관점에서 정당화되어야 했다.[9] 둘째, 그 결과로 건축가가 말한 것과 그들이 행한 것 사이에 이상한 간극이 나타났다. 이에 대한 놀랍도록 많은 예가 이 책에서 대두되었지만, 아이어만의 브뤼셀 파빌리온(제2장)만으로도 그 예는 충분할 것이다. 설파된 건설상의 합리성은 건물의 명백한 수사적인 목적과 상반되는 것뿐만이 아니었다. 이것은 순수성이라는 매우 긴요한 인상을 얻기 위해 요구되는 구조상의 묘기와도 사실상 모순되었다. 세 번째이자 그 논의를 제한한 데에 따른 가장 치명적 결과는 학생들이나 조수들이 논의된 부분만을 전체로 여기고 그것을 문자적으로 수행함으로써 기능주의 또는 이성주의의 진부한 형태를 창조할 가능성이 있었다는 사실이다. 이것은 정통 모더니즘에 악평을 부여하고 모더니즘의 죽음을 재촉한 지루하고 부적절한 건축을 생산했다.

형태는 기능을 따라야 한다는 생각에 말로만 동의했지, 사실 형태는 시스템과 대량생산에 점점 더 천착하며 쉽게 건설의 규율을 따랐다. 퐁피두 센터(제14장)야말로 그러한 시스템과 대량생산을 위해 시적인 명목상의 대표(figurehead)가 되어, 낡은 패러다임의 종말과 새 패러다임의 시작 사이에 위치했다. 예견할 수 없이 변화하는 용도를 만족시켜야 한다는 믿음의 확산은 심지어 특정한 기능에 부합해야 한다는 생각마저도 완전히 위협했고, 자신의 과학 기술적 논리를 넘어서는 아무것도 표현하지 못하는 일률적인 복합 용도 건물들을 낳게 만들었다. 기술은 편재하여 국제적으로 되었고, 한편으로 반복은 값싸고 용이하여 제도판 위의 작업과 제조자들의 문젯거리를 경감시켜 주었다. 오브제처럼 공개 대지에 위치한 건물들은 지역성과 주변 도시나 시골에 대한 고려를 무시했고, 결국 모든 장소성을 불가능하게 했다.

그러한 건물들은 역사와 전례에 저항함으로써 시간과 기억으로부터도 단절되었다. 뤼시앵 크롤은 이들을 '자폐적'이라고 적절히 칭했고, 그것들은 1973년 롤프 켈러(Rolf Keller)가 『오염으로서의 건물*Bauen als Umweltzerstörung*』을 통해 격분하며 공격했던 대상이었다. 이 책은 우리가 어떻게 우리의 환경을 파괴하는지에 대해 일찌감치 지적했으며, 오늘날 여전히 유효하다고 할 것이다.

포스트모더니즘의 공격

두 번째인 1968-73년의 패러다임 전환은 포스트모더니즘 혁명으로 불려왔다. 그러나 '포스트모던'이라는 단어는 그것이 대체하고자 하는 것의 관점으로서만 자신을 정의할 수 있다. 심지어 2006년인 지금도 우리는 '모던'을 대체하는 단일한 새로운 경향을 확인할 수 없는데, 특히 모더니티의 많은 효과들이 뒤집힐 수 없을 때 더욱 그렇다.

그러나 그 두 가지 패러다임의 전환은 첫 번째 전환이 본질에 모순될 만큼 근본적으로 환원적이었고, 두 번째 전환이 필연적으로 포괄적이었다는 견지에서 볼 때 대칭적이다. 근대주의 정통성의 패배는 금지된 영역의 개방, 입 밖에 내지 않았던 것의 발설, 그리고 침묵의 공모에 대한 종말을 이끌었다. 팀 텐은 도시와 역사에 대한 그들의 관심으로, 그리고 아테네 헌장의 중심점이었던 조닝 전략을 거부함으로써 1950년대의 길을 인도했다(제5장, 제13장). 그 구성원들 중 한 명인 알도 반에이크(제3장)가 기디온에 대항하여 '공간과 시간(space and time)'을 '장소와 경우(place and occasion)'로 대체할 때 중대한 전환을 시사했다.[10] 이 전환은 장소나 경우 모두 독특해서 더 이상 일반적이거나 보편적이지 않고, 많은 경우들과 다른 장소들이 있음을 함의한다. 따라서 여러 층과 기억, 역사가 있다는 것도 암시하는 것이다.

많은 주도적 근대주의자들의 작품에 무언의 연속성이 나타나듯이 역사는 결코 근대주의 패러다임 아래에서 진정으로 사라진 적이 없다.[11] 1937년 고센버그 (Gothenburg) 법원에서 아스플룬드에 의해 개척되었던 역사적 건물과 근대적 증축 사이의 상호작용은 이 책의 여러 건축가들에 의해 새롭게 채택되었다. 그 가운데 고트프리드 뵘(제4장), 카를로 스카르파(제9장), 지안카를로 데 카를로(제13장), 카를요세프 샤트너(제17장) 등이 있다. 각각의 사례는 매우 독특했고, 모두 각자의 시대에 논쟁거리였다.

그러나 이제 그 접근법은 깊은 역사적 연구, 선택적 교정, 그리고 분명한 대조가 있어야 한다는 일반 규칙과 함께 잘 확립된 것으로 보인다. 옛 건물을 새로운 용도로 번안할 때, 거기에는 항상 손실이 있으나 얼마 동안 기억의 연속성이 유지되며, 창조적인 재해석이 현재와 과거 사이의 대화를 열어준다. 건축가는 장소에 연관되며, 자신의 직무를 팔림프세스트(palimpsest)에 대한 또 다른 기여로 여기게 된다. 이것은 하나의 질서 체계 위에 또 다른 것을 덧입히고 흐려진 메시지의 층위로, 거의 모든 오래된 타운의 형태를 구성한다.

역사 인용의 귀환

신축 건물을 위하여 역사적 특성을 재차용하는 것은 매우 별개의 문제이다. 1968-73년의 패러다임의 전환에 있어서 역사는 훨씬 명백한 가치를 다시 얻었고 그 수명이 연장되었다. 근대주의의 패배를 기다리던 역사주의는 근대주의의 '과실' 이후 고전주의의 검증된 규칙으로 돌아가려는 시대착오를 불러일으켰다.

이러한 경향의 전형은 퀸런 테리(Quinlan Terry)의 리치먼드 리버사이드 프로젝트 (1989)와 파운드버리(Poundbury) 프로젝트이다. 전자는 약 150년 된 역사적인 마을의 경관을 닮도록 만드는 상업 사무소 재개발 프로젝트였고, 후자는 사실 영국 왕세자가 발주한 도체스터(Dorchester) 근교 프로젝트로서 레온 크리어(Leon Krier)가 계획 고문을 맡았다.[12] 이러한 충실한 부흥론자들보다 역사에 덜 심취한 건축가들에게 과거를 닮은 무엇인가를 재생산하는 것에 대한 근대주의의 금기는 깨기 힘들었다. 따라서 비록 포스트모더니즘 혁명이 '양식들'로부터 차용하는 것을 재합법화했다고는 하지만, 1970년대와 1980년대에 갑작스럽고 열렬하게 기둥 규범들과 아치, 러스티케이션(rustication)과 거대한 쐐기돌을 다시 차용한 것은 그러한 전문적인 유희를 즐길 만한 교육이 제대로 이루어지지 않았던 건축가들의 무지를 드러냈고, 그 참신함은 곧 닳아버렸다.

원천으로서의 역사에 대한 정당성의 재입증은 근대건축 자체가 약탈과 재해석의 희생물이 되었음을 의미했고, 뉴욕 5가 1970년대에 자신들의 이름을 알린 것은 르코르뷔지에, 테라니(Terragni), 그리고 다른 이들의 주택들에 나타난 구성상의 내용을 재활용함으로써였다.[13] 고전 양식의 요소들을 근대의 것들과 성공적으로 융합한 이들은 많지 않으나, 그 훌륭한 예외가 유희적인 슈투트가르트 시립미술관(제6장, 후기)에서의 제임스 스털링이다. 바로 그 성공은 역사의 영원성을 확인시켜 주는 동시에, 그 작품을 1980년대에 가둔다.

만약 시대착오를 피하고자 한다면 역사의 차용은 로버트 벤투리처럼 풍자적으로 해야 했다. 그는 이를 1966년 복합성과 대립성에 대한 변명으로 예견했고, 데니즈 스콧 브라운과 함께 디자인하여 그런 경향에 논리적 결론을 가져다준 런던 내셔널 갤러리의 증축(제18장)에서 당당하게 보여주었다.

기념비성으로의 회귀

정통 근대주의는 반(反)기념비적이라고 주장해 왔으나[14] 우리가 바르셀로나 파빌리온의 예에서 보았듯이 이것은 사실 모순적이었다. 고전 건물의 기념비성이야말로 후기 근대주의자 루이스 칸(Blundell Jones 2002, 제16장)이 중요한 건축가로서 1950년대에 자신의 경력을 쌓기 시작하게 하였다. 그가 원형(原型)에 대한 감각을 불러일으켰던 것은 부분적으로는 기본 기하학의 형태를 거대 규모로 사용했기 때문이고, 또 부분적으로는 내력 구조의 표현을 통해서였다. 이러한 기본적인 작업이 영속적으로 보인 까닭은 아마도 그들이 폐허와 같았기 때문일 것이다.

알도 로시의 경우는 그 무대에 뒤늦게 합류했고 재료에 대한 관심은 덜했으나, 영속성에 대한 표상으로서의 원형과 기하학적 형태에는 동일하게 매료되었다(제15장).

그의 프로젝트가 건축가들로 하여금 기념비의 중요성을 연상시킨다면, 그것은 또한 뾰족 지붕과 옹색한 창문이 구식으로 보이지 않으면서도 재도입될 수 있는 방법을 보여준 것이다.

　1980년대에 로시의 작품이 누린 인기는, 그것이 드로잉으로 전달될 만했고 모방을 유도할 만큼 매력적이었기 때문임에 틀림없다. 그리고 로시는 분명 원형 및 도시에 대한 관심 모두에 대한 감각을 자극했다. 불행히도 그 약속된 길은 막다른 골목으로 판명되었는데, 왜냐하면 로시가 극도의 사례를 제시함으로써 더 이상은 이야기할 것이 많지 않았기 때문이다. 그의 작품의 단순한 형태를 단순히 반복하는 것은 충분하지 않았고, 정교한 가공을 더하는 것은 형태의 힘을 빼앗아갔다.

모더니즘의 억눌린 죄

　로시의 원형에 대한 회복은 '형태는 기능을 따른다.'는 철학에 대한 급진적인 대안을 제공했다. 실제로 그의 출발점은 기능에 대한 형태의 승리, 즉 용도가 문제될 것 없다는 듯이 동일한 형태가 다양하게 사용되어도 관철되었던 방식에 대한 주목이었다. 1970년 이후 기능주의는 거의 불결한 말이 되어 인류학과 같은 학문 분야에서는 더 깊은 해석을 방해하는 실증주의의 손쉬운 방법으로 배척되었고, 건축에서는 정통 근대주의의 무력감에 대한 주요 동인으로 여겨져 응징되었다. 포스트모더니즘 아래에서 이것은 회피되어야 했고 침묵에 대한 새로운 공모가 꾸며졌는데, 이번에는 건물과 사용의 관계에 대해서였다.

　많은 주도적인 건축가들이 기능주의를 폐지하려고 시도했고, 자신들과 다른 이들의 작품에서 프로그램적인 독해를 거부했다. 제임스 스털링의 경력은 그 반전을 보여준다. 왜냐하면 그는 고완과 함께 레스터에서 매우 기능주의적 작품을 생산했으나, 그 후 슈투트가르트에서 매우 반기능적인 것을 생산하기에 이르렀기 때문이다(제6장). 비록 일부 해석자들이 과거로 소급하여 레스터 건물을 기능주의의 저주로부터 구하고자 노력해 왔지만,[15] 거기에는 의심할 여지없이 프로그램에 따른 부분별한 분절과 건물 목적의 수사적 표현, 즉 '말하는 건축(architecture parlante)'을 생성하려는 정성어린 시도가 있었다. 건물의 프로그램적 독해가 용이성에 대한 제한된 질문이 아니라 의미와 정체성에 대한 더 깊은 질문임을 일단 받아들인다면, 이것은 좀처럼 거부될 수 없다.

제도가 건물의 유형에 반영되는 세계에서 우리는 곧바로 건물에서 그 조직과 공간의 위계를 인식하게 된다. 주택의 내부 공간에는 관례적 정체성이 잘 배어 있기 때문에 우리는 서로의 주택에서 배치를 읽을 수 있을 뿐만 아니라 첫 번째 방문에서도 사회적 규칙을 따를 수 있다.[16] 심지어 퐁피두 센터와 같은 건물도 그 층들이 점유되는 순간 부서별로 명료한 위계를 얻는다. 비록 공간적인 정체성이 눈에 잘 보이지 않고 건축가들에 의해 의도되지도 않았지만 말이다. 그러나 건축가들이 건물의 질서로 사회적 질서를 강화하는 기회를 얻게 될 때 그 효과는 상당하다. 고아원 건물에서 '가족' 구조에 대하여 알도 반에이크가 반추한 것은 영역을 정의하는 매우 필수적인 행위였기에 건물은 그것 없이는 생각할 수 없다.[17]

포스트모더니즘 혁명은 재료와 구축의 표현에 대한 반동도 가져왔다. 브루털리즘의 서툴게 풍화된 과잉과 그저 건설에만 내몰린 정통 근대주의의 진부함은 바로 그 원리의 거부로 귀결되었다. 그러나 레베렌츠(Lewerentz)에 의한 1963년 클리판(Klippan)의 성 베드로 교회(Blundell Jones 2002, 제15장)는 구축의 원리를 재고하게 하는 시적인 힘을 보여주었다. 이것은 새천년의 전환기에 즈음한 일련의 새로운 건물들 전체를 위한 시금석이 되었던 것이다.[18] 포스터가 입스위치에서 유리창으로 보여주었듯이(제12장) 몇몇 디테일의 변화조차도 이후 건물들의 전체 세대에 영향을 줄 수 있다. 마찬가지로, 뮌헨 올림픽 단지의 지붕이 보여주었던 것처럼(제8장) 공학의 새로운 가능성 개척을 통한 새로운 형태의 생성도 그 자체의 미학적인 보답을 가져다준다.

부득이한 선택의 과정으로 인해 순수하게 표현된 구축을 정의하는 것이 어렵다는 점은, 건축의 역사와 토착적 구축의 역사에 — 여기에서는 장인들이 유희 속에서 창작한 기교가 수사의 주요한 원천이다. — 견고히 확립된 개념을 무력화하지 않았다. 이러한 장인들의 후손은 최근까지 여전히 일하고 있으며, 스카르파나 샤트너와 같은 건축가들(제9장, 제17장)과 그들의 임무에 대해 협상한다. 건축은 그 자신의 구축에 대한 논의를 거의 피할 수 없다. 대조적으로 '무엇이든 괜찮다.'라는 생각이 벽지에 마음껏 적용되듯이, 제한 없는 물질적 어휘의 현존과 결합함으로써 많은 포스트모더니스트 디자이너들을 방향타 없이 남겨두었고, 그들의 작품을 피상적이고 변덕스럽게 만들었다.

도시, 영역, 그리고 장소

건물을 콘텍스트로부터 독립된 자기만족적인 실체로 여기려는 근대주의자들의 충동은 그들이 선포하기 원했던 스타일의 완전한 변화에 부분적으로 기인했다. 하지만 이 또한 다른 요구를 만났다. 자동차의 부상은 도시 밀도의 하강, 도시 재계획에 있어서의 고속도로 공학 분야의 우월권, 그리고 주차장을 위한 도시 전체 블록의 낭비를 의미했다. 햇빛과 공기의 유익에 대한 수많은 이들의 믿음은 넓게 펼쳐진 교외 대지의 선택을 촉구했다. 또한 이것은 근대주의 마스터플랜의 공간을 가능하게 했고, 바우하우스 건물(Blundell Jones 2002, 제3장, 특히 항공사진을 볼 것)에서처럼 조화로운 구성 가운데 병렬로 잘 배치된 일련의 오브제들을 허가했다. 사진과 인쇄물을 통한 근대주의 작품의 소개는 심지어 콘텍스트를 제대로 보여주지 못하는 경향이 있는데, 슈투트가르트에 있는 멘델존(mendelsohn)의 쇼켄 백화점(Blundell Jones 2002, 제6장)에서처럼 대상 건물이 솜씨 좋게 콘텍스트와 통합되었을 때 더욱 그렇다.

미스 같은 건축가의 경우 초탈(detachment)은 믿음의 신조였다. 콘텍스트와의 연계에 대하여 조심스럽게 제한된 태도는 보편적인 유형을 추구하게 했을 뿐만 아니라, '문제'의 정도를 억제하여 성장하는 도시와 끊임없는 부동산 분쟁의 더러운 현실에 오염되지 않은 채 순수하고 이상적인 '해법'의 제안을 가능하게 했다. 그러한 완전하고도 신중한 초탈은 역설적이게도 통합의 시도에서 벌거벗은 기념비성에 있어서 더욱더 성공적이었다는 것이 종종 입증되었다. 통합이 실패하는 것은 콘텍스트가 충족되지 않은 채 남겨지거나 이후에 방해되기 때문이다.[19]

공개 대지에서 도시로

1950년대와 1960년대의 거의 모든 건축 단행본과 잡지를 훑어볼 때, 건축 작품을 독립적으로 서 있는 실체로 창조한 점이 압도적인 인상을 준다. 예를 들면, 새로운 영국의 학교들 대부분은 기분 전환을 위해 넓은 공개 공간을 누릴 수 있도록 도시나 마을의 끝자락에 지어졌다. 그리고 녹지 공간은 실제적인 유용성과는 무관하게 높이 평가되었던 것 같다.[20] 이 책의 첫 세 장의 건물들은 각각의 방식으로 이러한 경향에 전형적이다. 당시 로스앤젤레스의 구석진 곳에 지어진 임스 주택(제1장)은 자연의 야생

화 초지의 목가적인 대지와 그 너머의 바다 경관을 만끽했는데, 이것은 자동차의 왕래로만 가능했던 '자연' 환경이었다.

아이어만의 브뤼셀 파빌리온(제2장)은 주변 건물과의 사이에 충분한 초목이 있는 오래된 공원에 세워져서, 연속된 정원에 자리한 일련의 아름다운 오브제들이라는 이상적인 근대주의 도시를 실증하며 자율을 허락했다. 당시의 또 다른 전형이라면 반에이크의 고아원(제3장)에서처럼 실제의 이웃 없이 도시 가장자리의 대지를 선택하는 것이었는데, 그 건물은 스타디움과 공항 사이에서 고립되어 있었다. 제4장에 이르러서야 뵘이 벤스베르크의 옛 성곽으로 도심을 되돌려놓으려고 시도함으로써 도시가 다시 개입되었다.

이 신구 콘텍스트의 주제는 제9장, 제13장, 제17장의 작품들과 함께 다시 대두했다. 이코노미스트 건물(제5장)로 런던 중심부의 밀집한 대지에 그 콘텍스트와 상호작용하는 새 건물을 세우려는 계획이 있었고, 대지의 일부를 소규모 보행자 네트워크로 공공에 부여한다는 참신한 생각도 제시했다. 스미슨 부부의 프로젝트가 지녔던 당대의 매력은 명료한 프로그램을 위한 구성적인 근간으로서의 역할 이외에도 광장(plaza)의 공공적인 사용에 있었다. 그 흥미를 배가한 것이 자동차와 보행자를 분리한 긍정적인 방식으로, 당시 확산되던 진부하고 기계적인 지하도와 대조를 이룬다.

스미슨 부부는 1950년대 초부터 '공중 가로' 개념에 매료되었고, 1958년의 수도 베를린 공모전(Hauptstadt Berlin Competition) 프로젝트에서 중층 도시를 상상했다. 이코노미스트 아이디어의 반복은 기존의 도시 가운데에 이것을 조각조각 가져올 것을 약속했다. 다소간의 생명력이 거기에 생성되었을 수도 있었겠지만, 이러한 팀 텐의 꿈은 도시에 대한 순수한 원근화법적 해석에 지나치게 의존했기 때문에 대체로 실현되지 못했다.

삶과 근대주의 도시

1970년대에 퐁피두 센터(제14장)가 개관했을 때 얻게 된 위대한 성공은 그 옆의 공공 광장의 분명하고도 활기찬 삶이었다. 사회 세력으로 가득한 매우 조밀한 도시의 한가운데에 보호받는 거대한 영역을 창조한 것, 그리고 그 한쪽 측면을 다양한 문화적 진미로 채운 것은 사람들을 끌어들이기 마련이었다. 그래도 여전히 피아노와 로저스는 일종의 마법을 이룬 것으로 여겨졌다. 건축가들은 베니스 거리의 삶에 대하여, 시에나의 팔리오(Palio)가[21] 연례적으로 개최되는 것에 대하여 점점 노스탤지어를 품게 되었다. 그리고 너무도 쉽게 관광 축하행사 및 기념품 시장 가판대의 확산을 옛 도시의 전통적인 공공 상행위와 혼동하였다. 그러나 베니스는 관광객이 떠나면 쇠퇴할 것이고, 팔리오가 일차적으로 추구하는 것은 더 이상 도시민들과 그 지역의 동일성을 정의하는 것이 아니다.

전체 시민들이 한 장소에 모여 민주적인 의사결정을 행하거나 고대 아테네에서 거행되던 극적인 의식에 참여한다는 아이디어도, 비록 그런 행사의 기억이나 개념은 계속해서 우리에게 인상적이지만, 불가능해진 지 오래였다. 심지어 지역 식료품 시장이라는 안락한 환영(幻影)도 연쇄점 사업과 국제적 생산이 지배하는 경제 아래에서는 대체로 시대착오적이다. 공공 영역이 무엇인지, 또는 물리적으로 무엇일 수 있는지에 대한 질문은 우리가 그것의 오래된 형태가 쇠퇴하는 것을 보아왔기 때문에 점점 더 급박한 것처럼 보인다. 그러나 그 답이 쉽지는 않다.

자폐적인 오브제 건물의 죄악과 거리에 대한 부정은 1970년대의 변화한 건축적 분위기에서, 특히 포스터의 윌리스 파버와 뒤마(제12장)에 의해 검토되었다. 그 건물이 비록 플롯(plot)의 형상을 존중했고 새로운 종류의 도시적인 연속성을 제시했다고는 하지만, 흑색의 성채 같은 파사드 뒤로 여전히 단일한 거대 기업의 소유를 드러내 보였다. 그리고 거리와 그것의 시각적 관계는 이웃이 자신을 비출 권리는 배제한 채, 그것이 이웃을 비출 권리를 비대칭적으로 가정했다. 그 단계에서는 콘텍스트와의 어떤 종류의 연관이든 진보였는데, 이는 기존의 것은 고려되어야만 한다고 받아들이는 것이 모두 진보였던 것과 마찬가지이다.

근대주의의 도시 마스터플랜은 무제한의 총체적 통제 및 정적이고 완전한 조직을 가정하는 경향이 있었다. 그러나 기존 도시의 경험은 정반대를 제시했다. 세력 간의 복잡한 작용은 항상 유동적이었고, 콜라주로서의 도시에서는[22] 새로운 간섭들이 이미 존재하는 것들과의 대화에 참여해야만 했던 것이다.

지안카를로 데 카를로(제13장)는 1950년대에 우르비노의 침체된 도시 조직을 떠맡

음으로써, 그리고 '영역의 독해(reading the territory)'를 위한 기술의 잇따른 개발을 통해서 이 점을 일찌감치 인식했다. 카를로 스카르파(제9장)는 더 작은 규모의 병치도 마찬가지로 장소에 결부하였고, 카를요세프 샤트너(제17장)는 일련의 간섭들이 어떻게 역사적인 장소로 결합되어 그 규모와 독특성을 유지할 수 있는지를 보여주었다. 아이젠먼(제16장)과 벤투리(제18장)의 건물들도 모두 각각의 대지에 삽입되어 각각의 방식으로 장소에 특수하게 대응했다. 그러한 소속감의 내막을 보여줄 테스트는 그 건물이 다른 곳에서도 똑같이 성공할 수 있을지 없을지에 대한, 그리고 그 장소가 그것 없이도 마찬가지로 괜찮을지 어떨지에 대한 고찰이다.

주민 참여 대 세계 자본주의

영역의 독해에 있어서 선구자였던 데 카를로가 주민 참여에 있어서도 뤼시앵 크롤이나 랠프 어스킨(제10장, 제11장)과 함께 선구자가 된 것은 그리 놀랍지 않다.[23] 주민 참여는 반응의 판단을 건축물로부터 거주자로, 즉 그들의 필요, 소망, 신념으로 옮겨둔다. 순진한 기능주의자들은 어떤 양태의 조직이 사람을 그러한 방식으로 행동하도록 만들 것이라고 추정했지만, 건축은 좀처럼 그렇지 않다. 일반적으로 그것은 사용자들과 함께 작동해야 하며, 그들은 실천적 측면과 의미를 주고받는 측면 모두에 있어서 건축이 제시하는 역할을 이해하고 그에 따라 그것을 사용할 필요가 있다. 사람들이 스스로 건축할 수 있을 때, 신념 또는 실천과 지어진 형태 사이의 피드백은 어느 정도 필연적이었고, 건축은 사회를 세밀하게 반영했다. 계속 증대되는 전문화, 관료화, 그리고 자폐성을 향한 건축의 경향으로 사람들은 건물로부터 소외됨을 느끼게 되고, 심지어 무관심하게 된다. 따라서 그 논의는 재개되어야 했다.

바이커에서의 어스킨과 주민들과의 대화(제11장)는 여러 한계들에도 불구하고 더욱 인간적인 주거단지 계획과 더 훌륭한 소속감을 창조하였다. 논란거리였던 뤼시앵 크롤의 메종 메디컬(제10장)은 대안적이고 무질서한 이미지를 제공함으로써 한발 더 나아갔는데, 이것은 당시 국가에 의해 제안된 건물 유형의 편협하고 반복적인 동일성을 대조적으로 폭로한 것이다. 다른 주민 참여형 건축가들, 특히 1980년대 초부터 지금까지 이 영역에서 활발히 활동해온 독일의 피터 휘브너(Peter Hübner)는 사람들이 자신의 건물을 만드는 데에 창조적으로 참여하는 것이 가져다주는 엄청난 해방적 효과를 확인해 주었다. 또한 그러한 건축가들은 이와 같은 참여가 이후의 사용자들에게도 이어지는 영원한 책임감을 어떻게 불러일으킬 수 있는지도 보여주었다.[24]

그러나 실제적인 주민 참여는 드물고, 얼굴을 마주한 만남에만 의존하는 지엽적인 문제가 되었으며, 보통 심각한 금전적인 문제와는 무관하다. 주민 참여의 과정은 국제적인 매체가 거의 흥미를 보이지 않는 일상의 요구들을 만족시키며, 그 결과의 복잡하고 어지러운 이미지는 유행하는 것과는 정반대이다. 한편 사상과 출판, 학술적 담론의 영역인 고급 건축(High Architecture)은 점점 건축을 위한 건축에 의해 잠식되고 있다.

1989년 베를린 장벽의 붕괴, 잇따른 독일의 통일, 그리고 소련의 해체는 이 책이 다룬 시기의 끝을 특징지으며, 우리는 이미 이러한 사건들을 지정학적인 전환의 축으로 볼 수 있다. 철의 장막의 분열은 유럽 대륙을 가로질러 시장 가치의 확장을 가져왔을 뿐만 아니라, 유럽 통합을 향한 시류에 의문을 보내는 발칸반도에 인종 분쟁을 초래하기도 했다. 1991년의 쿠웨이트 전쟁은 이슬람 세계에서 서양의 영향력에 대한 충돌이 도래함을 나타냈다. 건축은 서양 모델의 확산을 통한 세계화의 과정을 대표한다. 이 과정은 전자 통신에 의해 가능해졌고 거대 비즈니스의 비도덕적인 손에 의해 통제되는 미디어와 정보의 거대한 힘으로 악화된다. 그런데 그 비즈니스는 이미지를 조작하여 시장을 통제하는 것이 사람들이 필요로 하는 것을 그저 공급하는 것보다 더 쉽다는 것을 오래전에 발견했었다. 세계 자본주의의 영향 아래에서 우리의 여러 사례들과 연관된 장소와 문화적 정체성의 가치가 스타 건축가들의 주도권에 자리를 내어주었는데, 그들은 매 경우 선호하는 형태의 특정한 어휘와 동일시되며 세계 각지의 다양한 상황 가운데에서 개인의 문화적인 우수성을 선사하도록 위탁받는다.

명성 있는 건물은 이제 '아이콘'이다. 이것은 사용의 경험을 통해서가 아니라 잡지와 컴퓨터에서 전달되는 이미지를 통해서 주요한 효과를 발휘한다. 따라서 사용자의 안락과 편리를 위해서라기보다 그러한 이미지를 생산하기 위해서 디자인되는 것 같다. 시장이 계획된 노후화에 의존하기 때문에 유행은 유용성과 무관하게 변해야 하며, 한 해 전의 모델을 불필요하게 만든다. 고급 건축으로부터의 아이디어가 종종 일상의 영역으로 전해질 수도 있겠지만, 분명 이것은 경제의 동력인 시기심을 자극하기에는 의미상 이미 한물갔음이 틀림없다. 따라서 좀처럼 안정적이거나 지속적인 모델을 제시하기 힘들다. 지구는 끝없는 개조를 무턱대고 버텨낼 수 없다. 좀 더 진중한 행로가 우리에게 필요한 시점이다.

1 Torrent 1987 참조.

2 Sola-Morales 1986 참조.

3 매우 특별한 예외가 일본 교토의 이세 신궁(Ise Shrine)이다. 이 신궁은 25년마다 새로운 재료를 가지고 똑같은 형태로 재건되며, 두 장소를 이용하므로 옛것이 철거되기 전에 새것이 완성될 수 있다.

4 철학으로서의 (양식으로서가 아니라) 포스트모더니즘은 문화적 콘텍스트에 대한 승인, 저자의 역할에 더한 독자의 필수적인 역할에 대한 승인, 문화의 상대성에 대한 승인, 그리고 어떤 선험적 가치를 확립하는 것의 어려움에 대한 승인을 의미해 왔다. 즉, 이것은 현실이 사회적 구성물이라는 생각에 대한 승인인 것이다.

5 Kuhn 1962.

6 Hannes Meyer, 'Building', 번역되어 Conrads 1970, pp. 117-20에 수록되어 있다.

7 이것은 Blundell Jones 2006의 제8장에서 논의되었고, 주로 Engfors 1990의 증거로부터 도출되었다.

8 아스플룬드는 1930년 펑키(기능주의)를 촉발한 스톡홀름 전시회의 주된 창작자였고, 스웨덴 기능주의 선언서인 『받아들이라Acceptera』의 주요 집필자였다. 따라서 그는 자연히 이 노선을 대표했다.

9 존 서전트(John Sergeant)는 여전히 1960년대의 한 사건을 고통스럽게 회상한다. 런던의 바틀릿(Bartlett)에서 동료 학생이 유명한 사회학자 앞에서 어떤 작품을 발표하며, 주변 연못에 반사된 햇살이 어떻게 천장에서 춤을 추는지를 설명했다. '이것이 기쁨을 준다는 증거를 가지고 있나요?'라고 그녀가 물었고, 그 학생은 혹평에 좌절했다.

10 이것은 기디온의 가장 유명한 책인 『공간, 시간 그리고 건축Space Time and Architecture』의 제목에 대한 의도적인 참조였다.

11 Blundell Jones 2002, passim.

12 리치먼드 리버사이드에 대한 비평을 위해서는 Peter Blundell Jones, 'Richmond Riverside: Sugaring the Pill', The Architectural Review, November 1988, pp. 86-90을, 파운드버리에 대해서는 Architects Journal, 3 July 2003을 참조.

13 Arhur Drexler, Collin Rowe, and Kenneth Frampton, *Five Architects: Eisenman, Graves, Gwathmey, Hejduk, Meier*, Witterborn & Co, New York, 1972.

14 1960년대의 영국에서 생겨난 기념비성에 대한 새로운 인식은 유스턴 아치(Euston Arch)의 철거에 대한 논란이나 테오 크로즈비(Theo Crosby)의 책 『필요한 기념비 *The Necessary Monument*』의 등장과 함께였다.

15 Peter Eisenman, 'Real and English: the Destruction of the Box', *Oppositions*, October 1974, pp. 5-34.

16 Markus 1993, Jormakka 1995, Blundell Jones 1999, pp. 150-62.

17 이것은 근대주의운동보다도 더 오래된 전례를 따랐다. 부분들의 분절이나 그것들이 전체 속에 위계적으로 조직되는 것은 고딕 건물이나 산업 건물들에 강하게 나타날 뿐만 아니라, 토착적이고 고유한 건축에 친숙한 건축 습관이다. 따라서 건물 형태에 프로그램이 반영되는 것은 건축에서 영구적인 관심거리이며, 이것에 대한 포스트모더니즘의 반동은 불필요한 빈곤을 의미해왔다.

18 페터 춤토어(Peter Zumthor)에 의한 스위스 발(Vals)의 온천, 카루소(Caruso)와 세인트 존(St John)에 의한 영국의 월솔(Wallsall) 미술관 등이 그 예이다.

19 우리는 베를린 문화포럼(Kulturforum)의 사례가 그렇다는 것을 인정해야 한다. 여기에서는 한스 셔로운의 마스터플랜 아이디어가 결코 실행되지 않았고, 이후 상당히 왜곡되었다. 필하모니는 여전히 거북하게 부유하며, 반면 이웃에 대한 어떠한 의무도 거부한 미스의 인접한 갤러리는 주변이 변해도 그 변화에 무관심하다. 실행되지 않았다는 데에서 생긴 문제는 많은 프로젝트에 영향을 미친다. 어스킨의 바이커 월(제11장)은 고속도로를 차단하도록 의도되었지만 실현되지 못했다.

20 Saint 1987 참조.

21 팔리오는 시에나의 중앙 광장에서 열리는 연례적인 경마대회로, 이 대회에서 도시 구역들의 대표들이 경쟁한다.

22 '콜라주 도시(Collage City)'는 콜린 로와 프레드 코에터(Fred Koetter)에 의해 1978년에 출판된 영향력 있는 책의 제목이었다.

23 데 카를로의 1969년 강의인 '건축의 대중*Architecture's Public*'은 근대주의가 거주자
들에게 무관심했던 것에 대한 호된 비판일 뿐만 아니라 여전히 주민 참여 이론의
위대한 이정표이다. 처음에 이것은 이탈리아어와 서툰 영문 번역으로 *Parametro*,
no. 3/4, 1970년에 출판되었으나 이제는 Blundell Jones, Petrescu and Till 2005,
pp. 3-22에서 개선된 번역으로 읽을 수 있다.

24 Peter Blundell Jones, *Peter Hübner: Architecture as Social Process*, Edition Axel
Menges, Stuttgart and London, 2007 참조.

Adjmi, Morris, and **Bertolotto,** Giovanni (eds), *Aldo Rossi, Drawings and Paintings,* Princeton Architectural Press, New York, 1993.

Alberti, Leon Battista, *The Ten Books of Architecture*: the 1755 Leoni Edition, Dover Books, 1986.

Albrecht, Donald, (ed.), *The Work of Charles and Ray Eames: A Legacy of Invention,* Harry N. Abrams, New York 1997.

Amery, Colin, *A Celebration of Art and Architecture,* National Gallery, London, 1991.

Appleyard, Bryan, *Richard Rogers: a Biography,* Faber & Faber, London, 1986.

Aragon, Louis, *Paris Peasant,* Exact Change, Boston, 1994.

Arnell, Peter and **Bickford,** Ted (eds.), *A Center for the Visual Arts: The Ohio State University Competition,* Rizzoli, New York, 1984.

Asplund, Gunnar, **Gahn,** Wolter, **Markelius,** Sven, **Paulsson,** Gregor, **Sundahl,** Eskil and **Åhrén**, Uno, *Acceptera* Tiden, Stockholm, 1931, facsimile reprint, Berlings, Arlöv, 1980.

Augé, Marc. *Non-places: introduction to an anthropology of supermodernity*, Verso, London and New York, 1995.

Bachelard, Gaston, *The Poetics of Space,* Beacon Press, Boston, 1969.

Baird, George and **Jencks**, Charles, *Meaning in Architecture,* London, 1969.

Banham, Peter Reyner, *The New Brutalism,* Architectural Press, London, 1966.

Bayer, Herbert, **Gropius,** Walter and **Gropius,** Ise, *Bauhaus 1919 -1928,* The Museum of Modern Art, New York, 1938.

Bedard, Jean-François (ed.), *Cities of Artificial Excavation: The Work of Peter Eisenman 1978 -1988,* Rizzoli, New York, 1994.

Behnisch & Partners, *Behnisch & Partner Bauten 1952-1992*, exhibition catalogue, Galerie der Stadt Stuttgart, Hatje, Stuttgart, 1992.

Beltramini, Guido, **Forster,** Kurt W, and **Marini,** Paola (eds) *Carlo Scarpa Mostre e Musei 1944-1976,* Case e Paesaggi 1972-1978, Electa, Milan, 2000.

Blundell Jones, Peter, *Hans Scharoun,* Gordon Fraser, London, 1978.

Blundell Jones, Peter, 'Theodor Fischer', *Architects Journal*, 12 April 1989, pp. 38-55, (general article).

Blundell Jones, Peter, *Hans Scharoun,* Phaidon, London, 1995.

Blundell Jones, Peter, *Hugo Häring: the Organic versus the Geometric*, Edition Axel Menges, Stuttgart, 1999.

Blundell Jones, Peter, *Günter Behnisch,* Birkhäuser, London, 2000.

Blundell Jones, Peter, *Modern Architecture through Case Studies,* Architectural Press, Oxford, 2002.

Blundell Jones, Peter, *Gunnar Asplund,* Phaidon, London, 2006.

Blundell Jones, Peter, **Petrescu,** Doina, and **Till,** Jeremy, *Architecture and Participation*, Spon Press, Abingdon, 2005.

Bottoni, Pietro, *Antologia di Edifici Moderni in Milano,* Editoriale Domus, Milan, 1954.

Brownlee, David B. and **De Long**, David G., *Louis I. Kahn: In The Realm of Architecture,* Thames & Hudson, London, 1997.

Brunetti, Federico, *La Torre Velasca,* Alinea, Florence, 1996.

Bucci, Federico and **Mulazzani,** Marco, *Luigi Moretti: Works and Writings,* Princeton Architectural Press, New York, 2002.

Canniffe, Eamonn, *Urban Ethic: Design in the Contemporary City,* Routledge, London and New York, 2006.

Chermayeff, Serge and **Alexander**, Christopher, *Community and Privacy: Toward a New Architecture of Humanism* Doubleday, New York, and Penguin, Harmondsworth, 1963.

Clarke David B. (ed.), *The Cinematic City*, Routledge, London 1997.

Collymore, Peter, *The Architecture of Ralph Erskine,* Academy Editions, London, 1994 (first edition by Architext 1982).

Colomina, Beatriz, *Privacy and Publicity: Modern Architecture as Mass Media,* MIT Press, London and Cambridge, MA, 1994.

Colomina, Beatriz, **Brennan,** Annmarie, and **Kim,** Jeannie (eds) *Cold War Hothouses: Inventing Postwar Culture from Cockpit to Playboy,* Princeton Architectural Press, New York, 2004.

Comte de Lautréamont (Isidore Ducasse), *Les Chants de Maldoror,* 1868-69.

Conrads, Ulrich *Programmes and Manifestoes of Twentieth Century Architecture,* Lund Humphries, London, 1970.

Conrads, Ulrich, **Sack,** Manfred, and **Kühne,** Günther, (eds) *Karljosef Schattner,* Monograph in Reissbrett

series no. 2, Schriftenreihe der Bauwelt, Vieweg, Berlin/ Braunschweig, 1983.

Costa, Xavier, and **Hartray**, Guido, (eds), *Sert: arquitecto en Nueva York,* Museu d'Art Contemporani de Barcelona /ACTAR, Barcelona, 1997.

Crosby, Theo, *The Necessary Monument,* Studio Vista, London, 1970.

Dal Co, Francesco and **Mazzariol**, Giuseppe, *Carlo Scarpa The Complete Works,* Electa, Milan / Rizzoli, New York, 1985.

Darius, Veronika, *Der Architekt Gottfried Böhm: Bauten der sechziger Jahre*, Beton Verlag, Düsseldorf, 1988.

Davies, Colin *Hopkins: the work of Michael Hopkins and Partners,* Phaidon, London, 1993.

Demetrios, Eames, *An Eames Primer,* Thames & Hudson, London, 2001.

Douglas, Mary, *Purity and Danger,* Routledge & Kegan Paul, London, 1966.

Drexler, Arthur, *Five Architects: Eisenman, Graves, Gwathmey, Hejduk, Meier,* Oxford University Press, New York, 1975.

Durand, Jean-Nicolas-Louis, *Precis des lecons d' architecture donnees a l' Ecole Polytechnique,* 2 vols., Paris, 1802-05.

Dutton, John A., *New American Urbanism: Re-forming the Suburban Metropolis,* Skira, Milan, 2000.

Eiermann, Egon, *Briefe des Architekten 1946-1970* (Letters), Deutsche Verlags-Anstalt, Stuttgart, 1994.

Eisenman, Peter, *House X,* Rizzoli, New York, 1982.

Eisenman, Peter, *Houses of Cards,* Oxford University Press, New York and Oxford, 1987.

Eisenman, Peter, *Giuseppe Terragni: Transformations, Decompositions,* Critiques, Monacelli Press, New York, 2003.

Ellin, Nan, *Postmodern Urbanism,* Architectural Press, New York, 1996.

Empson, William, *Seven Types of Ambiguity* Chatto & Windus, London, 1930.

Engfors, Christina, (ed.), *E. G. Asplund, architect friend and colleague,* Arkitektur Förlag, Stockholm, 1990 (collected interviews with Asplund's assistants, associates and family).

Fierro, Annette, *The Glass State: The Technology of the Spectacle, Paris 1981-1998,* MIT Press, Cambridge MA and London 2003.

Flagge, Ingeborg (ed.), *Helmut Striffler - Licht, Raum, Kunst: eine Ortsbestimmung,* catalogue of an exhibition at the Städtische Kunsthalle Mannheim, Karl Krämer, Stuttgart,1987.

Foot, John, *Milan since the Miracle: City, Culture and Identity,* Berg, Oxford and New York, 2001.

Forster, Kurt W. et al., *Peter Eisenman: Il Giardino dei Passi Perduti / The Garden of Lost Footsteps,* Marsilio, Venice, 2004.

Foster, Hal (ed.), *Postmodern Culture,* Pluto Press, London and Sydney, 1985.

Frampton, Kenneth (ed.), *Aldo Rossi in America, 1976-79,* Institute for Architecture and Urban Studies, New York, 1979.

Frampton, Kenneth, *Modern Architecture: a Critical History,* Thames & Hudson, London, 1985 (1st Edition 1980).

Frampton, Kenneth (ed. John Cava), *Studies in Tectonic Culture: the poetics of construction in nineteenth and twentieth century architecture,* M.I.T. Press, Cambridge, MA, and London, 1995.

Fraser, Douglas, *Village Planning in the Primitive World,* Studio Vista, London, 1968.

Gandelsonas, Mario, *From Structure to Subject: The Formation of an Architectural Language in Peter Eisenman House X,* Rizzoli, New York, 1982.

Garofalo, Francesco and **Veresani,** Luca, *Adalberto Libera,* Princeton Architectural Press, New York, 1992.

Geist, Johann Friedrich, *Arcades, the History of a Building Type,* MIT Press, Cambridge, MA, 1983.

Giedion, Sigfried, *Space Time and Architecture: the Growth of a New Trend* Harvard University Press Cambridge, MA, Fifth Edition 1966.

Girouard, Mark, *Big Jim: the life and work of James Stirling,* Chatto & Windus, London, 1998.

Gowan, James, *James Gowan,* Architectural Monographs no. 3, Academy Editions, London, 1978.

Griaule, Marcel, *Conversations with Ogotemmêli: an introduction to Dogon religious ideas,* Oxford University Press, Oxford, 1965.

Gropius, Walter, *The New Architecture and the Bauhaus,* Faber & Faber, London, 1935.

Hampton, William and **Walkland,** Iris, *Byker Community Development Project 1974-78,* pamphlet published by Newcastle upon Tyne Council for Voluntary Service, 1980.

Harwood, Elain, *England A Guide to Post-War Listed Buildings,* Batsford, London, 2003.

Hatje, Gerd (ed.), *Encyclopaedia of Modern Architecture,* Thames & Hudson, London, 1963.

Hauser, Arnold, *Mannerism: the Crisis of the Renaissance and the Origin of Modern Art,* Routledge & Kegan Paul, London, 1965.

Hertzberger, Herman, '*Huiswerk voor meer herbergzame vorm', Forum,* no. 3, 1973.

Hertzberger, Herman, *Lessons for Students in Architecture,* 010 Publishers, Rotterdam, 1991.

Holgate, Alan, *The Art of Structural Engineering, the Work of Jörg Schlaich and his Team,* Edition Axel Menges, Stuttgart, 1997.

Huizinga, Johannes, *Homo Ludens: a study of the play-element in culture,* Routledge & Kegan Paul, London, 1949.

Jacobson, Karen, *Zero to Infinity: Arte Povera 1962-1972,* Walker Art Center, Minneapolis, Tate Modern, London, 2001.

Jencks, Charles, *Modern Movements in Architecture,* Penguin, Harmondsworth, 1973.

Jencks, Charles, *The Language of Post-Modern Architecture,* Academy Editions, London, 1977.

Jenkins David (ed.), *On Foster... Foster On...,* Prestel, Munich, London, New York, 2000.

Johnson, Philip and **Wigley,** Mark, *Deconstructivist*

Architecture, Museum of Modern Art, New York, 1988.

Jormakka, Kari, *Heimlich Manoeuvres: Ritual in Architectural Form*, Verso, Weimar, 1995.

Kaufmann, Emil, *Three Revolutionary Architects: Boullée, Ledoux and Lequeu,* The American Philosophical Society, Philadelphia, 1952.

Keller, Rolf *Bauen als Umweltzerstörung: Alarmbilder einer Un-Architektur der Gegenwart*, Artemis, Zurich, 1973.

Kipnis, Jeffry and **Leeser,** Thomas (eds.), *Chora L Works: Jacques Derrida and Peter Eisenman,* The Monacelli Press, New York, 1997.

Kirk, Sheila, *Philip Webb: Pioneer of Arts and Crafts Architecture,* Wiley-Academy, London, 2005.

Kirkham, Pat, *Charles and Ray Eames: Designers of the Twentieth Century,* MIT Press, Cambridge, MA, 1998.

Klotz, Heinrich, *Architektur in der Bundesrepublik,* Ullstein, Frankfurt/Berlin/Vienna, 1977.

Konttinen, Sirkka-Liisa, *Byker,* Bloodaxe Books, Newcastle, 1985.

Kroll, Lucien, *The Architecture of Complexity,* Batsford, London, 1986.

Kroll, Lucien, *Lucien Kroll: Buildings and Projects,* Rizzoli, New York, 1987.

Kroll, Lucien, *Tout Est Paysage,* Sens & Tonka, Paris, 2001.

Kuhn, Thomas S., *The Structure of Scientific Revolutions,* Chicago University Press, Chicago, 1962.

Lampugnani, Vittorio Magnago, *Renzo Piano 1987-1994,* Birkhäuser, Basel, Berlin, Boston, 1995.

Lane, Barbara Miller, *Architecture and Politics in Germany 1918-1945,* Harvard University Press, Cambridge, MA, 1968.

Lasdun, Denys, *Architecture in an age of scepticism,* Heinemann, London, 1984 (includes chapters by De Carlo, Erskine, Foster, the Smithsons and van Eyck)

Le Corbusier, *Towards a new architecture,* Architectural Press, London 1927.

Le Corbusier, *The Modulor,* Faber & Faber, London, 1951.

Lefaivre, Liane and **de Roode**, Ingeborg, *Aldo van Eyck: the playgrounds and the city,* NAi Publishers, Rotterdam, 2002.

Lefaivre, Liane and **Tzonis,** Alexander, *Aldo van Eyck: Humanist Rebel, Inbetweening in a Postwar World,* 010 Publishers, Rotterdam, 1999.

Lévi-Strauss, Claude, *The Raw and the Cooked,* Jonathan Cape, London, 1970.

Libeskind, Daniel, *Countersign,* Academy Editions, London, 1991.

Ligtelijn, Vincent (ed.), *Aldo van Eyck Works,* Birkhäuser, Basel/Boston/Berlin, 1999.

Malpass, Peter and **Murie,** Alan, *Housing Policy and Practice*, Macmillan, London, 1987.

Marcuse, Harold, *Legacies of Dachau: the uses and abuses of a concentration camp 1933-2001*, Cambridge University Press, Cambridge, 2001.

Markus, Thomas, *Buildings and Power,* Routledge, London, 1993.

McKean, John, *Leicester University Engineering Building,* in Architecture in Detail series, Phaidon, London, 1994.

McKean, John, *Layered Places* (work of Giancarlo De Carlo), Edition Axel Menges, Stuttgart, 2004.

Moneo, Rafael, *Theoretical Anxiety and Design Strategies in the Work of Eight Contemporary Architects,* MIT Press, Cambridge, MA and London, 2004.

Moneo, Rafael, **Vidler,** Anthony et al., *Wexner Center for the Visual Arts, The Ohio State University*, Rizzoli, New York, 1989.

Murphy, Richard, *Carlo Scarpa and the Castelvecchio,* Butterworth Architecture, London, 1990.

Nerdinger, Winfried, *Theodor Fischer, Architekt und Städtebauer 1862-1938,* Ernst und Sohn, Berlin, 1988.

Neuhart, John, **Neuhart,** Marilyn and **Eames,** Ray, *Eames Design: The Work of the Office of Charles and Ray Eames*, Thames & Hudson, London, 1989.

Newman, Oscar (ed.), *CIAM '59 in Otterlo,* Alec Tiranti, London, 1961.

O' Regan, John (ed.), *Aldo Rossi, Selected Writings and Projects,* Architectural Design, London, Gandon Editions, Dublin, 1983.

Otto, Frei, *Complete Works,* Birkhäuser, Basle, Boston, Berlin, 2005.

Pehnt, Wolfgang, *German Architecture 1960-1970,* Architectural Press, London, 1970.

Pehnt, Wolfgang, *Expressionist Architecture,* Thames & Hudson, London, 1973.

Pehnt, Wolfgang, *Karljosef Schattner: ein Architekt aus Eichstätt,* Hatje, Stuttgart, 1999 (1st Edition 1988).

Pevsner, Nikolaus (revised by Enid Sutcliffe), *The Buildings of England: Suffolk,* Penguin, Harmondsworth, 1974 (2nd Edition).

Pompidou Catalogue, *Georges Pompidou et la Modernité* Editions du Jeu de Paume/Centre Georges Pompidou, Paris, 1999.

Pope, Albert, *Ladders: Architecture at Rice 34,* Princeton Architectural Press, New York, 1996.

Posener, Julius, *Hans Poelzig,* Akademie der Künste, Berlin, 1970.

Posener, Julius, *From Schinkel to the Bauhaus,* AA Paper No. 5, Lund Humphries, London, 1972.

Posener, Julius, *Was Architektur sein kann,* Birkhäser, Basel 1995.

Powers, Alan, *Real Architecture,* catalogue of exhibition held at Building Centre, London, 1988, including work by John Simpson, Robert Adam, Demetri Porphyrios and Quinlan Terry.

Powers, Alan, *Serge Chermayeff, Designer, Architect, Teacher,* RIBA Publications, London, 2001.

Pugin, Augustus Welby Northmore, *The True Principles of Pointed or Christian Architecture*, London, 1853, (various modern facsimiles).

Quantrill, Malcolm, *The Norman Foster Studio: consistency through diversity,* E. & F. N. Spon, London, 1999.

Quinn, Patricia (ed.), *Temple Bar: The Power of an Idea,* Temple Bar Properties, Dublin, 1996.

Raev, Svetlozar, (ed.), *Gottfried Böhm: lectures, buildings, projects,* Karl Krämer Verlag, Stuttgart, 1988.

Risselada, Max and **van den Heuvel,** Dirk, *Team 10: in search of a Utopia of the present,* NAI Publishers, Rotterdam, 2005.

Rogers, Richard et al., *Towards an Urban Renaissance: Final Report of the Urban Task Force,* E & F Spon, London, 1999.

Rossi, Aldo, *The Architecture of the City,* MIT Press, Cambridge, MA, and London, 1982.

Rossi, Aldo, *A Scientific Autobiography*, MIT Press, Cambridge, MA, and London, 1982.

Rossi, Aldo, *I Quaderni di Aldo Rossi 1990-97,* Getty Trust Publications, Los Angeles, 2000.

Rowe, Colin and **Koetter,** Fred, *Collage City,* MIT Press, Cambridge, MA, 1978.

Ruskin, John, *The complete works of John Ruskin*, eds E.T. Cook and A. Wedderburn, 13 vols, London, 1903-12.

Rykwert, Joseph, *The Necessity of Artifice,* Academy Editions, London, 1982.

Sadler, Simon, *The Situationist City,* MIT Press, Cambridge, MA, and London, 1998.

Saint, Andrew, *Towards a social architecture: the role of school-building in post-war England,* Yale University Press, London and New Haven, 1987.

Samasa, Francesco, **Tonicello,** Anna et al., *Giancarlo De Carlo, Percorsi Universita Iuav di Venezia AP archivio progetti,* Il Poligrafo, Padua, 2004, (Italian/English).

Scalbert, Irenée, 'Cerebraal functionalisme: Leicester University Engineering Building', in *Archis* No. 5, 1994, pp. 70-80.

Schirmer, Wulf (ed.), *Egon Eiermann 1904-1970: Bauten und Projekte,* Deutsche Verlags-Anstalt, Stuttgart, 1984.

Schwarz, Rudolf et al., *Rudolf Schwarz,* exhibition catalogue of Akademie der Künste 1963, F.H. Kerle Verlag, Heidelberg, 1963.

Sennett, Richard, *The Fall of Public Man,* Faber & Faber, London 1986.

Sola-Morales, Ignasi de, *Minimal Architecture in Barcelona*, Electa, Milan, 1986.

Smith, Elizabeth A.T. (ed.), *Blueprints for modern living: history and legacy of the case study houses,* MIT Press, London, and Cambridge, MA, 1998.

Starr, S. Frederick, *Melnikov: Solo Architect in a Mass Society,* Princeton University Press, New Jersey, 1978.

Stock, Wolfgang Jean, *European Church Architecture 1950-2000,* Prestel Verlag, Munich, 2002.

Strathaus, Ulrike Jehle-Schulte and **Reichlin**, Bruno, *Parole di pietra - architettura di parole in Il segno della memoria BBPR Monumento ai caduti nei campi nazisti 1945-1995,* Electa, Milan. 1995.

Summerson, John, *Heavenly Mansions and Other Essays on Architecture,* Cresset Press, London, 1949.

Tafuri, Manfredo, *Theories and History of Architecture,* Granada, London, Toronto, Sydney, New York, 1980.

Taylor, Mark C., *Disfiguring Art, Architecture, Religion,* The University of Chicago Press, Chicago and London, 1992.

Torrent, Rosa Maria Subira I., *Mies van der Rohe's German Pavilion in Barcelona 1929-86,* Ajuntament de Barcelona, Barcelona, 1987.

Van Eyck, Aldo, *Projekten 1948-1961 & Projekten 1962-1976,* reprints from *Forum* and other periodicals, Johan van de Beek, Groningen 1981.

Van Eyck, Aldo et al., *Aldo van Eyck Hubertus House,* Stichting Wonen, Amsterdam, 1982, (English/Dutch).

Venturi, Robert, *Complexity and Contradiction in Architecture,* Museum of Modern Art, New York, 1966.

Venturi, Robert and **Scott Brown**, Denise, *Architecture as Signs and Systems for a Mannerist Time,* The Belknap Press of Harvard University Press, Cambridge, MA, and London, 2004.

Venturi, Robert, **Scott Brown**, Denise and **Izenour**, Steven, *Learning from Las Vegas,* MIT Press, Cambridge, MA,1972.

Wilson, Sarah, *Paris: Capital of the Arts 1960-1968,* Royal Academy, London, 2002.

Wilson, Colin St John, *Architectural Reflections,* Butterworth, London, 1992.

Wilson, Colin St John, *The Other Tradition of Modern Architecture: The Uncompleted Project,* Academy Editions London, 1995.

Wittkower, Rudolf. *Architectural principles in the age of humanism,* London 1949, 1952.

Wittkower, Rudolf, *Gothic versus Classic: architectural projects in seventeenth century Italy,* Thames and Hudson, London 1974.

Zucchi, Benedict, *Giancarlo De Carlo,* Butterworth, Oxford, 1992.

Zutshi, Mavis *Speaking for myself: a report on the Byker redevelopment,* published by Newcastle Council for Voluntary Service, April 1978.

도판 출처

Chapter 1 (Eames)
1, 8, 10: © Tim Street-Porter/Esto. All rights reserved.
2: Hermann Miller.
3, 6: Architectural Forum.
4: Conde Nast.
5, 7, 12: Library of Congress.
9, 11: RIBA Professional Services Limited.

Chapter 2 (Eiermann)
1-7, 9, 12, 13, 17, 19-21: Südwestdeutsches Archiv für Architektur und Ingenieurbau an der Universität Karlsruhe, Nachlass Egon Eiermann.
(Photographers: 1, 5, 12, 13: Eberhard Troeger, Hamburg; 3: Arthur Koester, Berlin; 4: E.M. Heddenhausen, Berlin; 6: Franz Lazijun, Stuttgart; 9: Rudolf Eimke; 17: Heidersberger, Braunschweig; 19: Alexander Studio, Wheaton, Maryland.)
8, 16: The Architectural Review, August 1958.
10: The Architects' Journal, 29 May 1958.
11, 14, 15, 18: Schirmer 1988 (photos Georg Pollick, Düsseldorf).
22: Peter Blundell Jones.

Chapter 3 (van Eyck)
1: Gemeentearchief Amsterdam.
2, 3, 6, 7, 9-14: A. en H. van Eyck Architektenbureau.
4, 5, 8, 15, 18: Peter Blundell Jones.
16: Ligtelijn 1999.
17: Griaule 1966.

Chapter 4 (Böhm)
1, 4, 6, 10, 20: Darius 1988.
2, 18: Pehnt 1973.
3, 5, 7, 23: Alfred B Hwangbo
11-17, 19, 21, 22, 24: Peter Blundell Jones.
8, 9: Pehnt 1970.
25: Raev 1988.

Chapter 5 (Smithsons)
1: Michael Carapetian .
2, 4, 11, 14: Peter Blundell Jones.
3: Risselada and van den Heuvel 2005.
5, 7-9, 15,16: Smithson Archive.
6,13: Eamonn Canniffe.
10: Deutsches Architektur Museum, Frankfurt.
12, 18: Alfred B Hwangbo
17: Peter Lathey, University of Sheffield.

Chapter 6 (Stirling and Gowan)
1: Architect and Building News, 7 January 1959 (slightly edited: the drawing is now at the Canadian Centre for Architecture).
2, 9-11: James Gowan (his 35mm slides taken at the building's completion).
3-8, 12, 20, 21: James Gowan (line drawings of Leicester as originally prepared for publication).
14, 15, 19, 22: James Gowan (Stirling and Gowan drawings now at the Canadian Centre for Architecture). Published with the permission of the Canadian Centre for Architecture/Centre Canadien d'Architecture, Montréal.
13, 18, 23, 25, 28-30: James Gowan (own drawings still in his possession).
13, 15, 27, 34-43: Peter Blundell Jones.
14: David Wild.
24. James Growan.
26, 31, 32, 33: Published with the permission of the Canadian Centre for Architecture/Centre Canadien d'Architecture, Montréal.

Chapter 7 (Striffler)
1, 2, 4, 6, 10, 17, 18, 20-23: Robert Häusser.
3, 5, 7, 9, 12-15, 19: Helmut Striffler.
8, 10, 11: Peter Blundell Jones.

Chapter 8 (Behnisch)
1, 2, 3, 6: Behnisch & Partners.
4, 5, 7-18: Christian Kandzia of Behnisch & Partners.
19-23: Peter Blundell Jones.

Chapter 9 (Scarpa)
1, 7: Direzione Generale per l'architettura e l'arte contemporanee Rome.
2, 4, 9-14, 16-20: Peter Blundell Jones.
3, 8, 15: Eamonn Canniffe.
5: Comune di Verona.
6: George Ranalli (drawings edited).

Chapter 10 (Kroll)
1-7, 16-18, 21-23, 27: Peter Blundell Jones.
4, 8-12, 14, 15, 19, 20, 24-26: Lucien Kroll.

Chapter 11 (Erskine)
1, 11-14, 17, 19-22: Peter Blundell Jones.
2: The Swedish Museum of Architecture, Stockholm, photo Ralph Erskine.
3, 4, 18: The Swedish Museum of Architecture, Stockholm, photo Anna Gerdén.
5, 6, 7: Newman 1961.
8: Newcastle Libraries and Information Service.
9, 15, 16, 18, 23, 24: The Architects' Journal 14 April 1976.
10: Architectural Design, Erskine special issue 1977.

Chapter 12 (Foster)
1, 8, 14: Alfred B Hwangbo
4-7, 9, 10, 12, 13, 15, 18-21: Peter Blundell Jones.
2: Eamonn Canniffe.
3, 11, 16, 17: Foster and Partners.

Chapter 13 (De Carlo)
1, 2, 3, 5, 6, 15-20, 22-27: Peter Blundell Jones.
4, 7-14, 21: Giancarlo De Carlo.

Chapter 14 (Piano & Rogers)
1,8,10-12,16-17, 19, 21: Peter Blundell Jones.
2, 3, 6, 20: Richard Rogers Partnership.
4: Peter Cook.
5: Cedric Price Archive.
7, 9: Alfred B Hwangbo
11: Martin Charles.
13-15: The Architectural Review, May 1977 (drawings edited).
22. Eamonn Canniffe.

Chapter 15 (Rossi)
1, 4-5: Peter Blundell Jones.
2-3, 8, 10-15, 17: Eamonn Canniffe.
6-7, 9, 16, 18-19: Direzione Generale per l'architettura e l'arte contemporanee Rome.

Chapter 16 (Eisenman)
1, 4-6, 11-14: © Jeff Goldberg/Esto. All rights reserved.
2-3, 7-10, 15-16: Eisenman Architects.
17: Eamonn Canniffe.
18: Peter Blundell Jones.

Chapter 17 (Schattner)
1, 2, 10-14: Diocesan Building Office, Eichstätt (site drawing 2 modified to identify buildings by colours).
3-9, 15-21: Peter Blundell Jones.

Chapter 18 (Venturi)
1-4, 6-19: Venturi, Scott Brown and Associates.
5. Ahrends, Burton & Koralek.

Conclusion
1: Alfred B Hwangbo

이 책에 사용된 사진의 출처를 밝히고 작가의 저작권을 보호하기 위하여 최선을 다했으나, 촬영 당시의 상황이 명확하지 않은 경우가 있음을 밝혀둔다. 만일 출판사와 저자가 의도치 않은 저작권의 위반 사례가 발견된다면 미리 양해를 구하고 이후 적절한 수정을 할 예정이다.

저자들이 영문판에 사용한 사진 일부는 이 책에서 역자가 촬영한 새로운 사진으로 대체했다. 선명한 사진을 통하여 텍스트의 의미를 정확히 전달하려는 불가피한 선택이었다. (도판 출처에 명기해 두었다.)

색인

Index

| 지은이 |

피터 블룬델 존스(Peter Blundell Jones, 1949-2016)
영국 엑서터 출생. 런던 AA 스쿨 건축학과 졸업 후 케임브리지 대학교와 런던 사우스뱅크 대학교수를 역임했으며, 1994년부터 2016년 타계할 때까지 셰필드 대학교 건축학과 교수로 재직했다. 건축전문지 아키텍추럴 리뷰(AR)와 아키텍츠 저널(AJ) 등에 약 500여 편의 논문과 비평 에세이를 발표했다. 저서로 『한스 셔로운』과 『휴고 헤링』 그리고 『군나르 아스플룬드』를 비롯한 여러 건축가들의 모노그래프가 있으며 건축역사 및 이론, 비평 분야의 권위자이다.

에이먼 카니프(Eamonn Canniffe, b.1960)
영국 맨체스터 출생. 케임브리지 대학교 건축학과를 졸업하고 미국 하버드 대학교에서 석사학위를 받았으며, 로마에 있는 브리티시스쿨에서 수학했다. 맨체스터 대학교(1986-98)와 셰필드 대학교(1998-2006)에서 교수를 역임했으며 현재 맨체스터 건축대학 교수로 재직 중이다. 도시설계 분야의 전문가이며 르네상스 및 근대건축 전반에 대한 해박한 지식을 가지고 있다. 저서로 『맨체스터 건축가이드』(1999), 『도시윤리』(2006), 『광장의 정치학: 이탈리아 광장의 역사와 의미』(2008) 그리고 『행위예술로서의 건축』(2013) 등이 있다.

| 옮긴이 |

황보봉(b.1969) : 서울과학기술대학교 건축학부 교수(2003-현재)
영국 셰필드 대학교(2000)에서 유기적 건축에 대한 비교문화적 연구로 박사학위를 받았으며 미국 MIT 공대(2000-01) 및 일본 동경대학교(2001-03)에서 연구원으로 근무했다. 연세대학교와 이화여자대학교 등에서 강의 했으며, 동·서 문화교류 및 건축역사 편찬에 대한 연구를 하고 있다. 2003년부터 서울과학기술대학교 건축학부 교수로 재직 중이며 대학신문방송사 주간교수를 역임했다.

강태웅(b.1970) : 단국대학교 건축대학 교수(2008-현재)
단국대학교에서 학사와 석사를 마친 후 셰필드 대학교(2005)에서 서구 이성주의에 대한 비판적 연구 및 네덜란드 구조주의를 주제로 박사학위를 받았다. 한국 농어촌건축대전에서 경기도 광주의 도자기 작업장으로 2013년 준공부문 본상을 수상한 바 있으며 단국대학교 자회사인 (주)케이스 건축사사무소를 개소하여 실무와 이론교육을 겸하고 있다. 2008년부터 단국대학교 건축대학 교수로 재직 중이다.

김현섭(b.1973) : 고려대학교 건축학과 교수(2008-현재)
고려대학교 건축공학과 졸업 후 핀란드 건축가 알바 알토에 대한 연구로 셰필드 대학교(2005)에서 박사학위를 받았다. 일본 건설성 건축연구소 객원연구원, 핀란드 알바 알토 아카데미 객원연구원, 미국 하버드 대학교 옌칭연구소 방문학자를 역임했으며, 현 한국건축역사학회 이사이다. 한국 현대건축에 대한 비판적 역사서술에 관심이 있으며 2008년부터 고려대학교 건축학과 교수로 재직 중이다.

근대건축 작품연구 1945-1990

초판 1쇄 인쇄 2018년 2월 05일
초판 1쇄 발행 2018년 2월 12일

지은이 피터 블룬델 존스, 에이먼 카니프
옮긴이 황보봉, 강태웅, 김현섭
펴낸이 김호석
펴낸곳 도서출판 대가
편집부 박은주
교정/교열 손지숙
마케팅 오중환
관리부 김소영

등록 311-47호
주소 경기도 고양시 일산동구 장항동 776-1 로데오메탈릭타워 405호
전화 02) 305-0210
팩스 031) 905-0221
전자우편 dga1023@hanmail.net
홈페이지 www.bookdaega.com

ISBN 978-89-6285-197-7 (93610)

이 도서의 국립중앙도서관 출판시도서목록(CIP)은 서지정보유통지원시스템 홈페이지(seoji.nl.go.kr)와
국가자료공동목록시스템(www.nl.go.kr/kolisnet)에서 이용하실 수 있습니다.
(CIP제어번호: CIP2018002810)